主编／屈文生　胡永恒
执行主编／史志强

近代世界秩序与法律史研究的新视野

商务印书馆
The Commercial Press

目 录

前 言 ……………………………………………………………… 1

法律史视角下的中国革命

"政治犯不予引渡"规则与孙中山伦敦蒙难事件的第三种
　解释 ………………………………………………… 侯中军　15
"革命军北伐，司法官南伐"
　——1927年前后的政权鼎革与司法人事延续 ……… 李在全　40
抗战时期晋察冀边区统累税税则的出台与修订 ………… 李金铮　76

近代世界秩序与国际法史的新进展

从治外法权到域外规治
　——以管辖理论为视角 ………………………………… 屈文生　117
远东国际军事法庭享有管辖权的新论证 ………………… 管建强　151

法律知识的生成史与传播史

清季民初法系知识的东学背景及其传衍 ………………… 杨　瑞　189

移樽施教：伍廷芳与 20 世纪初美国"门罗主义"的
　　再定位 ·· 章永乐　222
民国山林国有化与山场争讼
　　——以东南山区为中心的研究 ····················· 杜正贞　261
政法机关苏联法学专家对新中国初期法制的观察 ········· 唐仕春　285

新史料、新视角与法律史研究的拓展

文本、制式与字体
　　——1215 年大宪章正本文书缮写考略 ············ 陈志坚　309
明确边界：清代地方档案研究的若干问题 ·············· 吴佩林　348
冤案何以产生：清代的司法档案与审转制度 ············ 史志强　371
清末上海华界的暴力与死亡
　　——以《李超琼日记》和《申报》为素材 ········· 徐忠明　400
从生产控制到土壤保护
　　——罗斯福"新政"时期美国农业调整政策的演变
　　及其影响 ·· 高国荣　472

附录一　全国法学与史学跨学科前沿论坛议程
　　　　（2021 年 10 月 23—24 日）················· 514
附录二　参会人员名单 ······································ 521
后　记 ·· 525

前　言

2021年10月23日至24日，由华东政法大学与中国社会科学院世界历史研究所、中国社会科学院近代史研究所、全国外国法制史研究会联合主办的"全国法学与史学跨学科前沿论坛"在上海召开。来自中国社会科学院、北京大学、清华大学、中国人民大学、复旦大学、上海交通大学、华东政法大学等全国30多家学术机构、百余位法学界和史学界的专家学者参加会议。他们围绕建党百年与法律史研究的新进展、全球法律史的新进展与再审视、法学与史学的对话、文明碰撞与东西语境下的法律交流史、国际法史与国际关系的新视点、宏观视域下的中外法律史、法律史研究的新方法与新论题等主题，展开了广泛、深入、热烈的讨论，并就跨学科研究的方法与意义交换意见。跨学科交流是本次会议的一大特色，主办方特别安排法学学者与谈史学论文，史学学者与谈法学论文。与会学者一致认为，深入开展法学与史学的跨学科研究，是史学和法学学科发展的共同需要，也将对建设社会主义法治文化产生积极的影响。

本次会后，我们从参会论文中择选了若干篇，分为四个单元，编辑而成本书，每个单元内的论文根据所论主题的时间顺序排列。遗憾的是，由于出版期限以及版权等诸多原因，无法将所有参会论文收入其中。对于与会学者为会议的顺利举行和法学与史学跨学科研究作出的贡献，我们谨表衷心谢意！

收入本书的论文，主题涵盖古今中外，关涉的时间空间以及学术关注迥异，但都体现了在跨学科视野下，通过法学和史学的融合研究，进一步开拓和探索法律史研究的主题和方法并借此达致法律史研究创新的努力。法律史研究本身建立在既有史料之上，而对史料的解读则离不开历史学的方法与资源；同时，借由法学理论也可以更深入地认识历史问题，乃至解决一些历史学方法较难触及或分析的问题。就学术取向而言，法学强调统一与稳定，关注规范与逻辑；史学则突出多元与变化，侧重经验事实以及国家与社会之间的关系。加强法学界与史学界的对话，有助于这两门学科互相取长补短、共同发展。法学界应当学习历史学者"上穷碧落下黄泉"寻找史料的精神，借鉴历史学的考据方法；历史学者也可以从法学著作中吸收理论养分，运用现代法学的概念工具来解释历史现象。中国的法律史研究，如果想要突破"博物馆"式学问的尴尬处境，一方面要进一步概念化、理论化对传统社会法律的研究，另一方面可以通过对经验事实的研究，阐明法律规范、法律学说产生的时空背景，以历史解释完善法律的适用。只有打破学科界限，加强学科融合，才能在扎实充分的实证研究基础上，运用现代法学知识体系与研究方法，回应当代法学界关心的理论与实践问题，探索构建具有中国特色的社会主义法学学科体系，并为具有悠久历史传统的中国历史学学科体系、学术体系和话语体系添砖加瓦，使两者得以共同进步。我们希望本书的出版能为中国法律史的跨学科研究提供借鉴与助力。本书收录的论文也都具有这样的特色。

2021年是中国共产党成立100周年，也是辛亥革命110周年。针对如何从法律的角度思考革命的意义，拓展法律史的研究视野这一问题，我们选择了三篇具有宏大关怀的微观研究论文。孙中山伦敦被捕蒙难，是中国近代史上的重要事件，此前已有众多学者进行过研究，但史料与解释之间仍然不乏可以探讨之处。中国社会科学院近代史研究所侯中军研究员的论文，通过对当时国际法规则的考察，在参差的历史叙事中努力重构现场真相。他从孙中山的动机出发，指出其是"有预谋地自投使馆"。广州起义失败后孙中山赴港避难，已经认识到可以利用"政治犯不予引渡"规则摆脱清廷追捕。之后孙中山辗转多地，到夏威夷与康德黎（James Cantlie）会晤后决定到英国宣传革命，然后与康德黎策划，希望通过"自投使馆"来宣传革命，引发西方舆论的同情，从而获得更多支持。这篇论文充分说明从法学视角重新观察历史问题的潜力与可能。

中国社会科学院近代史研究所李在全研究员的论文敏锐地注意到，北伐战争后，南方的国民政府虽然推翻了北洋政府，但在司法领域，北洋政府的法律官僚穿梭于南北两个政权之间，始终把持着司法系统。高层官员具有共通性，在注重法律专业知识和司法实践经验的选任标准下，他们相互举荐，导致中下层司法队伍出现明显的延续性，故而出现"革命军北伐，司法官南伐"的现象。一方面，这种现象让司法系统在政权更迭中实现了较平稳的过渡；但另一方面，大量进入国民政府的北洋司法人员与国民党并无渊源，也未必认同国民党的治国理念，这为后来司法系统频频出现的与国民党执政理念的矛盾埋下了伏笔。从1927年前后的南北政权鼎革与司法人员流动中，我们不仅可以看到两个敌对政权之间的人事关联，也可看出国民党政权实际上是一个庞杂的混合体。这种从法制史出发描绘出的"活的制度史"，将政治运作、人际网络、知识传布与制度构建融合起来，有助于我们把握政权鼎革背后复杂的人事权力关系。

革命根据地时期的法制建设可谓中国特色社会主义法治道路的最早探索。法律史学界此前多关注根据地时期的法律制度制定以及司法实践过程,而对立法过程中的多方博弈及其复杂性不够重视。南开大学历史学院李金铮教授的论文,运用各类史料,详细考证了抗战时期晋察冀边区统一累进税制度出台的历史全貌。论文认为,晋察冀边区党的领导人彭真对税则出台发挥作用最大,至彭真离任后,边区政府领导人宋劭文在后期修订过程中的作用才凸显出来。1940年年底统一累进税办法出台以及第一次征收之后,边区各级政府开展调研,士绅、民众共同讨论,对税则修订发挥了重要作用。近代中国的财税问题是政权建设中的核心命题之一,通过还原这场"静悄悄的革命",体现了党的领导与群众路线如何在政权建设中相互结合,如何处理实现财政目标与追求负担公平、贴合社会实际之间的矛盾与张力,这是税收变革的根本动力。革命财政制度的构建和变化,充分体现了共产党的从实践到认识,再从认识到实践的实践论。

近年来国际局势日趋紧张,美国等西方国家利用"长臂管辖"等方式,将国内法凌驾于国际规则之上,彰显其霸权。这与"地理大发现"以来,西方列强在对外扩张的同时,以"文明"为标准,发明出一套具有殖民主义色彩的国际规则如出一辙。华东政法大学屈文生教授的论文,将殖民时期的治外法权与美国霸权时代的"长臂管辖"联系在一起,重新梳理主权与管辖的历史,实际上也是全球治理秩序变迁的历史。伴随着"地理大发现",西班牙和葡萄牙首先尝试通过《托德西利亚斯条约》在新的地理空间中划分势力范围,150多年后的《威斯特伐利亚和约》则奠定了现代国际秩序的基础,"将领土与主权系于一处,同时将主权国家的权力限于领土之上"。威斯特伐利亚体系打破了教皇对于世界的支配,主权国家开始成为国际秩序的基本行为主体。而随着西方殖民扩张的进展,欧洲列强开始以治外法权的形式分割被殖民国家的管辖权和主权,通过"文明等级论"建立自己对于域外进行管辖的所谓正当性,其中,贸易公司和商人发挥了极为特殊的作用。"二战"后,虽然近代的殖民帝国秩序瓦解了,但域外规治并没有消失。美国以效果标准取代文明论,在贸易等领域实施"长臂管辖"。因此,屈文生教授主张在全球化的时代探索共同体管辖理论在共同体内部自治性的确立及其管辖安排。近年来,世界范围内的国际法学者开始反思国际法中的"欧洲中心主义",进而强调从历史的维度重新思考、重述国际法与世界秩序产生的历程。屈教授的论文足可说明,国际法史正在成为法制史领域值得期待的新的学术增长点。

华东政法大学管建强教授关于东京审判的论文同样具有很强的现实意义。相较于国内学界多强调东京审判的政治性,管建强从国际法规范与实践的角度出发,借由法学理论更深入地讨论历史问题,乃至解决了一些历史学方法较难触及或分析的问题,有力地论证了东京审判在国际法上的正当性。围绕东京审判日方辩护律师提出的疑问——战争犯罪仅包括违反战争法规之犯罪,不应包括后来创设的反人道罪和破坏和平罪;"二战"时并不存在禁止侵略战争的法律规定,法无明文规定不为罪,不应溯及既往——管教授指出,国际法是在国家间斗争协调的实践中逐渐发展的,"二战"前战争罪的概念还较为模糊,尚未达成共识,遑论形成国际习惯法;在国际法实践上,对于违反交战法规的个人以犯有暴行罪受到复仇处决或惩罚早已为国际社会所普遍接受。而且日本此前签订的《巴黎非战公约》,实际上不仅仅是禁止性规范,也有惩治性的内涵。另外,国际法与国内法的产生方式不同,共同同意才是国际法的根据。日本接受了《波茨坦公告》也就意味着同意同盟国的审判,之后"旧金山和约"也再次确认了这一点。

"西方学术史就是一部概念串联起来的文化史。"产权、法律、主权等法学概念虽然是舶来品,但类似的行为与现象同样存在于中国的传统社会中。法学知识的生成、传播与继受是人类认识世界、互相交流的体现。中学与西学碰撞之间,如何将源自西方的法学概念运用于分析中国的历史与社会问题,是法制史学界长久讨论的话题。而理解概念流动、变化、发展的历史,有助于我们重新认识自我与他者。近年来中华法系的概念再度流行,成为建构中国法学主体性的重要抓手。作为比较法学的基本概念,"法系"实际上是西方法学家在 19 世纪才提出的,他们受到当时流行的植物分类学思想的影响,尝试对世界各国的法律现象进行分类。西方语境下"法系"的发生史已有比较充分的研究,而中国学者则多关注民族主义思潮下如何建构"中华法系"的问题。山东大学历史文化学院杨瑞教授的论文,填补了"法系"概念本身在中国的流入、传布与演变这一研究相对薄弱的环节。近代以来中国接受西方概念与思想多经由日本中介,理解中国接受西方法学的历史,很大程度上离不开西方法学概念在东亚传播、演变的整体图景。杨瑞教授从"法系"概念创制及传入的历史出发,指出其背后隐含的"欧洲中心论"视角。他首先追溯了穗积陈重创设"法族""法系"概念及其学说的过程,然后力证章宗祥率先将"法系"概念引入中国,并指出章氏继承了穗积学说中的进化论思维,同样认为中国法系必然被欧美法系取代。而随后康有为、梁启超试图把新传入的法政思想在制度设计层面予以落实。他的论文不仅是概念史的研究,而且深入制度层面,关注民初之后英美法派与大陆法派的消长。要想厘清概念在不同语境下的能指、所指以及运用,就要还原到文本的脉络中,法学知识必不可少,而进一步深化研究就需要超越文本,将之与文本之外的社会历史语境联系在一起。因此,将法学与历史学融会贯通是深入开展研究的前提与必备条件。

北京大学法学院章永乐副教授 2021 年出版的《此疆尔界:"门罗主

义"与近代空间政治》,关注"门罗主义"的全球传播史与接受史,用概念史的方法阐释了"门罗主义"如何从美国的一个自我防卫原则逐渐成为美洲乃至全球的霸权原则,书中也强调了旅日华人在"门罗主义"传入中国时发挥的作用。他的论文《移樽施教:伍廷芳与20世纪初美国"门罗主义"的再定位》则移转视角,探讨中国旅美精英在美国本土"门罗主义"发展过程中留下的印迹。1900年,驻美公使伍廷芳在美国发表演讲,建议美国将"门罗主义"运用到菲律宾乃至整个亚洲,引起美国舆论的巨大反响,刺激美国精英在日后提出"门罗主义"在西半球之外适用的理论。章永乐的论文不仅具有概念史的新探索意义,而且在外交史和中美关系史上同样具有重要意义。通过他的研究,我们可以看到,从"门罗主义"到"门户开放",美国如何不断地利用新的理论工具为自己进入亚洲布局。这对我们理解当今的中美关系与美国的全球战略都具有启示作用。

浙江大学历史系杜正贞教授利用龙泉档案探讨清代以降东南地区的司法实践卓有成就。她的论文着眼于清末民国山林土地的产权秩序。传统社会中国家甚少关注东南山场的产权秩序,晚清以降随着山林国有化和地籍整理运动的进展,国家通过契税、确权等方式试图重塑旧有的产权秩序,因此传统的固有秩序与近代以后国家建立的产权制度相互竞争、影响。明清社会经济史研究的核心问题是土地交易和租佃关系,近年来研究视野逐渐扩展到山林以及水域之中。杜教授的论文从法学角度反映的国家权力逐渐深入区域社会边界的过程以及民间社会中"国家在场"等问题,都值得我们深思和继续讨论。

苏联对新中国政法传统的建立和发展产生了至关重要的影响,然而长期以来由于语言、资料等客观障碍,中国法学界对此问题关注不多。1949年新中国成立前夕,刘少奇访苏,并聘请了一批苏联专家来华工作。新中国成立初期总共有35位苏联法学家在新中国的中央政法机关等单位工作。中国社会科学院近代史研究所的唐仕春研究员曾经在俄罗斯访学多年,他收集了这批苏联法学家的9份报告,通过这一珍贵史料描绘了苏联法学家如何认识中国法律以及苏联法律知识如何影响新中国的法制建设。

史料是历史学研究立论的基础,而在法律史研究中如何利用新史料,从习见史料中挖掘新的意义,同样需要跨学科的能力与眼光。首都师范大学陈志坚教授的论文《文本、制式与字体——1215年大宪章正本文书缮写考略》,从古文书学入手,研究与比较大宪章的四个正本,通过不同字体,确定不同版本的产生过程。他指出,1215年大宪章四份正本文书虽在来源、外观尺寸、制印方式与文本内容等方面均存在一定差异,但均是有效的正式缮写本文书,其原真性与权威性基本可堪信任。陈志坚还对约翰王统治时期颁行的56份王室特许状正本文书作了具体的分析,从而有助于我们认识主教及其代表团成员在1215年大宪章制定过程中扮演的重要角色。他们不仅仅于国王与贵族之间协调,促成大宪章文本的形成,而且很可能在更大范围内和更深程度上参与了大宪章的制定过程,甚至直接缮写了大宪章的部分正本文书并主导了大宪章的颁行过程。

韦伯指出,现代官僚制运行的基础就是书写档案。清宫档案被誉为20世纪四大古文献发现之一,其中刑科题本等史料极大地改变了法律史学研究的面貌。近年来大量地方档案与民间文献进入研究者的视野,从而为阐发区域社会的多元性质提供了新的空间和可能。曲阜师范大学吴佩林教授先后参与整理南部档案与孔府档案,利用地方档案发表了一系列有影响力的成果。他的论文《明确边界:清代地方档案研究的若干问题》关注档案的概念以及利用档案的研究方法,首先指出档案一词最早来源于满文,可将档案定义为由文书工作者定期立卷归档的官文书。吴教授的文章中还罗列了清代主要的地方档案,其中一些档案学界目前尚未给予充分的重视,可谓学术研究的富矿。吴教授指出,利用地方档案时应当潜心埋首故纸堆中,才能有所收获,理性看待档案的虚构问题,不仅重视史料,也要重视理论与概念,还要注意档案的时空范围、案卷的完整度以及多种史料的综合利用。

目前留存下来的绝大部分史料是官僚体制运作的结果,由于过程史料的缺乏,我们对于档案如何制作、产生、修缮并公布的过程往往并不清楚。华东政法大学史志强博士的论文,利用新发现的过程史料对清代的审转制度作出了新的评估。这篇论文从个案入手,由审理案件的州县官留下的案件文件汇辑,包括其中囊括的各级官员作出的拟判,通过细致的文本分析,研究了各级官员的拟判中对于司法个案的构建、修饰和完善的过程,将文本生成与制度环境结合起来,认为司法档案层累生成的结果实际上植根于清代刑事司法制度之中。在司法资源有限的情况下,清代相对较低的证明责任,非正式的信息沟通机制加上不均衡的连坐错案追究机制,使得上下级官员之间存在共谋现象,本来多重审级、多次复核的机制流于形式,从而使清代刑事司法体系中的各级官员并不仅仅是处于严密控制之下的一个整体,而是包含着更加复杂多元的面相。对于如何确保司法监督机制的有效运转、界定错案责任的边界与主体、在司法资源有限的情况下设计更为有效的复核机制,这篇论文可以留给读者更多的思考。

研究清代的司法实践基本上都是从档案出发,中山大学法学院徐忠明教授则另辟蹊径,以日记和报刊为中心,挖掘出不少与档案呈现的官方叙事有所不同的司法图景,展现了清末上海暴力犯罪与社会秩序的复杂面相。徐忠明认为,与传统的循吏不同,上海知县庭审中使用严刑峻法的暴力手段并不罕见,这种"以暴制暴"是审判官实现"讼简刑清""盗贼敛迹"社会理想的手段和方法,也有助于我们重新思考清代"依法裁判"的传统叙事,而华洋杂处、人口激增所伴随的社会秩序失范,使得近代上海的暴力与惩罚问题也更加突出。徐忠明的论文揭示出日记作为法制史料的重要价值,很多在司法档案里无法得知的信息,却能从日记里看到,例如案件审理过程中微观决策的情形、斡旋的各种细节等等。法制史研究应当重视史料的多样性与研究视角的多元化,综合运用各种史料,这样才能充分体认传统社会的行为逻辑与制度逻辑。

法律史研究的拓展除了依赖新史料的发现,还可以借助视角的转换。环境史探讨特定时空环境下人与自然环境、生态系统的关系。法律作为国家意志的体现,规范着人类在自然空间里的行为。中国社会科学院世界历史研究所高国荣研究员的论文连接法律史与环境史,从罗斯福"新政"时期几个农业与环境相关法案入手,指出"新政"时期的农业政策先是以生产控制和土壤保护为手段,1938年之后,常平仓、生态补贴等措施有效地缓解了美国的农业危机,成为进步主义时期资源保护运动转向战后环保运动的重要过渡环节。

20世纪60年代以来,法律与经济学、法律与文学等法学的跨学科研究逐渐发展,对法学的学科发展产生了深远影响。但是,法学界与史学界的法律史学者长久以来缺乏交流,如中国法律史学会成立已有40余年,却很少在其活动中看到历史学者的身影。同样,历史学界也很少组织以法律史为专题的学术会议。由于法制史研究比较专门化,能够熟练运用法学概念进行分析的历史学者也相对较少。或许正因如此,改革开放以来,中国法学界的法律史研究一度非常繁荣,而近年来,在法学研究的繁荣中,法律史研究却有边缘化的趋向。法学与史学背景的学者在知识结构、学术偏好等方面存在较大差异,这是客观存在的现实,正因如此,这也是本次会议加强法学界与史学界学者交流的重要意义所在。习近平总书记多次指出,"在全社会弘扬社会主义法治精神,建设社会主义法治文化"。中国特色社会主义法治文化建设应当建立在吸收中国传统法律文化经验与教训的基础上,也离不开借鉴世界上一切优秀的法治文明成果。挖掘传统社会的法治资源,吸收转化外国法治文化的制度经验,都要依靠法学与史学的融合贯通,依靠跨学科的方法,进一步开展深入的研究。我们希望本书的出版能够抛砖引玉,加强法学与史学的跨学科交流与研究,从而进一步提升中国法律史的研究水准,为中国法学和史学研究的进一步繁荣兴旺贡献一份力量。

编者

法律史视角下的中国革命

"政治犯不予引渡"规则与孙中山伦敦蒙难事件的第三种解释

侯中军*

为什么要探究孙中山进入使馆的方式？已有的研究已经点出了问题的本质,"不是为了判断使馆这样做是否合法,而是为了对孙中山的人格有一个更好的了解,同时对他的假装的才能也有一个正确的评价",事情很显然,"不管孙中山怎样进入使馆,都是使馆馆员们的过错"。① 论证孙中山进入使馆的方式,固然可以了解孙中山的人格,但对后来研究者而言更为重要的目的是探究孙中山反清革命起源中的重要节点:孙中山是如何通过使馆事件一举改变了革命的舆论,赢得同情的？是一次偶然成功的革命宣传,还是刻意营造的革命舆论？将孙中山领导革命的目的和动机纳入伦敦蒙难事件的学术视野之内,将会有不同的解释。

经过数代学者的努力,旧有研究所存在的短板和缺憾,尤其是无法合理解释正反两方的材料,仍很难在固有思路下实现突破。对于新思路的种种薄弱点或者说不足之处,笔者并非没有意识到,而是本着历史学求真的精神,希望对伦敦蒙难事件的研究重新提出讨论。本文不纠缠于被绑架与自投的每一个细节性论争,而是从动机出发,从结果出

---

* 中国社会科学院大学历史学院教授,中国社会科学院近代史研究所研究员。
① 史扶邻:《孙中山与中国革命的起源》,丘权政、符致兴译,北京:中国社会科学出版社,1981年,第92页。

发,从论证逻辑出发,结合学界已经确认的各项事实,围绕目前存在争议的点展开论述,尝试提出孙中山伦敦蒙难事件的第三种解释。鉴于既有研究无法合理解释伦敦蒙难事件上的一些可疑点,本文尝试对孙中山伦敦蒙难这一问题提供一种新的研究思路,所做推论可能在某些细节上仁者见仁、智者见智。

一、100多年以来的争论:被绑架还是自投?

经过前辈学人持久努力,孙中山伦敦蒙难事件的相关史料已经有了非常充分的发掘,而在史料极为丰富的情形下,对于伦敦蒙难事件中孙中山进入清使馆的方式却存有两种相反的观点:一是被绑架进入使馆;二是自投进入使馆。

孙中山本人最初提出自己进入使馆的方式是被绑架。在《伦敦蒙难记》内,孙中山对于进入使馆的方式有详细的描述。1896年10月11日,在清使馆外,孙中山遇到一位华人,与之交谈,一会儿又来一人,"是二人者,坚请予过其所居","予婉却之,遂相与伫立于道旁阶砌"。在坚持不下时,又有一人出来,最先遇到的华人离去,"于是与予相共之二人,或推予,或挽予,必欲屈予过从",快到门口时,大门忽然打开,"予左右二人挟予而入"。① 根据描述,此种进入使馆的方式是先诱拐,然后胁迫进入。虽然孙中山在《伦敦蒙难记》中称是被诱拐胁迫进入使馆,但在其存留的当时证据上则是直接称为"被绑架"。在1896年10月17日写给康德黎的求救卡片上,孙中山写道:"我在星期天被绑架到中国

---

① 《伦敦被难记》(1897年初),载广东省社会科学院历史研究室、中国社会科学院近代史研究所中华民国史研究室、中山大学历史系孙中山研究室合编:《孙中山全集》第1卷,北京:中华书局,1981年,第56页。

公使馆,将要从英国偷偷运回中国处死。祈尽快营救我。"①在 10 月 19 日的求救卡片上,孙中山进一步阐释了被绑架的细节:"我在离中国使馆不远的街上,被两个中国人拉入使馆","还没有进去之前,他们各在左右挟住我的一只手,竭力怂恿我入内和他们谈谈","当我进入后,他们把正门锁上,并强迫我上楼,推进一个房间,从那天起便将我关锁起来"。② 这些留传下来的"证据"具有双重的属性,一方面可以帮助孙中山自我回忆伦敦蒙难的经过,但另一方面也束缚了其对于蒙难真相的客观陈述。客观而言,上述回忆文字因其有纸面证据的存在及第三方的存管,孙中山在后来的回忆及叙述中,虽有偏离,但皆须与此类证据相对应。时间、地点、目的、如何进入使馆等所有需要的要素,这两张卡片上全有了。这些文字对于细节的表述,给人更深的印象是要给法庭提供所有定案的证据,而非一味急切的求救。

"自进使馆说"的首次提出者是清政府驻英使馆随员吴宗濂,其在《龚星使计擒孙文致总署总办公函》中将孙中山到清使馆的方式表述如下:"讵意该犯于九月初四日改名陈载之,来至使署询有无粤人","次日复自来使署探问中国情形","彼既肆无忌惮,势不能不暂行扣留"。③ 在吴宗濂函件所描述的情形下,孙中山是自己走进去的,而且是走进去两次,使馆继而将其扣押。吴宗濂的表述与清使馆参赞马格里(Halliday Macartney)的相关证词大体相同。

---

① To Dr. James Cantlie, FO17/1718, London: The National Archives, p. 30;《致康德黎简》(1896 年 10 月 17 日),载广东省社会科学院历史研究室、中国社会科学院近代史研究所中华民国史研究室、中山大学历史系孙中山研究室合编:《孙中山全集》第 1 卷,第 29—30 页。
② 《致康德黎简》(1896 年 10 月 19 日),载广东省社会科学院历史研究室、中国社会科学院近代史研究所中华民国史研究室、中山大学历史系孙中山研究室合编:《孙中山全集》第 1 卷,第 30 页。
③ 吴宗濂:《随轺笔记》,长沙:岳麓书社,2016 年,第 215 页。

马格里第一次接受英国外交部咨询时曾表示,孙中山曾在 10 月 9 日进入过使馆,10 月 10 日是第二次进入使馆。现有的材料证明,马格里两次提供的时间不一致:一说是 1896 年 10 月 9 日,这也是马格里第一次向外交部证实时所说;另一说是 1896 年 10 月 10 日,即后来马格里向《泰晤士报》去信中的说法。财政部大律师卡菲(H. Cuffe)认为,马格里前后叙述的不一致,说明他只是转述别人向他汇报的情形,而非其亲身经历。孙中山的自我陈述是:"星期六,即 10 日,我到过摄政公园、动物园和植物园。我去那里时是上午十一二点钟,一直逗留到下午 3 点钟。"司赖特侦探社(Slate's Detective Association)的报告是:"星期六这天,我们还在葛兰旅店街八号侦察此人,我们跟他出来,到国会两院。在那地方,他停留了两个钟头以上。出来的时候,他步行到斯屈郎,看看店铺的窗子,回到葛兰旅店街八号,以后就不见了。"①这两份报告都无法证明孙中山进入过使馆,也没办法证明孙中山没有进入过使馆。从时间线上而言,10 月 9 日孙中山曾进过使馆的可能性是存在的,也就是说孙中山 10 月 9 日存在进入使馆的时间,证词来自康德黎。"孙中山每天都来看我,时不时告诉我他如何打发时间","大概连续 3 天或 4 天,他从早上 10 点至晚上 6 点都在我家中","我确认他 10 月 5 日周二(原文如此)来过我家,但不能确认 10 月 9 日(周五)是否来过","如果周五来过的话,也仅仅停留了几分钟的时间","我确认他 10 月 10 日(周六)来过我家,停留了两三个小时,但我当时外出,没有见到他"。②

罗家伦在研究整理伦敦蒙难事件时提出,孙中山进入使馆的方式可能是自投。1930 年 7 月 20 日,罗家伦与胡汉民讨论伦敦蒙难事件

---

① 罗家伦:《中山先生伦敦蒙难史料考订》,北京:京华印书馆,1935 年,第 39 页。
② Statement of Dr. James Cantlie, November 4, 1896, FO17/1718, p.121.

时,胡汉民告诉罗:"当时总理是自己进使馆去的,或是被挟进去的,还是问题,因为总理有一次向我们说起,他说'是我自己走进去的'。"同年9月2日,戴季陶也告诉罗家伦同样的说法。罗家伦推理:"我以为从中山先生勇励无前的性情来推论,或者他当时是自动的进使馆去宣传主张,集合同志,窥探虚实,也未可知。"作出推论的基础是"这些(指自动进使馆)在一个革命领袖的生命过程中,是意中的事,也是一件很可以表示中山先生大无畏精神的事"。①

史扶邻(Harold Z. Schiffrin)在罗家伦的基础上进一步明确了孙中山是"自进"使馆的。史扶邻认为孙中山有自己进入使馆的意图,而孙本人在自己的描述中"略去了","孙中山当时是有这个打算的",即打算走进使馆。史扶邻推论孙中山"认为他已经摆脱对他的跟踪了",而且认为"中国政府不敢在英国的土地上加害他","除了想混进使馆,同那里能碰到的任何一个广东同乡高谈阔论一番外,他可能只不过是感到寂寞,想要同中国人交交朋友而已"。②

史扶邻认为,使馆佣人柯尔(George Cole)的证词已经表明,"使馆已预知孙中山的访问,或已预谋一个不寻常的事件;否则,在那个星期日上午,在孙中山离开寓所之前,马格里是不会被召来的","预期孙的到来这一点是明显的。如果预期他的到来是这样有把握,那么很可能就是事先已经约定好了"。史扶邻还指出财政部大律师卡菲认为"对孙中山的有计划的扣留,与孙中山否认他先前曾有过一次访问并不前后矛盾"。③

吴相湘在《孙逸仙先生传》内则一改罗家伦、史扶邻的推定,认为孙

---

① 罗家伦:《中山先生伦敦蒙难史料考订》,第42页。
② 史扶邻:《孙中山与中国革命的起源》,第93页。
③ 同上书,第96页。

中山进入使馆系被"绑架",回到了《伦敦蒙难记》的记载。吴将孙中山进入使馆的章节标题写为"清吏计诱误入虎口",其中的细节描写事实上也是间接引自《伦敦蒙难记》。①

黄宇和对孙中山伦敦蒙难事件的分析是迄今为止最新的论述,自其专著《孙逸仙伦敦蒙难真相》出版后,学界关于伦敦蒙难事件的学术探究事实上处于一种沉寂的状态,罕见新的论著出现。《孙逸仙伦敦蒙难真相》一书在罗家伦、史扶邻等论证的基础上,通过更为细致精密的分析,认为孙中山进入英国使馆属于被绑架。正因为黄宇和揭去了康、孙二人在《伦敦蒙难记》一书上对事实真相的蒙蔽,学界对康、孙在伦敦蒙难事件中的表现和言辞不得不再行深入审视。这些真相的揭露,对于哪种说法更为有利?或者说使得哪种说法更为符合逻辑和常理?这是目前学界需要进一步去讨论的议题。该书指出,如果陈少白是《神户纪事报》的笔者,并参与了与谢缵泰的笔战,"他或许就会不惜编造孙逸仙勇闯驻华盛顿和伦敦两清使馆的故事,来为孙逸仙塑造英雄的形象","与此同时,孙逸仙也正忙着说服英国人他是被绑架的","如果孙逸仙在伦敦确系被绑架,后来 1897 年在日本的时候,他显然没有必要对陈少白讲假话,恐怕是陈少白事后建议他将被绑改为自进使署的"。并在此推论的基础上,进一步确认"不管事实如何,孙逸仙后来终于决定把自己的历险,说成是闯使署、扬革命的勇敢行为"。②

笔者以为,孙中山告诉陈少白他是自进使署,事实上只讲了一半,隐瞒了另一半。这隐瞒了的另一半是什么,是否就是马格里所宣讲的那样,未必尽然。"我们必须记住,第一个说孙逸仙不是被绑架的人,不

---

① 参见吴相湘编撰:《孙逸仙先生传》,台北:远东图书公司,1982 年,第 154—155 页。
② 黄宇和:《孙逸仙伦敦蒙难真相》,上海:上海书店出版社,2004 年,第 107 页。

是孙逸仙自己,而是1896年投书给《神户纪事报》的那个人。"①黄宇和依据各种证词之间不能互相印证之处,逐步推导出了自己的看法:孙中山是被绑架入馆,为了提升自己的英雄形象,而经陈少白等人宣传,又改口表示自己是自动进入使馆。需要明晰的是,自进使署的说法一直是清使馆所坚持的,不论是马格里还是吴宗濂,他们都在说明这一点。

二、孙中山进入使馆的逻辑及重要证词

广州起义失败后,孙中山、陈少白、郑士良等避难香港。在香港期间,康德黎指点孙中山去咨询律师达尼斯(Dennis)如何摆脱清政府的追捕。康德黎希望孙中山向律师问明"政治犯能否居留此地"。达尼斯的意见是"此事在香港是初见,政府能否客留,未有一定,视港督之意如何办理",建议"先行离开,免致被其驱逐"。鉴于是否适用政治犯不予引渡条款,需要香港政府讨论后决定,因此律师劝孙尽快离开香港。②康德黎最初指引孙中山避难香港的首要思路是如何利用政治犯不予引渡条款,孙中山本人对此也深为信服,秉此思路躲避清政府的追捕。

孙中山离开香港第二日,清政府便向港英殖民政府提出了引渡孙中山的问题。香港时任总督罗便臣拒绝了清政府的要求,其理由是英国不同意引渡政治犯,"孙文如来港,必驱逐出境,不准逗留","不言拿送"。③ 此时港英殖民政府所坚持的政治犯不引渡原则为清政府所知悉,清政府对此只有默认。政治犯不引渡原则是此时国际关系的一项

---

① 黄宇和:《孙逸仙伦敦蒙难真相》,第108页。
② 参见桑兵主编:《孙中山史事编年》,北京:中华书局,2017年,第111页。
③ 罗家伦:《中山先生伦敦蒙难史料考订》,第2页。

通例,它是法国大革命后,通过西欧一些国家的国内法和各国间的引渡条约的规定而形成的原则。"1833 年比利时制定出来第一个明文规定禁止引渡外国政治犯的国内法,而这一原则依 1834 年比法间订立的引渡条约第一次付诸实施;其影响及于欧洲其他国家","从此政治犯不引渡的原则就一直依资本主义国家间的条约和各国的国内法确定下来,而成为资产阶级国际法的理论和实践上公认的原则"。① "从 1867 年以后,几乎所有它所订立的引渡条约都有这个原则。由于英国、瑞士、比利时、法国和美国的坚决态度,这个原则遂征服了全世界。"②

　　清政府亦希望突破"政治犯不予引渡"的所谓惯例。为了试探缉拿孙中山的可行性,两广总督谭钟麟曾希望总理衙门向英国驻华使馆询问华人犯法后入香港澳门的问题:"华人犯法者多逃入香港澳门,华官不敢入租界内拿人,致案悬莫结",希望"准华官知照洋巡捕,会同查拿"。③ 英国领事在收到清政府照会后,故意推诿,"谓外国例若系斩决之罪则不准交出,请将拟定罪名见示",引渡交涉事实上无法进行。④ 由于到日本后有引渡革命党的谣传,孙中山又未能开展相应的革命活动,"乃与陈少白断发改装,决意远游美洲"⑤。此时孙中山决意离日赴美,固然有发展革命力量不力的因素,但其最为紧迫的原因当在于"引渡"的谣传。

　　1896 年 1 月,孙中山到了夏威夷。⑥ 在夏威夷,康德黎再次与孙中

---

① 周鲠生:《国际法》,北京:商务印书馆,1981 年,第 310—311 页。
② 劳特派特修订:《奥本海国际法》上卷第 2 分册,王铁崖、陈体强译,北京:商务印书馆,1989 年,第 186 页。
③ 罗家伦:《中山先生伦敦蒙难史料考订》,第 2 页。
④ 《两广总督谭钟麟为孙中山已去长崎事奏片》(光绪二十一年十二月初八日),载方裕谨:《清政府镇压孙中山革命活动史料选》,《历史档案》1985 年第 1 期,第 35 页。
⑤ 桑兵主编:《孙中山史事编年》,第 116 页。
⑥ 关于孙中山游历的过程,请见史扶邻:《孙中山与中国革命的起源》,第 80—88 页。

山发生了交集,这次交集具有极为重大的意义,以往的研究以为此次交集纯属"偶然",忽略了其在伦敦蒙难事件中扮演的关键角色。到达夏威夷后"孙中山遍游周围各岛,宣传革命,募集军费,诸同志皆无以应之",孙中山亦自认为"予到檀岛后,复集合同志以推广兴中会。然已有旧同志以失败而灰心者,亦有新闻道到赴义者,惟卒以风气未开,进行迟滞"。① 孙与康德黎在香港分开,夏威夷"偶遇"及伦敦相聚,并非偶然,如果仔细寻找,有其内在的逻辑性。现有研究已经指出其中隐藏的线索。"当康德黎博士于是年(1896年)2月7日离香港前二日,一友人特来告知孙现在檀岛,函约晤聚",但孙中山并不知道康德黎到达檀香山的准确日期,所以才有了《伦敦蒙难记》中的偶遇情节。②

康德黎记载此次在檀香山与孙中山的相遇是"余以三月归国,途径旷那儿陆,偶遇逸仙",见面后劝告孙中山"宜即乘此好机会往英京专精医术","各医学校以十月间为开学之期,故来英京须在十月之前"。孙中山对相遇情节的记载是"一日散步市外,忽遇有驰车迎面而来者,乃吾师康德黎与其夫人也。吾遂一跃登车,彼夫妇不胜诧异,几疑为暴客,盖吾已改装易服,彼不认识也"。在分开时,孙中山告以将做环球游行,"不日将由此赴美,随将到英,相见不远也"。③ 在檀香山能与康德黎见面,事实上是孙中山此前已有邀约,只是未定日期。两人根据计划在檀香山相聚后,具体谈了什么,只能根据孙中山后来的记忆得知。可以肯定的是,康德黎与孙中山相约来英是一个基本事实,但来英的目的是什么,则无论是康德黎还是孙中山都未在后来的文件中完全袒露。如果说此时已经策划了自投使馆的各种细节,可能为时过早,但宣传革

---

① 桑兵主编:《孙中山史事编年》,第117页。
② 参见吴相湘:《孙逸仙先生传》,第148页。
③ 桑兵主编:《孙中山史事编年》,第123页。

命的计划应该已经种下。

总理衙门对于孙中山离开檀香山赴旧金山的行程是掌握的。总理衙门与驻美公使杨儒、驻英公使龚照瑗之间保持着联络,就如何跟踪孙中山以及如何拿获孙中山颇费苦心。杨儒此时已经对如何通过条约引渡孙中山进行过分析,分析了中英1858年《天津条约》及1894年《续议滇缅界、商务条款》相关条文。根据中英《天津条约》第21款,"中国民人因犯法逃在香港或潜往英国船中者,中国官照会英国官,访查严拿,查明实系罪犯交出"①。根据中英《滇缅界约》第15条,"英国之民有犯罪逃至中国地界者,或中国之民有犯罪逃至英国地界者,一经行文请交逃犯,两国即应设法搜拿,查有可信其为罪犯之据,交与索犯之官"②。对于杨儒所列举的约文,龚照瑗认为其与欧洲各国现行通例不符,"迨逃至他国,他国即视为公犯,向无交出之例"③。孙中山登船离开纽约后,杨儒致电清政府驻英使馆,称孙中山已经登船前往英国。

即使是被困于使馆之后,孙中山在回忆自己最为担心的事情时,仍是英国政府违反"政治犯不予引渡"的通例。孙中山表示"生命事小,政见事大","万一被递解至中国,彼政府必宣示通国,谓予之被逮回华,实由英政府正式移交,自后中国之国事犯决无在英国存身之地",最终结果恐导致"吾华革命主义,永无告成之望矣"。④ 孙中山在被囚后亦以此规则警示清使馆人员"此为英国,非中国,公等将何以处吾?按诸国际交犯之例,公等必先将予被逮事闻于英政府,予意英政府未必肯遽从

---

① 王铁崖编:《中外旧约章汇编》第1册,上海:上海财经大学出版社,2019年,第90页。
② 同上书,第540页。
③ 罗家伦:《中山先生伦敦蒙难史料考订》,第13页。
④ 《伦敦被难记》(1897年初),载广东省社会科学院历史研究室、中国社会科学院近代史研究所中华民国史研究室、中山大学历史系孙中山研究室合编:《孙中山全集》第1卷,第64页。

所请也",使馆人员则对以"盖此间即中国,凡使馆中所为之事,无论谁何决不能干涉也"。① 行文之间,仍将该规则予以强调。纵然后来学界已经证明《伦敦被难记》系孙中山、康德黎合作的结果,但此等论述的脉络仍然可见孙中山当时的思虑重点所在。在规劝柯尔代为传递信息时,其向柯尔所传递的信念仍是英国政府必将帮助其解困,当柯尔询问"不识英政府亦肯相助否"时,孙中山表示:"唯唯,英政府之乐于相助,又宁待言。否则中国使馆只须明告英政府,请其捕予而交与中国可矣,又何必幽禁予于斯,恐外人之或闻耶?"待柯尔带回康德黎的纸条后,其内容是"勉之,毋丧气!政府方为君尽力,不日即见释矣"。康德黎所传递的信息是"政府"为营救孙中山在尽力,强调了英国政府而不是康德黎本人在尽力。此纸条背后的真正深意在于:事情正在向此前两人预设的轨道发展。孙中山对此纸条的形容是"大喜逾望"。②

"政治犯不予引渡"规则成为孙中山设计走进伦敦清使馆事件的核心线索,这一线索不仅可以从孙中山的自述及脉络中得到充分体现,而且可以从清使馆方面的有关记载中得到验证。清使馆在孙中山到英之前已经探询过英国外交部,可否援引"香港及缅甸交犯约","请为代拿",得到的回答是"二约只能行于香港及缅甸,而不能施之他处,设竟代拿,必为刑司驳诘"。此次试探,英国政府虽未明确提出"政治犯不予引渡"规则,但明确不可以在英国代为缉拿孙中山。出乎清使馆意料的是,孙中山竟然来馆试探。同样是基于国际法,清使馆认为使馆即"中

---

① 《伦敦被难记》(1897年初),载广东省社会科学院历史研究室、中国社会科学院近代史研究所中华民国史研究室、中山大学历史系孙中山研究室合编:《孙中山全集》第1卷,第60页。
② 《伦敦被难记》(1897年初),载广东省社会科学院历史研究室、中国社会科学院近代史研究所中华民国史研究室、中山大学历史系孙中山研究室合编:《孙中山全集》第1卷,第64页。

国之地",而孙又"肆无忌惮","势不能不暂行扣留"。待使馆扣押孙中山后,英国外交部告诉马格里:"中英交犯约,经曾前大臣议而未成,刻下既无约可援,如解犯潜过友邦之地,殊与公例未符。"①罗家伦通过分析总理衙门档案指出,"英人不能代拿一层是马格里和英外部非正式商量以后的话"②,点明了双方非正式协商的结果。清使馆及总理衙门所思考的关键之点也是政治犯可否引渡这一环节。为了规避"政治犯不予引渡"规则以及中英间既有条约的限制,总理衙门建议驻英公使馆"具文外部宜商律师",驻英清使馆律师建议"以匪人多借香港为谋乱之地,请外部饬香港地方官概加严察,而不专指孙文,非特无碍香港交犯约,且可补该约未备之辞",面对清政府的要求,英国外交部亦指出"英不能准匪人借其属地谋乱友邦"。③

据吴宗濂所记,孙中山在被关押后的第二日告诉邓廷铿"我昨夜三思,此地乃系英国,钦差在此断难致我之罪,否则我亦不自来署",并进而明确"虽可扣留,实不济事",因"钦差在英无办犯之权,中国与英国之无交犯之约",最为关键的在于接下来的这句"我早查明,然后敢来"。④

现有留存下来的关键证据是孙中山发出求救信息的第二张卡片。10月19日,康德黎收到孙中山的求救信息:"10月11日,在中国公使馆门外大街上,我被两个中国人拽进大使馆内","他们每人从一旁抓住我的一只胳膊,以进行谈话为由,迫使我走进使馆内。一进使馆,他们就锁上了前门,逼迫我上楼,然后把我锁到一个房间内一直到现在",

---

① 吴宗濂:《随轺笔记》,第215页。
② 罗家伦:《中山先生伦敦蒙难史料考订》,第21页。
③ 吴宗濂:《随轺笔记》,第215页。
④ 同上书,第218—219页。

"我出生在香港,四五岁时曾回到中国,因此法律上我是个英国人,您能把我从此间救出去吗"。① 向康德黎求救,还需要自报家门和履历吗?需要向康德黎陈述如此详细的进入使馆的细节吗?这张卡片虽然名义上是写给康德黎的,但其目标读者事实上是英国政府。②

康德黎同日将孙中山一案写成一份简要文字,并向最高法院申请保护孙中山。申请保护令的内容共分四段,大致如下:第一段简说案情,"被中国使馆强行扣押的人叫孙中山,除非立即采取措施,否则它将被押送出英国,最终被送回中国"。第二段简述了与孙中山在香港认识,孙中山在中国发动起义并被迫逃亡的经过。康德黎称他"最后一次与孙中山见面是10月10日上周六。10月15日见到房主波兰德小姐时据称已经4天未见到孙中山了,不知道孙去了哪里。本周六10月17日晚,即昨天晚上,我在我的信箱里发现了一封匿名求救信,称我的一个中国朋友被中国驻英使馆扣押,将被送往中国绞死,希望我立刻营救孙"。第三段讲述了柯尔10月18日亲自来递送孙中山信息一事。柯尔自称他受雇于中国公使馆,孙中山被囚禁于公使馆后楼的第四层,由一到两名中国人和他共同监管。柯尔递给康两张卡片,上面有孙中山手写的求救信息(卡片副本附在函后)。第四段确认以上所述为实,要求法院立即给孙中山发出保护令,否则孙将被送回中国。柯尔所传两张卡片抬头都是"致康德黎博士",一张写明"请保护传递信息之人,不要让他因为我传信而失去工作",背面是"我周日被绑架至中国使馆,将被偷运出英国,到中国处死,请马上营救我";另一张写明"为

---

① Message Pencilled on Card Bearing the Name Dr. Y. S. Sun, October 19, 1896, FO17/1718, p. 23.
② 根据英国外交部档案记录,1937年卡片原件应英国外交大臣之命从档案中被取走。

了把我运回中国,使馆已经雇好了船只,我将一路被锁住不能与任何人交谈"。①

1896年11月12日,财政部大律师卡菲应内政部所请,调查孙中山伦敦使馆被扣押事件。卡菲审理所有材料后表示,"很显然,横亘在彻底调查清楚该事件面前的主要困难是无法彻底调查清使馆,无法传讯或约谈居住在使馆内的成员","我或许可以从清使馆的英国工作人员处获得信息,但要进行此类问话不可能避开中国公使的耳目,而这将导致被询问人一旦有所声明就将被开除的命运"。鉴于上述原因,卡菲表示,他并未向使馆人员进行询问,而且亦认为,对于调查事件真相而言,使馆人员的声明并非不可或缺。虽然如此,卡菲仍自信地认为,虽然所有证据均来自一方,虽然双方陈述的观点互相冲突,但足以说明孙中山在清使馆被扣押事件的真相。② 卡菲认为:"经过仔细思考和比对每一个人的证词,我认为孙中山所叙述的他于10月11日上午被挟入清使馆的方式,无疑是正确的。"孙中山第二份求救卡片的证词极大地影响到了卡菲的判断,因为这段证词的写作堪称完美,具备了为如何进入使馆定性的一切细节要素。

马格里与公使馆主持人龚照瑗在羁押孙中山一事上存在矛盾,黄宇和曾指出"原先马格里是使馆中唯一反对公使计划的人,但后来却沦为这一阴谋的主要辩护士,虽然他内心并不情愿",反对不成后的做法就是"退一步为自己和家庭留后路","千方百计保守秘密,温言劝说家人去苏格兰过冬,以防万一,避入火车站楼上之米特兰大旅馆,以便必要时可以在最短时间内离开伦敦等等"。黄宇和反对将马格里视为绑

---

① In the Matter of an Application for a Writ of Habeas Corpus, October 19, 1896, FO17/1718, pp. 27-29.
② Mr. Cuffe to Home Office, November 12, 1896, FO17/1718, p. 113.

架孙中山的主谋及策划者。① 现有的研究及分析都不足以将马格里视为绑架孙的主犯,但问题在于:如果孙中山是自己走进使馆的,在龚照瑗劝说马格里羁押风险极小的情形下,马格里在其中的作用就值得再考虑。

孙中山被释放的当天,清政府驻英公使馆有一封致总理衙门的密电,其内容据查与使馆的原稿存在较大差异。

总理衙门收到的电文:"九月十八日收出使龚大臣电,称:察知孙文在英有党羽,扣留第三日即来馆旁,日夜伺察,员弁出外,亦必尾追。置箱柜中,亦难送出,船购定退去。久羁恐生枝节,现与外部商允,如孙回香港,必由港督严察,并请瑷具文,以凭照办。惟有释放,仍派人密跟。"②

清使馆原稿电文:"孙犯已在馆扣留十三日,有犯党在馆旁(巡)逻,馆中人出入,亦必尾随,日夜无间,竟无法送出。外间亦有风声,船行亦不敢送,只得将购定之船退去,与外部商允,如孙回香港,必由港督严察,并请具文,以凭饬港督照办等语,因将孙犯释放,仍派人密跟。"③

罗家伦即指出,这两份电文的出入太大,判断"若是密电的误译,也决无此事",因为其他的电报,除偶尔有电码错误外,"绝少不同之处"。罗家伦判断,总理衙门所收电文认为孙中山被羁押的第三日即有党羽来使馆旁日夜伺察是不对的,因为孙中山是在"被捕后的第七日方才有人得知,第一个知道的人就是康德黎"。罗家伦的解释是,这是"前清公文的诀窍",龚照瑗故意含混电文,将孙中山党羽在外巡逻的日期提前,以便"托故卸责",而且丝毫不提英国政府干预,也是担心总理衙门指责

---

① 参见黄宇和:《孙中山伦敦蒙难真相》,第82页。
② 罗家伦:《中山先生伦敦蒙难史料考订》,第62页。
③ 同上书,第63页。

其外交失败。①

对于两份电文所存的巨大差别,除罗家伦的解释之外,还必须注意到黄宇和的解释。黄宇和对于此两份释放孙中山电文的解释继承了罗家伦的观点。黄宇和认为,"这篇电文可以称得上是清朝官场欺瞒上司的杰作","开头假称拘禁孙中山的第三天起,孙之匪党便在使馆外日夜巡逻",并认为龚照瑗"将六名英国探员诬为匪党",结论是"龚照瑗在这里说了连篇谎话"。②

笔者认为,事实上,这两封电文正好可以解释孙中山联合康德黎等预谋自投使馆、营造被羁押事实的假设。孙中山按预定计划自进使馆被羁押后,为了预防万一,康德黎等自第三天起已经派人公开盯梢清使馆,这里称是公开盯梢,是因为康德黎等的目的在于警示使馆:使馆扣押孙中山的行为完全在孙的同党的掌握之下,警告使馆不要铤而走险,以防使馆用冒险的手段运走孙中山,或者直接杀害孙中山。两份电文虽然在表述被盯梢的时间上有出入,但对于被盯梢的状态表述是一致的。此时固然有英国探员,但使馆所雇佣的探员目的在于盯着孙中山,而不是盯着使馆馆员。此外,龚照瑗岂有不知道使馆已经雇用了探员这一事实之理?如果仔细思考,可以认为在逻辑上不存在龚照瑗将使馆所雇探员误认为孙中山党羽的可能性。龚照瑗对于孙中山登陆英国后的行踪是了解的。孙中山到英国的第二天,龚照瑗就收到了司赖特侦探社的报告,称"已于昨日中午 12 时在利物浦王子码头上岸",辗转到达旅馆时已经是深夜 12 点。③ 得到孙中山的行踪后,龚照瑗即致电总理衙门:"粤犯孙文到英,英令无在本国交犯约,不能代拿。现派人密

---

① 参见罗家伦:《中山先生伦敦蒙难史料考订》,第 64—65 页。
② 黄宇和:《孙逸仙伦敦蒙难真相》,第 67 页。
③ 罗家伦:《中山先生伦敦蒙难史料考订》,第 18 页。

尾行踪。"①

孙中山经过连续与康德黎等人筹划,确保在如何脱离、如何报警、如何联络新闻界等一连串的关键环节万无一失之后,开始有目的地走进清使馆,刻意引起他们的注意,以便他们拘留自己。第一次进去之后,清使馆虽然知道是孙中山,但由于未得总理衙门的命令,未执行拘留计划。第二次时,孙中山在使馆门前与邓刻意谈了几句话,故意相信邓的言语,让邓误以为自己已经入套,其实邓哪里想到,他才是被下好了套,等着清使馆的是一盘大棋。

三、第三种推论:有预谋地自投使馆

英国外交部及内政部等关心的并非孙中山进入使馆的方式,不论是被绑架还是自投,其关注点在于:孙中山事实上是被羁押在使馆的,而这违背了孙个人的意志。从国际法而言,这是违法行为。对于进入使馆的方式,财政部大律师卡菲的调查并未给出明确的判断。英国政府的最终调查结论是:不能判断是自投还是被绑架。

史扶邻也早就强调,"由于卡菲未能讯问使馆的其他雇员,他的结论被公认是不明确的"②,这里的不明确事实上指的是孙中山进入使馆的方式。在卡菲看来,对于孙中山进入使馆的方式,马格里和孙中山证词之间的不同之处并不重要。一方面的原因是孙中山的陈述极其合情合理,尽管在被关押期间因睡眠不好而处于紧张焦虑状态;另一方面的原因在于:如果两人陈述的时间节点分毫不差,这才是令人惊奇的事

---

① 罗家伦:《中山先生伦敦蒙难史料考订》,第21页。
② 史扶邻:《孙中山与中国革命的起源》,第97页。

情,在两人陈述大致吻合的情形下,出现一些"不重要"的差异是正常的。①

在调查结论内,卡菲亦注意到了柯尔证词中的两个特别之处。一是,如何理解柯尔从公使馆内听到的中国馆员所说的话,"very funny which way this man come Chinese Legation",翻译成中文应该是"这个人进入使馆的方式真有趣",或者如现有的翻译"真有趣,这个人是从那条路进来的"②。二是,柯尔证实邓廷铿曾说过"I very clever. I knowledge. I getee inside",现有的翻译是"我真了不起!我真有办法!竟把他弄进来了!"③。卡菲表示自己无法假装成已经完全准确地理解第一句话的意思,而只能理解成"他不是以通常访客的方式进来的",但是柯尔的第二处证词给了卡菲理解第一处证词的思路。卡菲推论称,如果柯尔所听为实,则在被绑架或被诱拐进入使馆两种方式之间,后者的可能性更大。④

孙中山被释放后,为了防止中国公使馆再次在英国滥用外交权利,或者说防止中国使馆再次羁押政治犯,英国外交部希望通过驻北京公使馆向中国政府发出一份抗议照会。如何措辞此份抗议照会,英国外交部与驻北京公使窦纳德进行过商讨。1896 年 12 月,英国外交部起草了致窦纳德的情况说明。此份说明在提及孙中山进入使馆的方式时,写道:"孙中山是在何种情况下进入(访问)中国使馆,迄今仍存有争议。"⑤草稿内仍然在最初的记载上用了"访问"一词。在向窦纳德提供

---

① Mr. Cuffe to Home Office,p. 115.
② 史扶邻:《孙中山与中国革命的起源》,第 96 页。
③ 同上。
④ Mr. Cuffe to Home Office,p. 115.
⑤ From Foreign Office to Sir C. MacDonald(Draft),December 12, 1896, FO17/1718, p. 149.

此份征求驻华使馆意见的草稿时,英国外交部特意强调:"请阁下表明是否认可照会中的措辞,如果不认可,请调整或修改阁下认为不合适之处。"①

窦纳德向总理衙门照会抗议时,用了"进入"(enter)一词,而没有使用"访问"(visit)。英国外交部的此番改动,显然是为了避免不必要的麻烦。1897年2月20日,驻华公使窦纳德照会总理衙门,称他从英国外交部收到了一份关于中国驻英公使馆羁押孙中山的通告。通告叙述了事情的概要:1895年两广总督要求引渡孙中山,但香港总督拒绝了引渡的要求,理由是孙中山被控所犯的是政治罪,而依据英国的法律及实践,政治犯不得引渡。孙中山离开了香港,为了防止他重回香港而引起不必要的麻烦,香港总督针对孙颁布了驱逐令。孙离开香港后到了美国,然后又去了英国,他离开纽约的行程消息由中国驻美使馆通知了中国驻英使馆。需要注意的是,窦纳德在向总理衙门通报伦敦事件时,强调"尽管对于孙中山是在什么样的情形下进入了中国驻英公使馆,仍然存在不同的解释,但毫无疑问的是10月11日孙中山已经被羁押在公使馆内"②。自进入公使馆后,孙中山被严密关押起来,拘于公使馆楼上的房间内,窗户被封,房门被锁,并有警卫看守,采取一切措施阻止孙与他的朋友们进行联系。他被关押的消息直到一个星期之后方被其朋友所知晓。外交大臣因此致函中国公使,指出公使馆扣押孙中山是在滥用外交特权,要求立刻予以释放。经英方的交涉,孙中山在被关押12天后于10月23日被释放。窦纳德称,他奉外交大臣之命代英国政府向中国政府提出正式交涉:旅英的中国人并不在中国公使的司法管控之

① From Foreign Office to Sir C. MacDonald, December 1, 1896, FO17/1718, pp.132-134.
② Sir C. MacDonald to the Tsungli Yamen, February 20, 1897, FO17/1718, p.159.

下,公使馆羁押任何人,即使是中国人,都是在滥用赋予外交代表的外交特权。据英国所知,没有任何一个欧洲国家会容忍此种行为。相信清政府会严格要求驻英公使此后将仔细避免再次发生此类行为。①

1898年3月12日,殖民部大臣张伯伦致函香港总督,询问孙中山驱逐令的实施时间及是否仍处于有效期,并要求提供一份1882年8号通令第3款的副本,因为该通令是作出驱逐令的理由和原因所在。② 7月21日殖民部致函外交大臣索尔兹伯里,称已经查明,1896年3月11日,港英殖民政府正式颁发针对孙中山的驱逐令,香港总督针对孙中山所颁发的驱逐令有效期为5年,自1896年颁发期起算,迄今为止并未针对该驱逐令发布任何修改命令。③

在《伦敦蒙难记》中,孙中山并未矢口否认不知道中国使馆的位置,也并未否认没有自投使馆的想法,只是以较为模糊的手法一带而过,并把中国使馆将拘捕他的事实先行告诉了可能的读者。"康德黎君戏谓中国使馆与伊家为邻,盍过访之,因相视而笑",并以康德黎夫人之口告诫孙中山"彼公使馆中人睹子之面,行当出而相捕,械送回国耳",进而以孟生医生之口强化了将被捕这一事实:"慎勿行近中国使馆,至堕虎口。"④

如果从孙中山逃离香港之时起,梳理其活动轨迹及其致力于宣传革命的思想发展脉络,"自投"之说仍有其合理之处。一方面,如果用

---

① Sir C. MacDonald to the Tsungli Yamen, p. 159.
② From G. Chamberlain to Hongkong, April 12, 1898, FO17/1718, p. 169.
③ From the Under Secretary of State, Foreign Office to the Colony Office, July 21, 1898, FO17/1718, p. 171.
④ 《伦敦被难记》(1897年初),载广东省社会科学院历史研究室、中国社会科学院近代史研究所中华民国史研究室、中山大学历史系孙中山研究室合编:《孙中山全集》第1卷,第55页。

"自投说"来解释清政府驻英使馆的文件及说辞,则与孙中山言辞中的矛盾之处就可迎刃而解。另一方面,如果"绑架说"所有的推论皆为事实,则需要证实清使馆这条线索上马格里、吴宗濂等的事实表述为捏造,或者凡与孙中山、康德黎等人不同之处的皆为捏造。这显然是一个具有相当难度的任务,即使反复推敲各种细节,也只能是推论,或者说只是一种可能而已。

在"绑架说"和"自投说"两种论点之上,笔者提出第三种解释:孙中山进入使馆是有预谋地自投,也可以理解成有预谋地主动"被绑"。清政府驻英公使馆的目的是抓住孙中山,将其引渡回国,以便消灭反清势力及其余党;孙中山的目的是扩大革命影响,引起西方各国舆论的同情,获得更多支持革命的力量,将革命引向成功,推翻清政府的统治。基于此动机,进而分析清政府公使馆及孙中山的行为,将会有更为客观的认识。

学界提出:"孙逸仙在获释之时,未能做到抹黑清政府和为自己创造一个中国启蒙先锋的形象,可是某些英国报刊却无心插柳般地在促成这样的事了。"英国报纸在为孙中山树立形象方面,扮演了一个远远高过他期望的角色,各报把他描绘成一个富有魅力、值得介绍的正人君子。[①] 笔者以为,这可能并非无心插柳,而是孙中山、康德黎刻意为之。

既有研究在总结孙中山如何进入使馆时,曾认为如果孙中山于1896年为了给清廷抹黑而把自投说成被绑架,那么,1897年孙中山为了提高自身在兴中会的地位,同样可以把被绑架说成自投。[②] 但不论是被绑架还是自投,两方的言辞和行为需要符合一般逻辑和常规,后来的

---

① 参见黄宇和:《孙逸仙伦敦蒙难真相》,第159页。
② 参见黄宇和:《孙中山伦敦被难研究述评》,载孙中山研究学会编:《回顾与展望:国内外孙中山研究述评》,北京:中华书局,1986年,第485页。

研究者需要随着档案史料的揭露和认识角度的变化,提出最为切合实际的分析。孙中山伦敦蒙难事件的基本线索是:孙中山在香港时已经非常清楚,即使他在英国被清政府捕获,也不可能被遣送回国。自日本到夏威夷后,孙的革命宣传工作并不顺利,与康德黎在夏威夷的再次相遇,使得他决定到英国宣传革命,但此时如何宣传尚无腹案。到英国后,经过数日密议,孙决定自投使馆,导演一部为报界所知晓的营救大戏。

康德黎一家在孙中山突然失踪后的平静是在静待事情的发展,等待孙中山递出求救信,如果信没有被递出来,就采用备用方案,用预先留下的求救名片报警并同时通知报界。在策划过程中,康德黎与清使馆管家豪威夫人已经计划了全局。10月17日晚的匿名小纸条的内容也是已经写就的。作为合理推测的一个环节,孙中山如何做到使事先预留的名片与清使馆所用名片一致,而不至于让人起疑?这个关键就在管家豪威夫人。司赖特侦探社所记录的孙中山行程中,有进入文具店的记录。10月2日星期五上午11点30分孙走出"葛兰旅店街八号",步行到"牛津街","看看商店的玻璃窗子,于是走进霍尔庞119号(文具店)"。① 鉴于使馆管家豪威夫人与康德黎的关系,孙中山不难事前知晓清使馆所使用的文具类别。经过豪威夫人的劝说,仆役柯尔最终采取了行动。这里的计划事实上相当周全。唯一的危险就是,清使馆铤而走险,直接在使馆内杀害孙中山。之所以预留名片,其预防的最糟糕的情况就是:使馆内线完全失去作用,无法引起警局注意,只有亲自导演,以便作为呈堂证供。英国报界如此深入密集地报道,可谓非常成功地宣传了孙中山及其倡导的革命。英国报界何以对此事件如此敏

---

① 罗家伦:《中山先生伦敦蒙难史料考订》,第23页。

感?吴宗濂曾总结认为,对于孙中山被扣押在使馆内,"业经孙党贿通日报并报知外部也",这里的"贿通"一词,对于推导康德黎与孙中山所设计的自入使馆的全盘计划提供了一个很好的注解。①

清政府一直在密切关注孙中山的行踪,此点为孙、康等所知晓。清政府欲在公使馆内缉拿孙中山这一动机,孙中山完全了解,在经过一定的权衡后(虽然有英国保护,但风险仍然很大,可能被就地处死),孙决计抛却个人安危,将计就计,进入公使馆,造成被拘留的事实,引发舆论关注。在此逻辑之下,现有的材料可以说明学术界所存疑惑之处。

孙中山进入使馆大门是真的自投,而被囚禁于使馆三楼则是真的被绑架,如此正符合孙前后两次的表态,也是学界一直以来未能有明确结论的原因所在。从逻辑上而言,流亡到夏威夷的孙中山因未能集聚革命支持力量,颇感失望,他在寻找一切方式,扩大革命影响,吸引人们对推翻清政府的支持,或与康德黎或与其他人,或其自己想到了自投清政府驻英使馆,并将过程向报界公布,以便引起舆论的广泛关注。康德黎因熟悉伦敦,一定在某个节点参与了这件事情。不论是孙还是康,他们都清楚清政府无权处置在英国的中国人,除非将其偷偷运回国内。如果能防止被偷渡,孙的安全可保无虞。在香港时,港督已经拒绝了清政府的引渡要求,对此,康德黎一定是清楚的。港督的拒绝,为实施自投公使馆活动做了一个铺垫:英国会基于国际法保护孙中山。自投公使馆的目的在于引起舆论界的广泛关注,从法制与道德的高度置清政府于不利地位:从法律上而言,清政府在伦敦缉拿政治犯,属于违背公法的行为;从道德上而言,清政府腐败专制,压制民主力量。

---

① 参见吴宗濂:《随轺笔记》,第215页。

余 论

  在各家说法都是推断的情形下,何种说法最为合理,能让整件事情的不合逻辑之处最少,当为后来研究者所应努力的方向。对于事件双方的各自辩词,均需要置于平等的地位,不能因某一先验的细节判断而怀疑其整个辩论前提。对于事实真相的最为合理的解释,不但应可以满足一方的行动逻辑,亦应可以印证另一方辩词所陈述的客观事实。如果马格里所说是事实,孙中山是自投使馆,则是否能够圆满解释事件各方的言行?事实证明,如果从另一方的证词出发,对于一些疑难现象的解释则更为清晰合理。

  孙中山伦敦蒙难事件,从逻辑上而言,是孙与康德黎为扩大革命影响而主动策划的一次被清政府公使馆扣留的事件。伦敦蒙难一事,无论是从动机还是宣传效果而言,均符合主动策划的特点。在自投还是被绑架进入公使馆这一具体细节上,之所以不能达成一致,就是因为任何一方的结论目前仍属推理性质,仍只是推论。如果能跳出目前研究的格局,从更高的层面来看待这件事情,可能会有不同的认识。孙中山主动走进使馆是真的,进去后被清使馆扣留也是真的。孙进去后就希望被扣留,因为只有被扣留,一系列的预订宣传方案才能展开。而这所有设计的核心就在于对"政治犯不予引渡"规则的合理运用,不但可以规避可能的风险,而且可以极大损伤清政府的形象,提高国际舆论对中国革命者的同情。

  孙中山将革命成功的希望寄托于已经广为通用的"政治犯不予引渡"规则,寄托于通过广泛的海外宣传和革命动员,掀起反清革命的高潮。广州起义失败后的海外流亡经历，进一步坚定了孙中山对于该条规则的信心。进入使馆一举改变革命处于低潮的境地，其最为核心的理念就在于对"政治犯不予引渡"规则的深入理解。自伦敦蒙难事件后，清政府对于"政治犯不予引渡"规则一直无法突破，对于片面的治外法权亦感到诸多不便。孙文到日本后，杨枢表示："惟孙文系国事犯，不能公然照会日本外务省代为惩办，不得已以私情往晤珍田谆，托密派巡捕，随时踪迹，窥其举动。"除忌惮"政治犯不予引渡"规则，清政府驻日使馆亦感叹"无治外法权，则事事都形棘手"。此时清政府驻日使馆所能想到的应对之法，在于"设法讽日本政府，将孙文驱逐出境"①。

笔者虽然从"政治犯不予引渡"这一关键线索出发，推导了孙中山进入使馆的动机及过程，并以此对正反两方的材料提出了新的解释，但出于学术的考虑，仍认为此种推论有些疑点需要进一步去澄清，冀望于学界继续深挖史料。伦敦蒙难事件在中国革命历史上具有重要地位，孙中山不论是"被绑架"还是"自投"，都一举改变了革命的舆论导向，对该事件本原的研究有助于对此问题的深入讨论。

---

① 《杨枢报告孙中山在东京发表演说函》（光绪三十一年七月二十五日），载方裕谨：《清政府镇压孙中山革命活动史料选》，第36页。

"革命军北伐,司法官南伐"
——1927年前后的政权鼎革与司法人事延续

李在全*

1926年7月国民革命军从广东誓师北伐,旋即攻入两湖,10月占领武汉,12月广州国民政府迁都武汉。随着北伐推进,南方阵营内部矛盾日渐激化,国民党左派与共产党人聚集于武汉国民政府,以蒋介石为首的国民党右派转而攻占江浙地区,1927年4月成立南京国民政府,形成宁汉对峙局面。这时,武汉、南京、北京三个中央政府并立,一国三府,局面异常混乱。在各方角力中,8月蒋介石下野,9月宁汉合流,组成新的南京国民政府。是年年底,蒋介石重掌国民党军政大权,1928年年初发动二次北伐,6月国民革命军攻占北京,奉系集团退回关外,北京政府被推翻。1928年年底,东北易帜,国民党形式上完成全国统一。

1926年至1928年北伐战争是中国现代史上具有转折意义的重大事件,引发政权更迭,南北易势,从此中国由北洋时代进入国民党统治时期。① 由

---

* 中国社会科学院近代史研究所研究员。
① 关于北伐战争前后这段历史的研究,学界成果很多,重要者有华岗:《中国大革命史》,长沙:春耕书局,1932年;王云五等编:《国民革命军北伐战争史》,上海:商务印书馆,1933年;"国防部"史政局编:《北伐战史》,台北:史政局,1959年(中华大典编印会,1967年);Donald A. Jordan, *The Northern Expedition: China's National Revolution of 1926–1928*, Honolulu: The University Press of Hawaii, 1976;张玉法主编:《中国现代史论集》第7辑《护法与北伐》,台北:联经出版事业公司,1982年;王宗华主编:《中国大革命史》,北京:人民出版社,1990年;李新、陈铁健总主编:《中国新民主主义革命史长编(北伐战争)》,上海:上海人民出版社,1994年;杨天石主编:《中华民国史》第2编第5卷《北伐战争与北洋军阀的覆灭》,北京:中华书局,1996年;王奇生:《中国近代通史》第7卷《国共合作与国民革命》,南京:江苏人民出版社,2006年;等等。

政权鼎革所引发的变动是多领域和多层次的,既影响了历史的走向,也影响了不少时人的职业生计。对于讲求法律专业知识、注重实践经验的北京政府司法官员而言,这次政权鼎革,到底会引发什么变动,该何去何从?从司法系统角度考察此番政权鼎革,是考察两个政权之间关系的一个较佳的视角。①

一、 南北竞逐与人员南行

北伐战争前夕的20世纪20年代中期,是中国现代史上颇为诡异的时段。1924年1月,中国国民党一大在广州召开,联俄容共,建立以孙中山为首的国民党政权,标榜"以党治国"和国民革命。同年10月,北京政变发生,原属北洋直系集团的冯玉祥班师回朝,囚禁总统曹锟,废止法统和国会,自称"首都革命";很快,在各方角力中,段祺瑞执政府上台,从此北京政府进入无总统、无法统、无国会的非常时期,亦以革命精神相标榜。② 在竞相揭櫫革命大旗之下,南北政权展开竞争与争夺。

与南方政权相比,北京政府颇显颓气。由于长期经济和财政窘迫,薪俸无着,北京政府各机关和教职员工索薪运动此起彼伏,人心不稳;1926年发生"三一八"惨案,随后奉系张作霖势力控制北京政府,推行

---

① 清末以降中国新式司法官员群体之形成与变动,相关研究成果有李超:《清末民初的审判独立研究——以法院设置与法官选任为中心》,北京:法律出版社,2009年;李在全:《制度变革与身份转型:清末新式司法官群体的组合、结构及问题》,《近代史研究》2015年第5期;李在全:《民国初年司法官群体的分流与重组:兼论辛亥鼎革后的人事嬗变》,《近代史研究》2016年第5期;徐小群:《现代性的磨难: 20世纪初期中国司法改革(1901—1937)》,杨明、冯申译,北京:中国大百科全书出版社,2018年;韩策:《派系分合与民初司法界的改造》,《历史研究》2020年第1期;等等。但关于北伐前后南北政权之间的司法人员问题的研究,似尚付阙如。

② 参见剑鸣:《时评》,《法律评论》第87期,1925年3月1日,第1页。

高压政治,4月逮杀著名报人邵飘萍,未及百日,又捕杀另一位著名报人林白水,北京进入恐怖时代,人人自危。经济窘境与政治高压,迫使不少人员离京南下。北伐之前,北京当局逮捕陈独秀,引起一批新文化运动知识分子南行;此后,李大钊等人相继被捕杀,迫使更多知识分子南行。时人观察到,在这场南北战争中,"国内许多思想较新的人集中于党军旗帜之下,这些人在北方确有点不能相容",并指出,"其实思想与经济也大有关系,有许多人因思想较新不见容于旧社会而生活受窘,更因生活受窘而思想益激进",①故不得不南行。北伐期间,1927年3月周鲠生、王世杰等一批留洋归国的北京大学教授南投武汉,此后南行之报道,不断见诸报端。② 除颇有名望的知识分子外,知识青年南行者更多,黄埔军校开办后,各地青年投军者日多;北伐军兴后,南投势头更盛。对此,有人撰文写道:"自北伐军兴,近一两月来各地知识阶级(包括学生言)往广东投效的踵接肩摩……自北伐军占阳夏,由沪往粤投效者三日之内达三百人,由京往粤投效者六百人,类皆大学学生。"③自北南行者,蔚成潮流。

在20世纪20年代,随着北京政府陷入窘境,其司法系统也处于"内外交困"境地:内部经费奇缺,欠薪甚多,"法潮"迭起,人员流失严重;外受(各地)军阀压迫,司法官员无法派出,运转艰难。④ 在北伐军出师的1926年,北京政府司法境况更为艰难。1926年年初,正当列强

---

① 百忧:《以科学眼光剖析时局》,《晨报副刊》1926年10月5日,第3页。
② 参见《要闻简报》,《晨报》1927年3月9日,第3版;《现代评论派与国民党》,《晨报》1927年7月7日,第2版。
③ 百忧:《以科学眼光剖析时局》,《晨报副刊》1926年10月5日,第3页。
④ 参见李在全:《民国北京政府时期法律界的交游网络与职业意识——以余绍宋为中心》,《史林》2017年第6期;李在全:《"断不可使法界亦卷入政治风潮"——1920年代前期中国的司法生态》,《福建论坛》2017年第9期。

对华法权调查、各国代表齐聚北京会议的关键时刻,2月北京司法人员罢工,大理院、总检察厅、京师高等审检厅和地方审检厅人员参加其中,这令当局深感棘手,难以应付。① 不久,"三一八"事件发生,司法总长卢信和次长余绍宋辞职,段祺瑞执政府亦被推倒,群龙无首,法界也无人负责,混乱至极。4月司法部、大理院、京师高等和地方审检厅、修订法律馆各机构人员开会,商讨推举一人出面维持司法系统,但讨论无果,无人敢出面负责。② 由于长期经费短缺,人员严重不足,《法律评论》报道:1920年举行司法官考试后,已有六年没举行了,"所有各厅候补推检均已陆续补缺,苟再不举行考试,势将无以为继"③。京兆各县的承审员,向来由京师高等审检厅派委,呈司法部备案,但1926年数月以来,京兆各县承审员"大半被军事当局陆续更换",为此,京师高等审检厅呈请司法部设法阻止,但"不知法部有此能力否"。④ 凡此种种,足见北京政府司法局面之混乱与无可作为。首善之区尚且如此,遑论地方。如湖南,"迭遭战乱,府库空虚,百政莫举",尤其以司法界"最为清苦",司法人员"以积欠过巨,无法维持生计,相率请假,另辟生涯",他们在"声泪俱下"中集体发表请假宣言书。⑤ 在如此境况下,北京政府很多司法人员只能另谋生路,投奔南方成为他们的选项之一。

南行队伍之中,不少是法律和司法人员。1927年5月,时任北京政

---

① 参见《法界罢工仍难转圜》,《法律评论》第137、138期,1926年2月14日,第19页。
② 参见《司法界开会讨论维持方法》,《法律评论》第148期,1926年5月2日,第12页。
③ 《法部将举行司法官律师考试》,《法律评论》第163期,1926年8月15日,第4页。
④ 参见《京兆各县承审员陆续被军阀更换》,《法律评论》第163期,1926年8月15日,第4页。
⑤ 参见《声泪俱下之湘省法界请假宣言书》,《法律评论》第128期,1925年12月13日,第14—15页。

府司法储才馆馆长的梁启超在致子女的家书中写道:"北京的智识阶级,从教授到学生,纷纷南下者,几个月以前不知若干百千人。"①这种情况很快就发生在梁氏所在的司法储才馆,该馆不少学员南下,投奔南方阵营,据报道:"国民政府成立之后,对于司法制度锐意刷新,而尤注意于采用一般新进有为之士。近闻北京司法储才馆中之优等学员,均已纷纷南去,另图发展,故该馆下学期是否再能成班开学,实一问题。"②

  北方人员南行且能谋求到职位,与南方政府的人才接收政策有关。南方阵营,无论是广州、武汉还是南京国民政府,对各地投奔而来的人员,并不要求是国民党党员,亦无严格的政治审查。孙中山曾告诫党员,以党治国"并不是用本党的党员治国,是用本党的主义治国"③,这是很笼统的说法,实际上无法操作。广州国民政府成立后,很多党部希望国民党党员能垄断政权,要求"非本党党员不得在行政机关服务",但国民党中央担心,这"恐开以入党为终南捷径之嫌"④,态度模糊。1926年7月,国民党中央决定设立"学术院",以罗致造就各方面人才,分设法律、政治、交通、外交、财政、教育、工业、农业等16门专科,入学资格为在国内外大专院校毕业,学习两个月后即推荐各行政机关任用,⑤时处北伐战争非常时期,囿于各种原因,该机构不久后停办,但它表明了国民党援引人才的政策与态度。1927年5月,南京国民政府发布训令:"政

---

① 丁文江、赵丰田编:《梁启超年谱长编》,上海:上海人民出版社,1983年,第1132页。

② 《北京司法储才馆优等学员纷纷南去》,《法律评论》第210期,1927年7月10日,第10页。

③ 孙中山:《在广州中国国民党恳亲大会的演说》(1923年10月15日),载中山大学历史系孙中山研究室等合编:《孙中山全集》第8卷,北京:中华书局,1986年,第282页。

④ 中国第二历史档案馆编:《国民党政府政治制度档案史料选编》下,合肥:安徽教育出版社,1994年,第202页。

⑤ 参见韩信夫、姜克夫主编:《中华民国史·大事记》第4卷,北京:中华书局,2011年,第2480页。

府用人,在不妨碍党权范围以内,不拘有无党籍,选择录用,俾所学所用,各效其长,则人无弃才,政可具举。"①显而易见,党员与否,并非必要。

1926年至1927年,广州、武汉国民政府司法部长是国民党左派领袖之一的徐谦。徐谦原本来自北方,曾任北京政府司法次长、总长等职。在广州、武汉国民政府时期,在司法革命化、党化的口号下,徐谦等人创办"法官政治党务训练班",学员既有新招收的,也有现任司法官员。徐谦认为,原属北京政府的司法人员,虽然"一般思想比较落后,有的甚至反动",但可通过学习改造为国民党政权服务。② 对于从北方投奔南方的司法官员,武汉政府也予以委任。1927年4月,武汉国民政府任命戴修瓒、翁敬棠试署最高法院庭长,胡心耕为最高法院首席检察官,③组建武汉政府最高法院。戴修瓒、翁敬棠长期担任北京政府司法工作,在投奔武汉之前,戴、翁分别是北京政府京师地方检察厅检察长、总检察厅检察官。④

参与武汉政府最高法院组建工作的马寿华之经历,也颇能说明此中详情。马寿华(1893—1977),安徽涡阳人,1909年进入河南法政学堂学习,1911年毕业。民国元年(1912)担任开封地方检察厅检察官,开始法律职业生涯,1914年调任河南高等检察厅检察官(设在开封),1920年调任河南第一高等检察分厅监督检察官(设在信阳),1922年调任山西第一高等审判分厅监督推事(设在运城),1923年调任湖北夏口地方

---

① 铨叙部秘书处第三科编:《铨叙年鉴(续编)》,南京:南京大陆印书馆,1934年,第212页。
② 参见李在全:《徐谦与国民革命中的司法党化》,《历史研究》2011年第6期。
③ 参见《戴修瓒翁敬棠胡心耕致中执会电》(1927年4月14日),汉口档案,汉13917,台北,中国国民党党史馆藏;韩信夫、姜克夫主编:《中华民国史·大事记》第4卷,第2668页。
④ 参见李在全:《变动时代的法律职业者:中国现代司法官个体与群体(1906—1928)》,北京:社会科学文献出版社,2018年,第341、342页。

检察厅检察长。1926年10月北伐军攻占武汉后,马寿华去职,仍留居汉口。1927年年初武汉国民政府筹设最高法院,采取委员制,不设院长,设四位委员负责。据马氏记述,因其在夏口地方检察厅检察长任内"颇有声誉",被武汉政府委任为委员之一,其余三位是:翁敬棠、戴修瓒、胡心耕。由于戴、胡均有其他事务,实际上由翁、马负责筹备最高法院,"事属创始,诸多困难,尤难者为物色推检人选"。后来,戴修瓒推荐林彬任推事,因为戴氏任北京政府京师地方检察厅检察长时,林彬任该厅检察官,系僚友熟识,"大家一致同意"①。从上述五人的履历背景观察,除胡氏不详外,马、翁、戴、林均为北京政府司法官员。由此可见,武汉国民政府最高法院的筹建工作,几乎完全控制在原北京政府的司法官员手中。后来,因为宁汉对峙,武汉危机等原因,马、翁、戴、林诸人离开武汉,转入南京国民政府。

1927年4月南京国民政府成立,蒋介石、胡汉民等人均深感各方面人才之不足。4月23日,蒋、胡商议设立高等经济委员会与法制委员会,"以收罗国内外有才识之士,为党国作建设之用也",25日国民党中央政治会议决议,设立最高经济委员会和法制局;5月21日,蒋介石自我提醒:"求才、储才、试才、用才四者,适心注重也。"②收罗人才,成为南京政府初期的工作重点之一。作为蒋介石亲信的邵元冲,这时忧虑感叹:蒋氏"在数年前因无充分之准备,对于人才方面,尤少注意,故基础未固,黄埔学生尤不能助成其业,以致今日一切均陷于无办法,前途殊难乐观";邵氏就任立法委员时,又与蒋"谈任用科学专门人才之需要"。③ 实际上,不

---

① 马寿华:《服务司法界六十一年》,台北:马氏思上书屋,1987年,第43页。
② 吕芳上主编:《蒋中正先生年谱长编》第2册,台北:"国史馆"等,2014年,第64、80页。
③ 王仰清、许印湖标注:《邵元冲日记》,1928年5月14日、12月5日,上海:上海人民出版社,1990年,第425、479页。

仅中央要员意识到国民党人才缺乏问题,很多国人也观察到这个问题。1928年6月国民革命军攻占北京,北伐告成之际,与国民党没有任何关系的北京百姓就认识到,"党国所缺乏者,为建设人才"①。据南京政府财经官僚何廉的看法,在北伐过程中,蒋介石逐渐掌控大权,需要有政治事务经验人员的襄助,由于CC系人员太年轻,没有政治经验;黄埔系人员也太年轻,而且专门处理军务,因此,蒋"开始从CC系和黄埔系之外物色有经验的人帮忙,他转向北洋政府中经验丰富的人"②。

二、南京政府司法系统的组建与人员构成

北伐战争进展迅速,从1926年7月开始,未及一年,就从珠江流域推进到长江流域。对国民党来说,这场战争其实也是招降纳叛的过程,大量北方军政势力改头换面后进入国民党之中。在此背景下,北京政府很多法律专家、司法官员转身进入国民党政权中。在这过程中,南京国民政府首任司法部长王宠惠③是一位关键人物。

王宠惠长期在北京政府任职,多次担任司法总长、大理院院长等

---

① 黄尊三:《三十年日记》第3册,1928年6月9日,长沙:湖南印书馆,1933年,第220页。
② 何廉:《何廉回忆录》,朱佑慈等译,北京:中国文史出版社,1988年,第211页。
③ 王宠惠(1881—1958),字亮畴,广东东莞人。幼年在香港圣保罗学校习英文,继入皇仁书院学习。1895年考入北洋大学堂法科,1901年赴日留学,攻研法律。1902年赴美留学,先入加州大学,后转耶鲁大学,1905年获博士学位,旋即赴欧洲研究国际公法。在海外时期,王宠惠加入中国同盟会,从事革命活动。1911年9月回国,任上海都督陈其美的顾问。1912年1月,出任南京临时政府外交总长,3月出北京政府唐绍仪内阁司法总长,6月去职,任外交部顾问,1916年参加护国运动。袁世凯死后,王宠惠于1917年回北京任职,1920年任北京政府大理院长,1921年6月,与施肇基、顾维钧为北京政府全权代表出席华盛顿会议,1922年9月出任内阁总理。

职,1922年出任国务总理("好人政府")。在北伐战争推进之际的1926年、1927年,王宠惠担任北京政府的修订法律馆总裁和法权会议中国全权代表,然而,1927年5月初王氏抵达南京,加入国民政府。据粤籍国民党要角傅秉常忆述,王宠惠加入南京国民政府之内幕大致如下:国民党元老、南京政府主事者之一胡汉民欲邀请伍朝枢(此时住在上海)来南京主持外交,他派傅赴上海邀请伍,伍氏接受邀请,"但主张延揽王宠惠参加国民政府",傅返南京转告胡,胡与蒋介石商量后,"两人均表同意",傅遂再赴上海告知伍。① 早在北京政府任职时期,伍朝枢和王宠惠往来频密;②此时,胡汉民、伍朝枢、傅秉常均属国民党右派,政治立场上接近,三人与王宠惠同属粤籍,具有同乡之谊。傅秉常忆述与蒋介石日记所载,大体可以相互印证。据蒋介石日记所载:5月7日,伍朝枢、王宠惠来宁;次日早晨,蒋往访伍、王等人,下午与胡汉民、伍朝枢、王宠惠等人商议时局;13日,蒋"请王宠惠任司法部长,商议对英外交方针"。③可见,政治立场接近,粤籍同乡,加上一定的国民党背景和长期的北方法律、外交技术官僚身份,共同构成王宠惠进入南京政府高层的重要条件。

  1927年6月25日,南京国民党中央政治会议决定,特任王宠惠为司法部长。④ 7月14日,王宠惠在南京国民政府大礼堂举行就职典礼,胡汉民致辞曰:"王(宠惠)部长不独精通法理,抑且为革命中最努力之人物,总理极为信任,希望根据总理的建国精神,努力前进,尤希望早日

---

① 参见郭廷以校阅,沈云龙访问,谢文孙记录:《傅秉常先生访问记录》,台北:"中央研究院"近代史研究所,1993年,第63页。

② 参见伍朝枢:《伍朝枢日记》,载中国社会科学院近代史研究所《近代史资料》编辑部编:《近代史资料》第69号,北京:中国社会科学出版社,1988年,第166—231页。

③ 参见《蒋介石日记》,1927年5月7、8、13日,美国斯坦福大学胡佛研究所藏。

④ 参见《南京司法部长王宠惠》,《法律评论》第209期,1927年7月3日,第6页。

实行取消不平等条约。"胡汉民解释道:"以前王(宠惠)同志曾一度为北方之内阁总理,当时实有重大之任务交付王同志,使之反对当时在北方之反动的恶势力。此种秘密的重大的工作,吾同志中知之者甚少。今当王同志就职伊始,特表述王同志以前革命之历史,俾同志认识之王同志不仅为一学者,实有其过去二十多年革命之历史,今后甚望王同志本本党革命法制之精神而努力。"① 据胡汉民所言,王宠惠长期在北京政府任职是为了完成南方国民党人所交付的"秘密的重大的工作",实际上,胡汉民所言未必属实,其意在让人知道王宠惠出任司法部长,具有专业和政治之正当性。但是,不少国民党人士并不认为如此,后来有国民党员向国民党中央呈控,王宠惠"任军阀时代司法总长时,攀附权势,充具私党,只知逢迎官僚,鱼肉民众,尚不知主义为何物而可云'革命思想'耶?",抨击王氏在"革命告成"之际,"投机南下"。② 值得指出的是,与后来加入南京政府的很多北方法律官僚不同,王宠惠确实具有一定的南方国民党背景,是民国前期能够穿梭于南北两个政权的人物。

就职后,王宠惠着手组建司法部。部址选定在南京鼓楼小桃园;分设四司:总务司、民事司、刑事司、监狱司;关于人员安排,"决采人才主义,为求省经费起见,尤可宁缺毋滥"。司法部掌管全国司法行政事务,拥有司法官员的人事任免权。③ 对于北京政府各项法律,南京政府准予援用,通令:"在新法未颁前,旧行各实体法诉讼法各地法令,除与党纲

---

① 《南京司法部长王宠惠就职记》,《法律评论》第 214 期,1927 年 8 月 7 日,第 3—4 页。
② 《请查办司法行政部长魏道明案》(1929 年 12 月 26 日),政治档案,11/37.2,台北,中国国民党党史馆。
③ 参见《南京司法部组织法草案纲要》,《法律评论》第 214 期,1927 年 8 月 7 日,第 5 页;《国民政府之司法部组织法》,《法律评论》第 218 期,1927 年 9 月 4 日,第 8—10 页。

主义或新法抵触者外,一律准援用。"①此时形势不稳,8月蒋介石宣布下野,9月宁汉合流,这也引发了司法中枢的人事纠葛。据报道:9月底王宠惠赴上海并表示辞职,"宁政府要人刻在沪极力挽留",这时武汉国民政府司法部长徐谦"因共党嫌疑,尚未剖白,虽欲恋栈,亦不可能,于是王宠惠继续连任,遂成自然之趋势,宜宁政府之极力挽留也"。②经挽留后,王氏打消辞职念头,数天后继续在南京办公。③

王宠惠仍坐司法部长之位,但摆在他面前的事务并不轻松。这时司法状况与全国局势一样,尽显乱局:从所辖各省情况而论,有已设司法厅者,有未设者,有设司法筹备处者,很不一致。司法情形也很复杂异常,如法院名称,有称审检厅者,有称控诉法院者;任用法官,有由司法厅委派者,有由省政府委派者,有由所在地军事当局委派者,有由高等法院委派者,有由北京政府司法部旧委人员而现在未经加委者;审级,有用二级二审制者,有用四级三审制者,因无终审机关而悬案以待者;法律适用,无论是实体法,还是诉讼法,亦复不同,各行其是,以致手续糅杂凌乱,民众无所适从。此种状况,"即素习司法事务之人,亦几于莫名其妙,遂使司法统一之局,日趋于破裂,循是以往,恐致不可收拾"④。因此,国民政府通令改革,谋求"司法统一之局":废止北京政府实行的审检并立设置,各地审判厅改称各级法院,长官称为院长,各级检察厅一律裁撤,检察官置于各级法院之内,仍独立行使检察职权,长官改称首席检察官;裁撤各省司法厅,实行高等法院院长制度,由各省

---

① 《宁政府准援用旧法》,《法律评论》第217期,1927年8月28日,第6页。
② 《宁政府极力挽留王宠惠》,《法律评论》第222期,1927年10月2日,第7页。
③ 参见《南京司法部长王宠惠打消辞意》,《法律评论》第223期,1927年10月9日,第11页。
④ 《国民政府为裁撤各省司法厅实行高等法院院长制度令各机关文》,载国民政府法制局编:《国民政府现行法规》下册,上海:太平洋印刷公司,1928年5月,第25、26页。

高等法院院长掌理各省司法行政事务。①

南京政府初期中央司法行政部门,大体可分为三个阶段,其人事布局如下:第一阶段,从 1927 年 7 月至 1928 年 11 月,司法部长为王宠惠,1928 年 3 月由蔡元培兼代;次长为罗文庄②、魏道明③、朱履龢④。第二阶段,1928 年 11 月国民政府实行五院制,成立司法院,下辖司法行政部、最高法院,王宠惠出任司法院首任院长,至 1931 年年底由伍朝枢任院长,伍氏未到任,1932 年 5 月居正出任院长。在司法院所辖机构中,真正掌控实权的是司法行政部,1928 年 11 月魏道明出任部长,次长是朱履龢、谢瀛洲⑤;1930 年 4 月魏氏调任南京特别市市长,由次长朱履龢代理部务。第三阶段,1931 年年底司法院院长王宠惠去职,⑥与此同

---

① 参见《国民政府通令改革司法制度》,《法律评论》第 219 期,1927 年 9 月 11 日,第 9 页;《令司法部据司法部提议裁撤司法厅一案业经核准关于司法行政事务交由高审厅长或主席委员克日施行由》《呈国民政府裁撤检察机关及改定法院名称请鉴核示遵由》,《司法公报》创刊号,1927 年 12 月 15 日,第 7—8、34—36 页。

② 罗文庄,广东番禺人,罗文干之兄,1912 年任南京临时政府外交部秘书,后任北京政府司法部秘书。1926 年任广州国民政府司法行政委员会委员,1927 年任国民政府司法部次长,1928 年任广东省高等法院院长。参考徐友春主编:《民国人物大辞典》,石家庄:河北人民出版社,1991 年,第 1626 页。

③ 魏道明(1901—1978),字伯聪,江西德化人。早年留学法国,获巴黎大学法学博士学位。1926 年回国,在上海从事律师事务。1927 年任职于国民政府司法部,同年 12 月出任司法部次长、代理部长,1928 年任司法行政部部长,1930 年任南京特别市市长。

④ 朱履龢(1877—1945),字笑山,浙江嘉兴人。早年留学于英国,民国北京政府时期担任法权讨论会秘书、关税特别会议委员会秘书。南京国民政府成立后,历任外交部司长、司法部秘书长、次长(代理部务)。

⑤ 谢瀛洲(1894—1972),字仙庭,广东从化人。1916 年赴法就读于巴黎大学,1924 年获法学博士学位。回国后加入国民党,历任大元帅府法制委员、广东大学教授。1925 年任国民党广州特别市党部委员兼青年部部长,1928 年出任司法行政部次长,兼法官训练所所长。1932 年任广东政府委员兼教育厅厅长。1934 年任广东高等法院院长,兼任广东法科学院院长、西南政务委员会委员。

⑥ 相关背景是:因由"约法之争",蒋介石于 1931 年 2 月扣押了国民党元老、时任立法院院长的胡汉民,将胡氏监禁于南京郊外的汤山,史称"汤山事件",由此引发宁粤对峙政潮,国民党再次分裂。在此事件中,同属粤籍的司法院院长王宠惠立场在胡汉民一边,亦去职。

时,司法行政部由司法院改隶行政院①,司法院仅辖最高法院②,无甚权力,"只剩下一个空架子,名是司法院,实是审判院"③。1931年年底,曾多次担任北京政府司法总长、大理院院长的罗文干④出任司法行政部部长,次长先后有何世桢、郑天锡⑤、谢瀛洲、石志泉。到1934年10月,司法行政部再次划归司法院,由司法院院长居正暂兼部长,同年12月王用宾出任部长。⑥

由此可见,南京政府初期司法中枢的关键人物,先后是王宠惠、罗文干,均曾任北京政府的司法总长。观察司法部整体人员构成(包括参事、司长等),可发现主要由两部分人员组成:大部分是来自北京政府司法高级官员,代表人物即王宠惠、罗文干、郑天锡、石志泉、朱履龢等;小部分是从海外研习法科归国、资历尚浅的人员,如魏道明、谢

---

① 南京国民政府时期,司法行政部在行政院、司法院之间多次改隶:1928年10月司法行政部隶属司法院,1931年12月改隶行政院,1934年10月恢复隶属司法院,1942年12月又划归行政院。司法行政部多次改隶,既涉及政治权力分配,也与孙中山理论体系有关。有学者就指出:"总理五权宪法原则上,司法权之独立,与考试监察各权同。惟于司法行政与司法审判两者制度上,应如何组织,未尝多所指示。"杨幼炯:《中国近代立法史》,上海:商务印书馆,1936年,第351页。

② 1932年4月司法院下设公务员惩戒委员会,1933年6月下设行政法院。

③ 杨玉清:《国民党政府的五院制度》,载全国政协文史资料委员会编:《文史资料存稿选编》(政府·政党),北京:中国文史出版社,2002年,第445页。

④ 罗文干(1888—1941),字钧任,广东番禺人。1904年赴英国留学,获牛津大学法学硕士学位。1909年归国,清末和民国北京政府时期,历任广东审判厅厅长、广东都督府司法司司长、广东高等检察厅厅长、北京政府总检察厅检察长、修订法律馆副总裁、司法次长(代理部务)、大理院院长、财政总长、司法总长。国民政府成立后,1931年年底任国民政府司法行政部部长,1932年兼外交部长,1933年辞去外交部长兼职,1934年复辞去司法行政部部长职务,1938年任国防参政会议员、第一届国民参政会参政员,1941年病逝于广东乐昌。

⑤ 郑天锡(1884—1970),字茀庭,广东香山人。早年就读于香港皇仁书院,1907年赴英国伦敦大学法律系学习,1916年获博士学位。1917年返回香港,担任律师。1918年赴北京,历任司法部法律翻译监督、法律编纂委员会委员、大理院推事等职。1928年在上海担任律师,兼任东吴大学法学院教授,1932年任国民政府司法行政部次长。

⑥ 参见刘寿林等:《民国职官年表》,北京:中华书局,1995年,第633—634页。

瀛洲、谢冠生,均是留学法国研修法科、获博士学位者,在北伐前后回国,进入国民党系统中。当然,前者居于主导地位,后者尚属稚嫩,①处于从属地位。

国民党政权的人事任免,并不严格要求党派政治资格,而讲求熟人网络关系。这一点在司法系统中尤为明显。1928年11月司法院成立前后,时人观察到:"日来关于司法院所属各机关之重要职员,如各署长处长等缺,外面传说颇不一致,据云奔竞者确为拥挤,为整饬司法及便利进行起见,或将罗致法界旧人,俾收驾轻就熟之效。"②有学者对南京国民政府的外交、内政、财政、司法行政、海军、军政、交通、教育八个部的事务官(主要指部中参事、司长、各处处长及署长等)的北洋旧官僚留用率作了统计,发现司法行政部的留用率最高:1928年至1932年均为百分之百;1933年至1935年依然是八个部中比例最高的。③可见,北京政府司法官员几乎完全掌控了南京政府的司法中枢。

以前述提及的马寿华为例,可具体而微地说明之。长期担任北京政府司法官员的马寿华,1927年年初进入武汉政府最高法院任职,宁汉对峙期间,马寿华离开武汉,在上海赋闲数月,是年年底进入南京政府司法部任职。按照马氏自述,他由时任南京政府司法部刑事司司长王淮琛"推介任民事司第一科长",因为在北京政府时期,王淮琛曾任河南高等检察厅检察长,马寿华时任该厅检察官,系僚友熟人。马寿华进入司法部后,先任民事司第一科长,后代理总务处长,1928

---

① 在时任南京国民政府行政院长谭延闿眼中,此年26岁的司法次长魏道明,"乃如一小孩"。参见谭延闿:《谭延闿日记》第18册,1927年12月28日,北京:中华书局,2019年,第364页。
② 《司法院所属机关之人选》,《法律评论》第263期,1928年10月28日,第6页。
③ 参见鲁卫东:《民国中央官僚的群体结构与社会关系》,北京:中国社会科学出版社,2017年,第280页。

年11月司法院成立,王宠惠任院长,魏道明任司法行政部部长,马寿华出任司法行政部总务司司长。马氏忆述:在总务司长任内,"为余服务司法界最繁忙之时期",当时总务司设五科,分别掌管人事、律师、会计、庶务、统计事宜,尤其是第一科,管理"全国司法官及其他司法人员之任免、迁调、考核、惩奖",权力很大。不仅司法(行政)部工作人员多来自原北京政府,而且最高法院、最高检察署人员也是如此,马寿华推荐自己的同学、熟人担任各地司法官员,马氏本人也在这时加入国民党。① 与马寿华类似经历者很多,大量的北京政府官员转身成为南京政府官员。

南京政府司法行政部门人员构成如此,由他们制定的各级司法官员选任标准,也明显对接北京政府。报刊公开报道:南京政府司法官员选任,"仍以旧日在北京政府法部取得有推检资格之人为上选,以其学识经验均较初出学校者为优,故在北方充当推检者回南方后,均可获较优越之位置"②。1928年5月,南京政府公布《法官任用条例》,规定:曾任前大理院及总检察厅荐任推检官3年以上,或曾任前高等审判厅厅长、高等检察厅首席检察官3年以上,地方检察厅检察长3年以上者,有资格出任国民政府简任司法官;曾任推检实职1年以上或候补推检(帮办推检、练习推检、实习推检包括在内)2年以上者,有资格就任国民政府荐任司法官,③明确承认北京政府司法履历的有效性。1931年年底罗文干出任南京政府司法行政部部长,次年4月公布《司法官任用暂行标准》,规定司法官员选任资格是:法科毕业,具有司法官员经历,

---

① 参见马寿华:《服务司法界六十一年》,第43—51页。
② 《南省任用法官之标准》,《法律评论》第245期,1928年3月11日,第11页。
③ 参见《宁法部所拟法官任用条例》,《法律评论》第255期,1928年5月27日,第10—11页。

或具有从事法律教育或律师职业经历,再次明确承认"前司法机关""前司法行政机关"等经历。①

1927年11月,南京政府最高法院成立。在此前一个月,国民政府公布《最高法院组织暂行条例》,未规定推事、检察官任职资格条件等问题;②1929年8月公布《修正最高法院组织法》,也没规定推检人员任职资格。③ 1927年至1931年最高法院主要人员情况如下。院长:徐元诰、林翔;庭长12人,分别是:翁敬棠(曾任总检察厅检察官)、李菼(曾任湖南高等审判厅厅长)、黄镇磐(曾任上海地方检察厅检察官)、夏勤(曾任总检察厅检察官)、王淮琛(曾任河南、江西高等检察厅检察长)、李景圻(曾任大理院刑一庭庭长)、李怀亮(曾任大理院民二庭庭长)、林鼎章(曾任大理院推事)、李发勤、童杭时(曾任大理院推事)、刘含章(曾任大理院推事)、叶在均(曾任京师地方审判厅民二庭庭长),12位庭长中,除李发勤的履历不详外,其他11人均有北京政府司法系统的任职经历;推事52人④,绝大多数也具有北京政府司法系统特别是北京政府大理院的工作履历。⑤ 显而易见,最高法院大多数人员来自北京政府,

---

① 参见《司法官任用暂行标准》,载郭卫辑校:《司法法令大全》,上海:上海法学编译社,1932年9月,第216—220页。

② 参见《呈国民政府裁撤检察机关及改定法院名称请鉴核示遵由》,《司法公报》创刊号,1927年12月15日,第52—54页。

③ 参见《修正最高法院组织法》,《司法公报》第33号,1929年8月24日,第1—3页。

④ 52人名单如下:唐启虞、童杭时、孙巩圻、李昀、鲁师曾、吴昱恒、彭学浚、高襄、萧伟、梁仁杰、涂景新、张有枢、季手文、汤本殷、胡董、韩焘、刘钟英、张孝琳、潘恩培、陈懋咸、吴兆枚、何蔚、叶在均、朱得森、郭秀如、杨天寿、洪文澜、鄞更、左德敏、张于浔、郗朝俊、蒋福琨、宋鸿之、张则奂、高梦熊、庄浩、王侃、余觉、何其扬、高熙、张式彝、何宇铨、梁敬錞、梁同恺、殷曰序、刘寿莲、黄文翰、曹凤萧、孙潞、苏兆祥、李午亭、林大文。说明:推事与庭长名单有个别重合。

⑤ 参见刘寿林等编:《民国职官年表》,第645—646页;徐友春主编:《民国人物大辞典》;李在全:《变动时代的法律职业者:中国现代司法官个体与群体(1906—1928)》,附录部分;等等。

只有少数人员,例如两位院长徐元诰①、林翔②,庭长黄镇磐③,才具有一定的南方国民党履历背景。

按照1927年10月南京政府司法改革方案,各省高等法院院长不仅管理本院事务,而且掌管全省司法行政事务,权力甚大。④ 南京政府初期,除青海、西藏、蒙古边疆省份未设高等法院和奉天(辽宁)情况特殊之外,各省高等法院院长大多数也来自北京政府司法系统,⑤只有少数院长,如浙江的郑文礼(留法法科博士)、安徽的曾友豪(留美法科博士)等,没有在北京政府司法系统任职的履历,他们具有海外教育背景,在北伐前后加入国民党政权。可见,各省高等法院院长人员构成情况与中央司法机关类似。因为同属南京政府司法系统,司法部参事、司长和最高法院庭长、推事,与各省高等法院院长之间相互调任颇为常见,所以各省高等法院院长名单与前述司法部、最高法院人员

---

① 徐元诰(1877—1956),江西吉安人。早年赴日本中央大学攻读法科,加入同盟会。辛亥革命后,任江西省司法司司长、司法筹备处处长。1917年南下广东,任大元帅府秘书长。1926年北伐军攻克南昌,任江西高等法院院长,1927年11月任南京国民政府最高法院院长。参见徐友春主编:《民国人物大辞典》,第704页。

② 林翔(1881—1935),字璧予,福建闽侯人,曾任福建高等检察厅检察官、广州地方检察厅署检察长、广东大元帅府审计局长、军事委员会军法处处长等职。参见刘寿林等:《民国职官年表》,第1312页。

③ 黄镇磐(1873—1942),字石安,直隶威县人,曾任北京政府上海地方检察厅检察官,后也在南方政府任职,1923年任广东高等检察厅检察长。参见中山大学历史系孙中山研究室等合编:《孙中山全集》第7卷,北京:中华书局,1985年,第170页。

④ 参见《各省高等法院院长办事权限暂行条例》,《司法公报》第2期,1928年1月1日,第83—86页。

⑤ 1927年至1932年,各省高等法院院长名单如下。江苏:张君度、林彪;浙江:殷汝熊、郑文礼;安徽:鲁经藩、周诒柯、曾友豪、陈福民;江西:张孚甲、梁仁杰、梅光義、鲁师曾;湖北:汤葆光、翁敬棠、周诒柯、张孚甲、何奇阳、史延程;湖南:陈长簇、徐声金;四川:黄功懋、龙灵、何奇阳;福建:刘通、王凤雄、魏大同;广东:罗文庄、陆嗣曾、董康;广西:朱朝森、林超南;云南:王灿(1930年以后无信息);贵州:谢勋陶;河北:邵修文、胡祥麟;山东:易恩侯、殷汝熊、吴贞缵;河南:邓哲熙、张吉墉、吴贞缵、邵修文、孟昭恂;山西:田汝翼、邵修文;陕西:段韶九、余俊;甘肃:冯致祥、曾友豪;宁夏:王芝庄、梁敬錞;绥远:李钟翘;察哈尔:萧敷祥、王淮琛;热河:张永德;黑龙江:王锡九;新疆:张正地、屠文沛。

名单有不少重复。

在省级高等法院内部,人员构成情况也大体如此。以1931年湖南高等法院为例,推检人员16人,相关情况如下。院长:陈长簇,曾任北京政府湖南高等审判厅推事、湖北夏口审判厅厅长。首席检察官:曹瀛,曾任湖北高等检察厅首席检察官。庭长3人:欧阳谷,曾任南昌地方审判厅厅长;周茂松,湖南公立法政专门学校教员;袁赞德,履历不详。推事8人:彭世伟、凌嘉谟、葛光宇、谢梦龄、饶瀚、丁思诚、罗瑨阶、黄求桀。检察官3人:吴夷吾、王自新、陈纲。囿于史料,无法详考每人履历背景,但可以肯定的是,他们大多数具有北京政府司法系统的经历。值得注意的是,若考察这些人员在北伐之前的1925年任职情况,会发现这16人当中,有7人同时在湖北各级审检厅供职:陈长簇,湖北夏口地方审判厅厅长;曹瀛,湖北高等检察厅首席检察官;凌嘉谟、罗瑨阶,均为湖北夏口地方审判厅推事;谢梦龄,湖北武昌地方检察厅首席检察官;王自新,湖北高等检察厅检察官;吴夷吾,湖北第一高等审判分厅(驻宜昌县)监督推事。这7人均系湘籍。[①] 由此,可以推测,北京政府后期这些在湖北各级审检厅任职的湘籍司法人员,到南京政府初期,凭借同僚、同乡等关系,回到湖南高等法院任职。

综前所述,南京政府中上层司法官员多半来自北京政府;基层司法人员相对复杂一些,既有原有人员改组而来的,也有调自北方的,还有新招考录用的。1927年12月江苏江宁地方审判厅改组为法院,仍由前地审厅长陈肇桑代行院长职务,由司法部正式委任陈氏为院长,陈氏奉

---

① 参见湖南高等法院编印:《湖南司法公报》第9期,1931年4月20日,第159—160页;李在全:《变动时代的法律职业者:中国现代司法官个体与群体(1906—1928)》,第359页;等等。

命后宣誓就职。① 在广东,国民政府初期,罗文庄由司法次长转任广东高等法院院长,罗氏"把全省法官重新安排委派"②,还是原班人马。为培养司法人才,北京政府在 1927 年年初创办司法储才馆,招收法律毕业人员入馆学习,经过两年学习训练后,1929 年年初毕业,但这时已是南京国民政府了,为此,储才馆馆长石志泉(原任北京政府司法次长,后南下出任南京政府司法次长)与南京当局联络磋商学员分发事宜。南京方面认为,"该馆办理向极认真","毕业学员成绩甚优",因此,1929 年 3 月南京政府司法行政部把储才馆 135 名学员分发到各地法院实习,③这批由北京政府培养的司法人员正式进入南京政府司法系统之中。

这时国民政府也开始招考司法人员。1928 年 8 月,司法部公布《司法官任用考试暂行条例》,规定具有以下资格之一者可参加司法官考试:在国内外大学或专门学校修法律政治学科三年以上得有毕业证书者;在国立或经最高教育行政机关认可之公立私立大学或专门学校教授司法官考试主要科目二年以上者;在国内外大学或专门学校修法律学一年以上,得有毕业证凭并会办审判事务一年以上,办理审判或法院记录事务三年以上者。考试之顺序为甄录试、初试、再试,还规定"本条例施行前曾经司法官考试及格,或具有司法官考试资格而现任或曾任实缺推荐,及荐任以上司法行政官与充任候补或学习一年以上之司法官应行甄别试一次"④,这也就是承认原北京政府司法考试与经历之有

---

① 参见《司法界大事记》,《司法公报》第 2 期,1928 年 1 月 1 日,第 123 页。
② 黄韶声:《解放前广东司法界的黑幕》,载中国人民政治协商会议广东省委员会文史资料研究委员会编:《广东文史资料》第 5 辑,1962 年,第 175 页。
③ 参见《北平司法储才馆已毕业》,《法律评论》第 278、279 期(合刊),1929 年 2 月 17 日,第 11 页;《司法储才馆学员业已分发》,《法律评论》第 285 期,1929 年 3 月 31 日,第 10 页。
④ 《司法官任用考试暂行条例》,《司法公报》第 17 期,1928 年 8 月 15 日,第 158—163 页。

效性。在此前后,不少省份先后颁布相关法规,江苏公布《江苏各县承审员考试暂行章程》①,安徽公布《安徽各县承审员考试暂行章程》②,招考基层司法人员。

从法理上讲,全国司法官员的任免权统归南京政府司法部,但事实上,很多地方人事任免受到各地实际状况之制约,尤其是当地军政首领的意见。1928年年底东北易帜后,国民党形式上完成全国统一。据1929年至1930年《司法公报》刊登人事任免信息之统计,司法行政部对全国司法人员的任免调派人数约为750人,任免调动省区按数量从多到少的顺序是江苏、浙江、福建、湖南、湖北、广东、山东、河南、河北、山西等,基本没有涉及西北、西南、东北地区,这与南京国民党中央实际掌控的地域吻合,江浙等地是国民党统治的核心区,西北、西南、东北地区,国民党势力并未真正进入,是党国的边陲地带。例如,1929年、1930年南京政府司法中枢对东北地区的人事任免调派极少,仅有4人,而且都是级别较低的候补人员。③ 因为此时东北仍在奉系张学良掌控之下,司法事务是独立的,"不受中央节制"④。

三、 政权鼎革后的司法系统:延续与"反党"

1927年4月南京国民政府建立后,长期任职于北京政府司法系统、

---

① 《江苏各县承审员考试暂行章程》,《司法公报》第12期,1928年6月1日,第155—158页。
② 《安徽各县承审员考试暂行章程》,《司法公报》第17期,1928年8月15日,第60—63页。
③ 参见姚尚贤:《国家统一中的司法——以东北易帜前后之司法统一为例》,载《政治与法律评论》第6辑,北京:法律出版社,2016年,第248页。
④ 孙绍康:《五五回忆录》,出版地点不详,1941年,第67页。

两度出任司法次长的余绍宋,南归故里浙江。1927年10月,余绍宋致函北京政府时期僚友、时任南京政府司法部长的王宠惠和司法部参事的胡祥麟,①请求任命自己的同乡好友殷汝熊②为浙江高等法院院长。③余氏的推荐信起到了作用,11月殷汝熊被任命为浙江高等法院院长,1929年10月调任山东高等法院院长。④ 殷汝熊在浙江、山东任内,也援引大量原先的僚友、部属、同乡,沈锡庆即其中一位。

沈锡庆(1885—1936),浙江绍兴人,1905年赴日留学,毕业于早稻田大学法科,1911年回国。民国建立后,担任浙江、江苏、湖南、湖北等地审判厅推事,1923年出任上海地方审判厅厅长,至1927年3月国民革命军进抵上海后去职。⑤ 4月南京国民政府成立,1928年沈锡庆跟随殷汝熊任职于浙江高等法院,1929年10月再次跟随殷汝熊赴山东高等法院,担任书记官长职务。1930年转任南京政府司法行政部刑事司第三科科员,1932年调任上海地方法院院长。此番沈锡庆能出任上海地方法院院长,是因为这时罗文干出任司法行政部部长。此中微妙的人事关系,可从沈氏日记窥视一斑:1931年12月31日,沈锡庆获悉罗文干出任司法行政部部长;1932年1月4日得知何世桢出任政务次长、郑天锡出任常务次长,"此次司法部部长、次长均为予熟人。特驰书道贺";21日沈锡庆得知自己被任命为上海地方法院院长;2月19日沈氏接到罗文干部长来函,内有"沪院不理人口久矣,故特借重长才,以资整

---

① 参见刘寿林等:《民国职官年表》,第633页。
② 殷汝熊(1878—1955),浙江苍南人,清末时期留学日本,民国建立后,历任湖南高等检察厅长等职,南京国民政府时期,先后任浙江、山东高等法院院长等职。
③ 参见余绍宋:《余绍宋日记》第5册,1927年10月25日,北京:北京图书馆出版社,2003年,第76页。
④ 参见《国民政府令》,《司法公报》第43号,1929年11月2日,第1页。
⑤ 参见《党军抵沪后之上海审检厅》,《法律评论》第198期,1927年4月17日,第8页。

顿,涤瑕荡垢,有厚望焉"等语。① 3 月 14 日,沈锡庆前往上海地方法院,拜会即将卸任的院长沈秉谦,商谈交接事宜,随后沈氏前往同处上海的公共租界第二高等分院、第一特区地院、法租界第三高等分院、第二特区地院,拜会各院长、首席检察官与推检人员,他发现"该四院中,均多旧识"②。显然,此时上海各法院人员,多系原北京政府司法官员。罗文干此番出任司法行政部部长,起用了很多原北京政府司法官员。在北伐军进抵上海之前,与沈锡庆同在上海任职的地方检察厅检察长孙绍康,也在这时接到罗文干的"快函",要他出任南京政府司法官员,后被任命为江宁地方法院首席检察官;1936 年年初孙氏调任最高法院刑庭推事,不久后又调任上海第二特区地方法院首席检察官,"第二次到上海作法官"。③

　　罗文干大量援用北京政府司法官员,也可在国民党方面的史料中得到反向印证。有人呈请国民党中央惩撤罗文干,谓其所聘任人员"非北政府时代有名反革命分子,即系腐化昭彰人员",他所任用的各地高级司法长官皆其"私人",包括新任安徽高等法院院长陈福民、湖北高等法院院长陈长簌、湖南高等法院院长徐声金、广东高等法院院长董康、上海高等分院院长沈家彝、福建高等法院院长魏大同、察哈尔高等法院院长王淮琛等;还抨击罗文干"撤换法官,只问派别势力,不问成绩如何",不属于罗氏派系者,如安徽高等法院院长曾友豪、福建高等法院院长王风雄、湖北高等法院院长何奇阳,则被撤职。④ 呈控之词,未必可

---

①　高利华整理:《沈锡庆日记》,南京:凤凰出版社,2019 年,第 69—71、78 页。
②　同上书,第 85 页。
③　参见孙绍康:《五五回忆录》,第 72—73、88—90 页。
④　参见《请撤惩司法行政部长罗文干案》,1932 年 7 月,政治档案,11/37.4,台北,中国国民党党史馆。

信,但从中能得知大概。

在南京政府司法官员选任规则中,曾任司法官者即具有任用资格,加上要员引荐推介,北京政府司法人员便可"名正言顺"地进入南京政府司法系统中。北京政府被推翻后,余绍宋南归杭州,因其书画颇具声名,以鬻卖书画为生,生活无忧,故未加入国民党政权。但因余绍宋在法律界深厚的人脉关系,故不断有法律界人士找他推介求职。余氏日记载述,1928年9月14日,"近日法院将增设县法院数处,诸人纷来求荐书,可厌亦可怜也";10月18日,致函浙江高等法院首席检察官郑文礼,保荐熟人充任检察官;次日,很多人来请余氏向王宠惠、殷汝熊(浙江高等法院院长)推荐求职,这让余绍宋深感难以应付,他在日记中感慨:"亮畴(王宠惠)、叔祥(殷汝熊)两人在位,余终不免被扰,原来落伍人识得阔人亦不是好事,无怪古人云'入山入林惟恐不深不密也'。"1929年6月29日,又有许多人请求余氏推荐法院职位,"近日浙省又须增设县法院,余又将受累矣";8月13日,郑文礼来访,余绍宋推荐三人担任法官;9月23日,余绍宋致函殷汝熊,推荐六人担任法官,他在日记中写道:"添设法院于我何与,而时被诸求者围困,可怜亦可恨也。"①

1931年年底,司法行政部由司法院改隶行政院,罗文干出任部长,郑天锡任次长。在北京政府时期,罗、郑均是余绍宋关系密切的僚友,因此,找余氏推荐谋职者更多。1932年1月,余绍宋在日记中记述:"因罗钧任(罗文干)为司法部长、茀庭(郑天锡)为次长,冀有所干求者,人多不具记。"数日后,余氏再次感慨:"茀庭作官,余将不胜其累矣。"②以上,余绍宋均是以国民党体制之外人士的身份,向体制内的熟识友朋推

---

① 余绍宋:《余绍宋日记》第5册,第619、643、644页;第6册,第97、138、163页。
② 余绍宋:《余绍宋日记》第6册,第772、781页。

"革命军北伐,司法官南伐"

介人员;与此同时,那些已在国民党体制内任职的友人则不时欲把余绍宋拉进体制内。1932年1月20日,余绍宋收到司法次长郑天锡来信,"拟聘余为南京法官训练班教务主任",22日余回函谢绝;7月25日,余绍宋收到原法曹僚友何枚如来信,曰:罗文干部长拟任命余绍宋为司法行政部视察员,"视察各省区司法,以河东、山东、河北、热河、察哈尔五处相属";次日余回函何氏,请其转告罗部长,"余不能为彼之视察员",转而推荐他人;9月27日,余绍宋收到曾任北京政府江苏、湖南、浙江等省高等审检厅长官,现任安徽高等法院院长的陈福民①来函,责备余绍宋"何故不出山",谓罗文干部长"相招再三再四,余俱不应,实非人情",余回函陈说,不少僚友已出山任职,自己则坚持不出山。② 从上述所载余绍宋不断被人请托求职,乃至罗文干、郑天锡再三邀请余氏出山任事,均可见北京政府与南京政府司法系统之一脉相承。

不独余绍宋如此,很多原北京政府官员都有类似经历。多次出任北京政府司法总长、政学系首领之一的法律名人张耀曾,1928年12月由北平抵上海。1929年1月14日,张耀曾在上海与王宠惠晤面,张向王推荐原先僚属何基鸿③、沈家彝④、熊兆周⑤;16日,原北京政府江苏审判厅推事沈沉⑥来到上海,请求张耀曾向王宠惠"说项",张允诺写信推荐,同日,张耀曾致函何基鸿,告知其与王宠惠"所谈情形";22日,为

---

① 参见刘寿林等:《民国职官年表》,第717、1397页。
② 参见余绍宋:《余绍宋日记》第6册,第775、776—777页;第7册,第109、110、183—184页。
③ 何基鸿,字海秋,河北藁城人,日本东京帝国大学法科毕业,留学德国,民国北京政府时期,历任大理院书记官、推事,司法部参事等职。
④ 沈家彝,字季让,江苏江宁人,日本帝国大学法科毕业,北京政府时期,历任大理院推事、京师地方审判厅厅长、京师高等审判厅厅长等职。
⑤ 熊兆周,字籥青,湖南安乡人,日本明治大学法科毕业,北京政府时期长期担任总检察厅检察官。
⑥ 沈沉,字芷馨,云南楚雄人,1925年任江苏高等审判厅推事。

何基鸿、沈沅谋职之事,张耀曾致函王宠惠,予以力荐。① 这些人员后来都进入国民政府任职,如沈家彝,1930年5月任司法行政部参事,罗文干任部长时,1932年5月沈氏调任上海第二特区高等法院院长,1936年又调任河北高等法院院长。②

北京政府司法系统几乎原封不动地移植进入南京政府中,因此,南京政府司法部门的人脉交游、司法风格、政治文化明显地延续着北京政府时代风气。身在上海的张耀曾、沈锡庆在他们的日记中,记载着这些人脉交游的信息。1929年4月17日,原北京政府司法官员梁仁杰拜访张耀曾,告知他将赴江西任高等高院首席检察官;1932年3月12日,梁仁杰、沈家彝拜访张耀曾,言原北京政府司法总长董康将赴南京法官训练所任职。③ 1932年1月出任上海地方法院院长的沈锡庆,几乎完全生活在原来的人脉网络之中:1932年3月26日,沈锡庆参加江苏高等法院第二分院首席检察官王振南的宴饮,同席参加者有第二分院院长沈家彝,上海第一特区地方法院院长周先觉,高分院庭长郁华、钱鸿业,地院庭长周翰、首席检察官汪祖泽等,无一不是来自北京政府的司法人员;4月23日,上海地方法院新任书记官王道周到院就职,王系沈之旧属;11月9日,第一特区地方法院新任院长郭云观拜访沈锡庆,郭氏曾任北京政府大理院推事,此次系由司法行政部参事调任而来;17日,上海地方法院新任首席检察官楼玉书来拜访沈锡庆,楼氏系从江宁地方法院调任而来,也是"二十余年之老法官也";1933年1月13日,沈锡庆赴镇江地方法院,拜访院长、庭长和推检人员,发现"内有半数系予旧

---

① 参见杨琥编:《宪政救国之梦——张耀曾先生文存》,北京:法律出版社,2004年,第252、253页。
② 参见刘寿林等:《民国职官年表》,第634、635、858页。
③ 参见杨琥编:《宪政救国之梦——张耀曾先生文存》,第268、321页。

属";29日沈锡庆分别拜访"许世英、章宗祥、董康、张耀曾、薛笃弼诸总长,并与章、张两总长长谈",口口声声"总长",即已经被推翻的前政权之司法总长。① 可见,虽已是南京政府司法官员,沈锡庆依然生活于北京政府人际网络和政治文化之中。

中国现代法制改革肇始于清末新政时期,移植西方的"司法独立""司法不党"的理念与制度,司法官员不卷入政党政治与政争,规定推检人员不得为政党党员或政社社员,他们一般都严守证据、程序规则,坐堂审案,思想较为保守。从清末到民国北京政府时期,经过二十多年时间,这些理念已经"深入人心",根深蒂固,已成惯习。这些北京政府司法官员未经"革命洗礼",大量进入国民党政权,自然也将这些理念和方式带入南京政府中。他们对国民党治国理念与方式并不了解,也不甚认同。在国民党"以党治国"统治之下,司法领域要掌控在国民党之下,推行司法党化,但是,来自北京政府的司法官员,对此持反对意见者,比比皆是,如罗文干、董康②、郑天锡、石志泉、夏勤、赵琛等人,其中,罗文干、董康反对尤力。他们认为司法党化将会破坏司法的独立,难以维护法律的尊严;在他们看来,执政党的主要任务和责任是制定有关国家内政、外交等方面的重大方针政策,司法是带有职业性的专业工作,需要一定的专业知识和经验,不是一般从事党务工作的人员可以胜任的。③

---

① 参见高利华整理:《沈锡庆日记》,第87、96、134、135、145、148页。
② 董康(1867—1947),江苏武进人,字授经。1888年中举人,1890年(另一说为1889年)中进士,授刑部主事。1902年起,先后任法律馆提调兼京师法律学堂教务提调,宪政编查馆科员,大理院刑庭推事、推丞等职。辛亥革命后,东渡日本,攻研律法。1914年回国,历任大理院院长、修订法律馆总裁、司法总长、财政总长等职。南京国民政府成立后,董康先后任上海法科大学校长、东吴大学法学院院长、国民政府法官训练所教务主任及所长等职。
③ 参见李在全:《法治与党治:国民党政权的司法党化(1923—1948)》,北京:社会科学文献出版社,2012年,第174—177页。

这种讲求法律专业属性、强调"司法不党"之理念,不仅存在于已经进入国民党政权内的司法官员脑中,也存在于体制外的法律人士脑中。1929年1月14日,张耀曾对王宠惠说:"法官宜多用熟手,普通民刑审判,不用着党的色彩。"①1932年1月22日,余绍宋写信给司法行政部次长郑天锡,建言"法官入党,流弊太大,宜禁";9月27日,余绍宋致函安徽高等法院院长陈福民,请转告罗文干部长,他不出山任职的原因之一即不认同国民党一党专政,说道:罗氏"出任法曹,力求振作,固甚可慰,然大局如此,秋曹安能独善?"同函中,余绍宋忆述1927年冬在上海与陈福民相谈内容,两人"曾谈及党治之效,想犹记及,今果如何,若秉钧者不亟求所以刷新政治之道,恐祸患之来,有不堪设想者矣"②。张耀曾、余绍宋这时均是国民党政权之外的法律名人。

在南京国民政府成立不久,根据政治斗争需要,在"革命"者审判"反革命"者的旗号下,在普通法院之外广设特种刑事法庭,主要是审判共产党员与政治异议人士。这对国家司法正常运转破坏很大,也遭到国民党高层一些人士的反对。1928年8月在国民党二届五中全会上,国民党元老、此时兼代司法部长的蔡元培提议废止《特种刑事临时法庭组织条例》,所有反革命及土豪劣绅案件均归普通司法机关审理,提案获准通过。③ 很快,国民党中常会第161次会议决议:司法院即将成立,所有各种特别法庭应即取消,以谋法权之统一,详细办法交政治会议妥议。④ 11月国民党中政会第164次会议决议《关于取消特种刑事临时

---

① 杨琥编:《宪政救国之梦——张耀曾先生文存》,第252页。
② 余绍宋:《余绍宋日记》第6册,第777页;第7册,第184页。
③ 参见荣孟源主编:《中国国民党历次代表大会及中央全会资料》上,北京:光明日报出版社,1985年,第544页。
④ 参见中国第二历史档案馆编:《中国国民党中央执行委员会常务委员会会议录》第6册,桂林:广西师范大学出版社,2000年,第64—65页。

法庭办法六条》,交国民政府公布,中央与地方特种刑事临时法庭取消。① 如此一来,大量政治性案件转入普通法院审理。

从维护国民党一党专政的角度而言,司法系统必须配合国民党政治斗争的需要,然而,如此司法人员状况显然无法做到这一点。他们审案时,"往往死扣法律条文,司法审判程序迂缓繁复"②,这样的司法机关无法成为国民党运用自如的政治工具。因此,很多党部对法院非常不满,常常发生矛盾,③两者甚至处于对立状态。1929年4月,天津特别市党部向国民党中央报告:"该市前曾组织惩共委员会,惟该机关职权,对于共党,只能逮捕,不能处理,以致被捕共党,移送法院后,往往宣告无罪,益令共党无所忌惮。请赐予惩共委员会以处分共党之权,以便应机处理,或请明令法院,对于审理共党案件,非经党部同意,不得滥予释放。"该报告还称:"各地关于审决共产党徒案,党部对法院,不少同样感想。"④7月,国民党中央也承认:近来各地破获共产党案件甚多,"党部对于法院仍虑其偏重证据,轻易释放,迭据陈述前来"⑤。掌控中统的国民党要角徐恩曾就指斥:"那些司法检察部门都是无用之辈,我们要做的许多重要事情,都得不到他们相应的配合。"⑥1934年10月,国民党中央党部秘书王子壮观察到,"吾国司法界深闭固拒,于本党政府之下

---

① 参见中国第二历史档案馆编:《国民党政府政治制度档案史料选编》下册,第620—621页。
② 裘孟涵:《CC渗透的国民党司法界》,载中国人民政治协商会议全国委员会文史资料研究委员会编:《文史资料选辑》第78辑,北京:文史资料出版社,1982年,第77页。
③ 参见金沛仁、汪振国:《CC"党化司法"的实质及其经过》,载柴夫编:《CC内幕》,北京:中国文史出版社,1988年。
④ 中国第二历史档案馆编:《中国国民党中央执行委员会常务委员会会议录》第8册,第30、164、422页。
⑤ 《司法院训令》,《司法公报》第31号,1929年8月10日,第6页。
⑥ 杨颖奇、张万栋:《二号嫡系:一个中统大特务的自述》,青岛:青岛出版社,1999年,第137—139页。

而处处有反党之事实,不一而足",因为"此司法来自北平,已自成派故也"。① 王子壮所言南京政府司法系统来自北平,自成系统,而且"处处有反党之事实",代表了国民党方面人士对这时期司法系统的基本观感。

四、成因考析

关于1927年前后中国南北政权之间的司法人事问题,一位民国司法人员晚年记述:南京国民政府成立不久,因为自身审判人员与水平不足,召回原北京大理院与检察署旧有推检官员,赴南京任职,以充实最高法院与检察署的审检重任,更选调部分北方旧有司法官员充实南方各省法院。当年曾有"革命军北伐,司法官南伐"之谑语。各省高等、地方审判厅易名为法院,各级检察厅易名为检察处。只有少数首长更换新人,旧有推事、检察官全部留用,仍任原职。② 证诸史实,大体如是。值得进一步追问的是,在两个敌对政权之间,为何会发生这种"革命军北伐,司法官南伐"现象呢?

从清末革命开始,历经兴中会、同盟会、国民党、中华革命党、中国国民党,国民党虽几经改组,但其思想纷歧、组织散漫、人员庞杂、党力低下可谓痼疾。正因此,1923—1924年孙中山决定"联俄容共",学习苏俄列宁政党模式改组国民党,试图改组建立一个具有严密组织和强大执行力的国民党。但实际上,所学基本是表面功夫,国民党依旧故我,

---

① 王子壮:《王子壮日记》第2册,1934年10月22日,台北:"中央研究院"近代史研究所,2001年,第150页。

② 参见陈嗣哲:《1912年至1949年我国司法界概况》,载全国政协文史资料委员会编:《文史资料存稿选编》(政府·政党),第457页。

内部信仰纷乱,人员庞杂,没有根本改变。从理论上讲,国民党对各级行政司法工作人员,要求尽先在党内选用。1927年9月,国民党中央要求:"通行各级政府行政司法机关,所有上级干部人员须尽先在党内选用,非党内确无适当人才时,不得援用党外之人。"①然而,实际上很多是"援用党外之人",而且基本没有严格的政治审查。如此一来,许多国民党党外人员,甚至是"反党"人士,都进入国民党政权之中。

随着北伐战争迅速推进,国民党控制地域急剧扩大,管理与建设人才严重不足;在这过程中,国民党内部斗争加剧,外部往往通过与北方势力妥协而换取军事胜利,招降纳叛,大量的北方军阀、官僚、政客借此进入国民党政权中。在1929年南京政府十位部长中,至少有4位是北京政府官僚,②因此,当时社会上有"军事北伐,政治南伐""南京政府,北京内阁"之语。若细化考察,在南京政府初期中央各部的事务官员中,司法行政部几乎全部来自北方,外交、财政、海军、交通等部,北方官僚所占比例也很高,均超过半数。③ 作为国民党领袖,蒋介石是此局面的主要推手与操控者,他也预知其之后果,曰:"今之行政机关所最难者,不用一旧有人员,则手续多有不便;用一旧有人员,则旧有之积习,即随之而入。"④似乎是在两难之中,国民党中央只能如此应对。在抗战前夕,国民党中央党部秘书王子壮在日记中写道:"北伐时期极为迅速,于一二年之时间而能奠定全国,此固可喜,然牵就各方,容纳投降之事

---

① 《令各省高等审判检察厅为上海特别市临时执行委员会呈据三区党部党员大会建议政府机关用人补救方法经中央政治会议决议容纳咨请政府核办录案令行遵照并饬属遵照由》,《司法公报》创刊号,1927年12月15日,"补录",第28—29页。

② 参见易劳逸:《1927—1937年国民党统治下的中国流产的革命》,陈谦平等译,北京:中国青年出版社,1992年,第15页。

③ 参见鲁卫东:《民国中央官僚的群体结构与社会关系》,第280页。

④ 《蒋介石演说军队党化》,《盛京时报》1928年8月18日,第1版。

则甚多,于是,自己之阵营转为复杂。"他认为,国民党政权仅是形式而已,"实质上绝非党的政权"。两月后,王氏又写道:"国府建都南京已达十年,政治上虽有相当之进步,而关于人事制度上之改革迄无成功,良以革命力量扩张太快,缺乏适当人才以应政治上之需要,于是兼容并包,无所不有。北京之官僚力量逐渐南移,复运用其手腕,达到官运亨通之地步。此一辈人多善奉迎,对事敷衍,难期实效。"[1]政治虽有进步,但国民党变得复杂,人事难言成功。

和北方势力妥协,虽然缩短了国民革命的军事进程,南京政府也得到很多具有行政管理专长和经验的北方官员,然而,这给国民党带来的危害也很大。国民党本来即内部不团结,北方官僚大量转入且被委以高位,无异于进一步撕裂了国民党,使国民党更加庞杂。对此,许多较纯粹的国民党人无不愤恨,出身广东的国民党要角马超俊晚年忆述:"奠都南京后,一般官僚政客倡言'作天下事,用天下人',借谋进身之阶。因此旧日官僚,络绎南下,混入中央政府。"[2]亲身参与北伐之役,后来成为国民党政要的雷啸岑,晚年更是痛心疾首,他说:南京政府成立后,对北洋军阀部队,"招降纳叛,来者不拒,这些旧军头对三民主义毫无认识,士兵们亦缺乏政治训练,只是换插一面青天白日旗,人事经理一仍旧贯,即号称为国民革命军,各军的首领且多加官进爵,位跻封疆大吏,甚至有尚未经过入党手续,竟被选为中央委员者,如张学良是也";与此同时,南京政府各部门成立,"许多职员皆系任用北洋政府的旧官僚","这般旧官僚只要填写一张入党表,身穿一袭中山装,就成为

---

[1] 王子壮:《王子壮日记》第4册,1937年3月16日、3月17日、5月20日,第75、76、140页。

[2] 郭廷以、王聿均访问,刘凤翰记录:《马俊超先生访问记录》,台北:"中央研究院"近代史研究所,1992年,第136页。

风云人物,而以国民党同志自居"。继而,国民党中枢声明:凡属供职国民政府所属机关的人员,一律以党员论,"革命的国民党招纳了这许多不知三民主义为何物的军阀官僚分子,乃对党发生腐蚀作用,党基从此动摇,党纪乃趋堕败,我认为这便是国民党最后在大陆上失败的基本因素"①。民国后期的军政焦点,看似国共两党之争,实际上,与共产党相比,国民党并不算一个"党",而是各种庞杂势力的混合体。

司法领域就是如此。由于国民党自身并无多少班底人马,几乎全部来自北京政府,经由王宠惠、罗文干等人进入国民党高层,在标榜法律专业知识、注重司法实践经验等理念下,在法律职业者内部相互推介援引,几乎是系统性地移植进入国民党政权中,故出现"革命军北伐,司法官南伐"现象。这种现象的产生,既与晚清以来逐渐形成的法律职业共同体有关,也与法律界的"司法不党"理念有关。从世界近代法律史观察,法律专门化、人员职业化是与近代社会分工密切关联的长期历史演进过程,法律职业活动逐渐形成专有的知识或技术,未经专门训练的人无法从业,同时,法律界为追求自我利益并保证法律服务质量而形成行业垄断等。中国现代法制、司法改革肇始于清末新政时期,远师欧陆,近法东洋,在京师、省城和商埠等地渐次筹组新式审检机构,讲求司法的专业化和人员的职业化。辛亥鼎革后,民国北京政府赓续其事,经过十余年的发展,到20世纪20年代,中国已经形成一定规模的法律职业群体,包含法官、检察官、律师、法律学者等,这有利于构建现代法治社会,但同时也产生一个相对独立、自治(或封闭)的法律职业系统。王宠惠、罗文干等是这个系统的领袖人物。

在强调司法专业化、人员职业化、法律职业共同体的理念下,北京

---

① 雷啸岑:《忧患余生之自述》,台北:传记文学出版社,1982年,第75页。

政府时期司法官员有一套严格的选拔、任用、升迁、保障制度,在此理念与制度之下,很多司法官员对社会现实包括政党政治保持相当的距离。有学者对此作了分析,认为当时很多司法人员是保守的,这缘于他们长期深受"司法独立"思想的影响。"司法独立"是18世纪以来西方国家的"天经地义",依照西方传统观念,司法独立的一项重要条件是司法官员不卷入党政的漩涡,因此,许多国家都在法律上规定司法官员不得加入任何政党;肇始于清末的中国现代法制、司法变革,以西洋制度为学习对象,把西洋的司法独立引入中国,也规定在职司法人员不得为政党党员或政社社员;经过北京政府时代,到南京政府成立时,这种规定在中国已经有十多年的历史了,可以说,司法官员不得参加政党的思想已经"深入人心"了。因此,不但有许多服务司法界的人不愿谈"党",就是社会上一般关心司法的人也不希望他们与"党"有何关系。① 故此,才有前述张耀曾对王宠惠说:"法官宜多用熟手,普通民刑审判,不用着党的色彩。"②余绍宋致函司法当局曰:"法官入党,流弊太大,宜禁。"③无疑,这种"司法不党"理念是造成"革命军北伐,司法官南伐"局面的原因之一。

若放宽视野,1927年前后南北政权鼎革中的司法人事延续还有一定的国际原因。鸦片战争后,列强攫取了在华领事裁判权,随着民族危机加剧与国人民族意识觉醒,朝野均深感此事之严重,为此,清政府亦有所努力,清末变法修律即在此背景下展开。辛亥鼎革后,历届民国政府均谋求撤废领事裁判权。几经斡旋和筹备,旨在撤废领事裁判权的法权会议于1926年年初在北京召开,王宠惠、罗文干等人正是法权会

---

① 参见杨兆龙:《党化司法之意义与价值》,《经世》第1卷第5期,1937年3月15日。
② 杨琥编:《宪政救国之梦——张耀曾先生文存》,第252页。
③ 余绍宋:《余绍宋日记》第6册,第777页。

议的中方主事者。会议期间,中方虽然做出诸多努力,但列强在肯定中国法律和司法制度的若干进步后,指出中国法律、司法和监狱制度的诸多弊病,并以此为理,拒绝了中方企盼的立即撤废领事裁判权之要求。按照《调查法权委员会报告书》统计,中国法院和司法官员情况是:各级新式法院139所、法官(包括推事与检察官)1293人,列强认为中国"经训练之法官人数过少"。① 1927年南北政权鼎革后,南京国民政府基本承续了北京政府的中外条约体系,这样,撤废领事裁判权的历史任务自然落到南京政府身上,而且,主持南京政府司法中枢的仍然是王宠惠、罗文干等人。在撤废领事裁判权的外部压力下,南京政府只能在接续北京政府司法系统的基础上继续展开工作,而无法真正另起炉灶。

结　语

"革命军北伐,司法官南伐"之局面,有利于承续北京政府司法基础,实现国家司法运转的平稳过渡,但对国民党来说,也带来很多问题。在王宠惠、魏道明主持南京政府司法时期,有国民党员呈控中央政治会议:司法部成为其个人之"宗祠","不用本党忠实党员,而尽易以私人",司法部200余名职员中"在党籍者不过十人",故请"另易忠实同志主持司法"。② 罗文干出任司法行政部部长,有人向国民党中央呈控,抨击罗氏"专事引用反革命腐劣分子以排斥革命司法人材","不应再容其

---

① 参见《调查法权委员会报告书》,《法律评论增刊》,1926年12月,第143—151、174页。
② 《请查办司法行政部长魏道明案》(1929年12月26日),政治档案,11/37.2,台北,中国国民党党史馆。

久据最高司法行政机关"。① 在王宠惠、罗文干的主持下,大量北京政府司法人员进入南京政府中。由于这些司法人员与国民党并无渊源,也未必认同国民党理念与学说,大多数人仍持北京政府时代的"司法不党""司法独立"理念,遵守证据、程序等原则,因此,他们多半不能配合国民党政治斗争,而且"反党"现象频发。正是针对这种局面,在1934年前后,党国元老居正出任司法院院长后,再次高举"司法党化"大旗,②努力把司法系统"化"入国民党之中,成为国民党能够运用自如的统治工具。然而,在整个国民党统治时期,囿于各种原因,司法系统始终未能成功地"化"入国民党之中,亦未能成为国民党统治的有力工具。

实际上,不仅司法系统如此,国民党统治时期很多领域特别是专业技术领域均是如此。例如外交系统,也大体来自北京政府,著名外交人物颜惠庆、顾维钧、施肇基等人均进入国民政府。以顾维钧为线索可寻其迹,顾氏长期在北京政府任职,与王宠惠、罗文干等人均为外交、法律技术官僚,相互关系极为密切,是"亲密的同僚"③。在北伐战争前后,顾维钧遭国民政府通缉,1928年年底东北易帜后,张学良奉系势力被纳入国民党政治版图之中,顾氏到张学良身边,为其出谋划策,在张学良的运作下,1930年3月国民政府取消通缉令。④ 1931年"九一八"事变爆发,南京政府内外交困,国民党中央设立"特别外交委员会",顾维钧、颜惠庆等人担任委员。10月1日蒋介石接见顾氏,认为其"对于外交亦

---

① 《请撤惩司法行政部长罗文干案》(1932年7月),政治档案,11/37.4,台北,中国国民党党史馆。
② 参见居正:《司法党化问题》,《东方杂志》第32卷第10号,1935年5月,第6—19页。
③ 中国社会科学院近代史研究所译:《顾维钧回忆录》第1册,北京:中华书局,2013年,第281页。
④ 参见《司法院训令》,《司法公报》第63号,1930年3月22日,第12页。

有相当研究,是为一平时之好手也";3日,蒋再度接见顾,并与颜惠庆谈话,认为颜"乃一老辣而明达之手也",蒋决定派顾维钧为国际联盟会代表,派颜惠庆赴北平与各国驻华公使接洽。① 作为顾维钧的密友,罗文干也在此时进入南京政府。据《邵元冲日记》记载,10月7日在南京国民党中央党部召开外交委员会,颜惠庆、"北平新来之罗文干"等人参加;14日,邵元冲答访颜惠庆、顾维钧、罗文干等人;15日,邵元冲在立法院宴请顾、罗等人;11月3日,南京政府简派顾维钧、罗文干等七人为东北各地接收委员会委员,指定顾为委员长。② 很快,顾维钧被任命为代理外交部长,罗文干被任命为司法行政部部长,均进入南京政府中。与司法系统情况类似,国民党对外交系统也存在不能运作自如之问题。1935年前后,施肇基担任中国驻美大使,但他对南京政府不能配合,行政院长汪精卫就认为,施肇基在华盛顿"过分消极",不能胜任,"由国民党制定、政府执行的外交政策,施总不能很好地贯彻执行",施氏"不喜欢任何国民党人,也不信任他们"。③ 这种状况给南京国民党中央造成很大困扰。

---

① 参见吕芳上主编:《蒋中正先生年谱长编》第3册,台北:"国史馆"等,2014年,第523页。
② 参见王仰清、许印湖标注:《邵元冲日记》,第781、784、790、791页。
③ 中国社会科学院近代史研究所译:《顾维钧回忆录》第2册,第299页。

抗战时期晋察冀边区统累税税则的出台与修订

李金铮*

任何政权能力的建设,皆取决于以税收为核心的财政能力建设,中共革命及其政权的成长也是如此。在中共革命的税制建设中,统一累进税(简称"统累税")是解决财政收入的一个税收类型,"即除此以外,别无其他捐税(关税、契税在外),同时税收统一于边区政府,只有边区政府有权使用"①。它始于土地革命战争时期,发展于抗日战争和解放战争时期。而抗日战争时期是统一累进税的制度创设有较大突破、施行办法更加周密、实践成效更为显著的时期。1940年,华北抗日根据地的晋察冀边区首开其例,晋冀鲁豫、晋绥、山东以及陕甘宁等根据地也实行了或严格或相仿的税收办法。比较言之,统累税在晋察冀边区不仅最先实行,而且延续最久,直至1948年5月才被新的农业税制所取代。从统累税办法尤其是税则的制定和修改来看,抗战结束之后几无明显的变化,因此抗战时期最值得关注。近些年,随着革命史研究思维的改进,学界对抗战时期统累税问题的研究已突破了传统的"政策—效果"模式,对征税过程中不同阶层的反应、曲折和复杂性给予了关注和

---

* 南开大学中国社会史研究中心暨历史学院教授。

① 刘澜涛:《财政经济政策》,1941年2月,载魏宏运主编:《抗日战争时期晋察冀边区财政经济史资料选编》财政金融编,天津:南开大学出版社,1984年,第117页。

揭示,深化了中共革命尤其是革命财政史的理解。① 然而,在此基础上仍有需要进一步推进之处,譬如统累税的办法、税则是如何出台的,有哪些人参与了讨论？出台之后,在施行过程中,又是如何修改的？上诸问题为统累税政策不可或缺的组成部分,不研究就不足以反映其历史全貌。但不能不说,在以往研究中,即便有的论著也反映了税则的出台和变化,但多为变化的结果,对其间的讨论过程仍未给予充分的注意。当然,这不仅仅是统累税的问题,而且是整个中共革命政策史、制度史、法律史研究的问题,与近年来学界所提倡的活的制度史、法律史仍有相当的距离。准此而论,本文之目的一方面是呈现抗战时期晋察冀边区统累税税则的出台与修改过程,另一方面也是呈现中共革命政策的形成、变化及其特征,为丰富制度史、法律史研究的内容提供一个例证。

一、 1940 年统一累进税税则的出台

晋察冀边区统一累进税办法于 1940 年 11 月出台,1941 年年初开始实行,距离 1937 年 10 月聂荣臻率部挺进晋察冀交界和 1938 年 1 月晋察冀边区政府成立三年余。此前边区的财政经历了混乱和合理负担两个阶段。如果没有可以改进之处,是无所谓实行统一累进税的。其基本过程及其问题,有如下档案记录:

---

① 周祖文的研究具有代表性,如《"不怕拿,就怕乱":冀中公粮征收的统一累进税取径》,《抗日战争研究》2014 年第 3 期;《统一累进税与减租减息:华北抗日根据地的政府、地主与农民——以晋察冀边区为中心的考察》,《抗日战争研究》2017 年第 4 期;《动员、民主与累进税:陕甘宁边区救国公粮之征收实态与逻辑》,《抗日战争研究》2015 年第 4 期。黄正林的论文《抗战时期陕甘宁边区的农业税》(《抗日战争研究》2005 年第 2 期)也值得关注。胡荣明、赵元成的新作《抗日根据地统一累进税制研究》(江西人民出版社,2022 年),对此问题从法律视角做了全面研究。

第一个阶段是新旧过渡的混乱阶段,在时间上是自抗战开始至边区政府成立(1938年1月15日)以前。这个阶段主要特点是废除苛捐杂税,减轻人民负担。但各地税收制度以旧税制已经废除新税制尚未建立,财政收支一般是很乱的。在工作开展的区域,仍旧沿用着平均摊派的办法,在工作较开展的区域盛行着动委会的"合理负担"。这些办法在当时虽然不太合理,但也起了应有的作用,保证了抗日经费。第二个阶段是走上建设的阶段。这个阶段是在边区政府成立后至《双十纲领》颁布以前(1940年8月前)。在边区政府成立后,即开始实行统收统支,财政上预决算、审计会计各种制度逐渐建立,停止征收现款的"县合理负担",试行"村合理负担",并恢复了旧税制中一些比较合理的税制,如田赋、烟酒税、印花税、营业税等。这时虽实行了统收统支,但还不彻底,比如一方面实行县以上的统收统支,而一方面又规定县区经费由地方款项下开支(主要依靠田赋附加、公产收入、税收20%的提成),村款开支则另由村合理负担解决,同时各地实行的合理负担办法亦不一致。在这几年财政工作中,对税制的改进与制度的健全,虽然克服了第一阶段的混乱现象,实行了必要和可能的统收统支与量入为出的财政原则,但边区的财政还未走上持久健康的道路。……实行统一累进税前边区各地实行合理负担情况:一,晋东北各县一般实行着二战区规定的《抗战期内县村合理负担办法》(1938年8月公布)。这个办法只凭估计不凭调查,在执行中,因此犯了过左过右的"平均摊派"与"捐富户主义"的毛病。二,冀中各县实行"土地累进税",以土地为标准,每人平均1亩或1.5亩为免征点,超过免征点的部分累进征收。这办法对工商业的推进有很大的作用,而对于有钱出钱的原则只是部分的适当。因此,虽然推动了工商业却便宜了商人而且同时还征收田赋,这对自耕农是不利的。三,冀西各县实行的是边委会颁布的村合理负担实施办法。这个办法基本精神是正确的,适合抗战建国的原则,但主要缺点是对各种资产收入一样看待,与奖励生产、与改善民生的原则不大相宜,而且资产收入在免征点以上的,即将全部资产收入计入征收,以至靠近免征点的户在纳税后所余财产反比不纳税的人少,是极不公平的。同时采取属人计算,属人征收,因村款尚未由县统筹,使佃户多的一些村庄,村款负担过重,无法办理。在各地区实行的这些不同的办法,又因工作基础的不同而执行的情形亦不一,但对人民财产,而未进行彻底调查,一般的还是估计,负担未能走上平衡,同时负担面还未扩大。①

之所以大段引述以上资料,是因为此为迄今为止所发现的关于统累税之前财政状况的最为简明准确的档案记录。该记录是 1942 年年初晋冀鲁豫边区政府专门组织考察团对晋察冀边区实行统累税情况的考察报告,有较高的可信度。该报告不仅回溯了晋察冀根据地建立初期三年的财政演变及其成绩,也指出了其不足之处。譬如边区政府成立后,由县合理负担改为村合理负担②,并恢复了旧税制中一些比较合理的税制,走入财政建设阶段,但还未走上健康的道路,晋东北各县就有"平均摊派"与"捐富户主义"的缺陷。尤其是各地征收多靠估计,未进行彻底调查,负担不平衡,负担面未扩大。

---

① 考察团:《考察晋察冀边区统一累进税报告》,1942 年 5 月,D7—112,第 10—13 页,革命历史档案,山西省档案馆藏。
② 村合理负担办法,参见《晋察冀边区村合理负担实施办法》,1938 年 3 月;《冀中村合理负担办法》,1939 年 10 月;《晋察冀边区平山县村合理负担办法》,1939 年 11 月,载魏宏运主编:《抗日战争时期晋察冀边区财政经济史资料选编》财政金融编,第 152—166 页。

由此不难看出,中共在财政建设上,解决财政收入问题是目标,同时追求负担公平,注重符合社会实际。然而,以上不足恰成为第三个财政建设阶段——实行统累税的理由。

类似的评论,在统累税实行后,晋察冀边区的领导人也谈到过。譬如,北岳区党委书记刘澜涛指出:"停止征收现款的合理负担,开始试行村合理负担。但各地实行的合理负担的具体办法,极不一致,且均有缺点。""过去合理负担,大部都集中到地主富农身上,中农贫农差不多均不负担。"①由此导致一部分地主富农的经济水平剧烈下降。当代学者魏宏运也认为,1940年以前,合理负担比起旧社会按田亩平均摊派有很大进步,但也存在不合理的情况,不少地区由于在制定合理负担的具体政策上曾出现过"左"的偏向,主要是累进率过少,负担大部分加到地主富农等富有者身上,导致负担面过小,一般为20%—30%,个别地区只有10%,而70%—80%的农户基本不负担公粮公草和公款。②周祖文也认为,在村合理负担之下,冀中征收的税种杂且乱,有些税是累进的,比如村合理负担和公粮,而很多还是比例税,比例税不仅不符合边区政府的价值取向,也不利于在战争环境下获取最大可能的财政收入。③

以上分析和看法当然是正确的,但不能不说,以上皆为历史事件发生之后的"言后"之意,我们更需要了解的是时间发现之前的"言前",即统累税办法出台之前晋察冀边区党政人士的意见。这里面既有对合

---

① 刘澜涛:《论晋察冀边区财政建设的新阶段——统一累进税》,1941年3月,载魏宏运主编:《抗日战争时期晋察冀边区财政经济史资料选编》财政金融编,第293页;刘澜涛:《晋察冀北岳区阶级关系的新变化与党的政策》,1941年7月,载魏宏运主编:《抗日战争时期晋察冀边区财政经济史资料选编》农业编,第206页。

② 参见魏宏运、左志远主编:《华北抗日根据地史》,北京:档案出版社,1990年,第215页。

③ 参见周祖文:《"不怕拿,就怕乱":冀中公粮征收的统一累进税取径》,《抗日战争研究》2014年第3期,第49页。

理负担的看法,更包括对统累税的认识。当然,有的对二者都有阐述,为了便于理解,仍分别做一梳理。

(一) 对合理负担的看法

晋察冀边区最高军事领导人聂荣臻1940年7月7日发表文章《巩固团结与坚持抗战》指出:"边区政府所颁布的各种法令政策,完全适合于各阶级各阶层的利益,实行了有钱出钱,有力出力的合理负担原则。"①这里对合理负担做了较为笼统的肯定。

民主人士李公朴在1939年10月至1940年4月率团走访晋察冀边区15县,1940年6月完成了一部纪实作品《华北敌后——晋察冀》,一方面肯定了合理负担办法:"合理负担是战时经济费筹措的一种最完善的进步的办法。本着有钱出钱的基本原则实行合理的公平负担,消除了过去穷人既出钱又出力的不平等现象。"另一方面也指出其中发生的偏向:"有的地方把'有钱者出钱'的原则变成了'财主出钱'。"②

边区行政委员会主任宋劭文谈论得较多。他毕业于北京大学历史系,在边委会主任之前做过山西省第一专署专员兼五台县县长,又有边区政府最高领导人的工作经验,所以对财政经济了解较多,长于经济问题研究。③ 1939年3月,也就是村合理负担办法实行一年后,宋劭文发表《关于县村合理负担办法的商榷》一文,指出村合理负担办法是根据阎锡山提出的合理负担办法制定的:要把村合理负担作为县合理负担

---

① 聂荣臻:《巩固团结与坚持抗战》,《抗敌报》1940年7月7日,第3版。
② 李公朴:《华北敌后——晋察冀》,北京:生活·读书·新知三联书店,1979年,第103—105页。
③ 其任职多与经济有关。1948年以后,任华北人民政府财经办事处秘书长兼农业部部长。新中国成立后,历任政务院财经委员会委员计划局局长、财经委员会秘书长,轻工业部副部长,国家经委副主任,等等。

的基础;要尽量求其合理,要凭精密的调查确定负担的数量;收入累进,产业不累进,收入与产业分算;以人口做负担的单位,不以户口做负担的单位,负担采属人主义不采属地主义。这一套办法是针对混乱的合理负担的事实而提出的,基本上反对捐富户主义与摊派主义,在理论上还是正确的。但由于边区处在敌人后方、生产落后、区村政权不健全、群众的政治文化水准落后等,使得一套好办法在事实上不能实现,除过唐县、平山两县试办还略有成绩外,其余县份没有能够执行得通的。因此,"我们迫切地需要一个比较固定的合理负担制度,这一制度要使动员公粮或公债一类的工作,从边区到县,从县到区,从区到村,从村到户,都变成一个简单的技术工作"。不过,因为这个办法各县区村都在执行,骤然废除,恐也不妥。① 由上可见,宋劭文对村合理负担办法基本上给予了肯定,只是对未能全部贯彻落实表示不满。与此同时,他也希望有一个更为简单的技术,但又表示村合理负担办法不能马上废除。翌年 2 月,宋劭文发表《论合理负担、县地方款、预决算制度》一文,更多阐述了村合理负担办法的缺陷。在边区大部分县份,村合理负担制度还不健全,存在着复杂的纠纷。为此,"合理负担是个变更制度的问题,是把以往不合理的负担制度变成一个合理的负担制度。……今天要建立并坚持合理的制度,就不能不麻烦。因为是个合理的制度,所以必须要麻烦,应该费很大的力量,不费力量想得到解决是不可能的"。所谓变更制度,就是把村合理负担提高到县合理负担,县合理负担就是统累税。② 同年 5 月,边区第五专区专员邵式平也谈到,村合理负担虽比过

---

① 参见宋劭文:《关于县村合理负担办法的商榷》,《抗敌报》1939 年 3 月 19 日,第 2 版;1939 年 3 月 25 日,第 3 版。
② 参见宋劭文:《论合理负担、县地方款、预决算制度》,1940 年 2 月,载魏宏运主编:《抗日战争时期晋察冀边区财政经济史资料选编》财政金融编,第 33 页。

去的旧制度合理,但以县为单位看,各村就悬殊了,如果把村合理负担提高到县合理负担,就比较更合理了。① 而县合理负担,就是统累税。

与统累税实行之后对村合理负担的看法相比,此前的意见虽也谈不足,但较为温和,没有明确讲负担面过小。宋劭文认为村合理负担办法原本就是反对地富负担过重的,只是做得不够,还要继续坚持这一做法。但统累税实行之后,则对村合理负担有较多否定性的评论,显然是为了表明统累税的合法性,这是可以理解的。

(二) 对实行统累税的看法

累进税并非晋察冀边区的发明,也非中共首先提出。累进税起源于19世纪的西方,马克思、恩格斯的《共产党宣言》中就有"征收高额累进税"的提法。② 累进税思想传入中国后,孙中山将地价税称作"累进法",但地价税并非真正的累进,而是比例税法。③ 中共提出累进税的设想,始于1922年5月第二次全国大会宣言提出:"废除厘金及一切额外税则,规定累进率所得税。"④1928年7月,中共第六次全国代表大会又提出:"取消一切政府军阀地方的捐税,实行统一的累进税。"⑤统一累进税的制度始于苏区时期,根据地对农业、商业和工业征收统一累进税,使负担面稳定在总人口80%左右。以商业税为例,《中华苏维埃共和国暂行税则》规定,商业资本200元为起征点,200元以下免征,自资

---

① 参见邵式平:《关于财政问题讨论总结》,1940年5月,载魏宏运主编:《抗日战争时期晋察冀边区财政经济史资料选编》财政金融编,第52页。
② 参见《马克思恩格斯选集》第1卷,北京:人民出版社,2012年,第421页。
③ 参见王学庄:《"重税""累进税"辩——关于孙中山地价税研究中的一个问题》,《广东社会科学》1991年第3期,第40页。
④ 《中国共产党第二次全国大会宣言》,1922年5月,载中央档案馆:《中共中央文件选集(1921—1925)》第1册,北京:中共中央党校出版社,1982年,第78页。
⑤ 《政治决议案》,1928年7月,载中央档案馆:《中共中央文件选集(1928)》第4册,北京:中共中央党校出版社,1983年,第171页。

本 200 元至 10 万元分为 13 个等级,第一个等级为资本 200 元至 300 元,税率为 2%,逐级累进,到第 13 等级资本 8 万元至 10 万元,税率 18.5%。① 可见,后来抗日根据地实行统累税制度是有历史渊源和承继性的。

全面抗战爆发后,从中央到地方一直都在倡导统累税的实行。1937 年 10 月,刘少奇在《抗日游击战争中各种基本政策问题》中指出:"取消过去一切的捐税和摊派,重新规定统一的累进税。"②1938 年 10 月,毛泽东在《论新阶段》的报告中也指出:"在有钱出钱原则下,改订各种旧税为统一的累进税,取消苛杂和摊派制度。"③中共中央北方局是领导北方地区工作的机构,对统累税也多有指示。1939 年 6 月中共中央北方局指出:"取消一切苛捐杂税,确定征收土地、营业地租及所得等累进税。"④1940 年 1 月其又指出:"在财经政策方面,公布其政权机关的财政工作,实行累进税制。"⑤北方局书记杨尚昆也于 1940 年 7 月指出:"现在各地的'合理负担'、'公平负担',应一律着手改为真正的累进原则的征收法,而且每年只准征收一次(可以分两季缴纳),坚决废止'随征随收'、'无限制征收'的办法。"⑥

在晋察冀边区,早在 1938 年 1 月的晋察冀边区军政民代表大会上,

---

① 吴钧善:《论土地革命战争时期根据地的统一累进税》,《安徽教育学院学报》1988 年第 1 期,第 42—44 页。
② 刘少奇:《抗日游击战争中各种基本政策问题》,1937 年 10 月,载中国人民解放军政治学院党史教研室:《中共党史参考资料》第 8 册,1979 年编印,第 86 页。
③ 毛泽东:《论新阶段》,1938 年 10 月,载中国人民解放军政治学院党史教研室:《中共党史参考资料》第 8 册,第 199 页。
④ 《中共中央北方局解决河北问题的八大纲领》,1939 年 6 月,载河北省社会科学院历史所:《晋察冀抗日根据地史料选编》上,石家庄:河北人民出版社,1983 年,第 144 页。
⑤ 中共中央北方局:《对山东工作的意见》,1940 年 1 月,载《中共中央北方局抗日战争卷》上,北京:中共党史出版社,1999 年,第 224 页。
⑥ 杨尚昆:《论华北抗日根据地的建立与巩固(续万)》,《共产党人》第 16 期,1941 年 3 月,第 20 页。

《财政问题决议案》就提出:"征收新税。废除一切苛杂的间接税,创立新的合理的直接税。……其税率按照统一进增的累进率,提高免征点,缩小级距,缓和密度,以求合理公允。"①前述《晋察冀边区村合理负担实施办法》,资产税不累进,收入税有累进率,公粮征收也采用了合理负担累进的方法,但还不是统累税。②

对统一累进税或多或少有所涉猎和分析的,是李公朴、宋劭文和彭真。

李公朴自1939年10月底用6个多月考察了晋察冀边区,他指出:"谁都了解统一的累进税是今日最合理的税法。但晋察冀边区到现在还是在巩固村合理负担,开始进行县合理负担,这是不是说不实行累进税呢?相反的,正是制造有利的条件,克服各方面的困难,向统一的累进税的途径上迈进。""由县合理负担再进一步便是最进步的统一累进税的实施,这是新中国财政经济的基本建设。我们相信,这将不久在晋察冀边区实现。"③

宋劭文1940年2月在对村合理负担进行批评的同时,提出改村合理负担为县合理负担。与李公朴不同,他认为县合理负担就是统累税:"统一累进税是建设财政的基本办法,只有把统一累进税的合理负担健全的建立起来,财政的动员才会成为一种简单的手续。这就是说,可以从一个计划的数目字的分配过程,到达数目字的现实过程。"对免征点、征收负担最高额、资产与收入的比例、属人属地以及调查问题,他都针对旧的村合理负担办法提出了意见,而这些意见也多是后来统累税税

---

① 《晋察冀边区军政民代表大会》,1938年1月,载魏宏运主编:《晋察冀边区财政经济史料选编》总论编,第35页。

② 参见《晋察冀边区村合理负担实施办法》,1938年3月,载魏宏运主编:《抗日战争时期晋察冀边区财政经济史资料选编》财政金融编,第152—153页。

③ 李公朴:《华北敌后——晋察冀》,第106页。

则所涉及的问题。譬如属人属地问题,他认为只有把一个人的财产收入都加起来,才能累进,原则上应采取属人主义,但完全采取属人主义也有困难,计算不方便。因此,一个人在本县内所有的财产和收入完全合并起来计算,采取属人办法;一个人的财产散布在县境以外其他县份,则采用属地主义。不过,对于统累税的实行,他认为"不是一年半年可以成功的,但我们要朝着这个方向努力"。①

比较而言,彭真是对晋察冀边区统累税的出台提供意见最多的人。他于1938年2月以中央北方局代表名义来边区指导工作,11月任北方局晋察冀分局书记。1939年1月晋察冀分局改为北方分局,彭真仍任书记,直至1941年1月离开。这三年,他是晋察冀边区党的最高领导。

1938年4月,在晋察冀边区第一次党代表大会上,彭真明确指出征收工商业和农业的统累税,由中农起,富者多出,贫者少出,不应一切抗日经费完全由富人负担。1939年1月,在中共中央北方分局代表大会上又提出,实行新的战时财政经济政策,改订旧税为统累税,取消各种苛捐杂税和摊派制度。1940年上半年,他与边区党政合作研究,多次提出征收统累税的计划和办法。譬如4月,在北方分局扩大干部会议上,彭真提出今年要征收一次统一累进税,苛捐杂税一律废除,田赋一律豁免,用统一累进税来解决全年开支。② 同月,他又致电聂荣臻并报北方局、中共中央,决定秋收后(冀中)、明年春(路西)征收合理负担即农工商业累进税一次,拟征1500万元。合理负担征收后除关税及出口税

---

① 参见宋劭文:《论合理负担、县地方款、预决算制度》,1940年2月,载魏宏运主编:《抗日战争时期晋察冀边区财政经济史资料选编》财政金融编,第29、32—34页。
② 参见谢忠厚等:《新民主主义社会雏形——彭真关于晋察冀抗日根据地建设的思想与实践》,北京:人民出版社,2002年,第284—285页。

外,其余一切捐税连同田赋一律废除。5月,彭真电告北方局经委和中央经委及聂荣臻,合理负担改定为11级,并决定起征点及最高比率,较前易于计算而合理。每年只收公粮及合理负担单一累进税各一次,公粮全年征收50万大石,统一累进税全年共收1600万元。① 6月,彭真致电彭德怀、杨尚昆并中央书记处,本年秋收后至明年春,将按新的统累税征收1500万元的合理负担,废除田赋及一切捐税。② 7月,他在北方分局纪念党的成立十九周年大会上作报告,指出苛捐杂税已完全废除,今年准备征收一次统累税。③ 同月7日,彭真领导的中共北方分局在《抗敌报》上发表《为抗战三周年纪念告晋察冀边区各界同胞书》,指出:"在合理的实行统一累进税后,每年除征收一次救国公粮与合理负担外,不但一切苛捐杂税悉数废除,田赋亦从此免征。"④由上可见,在彭真看来,统累税不仅有必要,而且1940年秋和1941年春就可以实行了。

《关于晋察冀边区目前施政纲领》的公布,为边区统累税实施过程中的标志性事件。该纲领由彭真主持,中央北方分局制定,1940年8月19日公布。其中第7条规定:"人民除每年缴纳一次统一累进税及对外贸易时之出入口税外,任何机关、团体不得另以任何名目勒索或罚款。"第8条规定:"实行由免征点和累进最高率的统一累进税(以粮租钱三种形式缴纳),整理出口税或征田赋,废除其他一切捐税,非经边区参议

---

① 参见《彭真传》编写组:《彭真年谱》第1卷,北京:中央文献出版社,2012年,第154—155页。
② 参见谢忠厚主编:《晋察冀边区革命史编年》,石家庄:河北人民出版社,2007年,第364页。
③ 参见彭真:《为把晋察冀边区建设成模范抗日根据地而斗争》,1940年7月1日,载魏宏运主编:《抗日战争时期晋察冀边区财政经济史资料选编》总论编,第281页。
④ 《中国共产党北方分局为抗战三周年纪念告晋察冀边区各界同胞书》,《抗敌报》1940年7月7日,第4版。

会通过,政府不得增加任何捐税。"①以上规定正式确立了统累税政策及其核心办法。彭真还在《关于我们的目前施政纲领》一文对此做了补充,强调其征收只限于对土地资金与收益部分,并且顾及生产的原则,对于投在有利抗战民生的生产事业的资金,减免其税率。② 在边区施政纲领公布前后,晋察冀边府提出了统一累进税办法草案,送各方征求意见,并要求9月召开北岳区高干会议,由统一累进税研究小组讨论并提出修正。③

此后,彭真及其领导的北方分局继续关注统累税实行的具体办法。1940年8月22日,彭真致电山东张经武、郭洪涛并转北方局、中共中央:详细的累进税细则,约在本月27日左右方能拟出,9月初北方分局高级干部会议通过,准备秋后采用。区以上财政本年秋收一律由边区统一地方税收,地方募捐一律停止。④ 9月1日,彭真在北方分局扩大干部会议上作《关于财政经济政策的实施》的报告,指出统累税是边区财政建设的第三阶段,是真正的直接税,是有免征点和累进最高率的所得税和财产税;累进率及核算表要简单明了、合理且易于计算,级与级之间的数目均按率征纳;以调节经济、鼓励生产为原则,凡投在工业方面、改良土地的资金、投在合作社的一切资本,分别免征或免于累进,但其收益部分仍按累进征税;投在商业上的资本及其收益,则一律累进征税。此外,他还谈到当年秋救国公粮的征收是统累税的一种形式。⑤ 而

---

① 《中共中央北方分局关于晋察冀边区目前施政纲领》,《抗敌报》1940年8月19日,第2版。
② 参见彭真:《关于我们的目前施政纲领》,《抗敌报》1940年8月19日,第4版。
③ 参见考察团:《考察晋察冀边区统一累进税报告》,1942年5月,D7—112,第21页,革命历史档案,山西省档案馆藏。
④ 参见《彭真传》编写组:《彭真年谱》第1卷,第170—171页。
⑤ 参见彭真:《关于财政经济政策的实施》,1940年9月,载魏宏运主编:《抗日战争时期晋察冀边区财政经济史资料选编》财政金融编,第113—114页。

这次公粮的征收,"将更加给予边区统一累进税的彻底实行打下坚实的基础"①。9月18日,北方分局发布了实行统一累进税的指示,捐税富有者多担负一些,但要富有者完全担负或负担过重亦是不好的。累进税则应照顾极贫苦之工农,但免征者不应超过人口百分之十至百分之二十,即绝对多数人口包含中农、贫农基本群众,均须给予适当的负担。② 10月7日,彭真就北方分局扩大干部会议讨论确定的累进税原则和具体办法致电北方局并告贺龙、关向应等,指出农业累进税是将土地财产与收入合计,以土地为计算单位,而以粮食为标准测度,折算不同土地,共分12级,级与级之间数目均按率征收;工商业累进税大体与农业累进税相同。③

正是在以上逐步讨论和总结的基础上,1940年11月10日,边区政府正式颁布《晋察冀边区统一累进税暂行办法》。12月15日,边区政府颁布《晋察冀边区统一累进税暂行办法实施细则》。税则的主要内容是计算单位及征收标准,如土地计算为"标准亩"(年产1.6石或1.8石),收入计算为"富力";税分12等,征税单位为"分",按富力定分;免税点定为1.5富力等。对于这一资料,相关学者耳熟能详,不再赘述。12月25日,彭真在北方分局扩大干部会议上,对于晋察冀边区统累税的原则又作了详细报告,强调要达到一个最基本的目标:"一切有收入的人民,除对最贫苦者应该规定免征外,百分之八十以上的居民,不论工人农民,均须负担国家赋税,不应该将负担完全放在地主资本家身上。"④

暂行办法及其细则颁布后,边区决定自1941春起北岳、冀中和平

---

① 社论:《一九四〇年的边区公粮》,《抗敌报》1940年11月3日,第1版。
② 参见《彭真传》编写组:《彭真年谱》第1卷,第174—175页。
③ 同上书,第177页。
④ 毛泽东:《论政策》,1940年12月,载《毛泽东选集》第2卷,北京:人民出版社,1991年,第767页。

西地区普遍实行统累税,由此标志着边区税制和财政建设真正进入新的第三阶段。正如《晋察冀日报》社论所指出的:"他不仅是晋察冀边区财政经济建设上具有历史意义的创造,而且他将给其他各敌后抗日根据地,提供许多可资参考的意见和经验。"①

二、1941年统一累进税税则的修订

由于1940年的粮税刚刚征完,晋察冀边区统累税暂行办法及施行细则颁布后,并没有马上进行征收,而是有一个继续讨论、调查、实验的阶段。"号召全边区各阶层人民热烈的发表意见,同时政府亦有专人深入农村确切调查,许多干部皆认真的详加研究。诸如:土地产量问题,产量折谷问题,实验土地评论等地,划分经济区(或划分地段)的问题,如何克服隐瞒与本位主义的问题……都进行深入的探讨与商榷。特别是关于1.5富力的免税点与1.6石谷合1标准亩是否合适,能否使纳税人口达到全人口70%至90%的问题,曾经及时的研究与调查,务求达到人民负担真正的平衡与合理。"②

原计划1941年1—2月为研究、试验、训练干部阶段,3—4月为审查评议阶段,5月中旬至迟不超过5月底开征。③ 但事实上,1—3月统累税暂行办法经过讨论和修订的过程,3月20日《晋察冀边区统一累进税暂行办法》修正公布,7月初才进入征收阶段,8月完成征收任务。那么,

---

① 《关于晋察冀边区的统一累进税》,《晋察冀日报》1940年12月25日,第1版。
② 襄生:《晋察冀边区财政建设中的创举(续完)》,《解放日报》1941年9月8日,第2版。
③ 参见《边府又发出指示,确定累进税实施步骤》,《晋察冀日报》1941年1月28日,第1版。

在统累税暂行办法颁布之后到修正办法公布之间,究竟发生了什么呢?

前述 1940 年 12 月 25 日,彭真在北方分局扩大干部会议上对于晋察冀边区统一累进税的原则作了详细报告。而就在同一天,《晋察冀日报》也发表了《关于晋察冀边区的统一累进税》的社论:"全边区的党政民各级机关,和边区广大人民,都应该充分的紧张起来,为着百分之百的完成这一任务而奋斗。第一,应当在边区党政民的各级组织与边区广大人民中,发动对统一累进税的原则上与执行上各种问题的研究与讨论,特别是要使广大群众了解统一累进税目前对于边区以及对全国的伟大的政治意义。用研究小组、讨论会、训练班等各种各样的办法来掀起对统一累进税的研究与讨论的热潮。"①研究和讨论的主要目的就是使统累税税则更加符合实际,以便于推广。

在《晋察冀日报》社论发表半个月后,1 月 10 日,彭真在中共中央北方分局会议又对统累税暂行办法作了一些补充,认为原来规定的免征点 1.5 富力太高,应降为 1 富力,或者降低标准亩(原规定为产 8 斗谷),免征点的规定一般应迁就生活水准较低的地方。② 不难看出,免征点的调整与扩大负担面有关。

以北岳区、冀中区为中心,边区上下对统累税暂行办法开始了讨论、试验和研究的进程。在北岳区,1941 年 1 月 4 日,第五专署成立统一累进税研究会,领导干部深入研究统累税问题。7 日,将干部分三组到平山县十区所属的柏坡、北庄、梁家沟等三村开始进行试验。③ 华北联合大学参加了十几个村庄的试点工作,教育学院院长李凡夫和中学

---

① 《关于晋察冀边区的统一累进税》,《晋察冀日报》1940 年 12 月 2 日,第 1 版。
② 参见彭真:《在中共中央北方分局会议上关于财政、生产等问题的结论》,1941 年 1 月 10 日,载《晋察冀抗日根据地》第 1 册(文献选编)下,北京:中共党史资料出版社,1989 年,第 483 页。
③ 参见《累进税研究会领导干部深入研讨》,《晋察冀日报》1941 年 1 月 17 日,第 1 版。

部主任何干之都曾带领小分队,做一个村庄一家一户的详细调查,研究统累税和边区各项政策实施中的问题。① 在阜平县,马叔乾县长亲自带队在柏崖村进行统一累进税的试点工作。② 1月15日,中共北岳区党委发表《关于统一累进税的决定》,要求:"各级党委要吸收适当的军政民工作的党员,成立研究会,抓紧自己所在地的某些县、区、村,进行深入研究。另外,应在政权中、群众团体中、广大人民中,利用座谈会、群众大会等形式,发动对统一累进税的原则上与执行上各种问题的讨论与研究。各地报纸上应著之论述,各地标语漫画应多写多画关于统一累进税的问题,在边区的每一角落中都要造成宣传与研究统一累进税的热潮。使广大群众了解统一累进税对边区对富有者对贫苦者都是有利的,是一种最公平最合理的税收制度。为了及时反映材料,交换经验,地委、县委要组织由地委、县委为领导的工作团,到下层去帮助工作,并随时反映经验教训,以供下半期工作的参考。区、村干部应采用训练班形式进行教育与动员,对统一累进税有经验的干部要流动到各县、区作报告,如讲演。务使我们每一个区、村干部都能真正了解统一累进税的原则与具体执行办法。"其核心就是在北岳区各地造成宣传、讨论和研究统累税办法的热潮。正是在这一决定中,北岳区党委表示了与彭真同样的看法,暂行办法规定的免征点稍高,尚未能符合中央最近指示80%以上人口负担的原则。因此,免征点还要酌量减低。待各分区根据具体情况可提供意见后,政府作出最后确定。③

---

① 参见成仿吾:《华北联大在北岳》,载中共河北省委党史研究室:《北岳抗日根据地》下,北京:中共党史出版社,1999年,第257页。
② 参见晋察冀人民抗日斗争史阜平编修组:《阜平县人民抗日斗争大事年表》,1985年印,第52页。
③ 参见《中共北岳区党委关于统一累进税的决定》,1941年1月15日,载中共河北省委党史研究室:《北岳抗日根据地》上,第242—243页。

在冀中区，1940年12月和1941年1月，区党委两次发出关于统一累进税工作的指示，各级党委要把实行统累税作为这一时期党政民各部门总的中心工作，必须切实加强领导。① 1940年12月1日，冀中行署副主任徐达本召集全署干部及各机关团体干部共200余人，就暂行办法条文作详细的报告。报告后，行署各部门即展开小组研究。7日，在临时署务会议上，行署更根据各局科对统一累进税分头讨论的总结，做进一步的研究。其中对于家庭副业的征税问题，虽暂行办法中已明文规定予以征税，但因冀中目前急需提倡家庭副业，以抵制敌寇的经济侵略，且冀中家属副业都是利用农闲时间艰苦劳动以帮助维持生活，所以行署决定家庭副业的收入概予免征。与此同时，成立冀中统一累进税推进委员会，冀中行署副主任徐达本任主任，抗联会主任史立德任副主任，各专区成立统一累进税推进委员会。② 12月15日至21日，冀中十专署在博野、蠡县、肃宁，八专署在深极、定南县，召开了士绅座谈会，广泛征求各阶层对统累税的意见。③ 此外，定南、晋县、束冀、宁晋、安新、献县等县也开展了统累税试点工作。④

边委会主任宋劭文在统累税暂行办法的修订中，继续发挥了重要作用。他专门写了《关于统一累进税调查工作的商榷》一文，在《晋察冀日

---

① 参见冀中人民抗日斗争史资料研究会等：《冀中抗日根据地斗争史》，北京：中共党史出版社，1997年，第237页。

② 参见《保证统一累进税彻底实行，冀中成立推行委员会》，《晋察冀日报》1941年1月20日，第1版。

③ 参见《冀中深入研讨统一累进税，各地召集士绅座谈会》，《晋察冀日报》1941年2月14日，第1版。

④ 参见中共安新县委党史研究室：《中共安新县新民主主义革命时期大事记》，1997年印，第27页；柴景田：《献县抗日政权建设与政权斗争》，冀中人民抗日斗争史资料研究会办公室：《冀中人民抗日斗争资料》第42期，1986年10月印，第75—76页；陈志勇：《大吴村区党组织的情况》，《定州市党史资料》第36期，1984年12月印，第52页；六分区组：《六分区人民抗日斗争大事记》，冀中人民抗日斗争史资料研究会办公室：《冀中人民抗日斗争资料》第38期，第19、21页。

报》1941年2月18日至20日连载。该文根据平山县梁家沟、北庄、柏坡、漂里村,冀中定南县一个村,灵寿县牛庄村等六个实验村的调查结果,对统累税调查工作、统累税暂行办法进行了讨论,主要包括六村社会经济条件、纳税户与纳税人口及其比例、村总富力与平均每人富力、调查经过与实际情形、调查工作建议等。在调查基础上,他归纳和提出了一些原则性的疑问:第一,土地产量问题。暂行办法规定平均年产谷,按最近三年来平均年产谷或其他物品按价折谷计算,但土地有水地、旱地、滩地、岗地、坡地、沙地的不同,在经营上又有轮作、灌溉、闲种之异,有一年产三季、二季、一季和两年产一季之别,怎样把这一条文具体执行呢?第二,产量折谷问题。暂行办法规定,折谷系指去糠后可得小米6成而言,如不及6成或超过6成则按谷的成色估计。其他产物按价折谷计算。而土地产量,种数繁多,各种粮食农作物的交换价值同时同地有所不同,其使用价值同时同地也有异,怎么把这一条文具体执行呢? 第三,把应该登记的财产收入都调查明白、都计算,这是农业以外的工商业与其他财产收入的调查问题,怎样实现这一原则呢? 第四,1.5富力的免税点、1.6石谷合1标准亩,是不是合适,是不是能使纳税人口达到70%—90%? 需要再实验一些村子,再作判断。针对纳税人口和免税点,宋劭文还特别提出:"纳税人口与全人口的比例多至94%,少至32%,为什么相差这样远呢? 根据暂行办法第七条'平均年产谷1石6斗之土地为1标准亩',第十七条'免税点定为1.5富力',及施行细则第二十条'纳税者与全人口之比例,不得小于70%,不得大于90%',是不是这些条文在某些地区可以适合,在某些地区并不适合呢? 这是十分值得研究的问题。"① 上诸疑问,都是关乎统累税

---

① 宋劭文:《关于统一累进税调查工作的商榷——六个实验村的比较的研究》,《晋察冀日报》1941年2月18日—20日,第4版。

征收的关键。

1941年2月,北岳区党委书记刘澜涛对免征点和累进率也发表了意见:一是负担户数一般应在80%左右,中农要全部负担,贫苦工农也须适当负担;二是要有免征点及累进最高率。最高率不得超过30%,现在是26%,因之收钱租地主的负担应有相当调剂。对于有的认为过去规定的免征点(1.2石到1.35石)过高,不仅不能达到中央规定负担户口的80%,甚至一般平均在40%以下,提议将免征点降低到7.5斗(即1.5富力,1富力等于5斗谷),以及免征点是一种还是两种,刘澜涛认为可以继续讨论。①

几乎同时,中共晋察冀分局(北方分局改称)秘书长姚依林也发表文章,对免税点做了更为详细的讨论,且给出了明确的建议。他所依据的材料,包括边区政府在牛庄的考察材料、第五专署在平山的考察材料、冀中行署的考察材料和晋察冀分局在平山、灵寿、阜平三县10个村庄的考察材料,有的与宋劭文的依据是相同的。他也发现,纳税人口的数目与村庄人口的比例,各地不同,差别极大。譬如,滹沱河沿岸村庄,负担人口数占全人口的比例都很高,一般在70%以上,有的在90%以上;平汉路两侧,负担人口数一般能达到60%以上;北岳区山地一些比较富饶的地区,以及冀中部分地区,一般能达到40%—50%;负担人口比例最小的,是北岳区比较贫瘠的山岳地区,有的16%,有的28%,有的10%以下。由此来估计,按暂行办法规定的免征点,负担人口达不到边区人口的80%。而按照党中央的财政政策,负担国家赋税的人口必须在全体人口80%以上,为了达到这一目标,免征点有下降的必要。而要

---

① 参见刘澜涛:《财政经济政策》,1941年2月,载魏宏运主编:《抗日战争时期晋察冀边区财政经济史资料选编》财政金融编,第116—117页。

制定免征点下降的办法,先得找出各地负担的人口比例为什么如此悬殊。姚依林认为,原因主要有三点:一是各地土地富力悬殊,土地生产量在各地相差很大。二是各地好坏土地的数量悬殊。土地数量悬殊的结果就是富饶程度也悬殊。三是土地分散程度悬殊,此点更为重要。土地愈分散,大地主愈少,中农数量愈多,则负担人口的比例也就愈大,相反,负担人口比例则愈小。边区土地虽然一般较战前分散,但是分散程度的不平衡现象在短期内是不可能克服的。因此,要确定一个固定的免征点,使各村负担人口都达80%—90%是不可能的,只能从全边区来看,达到80%左右的人口负担。

为此,免征点必须带有一定程度的伸缩性,办法有两种:第一种是降低免征点。有人提出把免征点降为1富力,这是不合适的,因为免征点如降低,则负担人口数必增加,全边区分数亦必增加,每分的实际负担额必减少。在免征点定为1.5富力时每分的负担假定是7元,到1富力后可能每分负担数降为5元至6元。这样一来,贫苦的中农和贫农的负担数目在增加,而地主富农的负担数目则减少了。第二种是降低标准亩。有人提出把标准亩降为5斗、6斗或7斗,而免征点不变,这个办法是比较合适的,因为标准亩下降,等于免征点实际降低,负担人口必然增加,而且各级之间的级距也因为标准亩的下降而减短,例如累进第一级与第二级之间的级距为1富力,标准亩8斗时即为8斗,而标准亩如降为5斗即仅5斗,累进的程度因而更快,每分的负担实数相对减少,地主富农所负担的分数相应地增加了一些。贫苦的中农和贫农的负担数目虽然也有增加,但增加不多,地主富农的负担数目虽然稍有减少,但减少得也不是太多,而负担的人口数目则大大增加了。有鉴于此,姚依林认为要扩大负担人数至80%左右,应采用第二种办法,定标准亩为6斗谷,免征点为1.5富力,合谷9斗,折米5.4斗,如此可维持贫农最低限度的生活。免征点为9斗谷,在冀中平均负担人口可达80%以上,在北岳区虽不能全部到达80%,但80%以上者也可达2/5左右的地区。由于各地经济不平衡,可按其具体情况,适当调节免征点,在一定的范围以内升降。凡负担人口超过90%的地区,应将免征点略为提高,但最高不超过1.8富力(合1.8石),由此可使最贫苦的人民不至于负担累进税;凡负担人口不及70%的地区,应将免征点略为降低,但最低不超过1.2富力(合7.2斗谷),这样可使最贫瘠地区的负担人口比例与80%的人口负担目标相差不致太大。此外,工商业累进税仍维持原来的免征点,不应降低,因为工商业累进税规定40元收入为1富力,40元一般可以买到8斗谷,现在粮价则略高,故工商业累进税的免征点不应再行降低。① 以上建议,可以说解答了彭真、宋劭文、刘澜涛提出的疑问。

3月1日,晋察冀边委会发布关于统累税调查工作的指示,和姚依林关注的一样,主要仍是纳税人口比例和免征点问题。根据统一累进税在边区各地实验的结果,按原办法所规定的1.5富力为一免税点、1.6石谷为一标准亩,要使纳税人口达到全人口的70%—90%是不可能的。能达到的只是少数地区,一般只能达到50%—60%。因此,标准亩的折合率要降低,以1.2石谷折合1标准亩,即便如此,仍有地区纳税人口达不到70%。又决定以区或县为单位,纳税人口在70%以上90%以下者,免税点定为1.5富力;纳税人口达不到70%者,免税点减为1.3富力;纳税人口超过90%者,免税点提高为1.7富力。在暂行办法实行细则的原案,标准亩的折合是有伸缩性的,可高于1.6石也可低于1.6石。

---

① 参见姚依林:《统一累进税免征点问题的商榷》,《晋察冀日报》1941年2月27日,第4版。

但各地实验证明,标准亩的折合有伸缩性是不妥当的、不公平的,在执行上也有许多困难。因为标准亩是一个计算单位,计算单位一致,没有伸缩性,在实际折合使用上会感到很大方便。为了使纳税人口在全边区到达80%,决定将标准亩折合率降低,而降低标准亩的折合率在各阶层都是公平的。至于免税点,因边区各地经济情况有差别,人民生活程度也有差别,为适应这些差别而降免税点有差别,使其带有伸缩性,生活程度高的地方免税点高,生活程度低的地方免税点低,是完全正确的。但哪些地区免税点应该是1.5富力,哪些地区应该降低为1.3富力,哪些地区应该提高为1.7富力,仍值得研究。①

也是在3月1日,晋察冀边府公布《修正统累税暂行办法》,3月6日在《晋察冀日报》上发表,和上一统累税调查工作指示大致相同,只有个别规定不一样。修正办法决定1石2斗(市斗)为1标准亩,免征点按各地(区)具体情形伸缩原则,一般还是1.5富力,以区为单位,纳税人口不及70%者降低为1.2富力,超过90%者,提高为1.8富力。② 不过,3月9日,《晋察冀日报》刊登《边委会对统累税免税点再有更动》,对该修正条文中免税点的规定又有变动,以区为单位,纳税人口不及70%者降低为1.3富力,超过90%者,提高为1.7富力。③ 但这一变动,等于又回到了3月1日边府的指示了。

3月18日,北岳区委书记刘澜涛对免征点做了进一步的解释,认为1941年度征收统一累进税免征点的最后决定是:确定免征点为1.5富力,

---

① 参见《晋察冀边区行政委员会关于统一累进税的调查工作的指示》,1941年3月,载魏宏运主编:《抗日战争时期晋察冀边区财政经济史资料选编》财政金融编,第386—393页。

② 参见《边区行政委员会修正统累税暂行办法》,《晋察冀日报》1941年3月6日,第1版。

③ 参见《边委会对统累税免税点再有更动》,《晋察冀日报》1941年3月9日,第1版。

如负担人口达到 70%—90% 者,免征点不变,在 70% 以下或 90% 以上者,得在一定范围内伸缩。而 70% 以下的村庄,得将其免征点下降,但最低不得低于 1.2 富力,90% 以上者,将免征点提高。但无论是提高还是降低免征点,都不可能恰巧使负担人口达到 70% 或 90%,例如 1.4 富力可能是 60%,而 1.3 富力可能是 72%,1.6 富力可能是 93%,1.7 富力可能是 86%,等等。在此情形下,取其负担人口较高的数目。在负担不足 70% 的村庄,经降低到 1.2 富力,仍不足者,举行第二次调查;调查后,负担人口仍不足 70%,则经县政权批准后,准其按照所计算的结果负担。①

3 月 20 日,修正《晋察冀边区统一累进税暂行办法》正式公布。26 日,修正办法施行细则也正式公布。② 修正办法的具体内容,也如暂行办法及其细则一样,为相关学者所熟悉,这里不予赘述了。

就在修正办法施行细则公布的 3 月 26 日,《晋察冀日报》发表了《边委会解释统一累进税疑义》。③ 宋劭文也发表了《关于统一累进税的负担面问题》,解答"实际免税点降低后是不是影响民生"的问题。他指出,实际免税点降低后,每人每年最低得米 140 多斤,每天平均合米 7 两多些,不会影响民生。

根据条文的规定,关于人民所有的资产收入并不是全部都征税,其中有一部分是免税的,如养牛、养驴、养鸡、养少数羊只、做工

---

① 参见刘澜涛:《论晋察冀边区财政建设的新阶段——统一累进税》,1941 年 3 月,载魏宏运主编:《抗日战争时期晋察冀边区财政经济史资料选编》财政金融编,第 300—303 页。
② 参见《晋察冀边区统一累进税暂行办法》《晋察冀边区统一累进税暂行办法施行细则》,《晋察冀日报》1941 年 3 月 26 日,第 1 版。
③ 参见边区行政委员会:《边委会解释统一累进税疑义》,《晋察冀日报》1941 年 3 月 26 日,第 3 版。

的收入等。假设某村有一家5口人的贫农,自家养一口猪,养几只羊,养5个鸡,每年生300个蛋,大一些的孩子,可以打柴或给人家放羊,男人农忙时可以给人家做短工,所有这些收入,对于维持一家生活,并不是很次要的部分。因此,对于人民生活我们不能简单的从1.5富力的免税点去了解它,同时贫农中的一部分,虽然在征收统一累进税中,将要成为纳税者了,但这一部分人的负担数量,却是很少的,如灵寿二区任家庄村实验的结果,全村贫农62人,内有23人纳税,总负担分数为2.067分,平均每人只负担0.089分,假定每分负担量为20元(实际上到不了此数),则每人负担量不过2元左右,等于一人打一天柴的卖价,贫农为了爱护民族,爱护根据地,为政府纳税。冬日多到山里去打几天柴,对于他们的生活是不会发生问题的。区里,或许有的同志要说,这样小的数目是不管用的,其实不是的,一个人所纳的税很少,而这些富力层的人口密度却很大,总计起来,为数便很可观了。我们的边区在三年多以来,由于实行减租减息、合理负担优抗等正确的政策,与民主政治的胜利开展,人民的政治生活已得到了大大的改善,人民的经济生活,也有适当的调节。统一累进税的实行,必然会更进一步的调节各阶层的经济利益,促进生产,改善民生,不过边区毕竟是处于敌后残酷的战争环境,因而对于改善民生的要求,是不允许超过现实的。①

宋的答疑在一定程度上可以缓解贫苦农民对扩大征收面的紧张。

---

① 宋劭文:《关于统一累进税的负担面问题》,1941年3月26日,载魏宏运主编:《抗日战争时期晋察冀边区财政经济史资料选编》财政金融编,第318—319页。

不过,修订办法公布后,各地仍有议论。一些地区反映,工商业、合作社、家庭副业的收入,按40元折合1富力计征较重。经高干会议讨论决定:工商业、合作社、家庭副业的负担比农业上自营土地的负担轻一些,但是不能太轻,否则会发生农民放弃土地而从事工业或其他事业的可能。所以,原法规定的免税点(1.5富力)与收入折合富力的钱数(40元)均不变更。①

三、 1942年以后统一累进税税则的修订

1941年3月统一累进税修正税则公布后,晋察冀边区的税收制度基本稳定下来。尽管如此,经过了1941年统累税征收的实践,仍有个别税则并不完全适应社会经济的实际,所以在1942、1943年仍有两次不同程度的修订。

先谈1942年的修订。对于1941年统累税的征收,总的来说取得了应有的成绩,但也发生了某些困难,"统一累进税实行后根据统计发生的问题,不下一千多个"②,因此仍存在着进一步改进的空间。

如同以前,边委会主任宋劭文依然是关注统累税税则的主角。1942年2月初,北岳区召开各县士绅参观团恳谈会,士绅参观团提出了不少问题,涉及统一累进税者就有多项,宋劭文逐一做了答复,反映了抗日民族统一战线的民主作风。譬如:其一,士绅提出有些租额不够纳

---

① 参见《晋察冀边区行政委员会关于工商业、合作社、家庭副业及各种收入征税问题的决定》,1941年5月9日,载魏宏运主编:《抗日战争时期晋察冀边区财政经济史资料选编》财政金融编,第404—406页。

② 考察团:《考察晋察冀边区统一累进税报告》,1942年5月,D7—112,第24页,革命历史档案,山西省档案馆藏。

税了。一种情况是,原来出租地块小,后来佃户凭劳力开垦,面积增大,但地租并没有增加,而统累税是按产量计算的,因此地租就不够负担了;另一种情况是,抗战前是钱租,但抗战后物价高涨,币价低落,而征税主要是公粮,租钱就不够负担了;还有一种情况是,有些地租额过低,不够纳税。宋劭文提出,或者从租额上解决,或者从统累税上解决,或者从两方面解决。钱租可由双方商量改成半实物租,把钱租提高。在一般收成情况下,承租人不得借口歉收减付地租,如有无故不交的,可向他要。其二,有的士绅提出,敌人修汽车路、挖封锁沟所占的土地,统累税是否仍应计算?宋回答,按规定是要计算的,土地所有者应与敌人斗争,积极地用平沟掘路等办法把地拿回来,但临时可以斟酌情形,减免负担。其三,免税点问题。有的士绅说,边区规定免税点不分大口小口,导致壮年人吃亏,小孩老人占便宜。宋认为,如按大小分别规定,很难找出标准来。刚生下的孩子占些便宜,但为了奖励生育,增加抗战建国的力量,也是好的。有的提出,边区的人到大后方去了,家中应否计人口除免税点?宋劭文认为应计人口,他不在家消耗,不用除免税点。其四,有人提出,商业负担比农业负担重,可否改订?宋认为,工商业收入以40元算1富力,一般是指纯利,而农业是没有除消耗的,所以工商业负担减轻了。因地区不同,具体情形悬殊,问题很复杂,有些地方反映商业重,有些地方反映轻,希望能找到一个更合理的办法。其五,政府规定统累税的负担面要达到一定程度,免税点在一定条件下可以升降。有人提出,免税点提高,一村人便宜;免税点降低,一村人吃亏,是否可以固定?宋认为,如果免税点不升降,是否大家就都不吃亏呢?①

---

① 参见宋劭文:《关于边区财政经济政策若干问题的答复》,1942年2月2日,载魏宏运主编:《抗日战争时期晋察冀边区财政经济史资料选编》总论编,第446—451页;《宋主任对士绅参观团所提问题的答复》,《晋察冀日报》1942年2月25日,第4版。

他表示,现在正搜集更多的材料进行研究。

同年3月初,在边区财政科长联席会议上,对统累税法规进行了详细的讨论。宋劭文提出1942年度统累税的实施方案:其一,要不要征收资产税。一般同意征收资产税,征收土地税人民已有习惯,资产与收入分算合计,易算易懂,并且可以免除过去征收入税与收入脱节之弊。其二,计算单位、税率问题。关于标准亩与免税点,以标准亩计算征税,10斗谷为一标准亩,平原和山地一样。平原人民生活程度高,从免税点上解决,冀中每人以2富力为免税点,冀西正定、建屏、定北、望都、徐水、满城、定兴也是以2富力为免税点,其他均以1.5富力为免税点。关于富力,农业收入每10斗谷为1富力,自耕地收入以总收获中除1/4花费计算,佃耕地收入以总收获中除1/4花费再除掉地租计算。土地以4个标准亩计1富力,资产税不与土地脱节,收入税不与收入脱节。假定出租土地的地租是25%,以4个标准亩的土地与4个标准亩的收入,其富力为1∶1;如租额到达37.5%,二者之比即为1∶1.5;如租额降到15%,二者之比即为1∶0.8;降为10%,即为1∶0.4。农业外的其他征税,资产以400元计1富力,收入税纯收入以40元计1富力。关于税率,贫农不超过总生产物的7%,中农不超过15%,一般富农不超过25%,一般地主不超过60%。其他还有属人属地、土地产量、人口计算等问题。①

4月1日,中央晋察冀分局对1941年统累税征收也给予了辩证的评价。首先肯定了成绩:"我们修正了过去负担面过于狭小的缺点,实现了中央所规定的使全人口80%缴纳税的原则。但同时规定了适当的

---

① 参见宋劭文:《财政科长联席会议的结论》,1942年3月1日,载魏宏运主编:《抗日战争时期晋察冀边区财政经济史资料选编》财政金融编,第59—65页。

免税点,保障了极贫苦人民的最低限度的生活。我们修正了过去的累进率,减轻了地主富农的负担,保障了一切人民的财权与地权。所以……获得了全边区各阶层人民空前的热烈的拥护。"与此同时也有缺点,和前述士绅参观团的说法有一致之处。譬如,对于边区的租佃情形和一般的地租情况,研究不够深入。在税收工作上,一律按地租375‰为标准,而北岳区和冀中区的一般地租在经过减租以后,已在375‰以下,致使低租地主缴纳赋税过重,影响到他们的生活,甚至个别地主的收入不敷缴纳赋税。而在某些尚未实行减租减息,地租尚在375‰以上的地区,贫农佃农负担又嫌过重。另外,工商业负担仍嫌略重,以致工商业与家庭副业的发展还未能达到预期的标准。为此,分局对1942年度统一累进税的实施方案提出几点意见:第一,资产税与所得税分开计算。资产税在土地方面以土地多寡为标准,所得税以收入多寡为标准。废除旧方案中以375‰作为估定地租标准的办法,累进率还要稍缓。第二,在最初的几个富力层,缩短等距,降低累进率,以求贫农与中农负担更加合理,降低标准亩为1市石,废除免税点以行政村为单位升降的办法,以求稍稍扩大负担面,以免因地主负担的减轻而增加自耕农、佃农的负担。第三,为大量发展商业与家庭副业,对工商业资本、银行存款、放债资本一律免税,凡利用农闲,以农业为主,以工商业为辅,不另雇经营之家庭副业及手工业工人,其资产与收入一律免税。第四,雇佣工人收入继续免税,以求本年彻底调整劳资关系,减低过高工资。①

半个月后,4月18日、19日,边府在《晋察冀日报》上先后公布《晋

---

① 参见《中共中央晋察冀分局关于1941年统一累进税工作的总结》,1942年4月1日,载魏宏运主编:《抗日战争时期晋察冀边区财政经济史资料选编》财政金融编,第427—4329页。

察冀边区统一累进税税则(修正草案)——根据一九四一年实施经验而改订》《晋察冀边区统一累进税税则施行细则(草案)》。① 向各地征求意见,如阜平县议会和县抗援会召开各界人士代表座谈会,征求修正草案的意见,以全县各界人士的名义致函边委会主任宋劭文,表示拥护统一累进税税则的修改和实施。②

在修正草案的基础上,5月2日,边府第二次修正公布《晋察冀边区统一累进税税则》《晋察冀边区统一累进税税则施行细则》以及统一累进税审查委员会章程、统一累进税纳税分数评议规程,声明:"前颁之晋察冀边区统一累进税暂行办法、统一累进税暂行办法施行细则、统一累进税审查委员会章程、统一累进税纳税分数评议规程即行作废。"③这个税则的制定过程,曾经经过了许多次的研究与修改,"每一条修改的条文不是根据于推论与估计,而是根据于1941年度统一累进税实施过程中得到的调查数字,经过比较详细的计算,因此它的每一条条文,都能找到比较确实的科学的根据"④。

因第二次修正统累税税则不为相关学者所熟知,笔者将此与第一次修正税则做一比较,由此确知其不同点,主要有:第一,财产、收入的

---

① 参见《晋察冀边区统一累进税税则(修正草案)——根据一九四一年实施经验而改订》,《晋察冀日报》1942年4月18日,第4版;《晋察冀边区统一累进税则施行细则(草案)》,《晋察冀日报》1942年4月19日,第4版。

② 参见晋察冀人民抗日斗争史阜平编修组:《阜平县人民抗日斗争大事年表》,1985年印,第67页。

③ 参见《晋察冀边区行政委员会令》,1942年5月2日,载魏宏运主编:《抗日战争时期晋察冀边区财政经济史资料选编》财政金融编,第361页;《〈晋察冀边区统一累进税则〉二次修正公布》,《晋察冀日报》1942年5月10日,第3版;《边区政府明令颁布边区统一累进税则》,《晋察冀日报》1942年5月10日,第3版;《〈晋察冀边区统一累进税则施行细则〉二次修正公布》,《晋察冀日报》1942年5月10日,第4版;《边区统一累进税审查委员会章程》《统一累进税纳税分数评议章程》,《晋察冀日报》1942年5月12日,第4版。

④ 社论:《贯彻统累税新税则的精神》,《晋察冀日报》1942年5月17日,第1版。

征税与免税。对于财产,将第一次修正中商业投资、公私合营之贸易局投资、证券、存粮的征税改为免税,增加了家庭副业投资、存于银行商店合作社的款项予以免税。对于收入,取消了第一次修正中的证券利息征税,增加了多个免税项目,包括放款利息、从敌占区或后方所得各种收入、牙纪收入及其他非直接劳动所得收入、家庭副业及畜养收入、合法的合作社收入、经政府批准之非营业性的公营事业收入等。以上修改,和前述进一步推动工商业、家庭副业的意见是一致的。第二,计算单位。将第一次修正中平均年产谷 1.2 石土地为 1 标准亩,改为平均亩产谷 10 斗为 1 标准亩。折合富力的计算,将第一次修正中的自营土地以每 1 标准亩计 1 富力、出租土地 1.5 标准亩为 1 富力、佃耕地 2 标准亩为 1 富力,改为土地以每 4 标准亩为 1 富力,地租及农业收入以每 10 斗为 1 富力,其中自营地以耕地总生产物除 1/4 消耗计,佃耕地以耕地总产物除 1/4 消耗并除地租计,低租地及租额不及耕地总收获物 15%者,其财产税以收租每 6 市斗谷为 1 富力。财产除土地外,将第一次修正的 200 元为 1 富力改为 400 元计 1 富力。各种收入,除地租及农业收入外,将第一次修正中的以收入 40 元为 1 富力改为总收入以 60 元计 1 富力,纯收入以 40 元计 1 富力。第三,税等税率及最高率。将第一次修正中的 12 等改为 16 等,第一次修正中的 1—7 等以 0.1 为累进率、7—12 等以 0.2 为累进率改为 1—5 等以 0.5 为累进率、5—16 等以 0.1 为累进率,累进速度较为缓和。第四,分数的征收。将第一次修正中的免税点定为 1.5 富力改为冀中区各县以 1.8 富力为免税点、北岳区各县以 1.5 富力为免税点,比原来灵活了一些。

对于第二次修正公布统累税税则,边区领导人宋劭文、姚依林以及地方政府等都发表了自己的看法,对实行新税则的理由做了进一步的说明和解释。譬如:

宋劭文1942年5月10日发表文章《统一累进税税则的修正公布》，指出1941年统累税实行过程中，在租佃关系、税等累进、工商业合作社家庭副业征税、县内外人口计算、免税点、属人属地与改算等方面都存在问题。在充分接受去年经验教训的基础上，对以上方面应加以修正。经过修正，免税的财产收入增多；财产税与财产合拍，收入税与收入合拍；降低标准亩并改变标准亩的作用，矫正过去标准亩混淆财产收入之弊；缩短距离，缩小累进率；工商业税减轻了；免税点以行政村为单位的升降被取消；外县之财产收入另计户均按实有人口计算；打破过去"走地不走粮"的习惯，一律属人计算，属人征收；等等。①

姚依林也发表了《关于统一累进税法令中的几个问题》，认为1941年的暂行办法"主要是依据过去实施合理负担的一些经验，与去年对一些示范村的不够精确的调查总结拟定。……在某些具体问题上，在法令本身还存在着一些缺憾"。今年的税制，"有了去年斗争的经验，采集了各方面提出的各种不同的意见，在每个问题上的规定上，一般都有了比较科学的统计数字作为依据，在各方面也就更加完善"。譬如，标准亩降低和以村为单位的免税点升降办法的取消，规定北岳区、冀中区两个区有两个不同的免税点；财产税与所得税分开计算，合并征收，解决少数地主地租收入过少、负担过重或佃农负担较重的问题；工商业资产税、家庭副业、政府法令组织的合作社以及存粮与放债资本一律不征税；等等。②

与此同时，北岳区党委发布了《关于1942年统一累进税工作的决

---

① 参见宋劭文：《统一累进税税则的修正公布》，1942年5月10日，载魏宏运主编：《抗日战争时期晋察冀边区财政经济史资料选编》财政金融编，第377—381页。
② 参见姚依林：《关于统一累进税法令中的几个问题》，1942年5月，载魏宏运主编：《抗日战争时期晋察冀边区财政经济史资料选编》财政金融编，第448—454页。

定》，同样指出 1941 年统累税实施上的缺点，如低租地主与高租佃户均负担较重；最初几个富力层的等距太大，富裕者感到过轻，贫穷者又失之过重，最后几个富力层的累进率又嫌过高；以村为单位升降免税点的办法，使富力悬殊的地区勉强向上看齐；对于工商业征税过高；等等。而新税则的修改，扩大了免税与减税范围，随着标准亩的降低，免征点也将下降，负担面相对扩大。对 1942 年统累税征收，制定了时间计划，5 月 15 日到 6 月初为准备期，6 月初到 7 月 15 日为全面进行调查工作期，7 月 15 日到 7 月底统计好分数，8 月开始征收工作。①

　　1942 年统累税征收结束后，边区针对过去实施中的缺点，对第二次修正税则仍有讨论和修改。1943 年 1 月，边区参议会大会的一项议程就是讨论《晋察冀边区统一累进税税则修正草案》及《晋察冀边区统一累进税税则施行细则修正草案》，由宋劭文代表边委会将税则的修正加以报告说明。主要修正之处：第一，因过去低地租负担较重，所以修正税则规定："低地租其租额在耕地总收获物 20% 以下者，其财产税以收租每 8 市斗谷之土地计 1 富力。"第二，为发展工商业，修正税则规定，工商业消费每一经营人员每年平均 50 市斗谷计算。第三，为照顾无劳动力的孤儿寡母的生活，修正税则规定，可将其免税点提高至 2 富力。第四，关于出典土地负担，修正实施细则规定，出典之耕地，其财产税由承典人负担。报告完毕后，旋即进行讨论，大会对修正税则及修正实施细则全部通过，将 1942 年颁布的统累税税则及实施细则作废。②

---

　　① 参见《中共晋察冀北岳区党委关于 1942 年统一累进税工作的决定》，1942 年 5 月 10 日，载魏宏运主编：《抗日战争时期晋察冀边区财政经济史资料选编》财政金融编，第 459—463 页。

　　② 参见《边参会大会末次会议通过统累税税则及施行细则》，《晋察冀日报》1943 年 2 月 14 日，第 1 版；《晋察冀边区统一累进税税则》，《晋察冀日报》1943 年 2 月 17 日，第 4 版；社论：《贯彻统累税税则到人民中去》，《晋察冀日报》1943 年 2 月 17 日，第 1 版。

针对有的问题,发生过不同意见的激烈讨论,税则有所更动,但在具体征收时仍按原来的税则进行。譬如,农作物产量。1942年修正税则规定,平均年产谷系以耕地的经年产量为准。但由于去年灾荒的缘故,使实际产量与调查产量脱节,各地对这个问题纷纷提出意见。一种意见是,按常年产量征财产税,实际产量征收入税。根据自然条件和一般经营条件确定土地常年产量,各村造册保存,土地转移时在契约上写明产量。秋收时,根据大多数土地实际产量得出成数,成数乘常年产量即得实际产量。另一种意见是,按当年产量征收,依调查时的禾苗估计。这两个意见都是为了使统累税更加公平合理,使调查产量与实际产量符合而提出的,但在执行上有困难:第一,财产税与收入税分算的意见,是在假定财产税不变的原则下提出的,但由于敌人扫荡破坏、技术改良(如开渠、凿井),都会使耕地产量发生变化。而且,财产收入分别计算,实际产量另行调查,都会增加手续上的麻烦,与短期完成的要求不合。第二,在秋收时或秋收后进行调查和改算,会妨碍秋收秋耕,最主要的是会给征收工作招致很大的损失。历年特别是去年征收工作的经验证明,在粮食争夺战上争取主动、争取时间是十分重要的。在秋收时调查产量,征收工作就不能及时进行,而在秋收前依禾苗估计实际产量,又难保敌人不扫荡破坏,一扫荡便失去调查的机会,征收工作势必遭受严重影响。因之,今年的税则虽已把"常年产量"改为"当年产量",但仍不得不按常年产量进行调查改算。①

随后,宋劭文根据新修改的税则,对1943年统累税征收特别是调

---

① 参见社论:《贯彻统累税税则到人民中去》,《晋察冀日报》1943年2月17日,第1版;边委会财政处:《新税则执行中的几个具体问题》,1943年4月,载魏宏运主编:《抗日战争时期晋察冀边区财政经济史资料选编》财政金融编,第491—492页。

查改算工作提出了具体要求,包括土地产量、工商业经营人员消耗、低租地收入的富力计算、典当地的财产税、无劳动力的孤儿寡妇的免税点等。① 边府财政处也对新税则的执行提出了要求,包括农作物产量、折谷问题、无租土地的财产税问题、租额问题、典当地财产税、工商业经管人员的消耗、新垦荒地的征税问题等。② 边府还在《晋察冀日报》上发表了《统累税新税则问答》,解答新税则的变更及其理由,以表明新税则更加公平合理了,对各种人的利益照顾更周到了。③

1944 年,边府根据 1943 年统累税征收工作中发生的问题,又对个别税则颁发了新的规定。譬如,伴种地除消耗问题,原则是谁出农具、籽种、肥料给谁除消耗,有伙出的按成分除消耗,挑土、垫粪的工也计算在肥料里。关于无租地负担问题,确系赠送抗属或亲友耕种者,可征得使用人同意,由使用人负担。地主不要地租,由佃户自种纳税者,可按减租指示改为典当关系。此外,逃亡户土地,应由代管人负责纳税。林木地地主为了增多林木收入而将地无租让人耕种,及为了减轻负担一块地无租、一块地高租的情形,均照负土地税。④但没有重新颁布新的修正税则方案。

1945 年,边府也没有颁布新的统累税修正税则,但根据 1944 年的征收情况,在同年 3 月发布了《关于统一累进税税则的说明与修正》。

---

① 参见宋劭文:《民国三十二年统累税的调查改算工作》,1943 年 3 月,载魏宏运主编:《抗日战争时期晋察冀边区财政经济史资料选编》财政金融编,第 483—488 页。
② 参见边委会财政处:《新税则执行中的几个具体问题》,1943 年 4 月,载魏宏运主编:《抗日战争时期晋察冀边区财政经济史资料选编》财政金融编,第 491—495 页。
③ 参见晋察冀边区行政委员会:《统累税新税则问答》,《晋察冀日报》1943 年 4 月 17 日,第 4 版。
④ 参见晋察冀边委会:《关于民国三十三年北岳区统累税调查改算工作的指示》,1944 年 2 月,载魏宏运主编:《抗日战争时期晋察冀边区财政经济史资料选编》财政金融编,第 518—519 页。

譬如,土地产量无大问题者,产量即行固定,不因生产积极、精耕细作而增加税收;种植蓝靛,其产量仍按种植普通作物计征;脱离生产的政权人员、党务人员、合作社经营人员等,均在家除免税点;公营商店人员的薪给分红所得免税。① 4月,针对新解放区的情况,边府提出新区负担要贯彻统累税的基本精神,但搬用巩固区的税则是不适当的,应由各县根据实际情形制定简易合理的负担办法。譬如,关于免税点与负担面,免税点的高低应根据经济条件与人民生活水准、群众发动情形与工作基础而定,凡两个条件都好的地区,免税点可定得高一点,反之则定得低一点,两个条件相反时则可权衡折中;关于税等税率与各阶层负担比例,可将税等适当减少,但人口密度最大的富力层应划分较细,累进率开始累进时可稍缓,逐渐增加,累进最高率比统累税税则也可稍低;关于出租地、佃耕地的负担,尚未贯彻减租时,则贫苦佃户对佃耕地不负担,所有负担由地主按自耕地全部缴纳。贯彻减租以后,可视租额高低,地主负担2/3到3/4,佃户负担1/4到1/3;关于土地计征,可按当地情况划分地等,以常年产谷10—12斗之地为1标准亩,其他地等之地按大概产量,折合标准计算;关于土地以外其他资产的收入,如存款、家庭副业、小商贩均可免征。较大工商业计征与免征以及征收方法,可根据当地习惯与群众意见,参照工商业税率而定。②

抗战胜利后,统累税征收并未随之结束。边府在1945年4月新解放区负担指示的基础上,于1946年7月颁布了适用于未推行统累税地区的《晋察冀边区农业统一累进税简易办法》,并规定本办法暂定为村

---

① 参见宋劭文:《关于统一累进税税则的说明与修正》,1945年3月,载魏宏运主编:《抗日战争时期晋察冀边区财政经济史资料选编》财政金融编,第384—385页。
② 参见《晋察冀边区行政委员会关于新解放区人民负担问题的指示》,1945年4月,载魏宏运主编:《抗日战争时期晋察冀边区财政经济史资料选编》财政金融编,第534—535页。

负担办法。其中特别说明：征税免税是根据奖励生产与简便易行两原则订定的；财产税与收入税合并，是为了简便易行；免征点与负担面，是为了照顾新解放区基本群众的生活；税等税率，是为了扶植中贫农，照顾富农，促进大地主土地分散。要求各省、行署在边委会统一决定下，对本办法逐级具体化，以适合当地情况。①随着边区各地实行了土地改革，到1947年年初，统累税办法进入尾声。晋察冀中央局于1947年1月指出："在土地改革后，边区地主阶级作为一个阶级一般的已经不存在了，因此，统累税条例有许多规定，已不通用于今日，必须加以修改。"②2月5日，边府印发了《土地改革后农业负担办法的初步研究》，提出了农业负担的原则和方法。③1948年5月，《晋察晋日报》发出边区过去所实行的统累税税则已不适用的布告，宣告统累税税则作废。④

结　语

以上对晋察冀边区统累税税则的出台和修订过程进行了繁琐的梳理和考证，为弥补以往中共革命尤其是抗日根据地制度史研究中"死"的缺陷提供一个案例。1940年11月统累税暂行办法的出台只是结果，但在结果的背后，更要挖掘其出台之前的过程。这个过程就是此前与混乱的财政阶段相比，本已有比较正规的合理负担，但仍然存在着负担

---

① 参见谢忠厚主编：《晋察冀边区革命史编年》，第793页。
② 中共晋察冀中央局：《关于1947年工作计划的指示》，1947年1月，载中央档案馆：《晋察冀解放区历史文献选编》，北京：中国档案出版社，1998年，第216页。
③ 参见谢忠厚主编：《晋察冀边区革命史编年》，第844页。
④ 同上书，第938页。1948年9月，新成立的华北人民政府通过了《华北农业税暂行税则》，实行扣除免税点的按土地常年产量计算的比例负担制。

面不够宽广、不够平衡的问题。面对这些问题,重要的是哪些人参与讨论、推动乃至决定了统累税办法的产生。在这里面,中共中央领导毛泽东、刘少奇和北方局领导杨尚昆都对此作过指示,起到了中央统领的作用。而晋察冀边区党的最高领导、北方分局书记彭真,则对边区统累税办法的出台贡献的意见最多。也就是说,尽管是非常具体的财政税收政策、制度,党的领导却起了关键作用。当然,晋察冀边区政府尤其是边府领导人宋劭文对合理负担不足的认识、统累税实行的必要性以及所应采取的具体办法也有较多的认识。在统累税暂行办法出台后,边区各地参与讨论并进行了调查和实验,为暂行办法的改进提供了更为具体的依据。到 1941 年 3 月第一次修正暂行办法公布之前,彭真仍多有提议。不过比较而言,边府及其主任宋劭文在此次修订中发挥了更为重要的作用。北岳区党的领导刘澜涛、中共晋察冀分局秘书长姚依林也给出过详细的建议。第一次修正统一累进税暂行办法公布后,经过 1941 统累税征收的实践,边区针对所存在的问题,于 1942 年进行了第二次修正。在此修正过程中,边委会主任宋劭文广泛征求各县士绅意见,继续发挥了主角的作用。与此同时,中共中央晋察冀分局姚依林、北岳区党委也参与了讨论。经过 1942 年统累税的征收,1943 年边区对第二次修正税则又有讨论和修改。在此过程中,边府、边区参议会尤其是宋劭文主任同样扮演了重要角色。此后,1944 年只有个别修改,直至抗战结束,除了对新解放区的负担办法有过调整,几乎没有再发生变化。

从以上统累税税则的出台和数次修改的过程可以看出,根据地的财政不仅是经济问题,也是政治问题、社会问题。如何既实现财政收入的目标,又符合负担公平的追求,并与乡村社会实际相结合,一直处于矛盾、磨合和调整之中。而正是这一多重的复杂性,恰恰成为税收制度变革的根本动力,财政制度的构建和变化也充分体现了中国共产党的实践、认识、再实践、再认识的实践论。在此变化中,党政领导的作用无可替代,党政机构与地方社会的良性互动为制度创新及运行奠定了基础,具有中共革命特色的制度建设机制已经形成。

近代世界秩序
与国际法史的新进展

从治外法权到域外规治
——以管辖理论为视角

屈文生[*]

  extraterritoriality[①]原指一国所派外交人员不受接受国管辖的特权，后演变为欧美强国对其海外国民具有的管辖权或在若干国家获得的本国国民不受所在国管辖的特权，即"治外法权"。如今该词主要表示"域外规治"，指向域外管辖（extraterritorial jurisdiction）和法律域外适用（extraterritorial application）等含义。究其本质，extraterritoriality是指以本国法律规治[②]域外的人和事。

  19世纪到20世纪前叶作为治外法权的extraterritoriality（近代extraterritoriality）历来是法律史和近代史学界着墨甚重的研究对象；如今，作为域外规治的另一种形式的extraterritoriality（当代extraterritoriality）成为国际法学和国际关系研究的热点问题。前者围绕英国等老牌帝国主义国家在殖民地、半殖民地确立治外法权的目的与方式，殖民地、半殖

---

[*] 华东政法大学法律文明史研究院教授、外语学院教授。
[①] "extraterritoriality, n." *OED Online*, www.oed.com/view/Entry/67138, 6 October 2019.
[②] 施米特（Carl Schmitt）对于欧洲国际法历史的诠释，以规治概念为轴心。规治（希腊文 *nomos*，表示"丈量"加"统治"）一词译自施米特著作 *Nomos of the Earth*（刘禾将书名译为《全球规治》，国内译本为《大地的法》，刘毅、张陈果译，上海：上海人民出版社，2017年），其不同于英文 regulate（规制）。参见刘禾：《国际法的思想谱系：从文野之分到全球统治》，载刘禾主编：《世界秩序与文明等级：全球史研究的新路径》，北京：生活·读书·新知三联书店，2016年，第52—55页。

民地国家的回应及废除治外法权的努力,以及该特权之于帝国秩序塑造的意义等主题展开。① 后者关注美国、欧盟关于域外管辖和法律域外适用等问题,着重考察长臂管辖在反垄断、贸易及知识产权等领域的运用。②

过往研究或以"受害者视角"研究治外法权的确立与废除,或从"长臂管辖权"等角度研究美国域外规治的表现及应对策略,未全面审视二者的联系及近代和当代 extraterritoriality 对传统管辖权和主权理论的变革,对全球秩序的塑造与影响。

本研究分别以两个历史时期英国和美国的法律帝国主义③为中心,围绕两个时代的 extraterritoriality,阐明其与管辖、主权与全球秩序的动态关系,及其在通过贸易和司法塑造或再造全球秩序过程中发挥的作用,并揭示 extraterritoriality 话语之所以先后在两个时代得以广泛运用,实为传统属地原则无力应对新兴国际问题使然。

extraterritoriality 在两个时代的运用,对自威斯特伐利亚体系以来基于主权和疆界而奠定的全球秩序传统造成严峻挑战。治外法权话语实践基于当时新的欧洲中心主义国际法理论,基于贸易和司法的推动,分离管辖与主权,构筑帝国权力扩张的网格,是"文明国家的内核圈"对既

---

① 参见吴义雄:《条约口岸体制的酝酿:19世纪30年代中英关系研究》,北京:中华书局,2009年,第62—142页;李育民:《近代中国的条约制度》,长沙:湖南人民出版社,2010年,第23—49页;黄兴涛:《强者的特权与弱者的话语:"治外法权"概念在近代中国的传播与运用》,《近代史研究》2019年第6期;等等。

② 参见廖诗评:《国内法域外适用及其应对——以美国法域外适用措施为例》,《环球法律评论》2019年第3期;肖永平:《"长臂管辖权"的法理分析与对策研究》,《中国法学》2019年第6期;杜涛:《美国联邦法院司法管辖权的收缩及其启示》,《国际法研究》2014年第2期;等等。

③ 法律帝国主义是一国将其自身的法律效力延伸至另一国,并对另一国(目标国)可能会影响其人民、商业利益和国家安全之事务的法律效力予以限制的帝国话语政治与话语实践。Turan Kayaoğlu, *Legal Imperialism: Sovereignty and Extraterritoriality in Japan, the Ottoman Empire, and China*, New York: Cambridge University Press, 2010, p.6.

定国际秩序的突破与再造;域外规治话语实践以相似的方式,通过跨国企业和法院启动与推行域外规治,赋予主权和管辖新的内涵,改变属地化世界治理秩序,影响全球新秩序的生成。如今,有必要重新阐释管辖理论,并基于对话构建全球新秩序。

一、两个条约:早期全球规治与属地化秩序的形成

规治始于划界行为。[①] 全球规治始于1494年西葡两国订立的《托德西利亚斯条约》(Treaty of Tordesillas,以下简称《托约》)。管辖是实现规治的主要方式。"管辖"一词的英文jurisdiction,由拉丁文 juris 和 dictio 组成,意为"宣说法律"(declare the law)——对特定事项适用法律。[②] 15世纪开始的地理大发现推动了管辖权理念的新发展,国家对新大陆的排他主张使得全球空间划分成为问题。尽管《托约》对 extra-territoriality 只字未提,但透露出西葡两国规治本国域外之地的意图,两国管辖权由此向全球延伸。1648年《威斯特伐利亚和约》(Peace of Westphalia,以下简称《威约》)的订立是对《托约》的修正,属地原则逐渐成为近代主权国家最主要的管辖原则。

大航海时代《托约》奠定的世界秩序,成为欧洲各国追求主权独立道路上的重大阻碍,威斯特伐利亚主权体系了破除这一障碍,但此后殖

[①] Cornelia Vishman, "Starting from Scratch: Concepts of Order in No Man's Land," in Bernd Hippauf, ed., *War, Violence and the Modern Condition*, Berlin: De Gruyter, 1997, pp. 46-67.

[②] "jurisdiction, n." *OED Online*, www.oed.com/view/Entry/102156, 27 November 2020.

民时代的治外法权实践继而又与该体系相悖。那么,欧洲国家何以破除既定秩序,从而再造新秩序?

(一)从"西东分治"到"主权自治"

《托约》将大地、大海与法律、空间及规治紧密联系起来。尽管事前并未征得利益相关国同意,事后也未获得相关国家认可,但《托约》分疆划界的行为悄然确立了全球秩序,其解决的不仅是区域归属,也是域外管辖的问题。然而,《托约》本身未严格区分领土与管辖这两个相互联系而又区别的概念,西葡两国也只是名义上西东分治,并未真正对大部分地区施以有效管辖。《威约》区分领土与管辖后,欧洲国家开始寻求另一种符合国际法和具有正当性基础的域外活动,以便以新的形式展开殖民扩张活动并攫取他国资源。

15世纪初期后,西葡两国成为海上强国,开始在全球范围内扩张,随之而来的是两国冲突不断加剧的难题。1493年5月3日,教皇亚历山大六世给西葡两国颁下诏令(Bull Inter Caetera):授予西葡两国国王对已发现陆地及岛屿享有所有权、管辖权等,西葡两国成为上述土地的领主。[①] 但两国冲突并未因此停止。在教皇调停下,两国于次年订立《托约》,在佛得角群岛以西370里格处划界,由北至南划分大西洋,是为"托德西利亚斯子午线"。与1493年"教皇子午线"近似,该子午线以西发现的所有陆地及岛屿划属西班牙,以东的划属葡萄牙。[②]

西葡两国订立《托约》,旨在确定各自土地归属和势力范围,实现各

[①] Paul Gottschalk, *The Earliest Diplomatic Documents on America: The Papal Bulls of 1493 and the Treaty of Tordesillas*, Berlin: Paul Gottschalk, 1927, p. 23.

[②] Thomas Duve, "Treaty of Tordesillas," *MPEPIL*, Jan. 2013, paras. 11-16.

自的利益目标。《托约》西东分治的分疆划界行为具有深刻的国际法意义，它作为"大地的法"和"大海的法"，触及领土和管辖两个概念。尽管分界线划定在实践中面临困难，属地范围无法真正确定，但西葡两国开启了全球规治的实践。

《托约》土地划分的实际影响主要不在于土地，而在于土地上的人。西东分治无形中决定了土地上其他国家人民的命运，两国由此开始对已发现区域予以规治。荷兰和英国成为海上强国后，对西葡两国限制航行自由的做法提出疑问，并引发当时国际法学者的争论。以荷兰格劳秀斯（Hugo Grotius）为代表的学者认为，西葡两国对海上行为的规治并无根据。格劳秀斯认为，西葡两国能够管辖的区域仅是已发现的岛屿和陆地部分：如果一个国家对如海洋一般巨大之物主张排他性使用，那就是追求不合理权力之国，国家可以占有疆域内的河流，但不能对海洋这么做。格劳秀斯的观点是：海洋的统治权不在一个国家手中，而在于国际社会；即便某个国家有能力规治海洋，也只能是海洋管理者，即其有权利禁止他国捕鱼（鱼类乃可用竭资源），但不能禁止其他国家海上航行（大海不因他国航行而遭枯竭）。① 如果说已经或将被发现的土地是西葡两国的"域外"，那么广大海域就是"域外"的"域外"。

需特别指出的是，《托约》及之后的《萨拉戈萨条约》（Treaty of Zaragoza）虽然分割了地理疆界，但并未有效解决由土地衍生的管辖问题。西葡两国延续罗马帝国的道路，虽对大西洋已发现土地和岛屿实行统治，但并未实现真正占有、管辖和有效规治。地理意义上的统治权不意味着现实的管辖权。

---

① Hugo Grotius, *The Freedom of the Seas, etc.*, trans. Ralph Van Deman Magoffin, New York: Oxford University Press, 1916, pp. 34, 38, 43.

150多年后的威斯特伐利亚体系打破了这一模式,并为随后数百年全球秩序的确立奠定了两个基本要素:领土主权和适用于"文明国家"的国际法。领土主权日益成为国际秩序的核心要素。威斯特伐利亚体系将领土和主权系在一处,并与管辖建立关系。《奥斯纳布吕克和约》(Treaty of Osnabrück)规定:帝国自治城镇在其领土之上享有完全的管辖权。①《明斯特和约》(Treaty of Münster)规定:法兰西王国享有各类管辖权和主权,任何皇帝、帝国、哈布斯堡王朝以及其他主体都对此不予否认。②《威约》标志着旧时代的结束和新时代的开始,民族主义与个人主义开始大行其道,国家尊重彼此的疆界和主权,不干涉他国内政,并挑战教皇和皇帝的最高权威。主权国家成为最主要的国际主体,各国政府对各自领土具有的实际管辖控制能力成为检验国家地位的标准。

威斯特伐利亚体系将领土与主权系于一处,同时将主权国家的权力限于领土之上。主权意味着外部独立权(外部主权)和内部自决权(内部主权),即主权国家独立决定与他国如何交往,不受他国约束或控制;自主颁行法律,自主裁断任何国内争端。③ 这意味着每个主权国家在对其领土拥有专属管辖权的同时,不得轻易行使域外管辖权。主权国家法律的适用范围开始对应领土的地理范围,管辖权的同一性或排他性与疆界的地理范围开始趋于一致。

威斯特伐利亚体系瓦解了西葡两国"普世之君"的天下观,这种观

---

① 该条约由神圣罗马皇帝与瑞典缔结。参见李明倩:《〈威斯特伐利亚和约〉与近代国际法》,北京:商务印书馆,2018年,第323页。
② 该条约由神圣罗马皇帝与法兰西王国及其各自的同盟者缔结。Stephen Whatley, *A General Collection of Treatys, Declarations of War, Manifestos, and other Publick Papers, Relating to Peace and War*, Vol. 1, London: J. J., etc., 1732, p. 23. 《奥斯纳布吕克和约》与《明斯特和约》合称《威斯特伐利亚和约》。
③ Judith Resnik, Julie Chi-hye Suk, "Adding Insult to Injury: Questioning the Role of Dignity in Conceptions of Sovereignty," *Stanford Law Review*, Vol. 55, No. 5, 2003, pp. 1921-1923.

念曾是罗马帝国的幻梦。罗马人认为世界是一个共同体:尽管事实上存有许多王国,但法律上仅能由身为"世界之主"的罗马帝国皇帝奥古斯都及其继任者管辖,罗马帝国的法律因此成为亚里士多德所谓"普世法"(koinos nomos)的化身。[1] 教皇诏令和《托约》反映出西葡两国继承罗马帝国的世界观,威斯特伐利亚体系正式突破了教皇主掌神俗事务的既定秩序。

(二) 属地化秩序的明确

威斯特伐利亚体系初步确立了属地化秩序框架,管辖权与疆域开始对应。确定的领土范围划定了主权国家法律的适用范围,它们必须将管辖权限于自身的领土以内。尽管如此,属地化秩序并未得到绝对确立,殖民时代的单边治外法权即是显著一例,使得威斯特伐利亚秩序与帝国秩序共存。

17世纪后,管辖权与疆界对应关系被欧洲国家奉行,显著结果就是属地化秩序的明确。其时,国家管辖理论以属地主义为要。欧洲国家普遍遵循一国法律止于领土之内的属地原则。在理论学说层面,格劳秀斯强调绝对领土主权。伏特(Paul Voet)支持领土主权的绝对概念,认为一国适用外国法,乃基于礼让(ex comitate)而非基于义务。胡贝尔(Ulrik Huber)发展了国际礼让原则,其中包含"一国法律只在其领土范围内有效,一国国民只受其领土范围内法律约束"之意。[2] 主权国家可以立法和行使司法管辖权的范围被限制于其领土边界之内。然而,此后日益扩大的国际贸易促使欧洲国家不得不修正属地原则,而有限地

---

[1] Anthony Pagden, *Lords of all the World: Ideologies of Empire in Spain, Britain and France c. 1500–c. 1800*, New Haven: Yale University Press, 1998, pp. 20, 23.

[2] Hessel E. Yntema, "The Comity Doctrine," *Michigan Law Review*, Vol. 65, No. 1, 1966, pp. 20–28.

适用属人原则。部分欧洲国家间互设代表机构,并赋予对方外交人员不受本国管辖的特权。① 此时,欧洲国家间对属人原则仍有适用,但大多基于互惠,且决定在多大程度上认可外国法和外国判决的效力,完全属于一国国内法决定的事项,②与后文讨论的单边治外法权截然不同。

19世纪治外法权广泛确立前后,欧洲国家法律实践中主要秉持的仍是属地原则。英国法院在这一时期仅在少数情形下对域外英国人行使过管辖权。③ 更重要的是,英国诸多立法将域外发生的行为拟制在本国领土内发生,依据的管辖原理仍为属地原则。例如,1844年香港英国殖民地时期首任总督璞鼎查(Henry Pottinger)颁布的法令以法律拟制极度扩大香港法院的管辖权,即任何发生在中国领土或距其海岸100海里以内的犯罪视同在香港发生。

在这一时期,美国法院也是属地原则的践行者,并逐渐发展出反域外适用推定原则。1812年,大法官马歇尔(John Marshall)指出:一国领土内的管辖权必然是排他的、绝对的,属地原则不授予任何域外管辖权,任何国家均不得管辖他国领土内的行为。唯一的例外是该国同意,除此之外皆属非法。④ 对于法律选择、司法管辖和外国判决承认等问题,大法官斯托里(Joseph Story)在1834年采取严格属地原则,强调每一国家在其领土范围内享有绝对的主权和管辖权,⑤即一国法律在另一

---

① Jenik Radon, "Sovereignty: A Political Emotion, Not a Concept," *Stanford Journal of International Law*, Vol. 40, No. 2, 2004, p. 198.

② 例如在奥斯曼帝国内的欧洲人曾享有另一种形式的单边治外法权,即"单方让步协定"(capitulations),实为奥斯曼帝国单方授予欧洲人的特权,并非由殖民国家以武力或订立不平等条约的方式取得。

③ Eileen P. Scully, *Bargaining with the State from Afar: American Citizenship in Treaty Port China, 1844–1942*, New York: Columbia University Press, 2001, p. 29.

④ *The Schooner Exchange v. McFaddon*, 11 U.S. (7 Cranch) 116, 136–137, 144 (1812).

⑤ Joseph Story, *Commentaries on the Conflict of Laws, etc.*, Boston: Hilliard, Gray, & Co., 1834, p. 22.

国发生效力与否取决于后者的法律及其明示或默示的同意。斯托里的属地原则主导了19世纪美国和其他国家的法律冲突理论。① 当然,美国法院此时也认可例外的属人原则。1808年,马歇尔指出:每一国家的立法均是属地的,但可以管辖本国的域外事务或国民。② 1824年,斯托里称:"任何国家的法律延伸至自身领土之外皆非正义之举,但适用于本国国民的除外。"③

1909年美国香蕉公司诉联合水果公司案(下称"香蕉公司案")进一步强化了属地主义,并成为美国未来数十年奉行属地主义原则的主要司法先例。该案是美国最高法院审理的首个域外反垄断案件。大法官霍姆斯(Oliver W. Holmes, Jr.)明确阐述了属地原则:行为的合法性须完全由行为地法律决定,否则就是对另一主权国家的干涉,而违背国际礼让原则。④

总之,西葡通过订立《托约》并以托德西利亚斯子午线为界,划分东西两个"半球"。延续罗马帝国"普世之君"的天下观,两国并未对大西洋中已发现的陆地与岛屿提出切实的管辖安排,但其具有全球规治意义的管辖理论带有宣示性与非世俗性特征。⑤《威约》为主权国家在其疆界内行使管辖权提供了国际法思想基础——主权国家对其领土内的一切人和事享有排他性管辖权。管辖权与主权疆界由此趋于对应,全

---

① Elliott E. Cheatham, "American Theories of Conflict of Laws: Their Role and Utility," *Harvard Law Review*, Vol. 58, No. 3, 1945, p. 363.
② *Rose v. Himely*, 8 U. S. (4 Cranch) 241, 279 (1808).
③ *The Apollon*, 22 U. S. (9 Wheat.) 362, 370 (1824). 这被认为是反域外适用推定规则的理论渊源。
④ *American Banana Co. v. United Fruit Co.*, 213 U. S. 347, 356 (1909).
⑤ 历史上,罗马帝国对地中海实施帝国统治,但本身不形成占有,只授予其他国家使用。在罗马法学家看来,地中海受罗马"文明的神圣信托"而获得保卫,实际管辖不在罗马统治者手中。Percy Thomas Fenn, "Justinian and the Freedom of the Sea," *American Journal of International Law*, Vol. 19, No. 4, 1925, p. 724.

球的属地化管辖秩序(治内法权或域内规治)逐步得以明确。

二、近代治外法权：威斯特伐利亚秩序 与帝国秩序并存

那么,作为 extraterritoriality 的近代治外法权,是如何通过分离管辖与主权的方式,突破威斯特伐利亚和会确立的属地化秩序,进而形成威斯特伐利亚主权秩序与以殖民主义为特征的帝国秩序并存局面的?

英美等国在坚持属地管辖原则的同时,却在其领土范围之外,在殖民地、半殖民地行使属人管辖权,即涉及欧美等国的案件由其派出人员、机构单独或会同所在国官员处理。① 以中国为例,欧美国家通过不平等条约和租界制度在华实现治外法权,确立了属人主义管辖原则。1843 年中英《五口通商章程》确立刑事案件采用属人主义原则——英国人犯罪的,适用英国法律;中国人犯罪的,适用中国法律。1858 年《天津条约》分别将华洋诉讼中英国人列为被告人的刑事案件和涉及英国人的民事案件的管辖权交由英国在华领事等官员。1876 年《烟台条约》赋予英国官员在涉英刑事案件审理中的观审权,即英国官员有权参与中国人主导审判的中国人为被告人的华洋刑事案件。② 类似的原则也适用于英美等在奥斯曼帝国、北非、日本、朝鲜及暹罗等地的领事法庭。

那么,违背威斯特伐利亚体系的属地管辖与属人管辖双轨制度何

---

① Wesley R. Fishel, *The End of Extraterritoriality in China*, Berkeley: University of California Press, 1952, pp. 14-18.
② 参见屈文生、万立:《不平等条约内的不对等翻译问题——〈烟台条约〉译事三题》,《探索与争鸣》2019 年第 6 期。

以发展起来? 欧洲国家间早已确立的属地化秩序为何不被用于其他非欧洲国家? 威斯特伐利亚秩序又如何与帝国秩序共存?

(一) 基于"文明标准"的全球秩序

秩序的变动需要坚实的理论基础。国际法的理论基础在 19 世纪由自然法转变为实证的"文明标准",使得管辖突破属地秩序有了理论基础。欧洲大国于殖民时代前秉持普遍权力观,威斯特伐利亚体系确立以后,为满足开辟殖民掠夺道路的需要,欧洲各国在明确自身主权国家身份的同时,有意依靠所谓"文明标准"构建出由实力不平等国家组成的国际金字塔型权力秩序,并影响至今。

16—17 世纪,国际法学家秉持包容性自然法理论,即自然法普遍适用于全人类。苏亚雷兹(Francisco Suárez)认为,万国法存在的理性基础是无论被划分为多少个国家或民族,人类始终作为道德和政治共同体,保有相互的爱意与慈悲,于外国人亦应如此。① 普芬道夫(Samuel Pufendorf)强调,承认其他人法律上的平等地位是自然法施加的绝对义务,任何独立的国家不论领土面积、人口数量或势力强弱,皆属平等。② 但不区分所谓文明国家与非文明国家的国际法理论,无法满足欧美国家在国家间创设差序格局和实施差别对待的现实"需求"。

18 世纪末 19 世纪初,实证主义国际法学兴起,构建普遍性国际社会的自然法学进路被否定,"文明标准"应需而生。自然法的"有用性"逐渐褪去,取而代之的是狭隘的欧洲基督教国际法理念,非基督教国家只有符合"文明标准"才能得到国际法认可。惠顿(Henry Wheaton)的

---

① Francisco Suárez, *Selections of Three Works of Francisco Suárez, etc.*, ed. Thomas Pink, trans. Gwladys L. Williams et al., Indianapolis: Liberty Fund, 2014, pp. 402–403.
② 参见罗国强:《普芬道夫自然法与国际法理论述评》,《浙江大学学报》2010 年第 4 期。

理论取代瓦特尔(E. de Vattel)的成为国家交往的基本准则。① 惠顿全面审视自然法的正当性后,认为不存在普遍适用的万国法,万国法规定的权利不适用于非基督教国家。② 用丁韪良(W. A. P. Martin)翻译过来的话说:本无遍世通行之法,盖未见有古今万国……无不认识遵行之例也。惠顿指出不存在通行不变的国际法的原因,不是强调尊重教化习俗之别,而是要求土耳其、波斯、埃及、印度以及中国等非奉耶稣之教者,弃旧例而"从西方之公法(国际法)"。③ 因为国际法是基督教"文明"国家制定的国际法。

"文明标准"成为国际法理论的组成部分,非基督教国家必须是"文明的",进而才能成为主权国家,享有国际法权利。"文明标准"包括保障财产、人身等基本权利,有组织的政治制度,遵守国际法,畅通的外交渠道,等等。④ 19 世纪后期,国家通常被分为三类——文明(开化)国家、半文明(半开化)国家和野蛮国家。

欧洲国家彼时必须解释的是,文明何以高过不文明?为何不将"文明"国家享有的权利适用于"非文明"国家?它们的回答是,除个别情形外,国际法上的权利始终限于文明的、奉行基督教的欧洲人或有欧洲血统的人,⑤ 而"文明国家"通行的义务规则是全人类的规则,非文明国家必须遵从。这就为殖民国家通过武力实施域外规治提供了国际法基础,而国际法又为不平等国际关系提供了正当性。

---

① 假设 1839 年林则徐组织翻译出瓦特尔整部以自然法为基础的《各国律例》,将会较丁韪良翻译的惠顿以"文明标准"为基础的《万国公法》更能服务于清朝的利益。
② Henry Wheaton, *Elements of International Law, etc.*, p. 17.
③ 参见惠顿:《万国公法》,丁韪良译,何勤华点校,北京:中国政法大学出版社,2003 年,第 18—20 页。
④ Gerrit W. Gong, *The Standard of Civilization in International Society*, Oxford: Oxford University Press, 1984, pp. 14-15.
⑤ Henry Wheaton, *Elements of International Law, etc.*, p. 16.

由此，欧美国家在与"非文明国家"深入开展贸易的同时，通过域外商人、域外法院对涉及本国人的争端行使管辖权，使本国公民不受当地法律约束。这些域外法院不符合当时盛行的领土与管辖同一性要求，反映出欧洲国际法大家庭成员国资格的有限性。将域外法院设置于非欧洲国家，正是因为它们不符合文明和宗教标准。① 这一时期的国际法理论首先举出基于宗教和地缘等因素而构建的"文明国家"和"非文明国家"的差异，而后提出一系列措施弥合这一差距，以解决不享有国际法权利的"非文明国家"须承担国际法义务的问题。反过来，殖民主义进一步强化了通行于"文明国家"之间的威斯特伐利亚体系，即主权国家当然不允许其他国家在其领土上设立域外法院或实施域外规治。

"文明标准"植根于实证主义国际法。霍布斯（Thomas Hobbes）等认为主权是法律的唯一及终极来源。韦斯特莱克（John Westlake）的观点更为流行，他认为国家共同组成国际社会，没有国际社会就没有国际法，国际法自国际社会中产生；但国际社会也有等级，仅获得认可的国家才被视为属于国际社会。② 由此，不符合成为国际社会成员之文明标准的国家，只能享有有限的国际法权利，同时必须接受欧洲国家的文明开化，承担国际法义务。文明论为殖民大门的敞开提供了无尽借口。

欧洲国际法始终以为"欧洲文明"就是"文明"的同义词。③ 国际法理论基础的转变，使欧洲人的文明等级论盛行。对于"未开化"的"非文明"和非基督教国家，欧美国家极力对其施行治外法权，使自身的管辖

---

① Kal Raustiala, "The Evolution of Territoriality: International Relations and American Law," p. 223.
② John Westlake, *Chapters on the Principles of International Law*, Cambridge: Cambridge University Press, 1910, pp. 5-7.
③ Carl Schmitt, *The Nomos of the Earth*, trans. G. L. Ulmen, New York: Telos Press Publishing, 2006, p. 86.

范围逾越疆界,以保护自身域外利益。最终,管辖权得以存在于主权之外,其扩张也促使等级制、霸权性全球秩序的形成。

(二) 域外商贸——秩序塑造的实践因素

"文明标准"为欧洲国家确立治外法权扫除了理论障碍,但管辖与主权无法凭空分离,带有教化意味的商业与贸易在其背后扮演了重要角色。① 19世纪以来,外国商人在"非文明国家"日益增多,保护"文明国家"在域外从事贸易者免遭"野蛮"法律制度侵害的需求催生了治外法权及域外法院。

殖民扩张的主要动力之一是国际贸易。早期域外法律事务的处理大部分由贸易公司承担。其中有代表性的如荷兰东印度公司和英国东印度公司,它们垄断特定领域内的贸易活动,是欧洲国家早期实施域外规治的主体。以英国东印度公司为例,其日后成为亚洲最核心的殖民机构,对英国在印度和中国行使治外法权起过推波助澜的作用。②

英国政府于1689年正式设立英国对东印度贸易公司。③ 1765年,该公司在莫卧儿王朝皇帝沙阿拉姆二世(Shah Alam II)的名义授权下,接管孟加拉等地,拥有了事实上的主权,并将其统治扩展至整个印度。④ 面对印度教法、伊斯兰法与地方习惯法多元并存的现实,起初,英国东印度公司与印度土著的所有交易均受印度法院管辖。之后,英国东印

---

① 在自由贸易帝国主义的顶峰期,人们普遍相信英国的全球贸易具有教化意义的影响。Andrew Cobbing, "A Victorian Embarrassment: Consular Jurisdiction and the Evils of Extraterritoriality," *The International History Review*, Vol. 40, No. 2, 2018, p. 5.
② 参见巴多·法斯本德、安妮·彼得斯编:《牛津国际法史手册》,李明倩、刘俊、王伟臣译,上海:上海三联书店,2020年,第352页。
③ 参见马士:《东印度公司对华贸易编年史》,区宗华译,广州:中山大学出版社,1991年,第6—7页。
④ M. F. Lindley, *The Acquisition and Government of Backward Territory in International Law*, London: Longmans, 1926, p. 93.

度公司不认可印度地方法院,主张以自身的法律处理案件。多数在印英商认为,印度法多元、无力而不确定,几乎没有关于财产、合同的法律,社会秩序靠专制君主的命令和婆罗门的暴政维持。[①] 英国东印度公司对印度司法制度的不满随着在印英商人数日益增长而加剧,加之印度无力反抗英国的多数活动,是故,其推行新司法制度时受到的阻力很小。

1765年左右,英国殖民者、驻印英军总司令克莱武(Robert Clive)决定整顿英国东印度公司并在印度推行双轨制司法制度:印英交涉刑事案件由印度法官根据印度法律审理,印英交涉民事案件和征税等事宜由英国东印度公司处理,但印度法官仍居主要地位。[②] 这一安排旋即引起英国人强烈不满,英国东印度公司认为印度官员行使司法权时多有徇私;司法职位世袭也让英国人无法充任法官。[③] 1773年,英国政府决意借助英国东印度公司强化对印度的管理,并分离征税权和司法权,以更有效地规治印度。英国首任驻印度总督黑斯廷斯(Warren Hastings)在英国东印度公司建议下,按照地区划分,重组地方刑民事法院,并选任公司职员担任法官。同年,英国议会通过法案成立加尔各答最高法院,法官多由英国东印度公司高级职员担任,管辖的案件范围包括英国人为被告或原告的涉英案件,并适用英国法审理。[④] 此后,英国

[①] Duncan Bell, *Victorian Visions of Global Order: Empire and International Relations in Nineteenth-Century Political Thought*, New York: Cambridge University Press, 2008, pp. 93, 116–117.

[②] G. Anderson, *British Administration in India*, London: Macmillan, 1930, pp. 101–102.

[③] B. B. Misra, *The Central Administration of the East India Company 1773–1834*, Bombay: Oxford University Press, 1959, p. 229.

[④] *The Law Relating to India and the East India Company*, London: Wm. H. Allen, 1841, pp. 26–32.

政府在印度逐渐建立起比较完整的法院体系,并制定了民事、刑事程序法典,最大限度改造了印度的司法制度,比较顺利地行使了治外法权。①

18世纪末,在华英商试图依据印度经验,确立在华治外法权,但大清王朝不是莫卧儿王朝,这个过程艰难得多。18世纪前期,英国东印度公司曾多次欲从清朝地方政府获得治外法权未果。1784年"休斯夫人号"事件促使英国东印度公司下定决心攫取该特权。英国东印度公司广州商馆管理会表示,以后发生类似事件,决不再屈从中国的司法管辖,"假如我们自动屈服,结果就是把全部有关道德上及人性上的原则抛弃"②。1789年成立的广州特选委员会成为在华英商同中国商民的协调者,并积极谋划摆脱中国法律的管辖,以自行处理华洋混合案件。1834年,在英国东印度公司对华垄断贸易终止后,英国在华商务监督和在华商人团体在谋划、攫取治外法权的过程中发挥主要作用。

1835年7月,首席商务监督罗便臣(George Robinson)要求英国政府明确授予在华商务监督管辖在华英人的权力,并建议"在黄埔建立一支英国警察队伍"。③ 英国在华商务监督义律(Charles Elliot)多次向英国政府提出确立在华司法制度的设想。1837年6月2日,义律建议设立在华法院,建议英国政府授权在华首席商务监督等人拟订、公布维持

---

① John W. Kaye, *The Administration of the East India Company*, London: Richard Bentley, 1853, p.332.
② 马士:《东印度公司对华贸易编年史》,第427—428页。
③ "Sir G. B. Robinson to Viscount Palmerston, July 1, 1835," "Sir G. B. Robinson to Viscount Palmerston, December 1, 1835," *Correspondence Relating to China*, London: Harrison, 1840, pp.99-100, 105-106.

广州、澳门等处英人秩序的治安章程。① 1838年4月,义律建议制定维持黄埔英国船队秩序的临时治安条例。1839年7月26日,"林维喜案"发生后,义律发布公告,宣布设立具有刑事与海事管辖权的英国在华法院,审理英国商民在中华帝国领域、口岸、港口和距海岸100海里以内的公海所犯罪行。同时,英国在华商人团体也有积极攫取治外法权的动作。以上种种举动不合大清体制,虽然清朝不认可此前英国东印度公司、商务监督及私商团体关于治外法权的要求,但英国最终借助战争并通过1843年中英《五口通商章程》初步攫取了在华治外法权。

总之,英国以海权创造的全球化世界,②是一个极端的中心—外围体系,是一个极度不平等的殖民帝国体系。③ 英国在确立海上霸权并成为最大的殖民帝国后,不再寻求划割地理意义上的势力范围,而是在殖民地、半殖民地建立起基于商业的规治模式。在英国行使治外法权的很长一个历史时期,贸易公司和商人发挥了极为特殊的作用。为满足殖民扩张需要,英国"破坏性地遵守"威斯特伐利亚体系确立的国际秩序,突破管辖权得以行使的"领土空间主权"限制,在殖民地、半殖民地行使治外法权,侵犯上述国家的司法主权。英国借管辖之名行主权之实,排除所在国和其他国家管辖权,使威斯特伐利亚主权秩序与帝国秩序共存,这一时期的管辖理论因此具有鲜明的殖民性,是为英国法律帝国主义。④

---

① 参见吴义雄:《鸦片战争前英国在华治外法权之酝酿与尝试》,《历史研究》2006年第4期。
② 参见王赓武:《当今世界秩序是好的秩序吗?》,《外交评论》2015年第6期。
③ 参见巴里·布赞:《全球性变革与国际秩序的演进》,《外交评论》2015年第6期。
④ "法律帝国主义"是作为"非传统帝国主义"的典型形式。参见李洋:《从"非正式帝国主义"到"法律帝国主义":以近代中国的境遇为例》,《法学家》2020年第1期。

三、当代域外规治：单边主义对战后国际法秩序的挑战

那么，作为域外规治的当代 extraterritoriality，是如何被美国用作单边处理域外事务的工具，进一步挑战以威斯特伐利亚体系为基础而形成的战后国际法秩序的？

"二战"后，《联合国宪章》重申了威斯特伐利亚和会关于主权平等和民族自决原则的精神，反殖民主义叙事与去殖民化运动方兴未艾。① 以《联合国宪章》为核心的国际法基本原则和国际关系基本准则被非欧美国家广泛容受，但金字塔型权力秩序并未随之解体。作为域外规治的当代 extraterritoriality 取代作为治外法权的近代 extraterritoriality，推动管辖秩序的变革，而美国是全球秩序再造的最主要实施者。

不满足传统属地原则的美国，以另一种形式的 extraterritoriality，即规治域外的行为，延伸管辖权。比如美国在"二战"后首先通过《驻军地位协议》（Status of Force Agreements）在其他国家设立军事基地网络，并以此构建起了最为接近传统不平等条约的现代表述，这些协议为所保护之人提供了免于适用当地法的一种总括性豁免权。② 不过，设立军事基地的全球网络并非美国在战后实施域外规治的最主要形式。

美国实施单方域外规治依靠的主要仍为贸易和司法的作用，此二者使得美国再度突破属地原则，分离管辖与领土主权，但日本、欧盟及

---

① Kal Raustiala, *Does the Constitution Follow the Flag? The Evolution of Territoriality in American Law*, Oxford, New York: Oxford University Press, 2009, p. 19.

② 美国军方至少在 39 个国家拥有 823 处军事设施。参见络德睦：《法律东方主义：中国、美国与现代法》，魏磊杰译，北京：中国政法大学出版社，2016 年，第 204 页。

中国等新兴力量的陆续崛起,又使美国实施域外规治受到限制。尽管域外规治并非美国专属,欧盟等在反垄断、贸易领域也有类似实践,但美国的域外规治在范围、程度上更为强势,更能体现管辖对于国际法秩序的意义。

(一) 单边规治——属地原则的再突破

20世纪中叶后,受资本扩张和跨国经济活动日益频繁的影响,疆界在某些领域显得不再重要。美国法院在涉及反垄断、贸易、证券等争端中认识到严格属地主义已然过时——市场是跨国的,监管与规制也须如此。数十年来,美国未加入、未批准许多国际条约,拒绝接受国际法规控,寻求直接以国内法规治。美国法院逐渐搁置反域外适用推定原则,主要以效果标准(effects test)和最低联系标准(minimum contacts)等新理论满足其现实需求。

1945年美国诉美国铝业公司案(以下简称"铝业公司案")一度终结了香蕉公司案对属地主义的坚持。① 只要域外行为的影响或效果波及美国境内,美国就可以主张域外管辖和域外适用。② 由此,效果标准盛行于美国司法实践,成为美国法域外适用的基石,"属地主义的全盛时期就此终结"③。然而,铝业公司案并未解决美国法禁止但行为地法不禁止的问题,仅是单边适用效果标准。20世纪50—90年代,在效果标准的支持下,美国的域外规治案例明显增多,成为美国实现政策目标

---

① 20世纪30年代,一些案件采用效果标准,但有所反复。铝业公司案最终确立了该标准。国际鞋业公司案确立了最低联系标准,允许跨州适用州法。*International Shoe Co. v. Washington*, 326 U.S. 310, 316 (1945).

② *United States v. Aluminum Co. of America*, 148 F. 2d 416, 443-444 (2d Cir. 1945).

③ Austen Parrish, "The Effects Test: Extraterritoriality's Fifth Business," *Vanderbilt Law Review*, Vol. 61, No. 5, 2008, p. 1467.

和维护国家利益的重要工具。

在贸易和反垄断领域,美国主要以贸易制裁的形式实施域外规治。1957 年,美国政府禁止加拿大福特公司向中国出售 1000 辆卡车,以执行孤立新中国的政策。① 1982 年 6 月 22 日,美国颁布条例,禁止第三国向苏联出口使用美国货物或技术的石油和天然气设备,以遏制苏联干涉波兰。受禁令影响的美国制造公司向法院寻求救济,但后者以制裁是"重大外交政策的一部分"为由不予受理。② 欧洲相关国家认为该禁令违反国际法,美国无权规治第三国主体。1984 年,英国贸易和工业大臣指出,美国的域外管辖是英美两国关系趋于紧张态势的根源。③ 随后,欧洲国家通常在贸易制裁等领域通过阻断立法(blocking statutes)抵制美国的域外规治,限制美国法律域外适用的滥用,包括拒绝配合域外取证和不承认、不执行域外裁判等。在反垄断领域,美国主要以《谢尔曼反托拉斯法》实施域外规治。经济全球化促使各国的竞争法趋于一致,冷战结束和亚洲国家重新加入国际市场,进一步加剧反垄断问题的复杂性。

除反垄断、贸易等领域外,美国还在证券、侵权、人权、知识产权及刑事案件等领域实施域外规治,但适用标准更为严格。这些领域的域外规治标准很大程度取决于国会的意图。在国会立法不明确的情形下,法院倾向推定国会没有域外适用的意图。④ 部分法院认为,证券法

---

① David H. Small, "Managing Extraterritorial Jurisdictional Problems: The United States Government Approach," *Law and Contemporary Problems*, Vol. 50, No. 3, 1987, p. 285 (fn. 10).
② *Dresser Indus. v. Baldridge*, 549 F. Supp. 108, 110 (D. D. C. 1982).
③ A. V. Lowe, Colin Warbrick, "Extraterritorial Jurisdiction and Extradition," *The International and Comparative Law Quarterly*, Vol. 36, No. 2, 1987, p. 398.
④ *Leasco Data Processing Equip. Corp. v. Maxwell*, 468 F. 2d 1326, 1334 (2d Cir. 1972).

的域外适用取决于行为主体是否在美国境内造成充分、实质的影响。①这看似与铝业公司案的标准一致,但实际要求具有更为密切关联的因素,如有美国投资者、在美国证交所发生交易等,以限制管辖权的无限延伸。

美国在劳动、民权及环境等问题上起先较少实施域外规治。这些领域的案件大多适用反域外适用推定规则,这与反垄断等案件的做法近乎矛盾。例如1949年,美国最高法院40年来在劳动案件中再次适用反域外适用推定规则,限制《八小时法》适用范围,认定该法不要求雇主支付其雇员在美国域外八小时以外工作的加班费。②

有学者将上述差异总结为市场型案件与非市场型案件③的双重标准式处理:当反垄断、证券等领域的案件判决不对美国主体施加额外义务或于其利益显著时,美国法院通常灵活构建域外行为与域内效果间的最低联系,并倾向实施域外管辖和法律的域外适用;当劳动、环境等领域的判决可能使美国主体承担额外义务或于其利益微弱时,法院大多遵循反域外适用推定规则。

上述观点有一定道理,但随后有变化。以劳动领域为例,20世纪以来,跨国投资加速增长,美国籍域外劳工的数量也持续上涨,使劳动法的域外适用成为关切所在。例如,美国国会明确要求1967年《就业年龄歧视法》须在域外适用。再如,在环境领域中,20世纪60年代至今,跨境污染日益严重,美国开始管辖外国发生的环境案件,以防治危险、有毒废物的排放,环境问题的域外规治得到法院的支持。④

---

① *Alfadda v. Fenn*, 935 F. 2d 475, 478 (2d Cir. 1991).
② *Foley Bros. v. Filardo*, 336 U.S. 281 (1949).
③ Jonathan Turley, "When in Rome: Multinational Misconduct and the Presumption against Extraterritoriality," *Northwestern University Law Review*, Vol. 84, No. 2, 1989-1990, p. 634.
④ Ronald Brickman et al., *Controlling Chemicals: The Politics of Regulation in Europe and the United States*, New York: Cornell University Press, 1985, pp. 19-39.

总之,美国的域外规治正发生域内和域外的双重功效:行为主体不能在美国域内实施美国法禁止的行为,也不能在域外对美国造成特定影响。效果标准极度扩张管辖权,其势不可挡很大程度上是受经济利益导向和美国霸权地位影响。① 效果标准的宗旨就在于对美国市场和美国投资者利益进行保护:美国规治域外行为的原理就是将美国利益标榜为全球利益,显露出当代美国不断上升的单边主义思维。尽管不再秉持罗马、西葡将世界置于自身管辖之下的天下观,不再在域外设立领事法庭、会审公廨及驻外法院,如今美国在特定领域实施的域外规治却有着分离管辖与主权的效果。

(二) 跨国企业与法院——域外规治的启动与推行主体

与治外法权推行相似的是,美国域外规治的实践主体亦多是(跨国)企业而非国家。追求商业、社会及政治目标的私主体,通过国内司法将表述国家政策与偏好的国内法律向域外推行的实践,无形中塑造跨国规治新秩序。

跨国争端中,私主体开始借助本国法而非国际法中的某项规则或原则寻求救济,诉诸美国国内法院而非国际机构解决国际争议。美国通过私人诉讼实现美国法律的全球化或者全球法律的美国化,甚至是美国法的国际法化,从而形成一种独特的美国式域外规治路径。许多美国律师和政策制定者认为,美国法律的域外适用不仅可以接受,而且更可取,将国内诉讼视为获得全球救济更直接、更便捷和更有效的手段。② 美国原告大多认为,域内诉讼是解决国际争端更有效的方式,无

---

① Gary B. Born, "A Reappraisal of the Extraterritorial Reach of U. S. Law," *Law and Policy in International Business*, Vol. 24, No. 1, 1992, pp. 31-32.

② Paul Schiff Berman, "Dialectical Regulation, Territoriality, and Pluralism," *Connecticut Law Review*, Vol. 38, No. 5, 2006, p. 945.

形中促使美国法院实施域外规治。

以"301条款"为例,1974年《贸易法》第301条允许个人向美国贸易代表提出调查请求,后者须在45日内决定是否启动程序。① 1990年,代表汽车业和其他受到日本进口产品严重打击行业的70名美国众议院议员敦促贸易代表对日本适用"超级301条款"②。2010年和2017年对中国发起的两次"301调查",分别由美国钢铁工人联合会和美国滑铁卢工业公司等提出。然而,当美国商人无法从制裁中获利时,他们便要求美国政府放宽限制。美国多次抛出的此类调查是典型的进攻性单边主义(aggressive unilateralism)和贸易保护主义做法,不但与西方几个世纪以来倡导的"自由贸易"精神相悖,也违反了世界贸易组织规则。

如果说美国私主体是实施域外规治行为的启动者,那么美国法院则是美国实现域外规治的推行主体。美国法院在实施域外规治时适用美国法或者与美国法一致的外国法规范,成为美国规则的域外输送者,并在转变域外主体的行事方式。

美国法院是美国国内机构,但却能够并确实对国际争端的结果产生重要影响。美国法院认为,严格属地原则使许多在他国领土内的外国公司或外国公民游离于监管范围之外。③ 跨国公司作为全球行为者,须予跨境监管。执法力度较弱的国家和公法欠发达的国家时常会招致跨国侵权行为的伤害。因而,无国界的跨国公司需要加以无国界的规制,否则极可能发展为规避法律的投机者。

---

① Trade Act of 1974 [Public Law 93-618, as amended] [As Amended Through P. L. 115-141, Enacted March 23, 2018], pp.197-198.
② 1988年《贸易法》新增"超级301条款"。19 U.S.C. § 2420 (1988). 针对经认定无法充分保护知识产权的国家的调查称为"特别301条款"。前者广泛适用于贸易领域,后者仅在知识产权领域适用。
③ *United States v. Pacific & Arctic Ry. & Navigation Co.*, 228 U.S. 87, 106 (1913).

据统计,不方便管辖动议的成功率在美国自 1990—1994 年的 61%降低至 2000—2005 年的 39%,①表明美国法院推行域外规治的强烈倾向。美国法院倾向于实施域外规治的,是关乎美国法统一适用和违背美国政治认同构造核心价值观的两类案件。其一,如将美国法的适用仅限于国内行为,难免会有将被规控的违法行为推向美国境外之虞。围绕效果标准,美国法院主张对域内产生实质不利效果的域外行为行使管辖权,即将该等行为视同与域内发生无异。其二,当美国国民及与美国关系密切之人被指控侵犯美国人政治认同构造中特定核心权利时,美国法院倾向实施域外规治,这些权利包括公民免受酷刑的权利、免受法外处决和其他反人道处罚的权利以及免受强制劳动的权利。②这实际上是美国在捍卫自身价值观,充当全球治理者的角色。

21 世纪初,美国法院基于国际管辖理论、美国宪法、国际礼让及利益平衡等因素,进一步规范域外规治,尤其是完全与美国无涉的案件。例如,在 2004 年的一个案件中,大法官布雷耶(Stephen Breyer)秉着礼让原则指出:如果美国反垄断规则无法在国际上获得普遍采用,必须推定,国会不试图以法律帝国主义的立法形式将其强制推行。③ 2014 年,联邦上诉法院法官波斯纳(Richard Posner)重申,美国法律的域外普遍适用有干扰他国自主决定商业事务权之虞。④

尽管如此,但这不意味着域外规治失去了适用可能。数十年来,美国域外规治大多以低成本方式实施,其本身即是单边主义与孤立主义。

---

① Christopher A. Whytock, "Domestic Courts and Global Governance," *Proceedings of the Annual Meeting (American Society of International Law)*, Vol. 101, 2007, p. 168.
② Tonya L. Putnam, *Courts without Borders: Law, Politics and US Extraterritoriality*, New York: Cambridge University Press, 2016, pp. 16-17.
③ *F. Hoffmann-La Roche Ltd. v. Empagran S. A.*, 542 U. S. 155, 165 (2004).
④ *Motorola Mobility v. AU Optronics*, 746 F. 3d 842, 846 (7th Cir. 2014).

说到底，对域外违法行为的规治，与域内权力主体维护其内部秩序的需求密不可分。而跨国事宜中的单方域外规治，是对以《联合国宪章》为核心的国际秩序的违反，缺乏普遍认可的国际法基础。《联合国宪章》第 2 条第 7 项规定，一般情形中，联合国不得干涉在本质上属于任何国家国内管辖之事件。① 主权国家更是如此，美国以自身效果标准和最低联系等理论限缩解释"本质上属于任何国家国内管辖之事件"文义，而广泛采用单边形式强加本国意志，忽视互惠合作，其在多领域中的域外规治，有违《联合国宪章》确立的领土主权和国际合作等原则。

总之，为突破当代国际法中主权国家平等原则的制约，以美国为代表的一些国家依据单方管辖安排实施域外规治。特别是冷战后，为满足奉行霸权主义与单边主义的需要，美国在各领域突破管辖权得以行使的"领土空间主权"传统限制和"网络空间主权"新型障碍，"破坏性地遵守"以《联合国宪章》为基础的当代国际法秩序。这一做法与战后以《联合国宪章》为基础建立起的当代国际法、国际秩序和世界贸易组织规则等相悖，使得当代国际法秩序与单边主义秩序共存，是为美国法律帝国主义。

四、 共同体管辖理论：构建与国内法治和国际法治相适应的全球新秩序

全球秩序意义上的规治肇始于人为的全球空间划界行为。500

---

① Anne-Marie Slaughter, "The Liberal Agenda for Peace: International Relations Theory and the Future of the Untied Nations," *Transnat'l L. & Comtemp. Probs.*, Vol. 4, 1994, pp. 392-393.

余年的全球秩序演变反映在主权与管辖的离合关系之上。全球主导力量的更替体现于跨域管辖机制的变化(即从治外法权到域外规治)之上。

在《威约》确立的主权与管辖在地理范围上趋于一致的传统话语指引下,属地原则和反域外适用推定原则曾一度是英美国家处理域外争议遵循的普遍原则。即使是在欧洲列强争夺海外属地愈演愈烈时期,彼此间对属地原则的遵从仍坚持着往日的实践惯性。属地原则支配地位的动摇要等到20世纪中叶才开始出现。重要的是,新旧理念的更替及全球秩序的相应变化反映的不只是意识形态的分歧,[①]更显示出传统属地原则无力应对不断涌现的新兴国际问题,殖民时代如此,当代也不例外。

近代治外法权和当代域外规治两种管辖形态,对于以英国为代表的主要欧洲国家在殖民时代和美国在当代维护本国利益发挥了重要功用。两个时代的 extraterritoriality 两次突破空间限制和既有国际秩序,本质上皆为扩张主义的产物,但近代 extraterritoriality 被理解为治外法权,而当代 extraterritoriality 则为域外规治。行使治外法权与域外规治有近似之处,但又明显不同:行使治外法权是一国派出人员或机构处理域外涉及本国人案件的行为,本质上排除或限制所在国的管辖权;行使域外规治是一国机构直接处理涉外案件的行为,该案件可以不直接牵涉本国,也不排除被规治之人和事所在国的管辖权。

治外法权是典型的英国法律帝国主义,它将西方法的效力延伸至非西方国家。帝国主义、殖民主义以及实证主义国际法,合力推动了近代治外法权的广泛实践。及至20世纪上半叶,大英帝国瓦解并出现衰

---

① 参见王赓武:《当今世界秩序是好的秩序吗?》,《外交评论》2015年第6期。

落后,作为超级大国的美国在这样的国际形势下开始通过其国内法院对有可能危及美国繁荣与安全的特定域外活动着手实施域外规治,域外规治因而是典型的美国法律帝国主义。①

两个时代国际法的适用主体范围有显著差异。殖民时代的国际法基于"文明标准",排除"非文明国家"的主体资格。自联合国及其宪章诞生后,许多非西方国家渐次通过当代国际法制度安排废除了治外法权,各国具有了平等的国际人格。② 具体而言,领事裁判权、治外法权以及为殖民行为披上合法外衣的"发现理论"等原先由西方国家确立的且明显带有帝国主义和殖民主义色彩的国际法旧原则与旧制度或饱受诟病或被废除。战后国际法日益强调全人类的共同利益,各国主权平等、尊重各国领土完整与政治独立、尊重人民平等权利和民族自决原则以及和平共处五项原则等成为当代国际法体系中的核心理念。及至今日,"人类命运共同体""人类共同关切事项"和"人人享有尊严"等国际法概念已逐渐深入人心。

重要的是,当代国际法的大多内容于殖民时代就已成形,这提醒我们帝国和殖民时代的终结不意味着帝国主义和殖民主义的终结。国际法史的后殖民主义研究,就是对帝国主义和殖民主义的批判研究。③ "凡是过往,皆为序章。"重新审视 500 余年国际法管辖安排,对于研究阻断、反制"长臂管辖"法律制度的工作具有历史启发意义。本项研究带来的启示是,域外管辖和法律域外适用不应成为少数国家的专利。

---

① Turan Kayaoğlu, *Legal Imperialism: Sovereignty and Extraterritoriality in Japan, the Ottoman Empire, and China*, p.196.

② Turan Kayaoğlu, *Legal Imperialism: Sovereignty and Extraterritoriality in Japan, the Ottoman Empire, and China*, pp.12, 64, 191.

③ Ignacio de la Rasilla, *International Law and History: Modern Interfaces*, Cambridge: Cambridge University Press, 2021, pp.117-118.

在"两个大局"的背景下,对"加快中国法域外适用的法律体系建设"可以有新的认识,为此,需要构建理想型的域外规治理论。

首先,有必要重新思考管辖与主权的关系,对管辖之于全球秩序再确立的作用进行再研究。① 国际法的发达史可以说是一部不断确定和分配管辖权的演化史。管辖不仅对于两个时代的国际法重要,对于全球秩序的再确立也至关重要。管辖理论新发现带来的启发是,国际秩序的调整离不开对原先秩序的突破。威斯特伐利亚体系突破教皇主掌神俗事务的秩序,将主权国家的管辖权范围对应其领土的地理范围。以英国为首的欧洲国家以武力和不平等条约突破威斯特伐利亚体系,转向以文明标准为核心的法律实证主义理论,分离管辖与主权,在亚洲和伊斯兰国家确立英国帝国模式,促使一种新不平等秩序的形成。② 仍然是借助贸易和司法的作用,美国再度突破属地原则,其实施的域外规治成为国家突破疆界限制的新方式和构筑国际新秩序的新工具。③

有必要重新阐释国际法中的管辖概念。一般认为,管辖是国家的权利(权力),而新的国际法"主权义务"与"管辖义务"假说则认为国际法(特别是国际刑事条约法、习惯国际法和国际人权法)中的主权和管

---

① Alex Mills, "Rethinking Jurisdiction in International Law," *British Yearbook of International Law*, Vol. 84, Issue 1, 2014, p. 187.

② 英国的法律帝国体系由其殖民法和域外法共同塑造,二者共同构成帝国法。殖民法由英帝国在非洲、大西洋群岛、印度、东南亚等殖民地主导确立,英国国内法直接通过殖民法施行于在法律上成为帝国域内的殖民地。域外法由英国以不平等条约等方式在中国、日本、土耳其等半殖民地确立,旨在扩张适用于半殖民地,因为半殖民地还不是帝国的域内。域外法常借用、仿照殖民法以延伸其适用,或直接将半殖民地案件移送殖民地处理,以保护域外英人利益,维护英国司法的确定性及帝国秩序。在法律拟制技术的作用下,殖民地和半殖民地的法律地位趋于等同,而最终被嵌入帝国法秩序之下。

③ Harold G. Maier, "Interest Balancing and Extraterritorial Jurisdiction," *The American Journal of Comparative Law*, Vol. 31, No. 4, 1983, p. 584.

辖是义务或责任,据此实施域外规治成为国家负担的国际义务。① "管辖义务"假说不仅要求国际法主体向其他国家,还要向特定私主体承担管辖义务,以确保正义实现。该种理论强调"主体自治",即跨国案件中的民事争议私主体有权选择将案件管辖权交由本国法院处理,并可自主决定依据哪部具体法律调整其与另外一方的关系。② 这实际上不是全新的学说。1873 年,马腾斯(Friedrich Martens)在为领事裁判权辩护时,认为领事裁判权是一种须强加于东方国家的必要法治工具,治外法权应更多被视为西方国家的责任而不是特权。③

其次,承认管辖在某种程度上也是国际法主体的义务,意味着国家可以探索实施域外规治,但并不意味着美国"长臂管辖"理论具有正当性,有必要在全面评估国际管辖竞争现实的同时,摒弃美国式单边域外规治的老路。在全球化时代,实在疆界作为限定特定管辖权的方式已无力应对由网络和信息技术变革带来的跨域问题。互联网、恐怖主义、环境保护及司法协助等问题属于"超国家法"规制的范畴,是选择继续尊重主权国家的域内规治传统,还是选择探索域外规治的道路,援用旧的国际管辖理论已无法对此问题作出满意的回答。此外,将美国法律帝国主义过度扩张、对新殖民主义的忧虑以及国际管辖竞争战略等因素考虑进去,建构一种方便实施域外规治的国际法管辖新理论,使领土主权与管辖适当分离,已成为必要选择。

---

① Alex Mills, "Rethinking Jurisdiction in International Law," p. 189; H. King, "The Extraterritorial Human Rights Obligations of States," *Human Rights Law Review*, Vol. 9, No. 4, 2009, pp. 521-556; Sarah Joseph, *Blame it on the WTO? A Human Rights Critique*, Oxford: Oxford University Press, 2011, pp. 245-264.

② Alex Mills, "Rethinking Jurisdiction in International Law," pp. 187-239.

③ Andrew Cobbing, "A Victorian Embarrassment: Consular Jurisdiction and the Evils of Extraterritoriality," p. 11.

域外规治虽不排除他国的管辖权,但形成国际管辖竞争。只要主权平等和属地原则还是国际秩序的基础,管辖竞争就无法避免。过于追求管辖和法律适用的确定性或唯一性不仅不现实,也忽视了包括管辖制度在内的法律制度本身的弹性。罗马法、伊斯兰法、印度法、中华法皆有过以法律多元的方式安排国内、国际管辖的制度规定。国际、地区际乃至半球际的频繁互动使完全坚持属地秩序不切实际,当代域外规治看似与主权秩序不兼容,但管辖理论的新阐释赋予其可行性。

美国的域外规治主要表现为立法管辖权(或称"规定管辖权",主要确立法律适用范围和对象)和司法管辖权(包括属人管辖权和事项管辖权)。立法管辖权主要靠"效果标准"和"最低联系标准"等两大原则实现。司法管辖权实现依据的则主要是各州制定的"长臂管辖法"。① 美国州法院多以各州"长臂管辖法"受理域外案件,联邦国会虽未制定一部"一般性的联邦长臂管辖法",但通过《联邦民事诉讼规则》第 4 条的指引,美国联邦法院也可以获得某种类似各州法院具有的域外管辖权。②

所谓效果标准,是指即使某一行为发生在域外,且行为人也不属于美国的公民或者与该国没有系统而持续的联系,但美国法院仍可以该行为对美国域内产生实质不利的"效果"为由而对该域外行为实施域外

---

① 法律域外适用是"立法管辖权"或称"规定管辖权"的一部分,多由司法裁判确立,立法一般不明确规定域外效力。参见 Hannah L. Buxbaum, "Territory, Territoriality, and the Resolution of Jurisdictional Conflict," *The American Journal of Comparative Law*, Vol. 57, No. 2, 2009, p. 637。

② 联邦法院获得长臂管辖权的情形有三:(一)"借用"联邦法院所在州制定的"长臂管辖法"获得管辖;(二)根据诸如反垄断法和证券法等联邦准据法规定的关于诉讼文书送达和属人管辖等特别条文获得管辖;(三)对于涉及特定联邦问题的案件,在适用宪法规定的"正当法律程序条款"限制前提下,可获得授权,实现联邦长臂管辖。参见 Gary B. Born, Peter B. Rutledge, *International Civil Litigation in United States Courts*, New York: Wolters Kluwer, 2018, p. 81。

规治,对该行为人行使域外管辖权。以效果标准为主的理论,使美国法院有权管辖对美国域内造成"不利效果"的域外行为,极度扩张管辖权,致使疆界的屏障作用大幅削弱,可能构成对传统的主权平等原则的重大偏离。施米特早即指出:全人类的法律和智识生活最重要的现象之一,就是权力的真正所有者可以定义概念和语词。① 美国的域外规治正在发生域内和域外的双重功效:行为主体不仅不能在美国域内实施美国法禁止的行为,也不能在域外对美国造成"不利效果",否则就要受美国规治。

归根结底,建立在效果标准基础上的美国长臂管辖理论的最大问题在于其在制度设计上只保护美国市场和美国投资者的利益,是美国国内法治的单方面域外延伸。依据长臂管辖理论无法确立普遍公平的全球秩序,得不到国际社会的认可,该理论无法被大多数国家采用,也无法被推广。可以说,该理论可能算得上美国的涉外法治理论,但确不是其国际法治理论。

最后,建设域外适用的法律体系离不开有生命力的国际法治理论支持。在全面参与全球秩序构建的过程中,我国作为负责任大国不会走治外法权的殖民主义老路,也不会走实施单边主义的域外规治道路。国际秩序变迁的主导国必须能为其他国家提供有吸引力的思想。② 殖民时代西方国家的"文明标准"早已过时,彰显"美国优先"的效果标准更不合时宜。推动构建人类命运共同体,离不开将管辖权的范围视为共同体范围,并以此考量将域外行为域内化的合理性。

---

① Carl Schmitt, "USA und die völkerrechtlichen Formen des modernen Imperialismus," cited in Nico Krisch, "More Equal than the Rest? Hierarchy, Equality and US Predominance in International Law," in Michael Byers, Georg Nolte, eds., *United States Hegemony and the Foundations of International Law*, New York: Cambridge University Press, 2003, p. 144.

② 参见唐世平:《国际秩序变迁与中国的选项》,《中国社会科学》2019 年第 3 期。

全球治理需要以全人类的共同价值①作为基础的国际法理论的指导。本文尝试提出共同体管辖理论（communitarian jurisdiction），意在提倡以共同体的力量替代单个国家的权威。② 共同体不只是协同体。共同体管辖理论将共同体内视作域内，将共同体内的行为视作域内行为，认为共同体是一个动态而非静态的体系，从而建构有弹性的管辖安排。比如，"一带一路"沿线国家就可以是一个共同体。共同体管辖理论并不提倡无限扩张管辖权，认为自我规限、合意约束、私人自治及共同体边界等因素都将制衡域外规治行为的域内化。共同体管辖理论不旨在消除管辖竞争，而是构建某种"有序的混乱"或"无序的秩序"，并在域外规治实践中找寻构建新秩序共识的下限和上限。③

依据共同体管辖理论，域内规治者获得域外规治权后，并不意味着域内法在域外的当然适用。域内治理者在决定是否实施域外规治时，通常要考量原被告是否为同一域内主体及是否危害一国主权和利益等因素。④ 这似乎造成管辖的不确定性，但跨国或跨域行为形态复杂多样，本身不以属地联系为必要基础，因此很难找到某种指引明确、可被精准适用且能够反复适用的规则。规治者宜协调商定国际规则，加强

---

① "和平、发展、公平、正义、民主、自由，是全人类的共同价值，也是联合国的崇高目标。"《习近平谈治国理政》第 2 卷，北京：外文出版社，2017 年，第 522 页。

② 共同体的力量代替个体的力量，标志着人类朝向文明迈出决定性的一步。Bardo Fassbender et al., eds., *The Oxford Handbook of the History of International Law*, Oxford: Oxford University Press, 2012, p. 69.

③ Paul Schiff Berman, *Global Legal Pluralism: A Jurisprudence of Law beyond Borders*, New York: Cambridge University Press, 2012, pp. 196-199.

④ 我国刑法采取保护性管辖原则，以此为基础的域外管辖条款已存在于刑法中。2020 年 9 月 19 日，商务部公布施行《不可靠实体清单规定》，允许对破坏国际经贸秩序、损害中国企业和个人合法权益的外国实体进行制裁。2020 年 10 月 17 日，《中华人民共和国出口管制法》公布，该法第 44 条原则性地规定了域外执法管辖。另外，国务院商务主管部门可以发布不得承认、不得执行、不得遵守有关外国法律与措施的禁令的规定。参见商务部 2021 年 1 月 9 日公布施行的《阻断外国法律与措施不当域外适用办法》。

信息交流,提升裁判、执行的兼容性,并尊重私主体自治,推动普遍国际规范的确立。① 此外,获得被规治者同意是实现域外规治的重要尝试。如今,许多领域基于主体同意突破属地秩序,如海牙《选择法院协议公约》和中国新近签署的《区域全面经济伙伴关系协定》(RCEP)等公约规定的域外管辖与法律域外适用安排即为实例。其中的国家平等、独立与自治精神,是域外规治和法律域外适用的国际法基础之一。

当今世界正经历百年未有之大变局。以单边主义、保护主义、霸权主义作为制度基础的域外规治,对世界和平与发展构成威胁。在域外规治、法律适用、域外承认、执行与遵守等事宜中,法律流通和司法对话尤为重要。司法对话不但可促进跨国法律共同体的形成,亦有助于司法判决水平在全世界范围内的普遍提高。② 各域内规治者为达成共识,须摈弃利己主义,以公平、合理的论证协调合作。③ 管辖安排看似纷繁多变,其实质在于机制转换,以更替无法持续奏效的旧有制度,从而塑造新秩序。管辖安排的弹性能够适应共同体的多样性。

世界处于百年未有之大变局,以共同体为导向的共同体管辖理论富有强大的生命力,是人类命运共同体理论和理念的组成部分。共同体不设界限但不意味着没有国家边界。国内法治、涉外法治是国际法治的基石。国内法治和全球法治不是平行轨道,而显示出一种动态交叉关系,共同体管辖理论可以对二者关系的确立发挥调和、贯通乃至构建作用。我们应基于共同的现实,妥善划分国内、国际法治领域,并以

---

① Anne-Marie Slaughter, "Sovereignty and Power in a Networked World Order," *Stanford Journal of International Law*, Vol. 40, 2004, p. 290.
② Anne-Marie Slaughter, "A Typology of Transjudicial Communication," *University of Richmond Law Review*, Vol. 29, No. 1, 1994, pp. 132-135.
③ 参见哈贝马斯:《在事实与规范之间:关于法律和民主法治国的商谈理论》,童世骏译,北京:生活·读书·新知三联书店,2003年,第370—375页。

法律的域外实践协调、贯通二者间的交流，倡导由各国共同书写国际规则、共享发展成果，从而构建全球的人类命运共同体。

在新的全球秩序的构建过程中，作为"软权力"的国际法对于全球各种秩序的塑造、维护和发展有着实在意义，联合国、世界贸易组织、证券评级模式等不同国际机制大多主动寻求国际法支撑。国际法推动国际秩序的确立，防止国际秩序运行的崩坏，并不断适应国际情势发展而自我维缮。

管辖理论的再发现，为统筹国内国外两个大局，思考改革全球治理的中国方案和习近平法治思想中"坚持统筹推进国内法治和涉外法治"①国际法重要内涵提供了思想史视角。共同体管辖理论突破国家有形疆界，以可预期、可接受的方式延伸管辖权，构建与"两个大局"相适应的互认、互信、互惠的共同体管辖机制，并为共同体外的管辖安排提供具备说服力的方案，最终推动全球各领域秩序的发展、完善。人类命运共同体下的法律秩序，不是单极秩序，须秉持共商共建共享的全球治理观，着力推动国际关系法治化；②须强化国家治理效能，坚持多边主义和《联合国宪章》的宗旨原则，推动联合国集体安全体系的权威化；③须重视推动企业积极参与全球治理，发挥人民法院（特别是互联网法院）跨国司法治理权，提高其国际司法能力与公信力；④须整合不同价值，并基于平等对话规治域外行为，共建全球新秩序。

---

① 国内法治和涉外法治是国内法治的两个方面，而国内法治和国际法治是全球法治的两个方面，都不可或缺。参见黄进：《坚持统筹推进国内法治和涉外法治》，《光明日报》2020年12月9日，第11版。

② 参见张文显：《习近平法治思想的基本精神和核心要义》，《东方法学》2021年第1期。

③ 参见贾庆国：《全面认识战后国际秩序》，《外交评论》2015年第6期；秦亚青：《世界秩序刍议》，《世界经济与政治》2017年第6期。

④ 参见霍政欣：《论全球治理体系中的国内法院》，《中国法学》2018年第3期。

远东国际军事法庭享有管辖权的新论证

管建强[*]

一、东京审判管辖权等问题亟须国际法视角的研究

日本右翼势力以及保守派长期以来一直借管辖权问题抹黑远东国际军事法庭对日本战犯的审判（以下简称"东京审判"），鼓吹法庭审判违背了法律不能溯及既往的原则，违反正义原则。虽然法庭对此类主张进行过驳斥，国内也有学者撰文批判过这类观点，但是反驳的理由大多比较原则、笼统。

国内有的学者甚至完全分不清国际法管辖权的法律依据与政治性"理由"的区别，甚至将东京审判首席检察官约瑟夫·季南（Joseph B. Keenan）的政治性说辞作为维护东京审判正义性的理由：是战争使人类面临了"生死存亡"。我们进行的不是一场普通的审判，而是保卫"文明"之战。捍卫人类生存当然是最高位的"正义"。季南在开庭词中强调日本发动的战争对"全人类"的危害，而且也说到东京审判和纽伦堡审判为人类审判史上的"嚆矢"，并在援引卡多佐（Cardozo）法官在美国最高法院的讲话时特别说到国际法的"黎明期"和"渐进性"，这些都表

---

[*] 华东政法大学教授，华东政法大学军事法研究中心主任，中国国际法学会常务理事，中国军事科学院特聘专家。

明他完全清楚,法尤其是国际法是随着人类实践的发展而发展的,尤其是在人类面临"生死存亡"之际,避免毁灭,有至高无上的优先权。①

事实上,东京法庭的法官或检察官从庭审开始到判决日为止,并没有对于日本辩护律师的质疑(关于侵略罪的管辖权,法律不溯及既往原则)给予直接的实证性回答。其间,法庭上检察官的讲话并不是每一句话都具有国际法上的意义。

客观上,日本右翼并没有直接否定东京审判的政治正确,他们抓住东京审判中所谓违背国际法基本原则的一些问题进行纠缠,因此,有必要从国际法发展的过程中,研究、梳理和驳斥日本右翼的谬论。

近80年来,中国学者的研究依然停留在借用季南的政治性说辞来维护"东京审判"的正义性这一阶段,并且这类声音不断地在媒体上发酵、自我陶醉,成为主流声音。这充分说明,中国学术界对这一问题的研究是不充分的。只要中国学术界依然停留在政治正确的研究水平阶段,日本保守派学术界就无须回应中方口号式的研究成果,日本民众的认知就可以继续被误导。

第二次世界大战后,由于对日本发动的侵略战争清算不彻底,此后的否定日本侵略战争性质的思潮像幽灵一样一直忽隐忽现。如果说20世纪80年以前的美化战争、歪曲历史属于日本非主流社会的思潮,那么,自20世纪80年代开始,这股思潮已经在日本官方层面开始了翻涌。1982年日本文部省审定通过了歪曲、篡改日本对外侵略历史的历史教科书;1985年,作为战后的首相,中曾根康弘首次在8月15日的所谓"终战纪念日"正式参拜了靖国神社。日本首相正式参拜合祀着东条英机等甲级战犯的靖国神社是十分严重的政治事件,它反映了日本政府

---

① 参见王珊珊:《程兆奇谈东京审判管辖权》,《人民法院报》2015年9月3日。

通过纪念战争亡灵公然否定侵略、美化战争的企图。

日本的美化战争、歪曲历史的认识及战争责任问题激起了中国人民的强烈不满和抗议。尽管如此,此后日本的各届内阁中不断地涌动着复辟军国主义的思潮,并且有愈演愈烈之势。今天日本社会广泛的否认侵略战争、否认战争责任以及歪曲历史的思潮固然与清算日本帝国主义思想不彻底有关,但更为关键的是,对充斥日本民间的否定东京审判的所谓法理学说缺乏必要的针对性的研究和批判。

否定东京审判合法性的著作中,代表性的有:清濑一郎的《东京审判秘录》(中央公论新社2002年修改版);泷川正次郎的《审判东京审判》(慧文社2006年版);儿岛襄的《东京审判(上、下)》(中央公论新社1971年版);富士信夫的《我所看到的东京审判(上、下)》(讲谈社1988年版);小堀桂一郎编撰的《解说"东京审判",日本的辨明》(讲谈社1995年版);佐藤和男监修的《世界审判东京审判》(明成社1995年初版,2005年再版);菅原裕的《东京审判的整体》(国际伦理调查会2002年再版);渡部昇一的《对"东京审判"的裁判》(致知出版社2007年版)和《帕尔①判决书的真实——现在正是切断东京审判的史观的时候》(PHP研究所2008年版);太平洋战争研究会编的《东京审判帕尔判决书的真实——为什么主张日本无罪》(PHP研究所2006年版);日暮吉延的《东京裁判》(讲谈社2008年版);等等。这些著作抨击东京审判的主要理由是,国际军事法庭的宪章颁布之前,国际社会不存在"反人道罪"和"破坏和平罪"(又称"侵略罪"),对这两个新制定的罪行以事后

---

① 帕尔,远东国际军事法庭的11位法官之一,加尔各答大学法学院讲师,曾对判决书提出日本战犯无罪的"意见书"。日本将此称为"帕尔判决书"。

法进行审判,①违反了罪行法定主义和法律不溯及既往原则。② 宣传远东国际军事法庭的审判是战胜国对战败国的审判,是一种复仇的仪式。

即使是对东京审判持积极态度,主张向前看的东京大学国际法学者大沼保昭教授③也认为,国际军事法庭的宪章颁布之前,国际社会不存在"反人道罪"和"破坏和平罪"(又称"侵略罪")。④

在大量问世的抹黑东京审判的著作中,东京审判中的管辖权问题被无限地放大,非国际法专业的日本民众极其容易被这样的抹黑言论误导。在这样的舆论造势的环境下,日本右翼势力显得有恃无恐。另外,日本右翼势力做大做强是有着社会根源的。其中日本政治选举制度,决定了政客需要迎合选民。日本政府高官政要对此积极地表现出不甘寂寞和遥相呼应,以各种言行传递歪曲历史、美化战争、否定侵略的信息。这股否定侵略战争、歪曲历史的浪潮,比人们想象的要严重得多。

鉴于东京审判是判定日本侵略战争的法律基础,因此,有必要就东京审判中所存在的主要争议问题即管辖权问题进行深入的梳理和法理辨析,以彰显东京审判判决的公正的效力依据。

---

① 日暮吉延:《東京裁判》,東京:講談社,2008年,第22页。
② 同上书,第23页。
③ 大沼保昭,日本国际法学者,东京大学教授,亚洲女性基金理事。1995年他呼吁、推动建立了"亚洲妇女基金会"(又称"亚洲女性基金")。该基金会于1995年7月由当时日本首相村山富市倡议成立,通过民间募款和政府资助的形式,向在"二战"中日军占领地区的慰安妇支付赔偿金。但由于遭到各国的抵制,亚洲妇女基金会于2002年5月停止运作。基金会运作期间只有266人申请补偿。参见慰安妇问题与亚洲女性基金网:http://www.awf.or.jp/3/persons-14.-html。
④ 参见大沼保昭:《東京裁判から戦後責任の思想へ》,東京:東信堂,1997年,第32—33页。

中国学者应当从国际法视角回应、反驳日本右翼在学术上的谬论。

二、 东京审判的交锋

1946年5月13日,远东国际军事法庭开庭的第四日,辩护律师方面提出了法庭的管辖权问题,由此展开了围绕法庭管辖权问题的争论。被告人辩护律师清濑一郎①提出:"请允许我事先提出关于解释本法庭管辖权的动议。"这个问题的提出就成了东京审判前半部的高潮之一,令人注目。此后开始了围绕法庭管辖权的辩论。

被告人辩护律师关于法庭权限问题的辩护意见如下:②

1. 本法庭以《波茨坦公告》第10项(即,吾人无意奴役日本人民,或消灭其国家。但对于战罪人犯,包括虐待吾人俘虏在内,将处以法律之裁判)③为根据而设立,同时该宣言经由"日本投降书"得到日本的确认,因此,该条项不仅拘束日本也拘束同盟国。所以对于该项规定以外的战争犯罪,法庭不得行使审判权。

2. 《远东国际军事法庭宪章》规定了反人道罪和破坏和平罪,但是《波茨坦公告》并没有包含这类东西。因此,即使是同盟国最高司令官也没有权限设置相关的规定。

3. 《波茨坦公告》所言及的"战争犯罪"④的含义是什么?该公告发表的当时,日本以及同盟国是如何考虑"战争犯罪"的呢?有必要予

---

① 清濑一郎(きよせ いちろう),日本律师,日本战犯辩护团副团长。
② 参见富士信夫:《私の見た東京裁判(上)》,東京:講談社,1988年,第75—94页。
③ 参见富士信夫:《新六法》,東京:三省堂,2009年,第141页。《波茨坦公告》第10项的"war criminals"被译为"战争人犯"。
④ 《波茨坦公告》第10项规定了将对所有"战争人犯"(war criminals)进行严格的审判,而不是作者(富士信夫)使用的"战争犯罪"(war crimes)的概念。

以检讨。当时"战争犯罪"的含义是违反战争法规之犯罪者,而战争的计划、准备、开始以及实施"战争犯罪"的观念,在《波茨坦公告》发表时,在文明国家之间尚不存在。

4. 1946 年 1 月 19 日颁布的一项"设置远东国际军事法庭的特别通告麦克阿瑟元帅特别宣言书"中明确地强调:依据美国及其他同盟国为抗拒轴心国非法的侵略战争起见,曾迭次发表宣言,阐明战争罪犯应置之于法。这个宣言不是对日本所作出的宣言,因此,以德意志为对象所实施的宣言①,是断然不可适用于日本的。《波茨坦公告》第 5 项的"以下为吾人之条件,吾人决不更改,亦无其他另一方式,犹豫迁延更为吾人所不容",同盟国也应当遵守。

5. 尽管同盟国宣告了这次战争的目的之一是遵守国际公法,但在日本接受《波茨坦公告》之后,为何同盟国变更了对"战争犯罪"的解释,怎么回事?

6. 虽然有极端主义者认为日本的这次战争违反了《巴黎非战公约》而构成犯罪,但是《巴黎非战公约》只规定了作为国家政策的战争被认定为非法而应受到谴责,它没有规定犯罪的问题。《巴黎非战公约》次年,英国的"战争法规提要"中规定了战争犯罪是违反战争法规的行为。《巴黎非战公约》缔结扩大了战争犯罪的范围,是难以想象的事情。

7. 国际条约、公告的解释,不能以该条约和公告之后出现的资料予以解释,为了德意志的纽伦堡审判所指定的宪章是 1945 年 8 月 8 日伦敦会议决定的产物(注:《纽伦堡国际军事法庭宪章》中把对和平、对人道的犯罪归入战争犯罪处理的规定)。因此,在解释 7 月 26 日的《波茨坦公告》时,适用 8 月 8 日的《纽伦堡国际军事法庭宪章》是非常矛盾和

---

① 指《关于控诉和惩处欧洲轴心国主要战犯的协定》。

冲突的。法律专家是绝对不会这样做的,这是法律上的大问题。

富士信夫在其《我所看到的东京审判》一书中对法庭的控辩做了如下的描述:①

清濑一郎辩护律师以平静的语调开始辩护,逐渐地额头冒热,左右摇晃着夹杂着白发的脑袋,有时还用拳头叩击着发言台。休庭之后,继续开庭。

约瑟夫·季南首席检察官看上去脸面潮红,在发言台前扫了一眼被告席后开始了如下反驳:

1. 本法庭代表包含了11个国家,轴心国的侵略战争造成人的生命和物的资源的损失,对于这种侵略国家的残忍行为,难道还有不能惩罚的道理?11国的武力使得这场侵略战争终结,侵略战争的责任者可以不受任何处罚,置之不理吗?

2. 被告人提出的议题,是根据被告方面对《波茨坦公告》的解释,想限制本法庭的管辖范围,阐述了"日本投降书"是以某种条件为基础的产物。对于这种主张,我们关心的不仅仅是法律问题,相关的错误主张不予以反驳了事,我们无论如何也不能忍受。"日本投降书"完全是无条件的,终战时通过瑞士送达到同盟国的文书可以证明。

3. 《波茨坦公告》以及投降书中,最高司令官为履行日本投降条件,被规定为能够拥有适当的和认可一切行为的权能。应当这么解释:《远东国际军事法庭宪章》就是以投降书第5项为基础的最高司令官的命令之一。

4. 辩护律师的法律意见就是明确反对文明国家处罚日本,不认同日本对世界上大部分国家和地区的侵略战争所应承担的责任。这种主

---

① 参见富士信夫:《私の見た東京裁判(上)》,第75—94页。

张将使合法的宪法之下所缔结的条约的义务和保证成为毫无价值的东西。这种大胆的主张,就是为了那些指挥着某种势力、招致危及文明的残酷不法的战争的人,抗议这些人是因为他们的官职或者责任地位所承担的相关行为的责任。如果实施相关侵略战争的计划、推动实施的人员都能够免除惩罚的话,那么几百万的军队及民众被没有计划的战争捕杀,其结果更是无论如何都无法忍受的。

5. 辩护律师主张《波茨坦公告》发表时所认识的战争犯罪仅仅是违反战争法规而已。可是,1943年2月12日,罗斯福总统就公开强调:"对于轴心国首脑企图免除他们的犯罪的处理结果,对此必须按照《卡萨布兰卡宣言》,①即无条件投降。我们对于轴心国一般民众不具有处罚的意图,可是,对于有罪的野蛮的指导者必将加以惩罚和报复。"

6. 处罚日本的这个警告,被告人是否想到过要告诉日本国民? 与侵略战争无关,受被告人欺骗、成为牺牲品的日本国民中得不到拯救的不幸的人们,他们也有数百万的生命牺牲。在他们的都市、港湾,他们蒙受史上空前的轰炸,痛苦困难的复兴之途,残留下的人们还必须受到处罚,被告人你们是如何考虑的? 同盟国的领导们,难道没有给过日本国民处罚的警告吗? 我们的领导们难道陈述过免除那些对全世界实施恐怖的计划者、共谋者以及独裁者的死刑了吗?

阅读《波茨坦公告》当然可获得不容置疑的判断,那些共谋、计划、开始并实施侵略战争的罪犯将被课以严重的处罚,与普通犯罪人一样。

英国检察官亚瑟·S. 科明斯-卡尔(Arthur S. Comyns Carr)不无讽刺地说道:"听了辩护律师的辩论,似乎日本在接受《波茨坦公告》时,是

---

① 自1943年1月14日至24日在摩洛哥的卡萨布兰卡举行会议。会议结束后,罗斯福总统于24日在卡萨布兰卡记者招待会上宣布,同盟国将把对德、意、日的战争进行到这三国"无条件投降为止"。

在误解的情况下接受的,或者说,同盟国今天包含在起诉状内的反和平罪行的提出是背信的行为吧。如果当时日本政府关于战争犯罪的含义有着任何的疑惑的话,只要通过询问,任何疑问都会云开雾散那样地简单。他们实际上就天皇未来的地位进行了询问,并获得了迅速的回答(1945年8月10日,日本政府通过瑞士、瑞典政府向美、英、中、苏四国询问,《波茨坦公告》没有包含要求变更天皇统治的大权,日本在这样的理解之下接受《波茨坦公告》,这样的理解是否有错误,请以明确的意向迅速地反馈。对此,四大国于8月11日发出了回应:'天皇与日本政府统治国家之权利,应听命于同盟国最高司令官。同盟国最高司令官可采取其所认为适当之各项步骤,以贯彻此等投降条件。'8月13日这个回答通过瑞士政府传递到了日本政府)。如果被告们坚持于误解和背信的话,他们必须证明,他们在投降时,战争犯罪不包括28个被告的谅解备忘,以及,如果他们自己行使审判的话,必须证明没有签署投降书。"

接着,清濑律师发言:"两检察官认为日本的投降是无条件的投降,可是《波茨坦公告》第5项是'以下为吾人之条件……',是附条件的无条件投降,该宣言第13项虽然出现了无条件投降的表述,但这是要求日本政府让日本军队无条件投降。因此,不是日本政府、日本国民的无条件投降。虽然投降书第5项写有服从最高司令官的命令,但也只限于最高司令官依据《波茨坦公告》授权的合法的命令,并非最高司令官的一颦一笑都要听从。"清濑对于日本投降是无条件投降的观点进行了反驳,并指出:"战犯的定义就是Crime,以刑法进行处罚这是世界通用的定义,《巴黎非战公约》前文规定,违反条约国家将丧失该条约上的权利。但是,该条约没有对违反该条约的缔约国的处罚规定。两检察官共同地强调了为了维护文明必须审判罪犯。但是'文明'中难道不包含对条约的尊重和裁判的公正吗?如果《波茨坦公告》的宗旨如我所言,如今立马刹车,断然地放弃起诉,这才是为了文明,是我们所希望的举措。"清濑继续阐述:"两检察官引用了罗斯福总统的话,我也有一言,引用现在的美国总统杜鲁门在今年1月国会预算上的讲话,他说世界历史开创以来首次对战争制造者进行惩罚的审判,这就是要宣言的东西。"清濑结束了辩论。

三、同盟国对日本战争罪犯的管辖权

中、美、英三国促令日本投降的《波茨坦公告》在公布后,日本于同年8月10日发来乞降照会并询问公告确切涵义。对此,8月11日中、苏、美、英四国对日本乞降照会的复文中言明:"自投降之时刻起,日本天皇及日本政府统治国家之权力,即须听从盟国最高司令官,该司令官将采取其认为适当之步骤以实施投降条款。"

1945年9月2日,由日本外务大臣重光葵和参谋总长梅津美治郎代表日本签订并向同盟国九国受降代表麦克阿瑟等所呈递的日本投降文书完全接受了《波茨坦公告》所规定的条款。投降文书写明:"我等谨奉天皇、日本政府及日本帝国大本营之命,代表其接受美、中、英三国政府首脑于1945年7月26日在波茨坦宣布的尔后由苏联参加的宣言条款。"其中第6项言明:"我等为天皇、日本政府及其后继者承允忠实履行波茨坦宣言之条款,发布为实施该宣言之同盟国最高司令官或其他同盟国指令代表所要求之一切命令及一切措置。"①投降书第8项明确地承诺:"天皇及日本国政府统治国家之权力,应置于为实施投降条款而采取其所认为适当步骤之同盟国最高司令官之下。"根据《波茨坦公

---

① 参见"日本投降书"。

告》以及投降书,同盟国最高司令官为履行日本投降条件,被规定能够拥有适当的和认可一切行为的权能。

1945年7月26日,同盟国敦促日本国无条件投降的《波茨坦公告》中第10项明示规定:"吾人无意奴役日本人民,或消灭其国家。但对于战罪人犯,包括虐待吾人俘虏在内,将处以法律之裁判。"1945年8月8日,苏、美、英、法四国在伦敦签订了一个关于设置国际军事法庭的协定,同时并颁布了《纽伦堡国际军事法庭宪章》(即组织法)。1946年1月19日,东京同盟国最高司令部颁布了设置远东国际军事法庭的告令,同时也颁布了该法庭的组织章程《远东国际军事法庭宪章》。这两个军事法庭宪章的内容大体相同,而关于法庭管辖权及法庭所应审理的罪行是完全一致的。根据《纽伦堡国际军事法庭宪章》第6条及《远东国际军事法庭宪章》第5条的规定,两法庭有权审理三种犯罪:(甲)破坏和平罪(又称侵略罪);(乙)战争罪(《远东国际军事法庭宪章》中称为违反交战法规及惯例罪);(丙)违反人道罪。因为这两个宪章把战争犯罪分为三种,所以一般人便把战犯分为三级:破坏和平罪者为甲级战犯,违反交战惯例者为乙级战犯,违反人道罪者为丙级战犯。1946年12月11日,联合国大会曾全体一致认可《纽伦堡国际军事法庭宪章》和判决所体现的原理为国际法准则,远东国际军事法庭在判决书中也完全支持纽伦堡国际军事法庭的意见,所以两个法庭的宪章和判决,不仅制裁了德、日侵略者,而且警戒了侵略战争的预谋继起者。

远东国际军事法庭的法官们认为战争罪行是一个类概念,他们承认破坏和平罪、战争罪、违反人道罪是战争罪行中的三种罪名,而且也只有上述三种。日本国际法词典对战争罪行的解释是:"战争罪行",又称"战争犯罪"(war crimes),战争犯罪包含广义和狭义两种意义。狭义的战争犯罪系指军队成员或一般平民向交战国对方所采取的一定行为,该行为者如果为交战国对方所捕获则可予以处罚。这是历来的国际法所承认的,在日本被称为"战争犯罪"或"战时犯罪"。然而,"二战"以后,同盟国在纽伦堡及远东国际军事法庭上,作为战争犯罪处罚的有以下三种:(1)破坏和平罪;(2)常规战争罪(conventional war crimes);(3)违反人道罪。换言之,广义的战争罪包括以上三种罪行。①

《波茨坦公告》第10项言明:"吾人无意奴役日本人民,或消灭其国家。但对于战罪人犯,包括虐待吾人俘虏在内,将处以法律之裁判。"这里指战争犯罪而不是战争罪。假设日本政府当初接受《波茨坦公告》时,理解同盟国所要审判的战争人犯仅限于违反交战法规的战争罪,而不包括破坏和平罪及反人道罪,那么,日本政府为何又承认了1951年9月8日的"旧金山和约"第11条规定的"日本接受远东国际军事法庭与其他在日本境内或境外之盟国战罪法庭之判决"。事实上,日本国会对包含第11条在内的"旧金山和约"毫无保留地审核通过。《奥本海国际法》认为"共同同意是国际法的根据"②。从国际法的角度来看,国际法形成过程就是国家与国家之间相互合作与斗争的过程,也是国家与国家之间为了体现其意志,相互协调的过程。既然远东国际军事法庭判决之后,日本国明示地接受了包含第11条在内的"旧金山和约",那么可以说,破坏和平罪与反人道罪以及战争罪是同盟国与日本国共同创建的。

国际法的实践中总是会有前无古人的首创性实践。如果日本国民一味反对使用新的规范,坚持要用传统的国际法来处理战争问题,那么,今天的日本国一定是被消灭的。因为传统的战争法规很简单,就是

---

① 参见国际法学会编:《国际法词典》,东京:鹿岛出版会,1975年,第405页。
② 劳特派特修订:《奥本海国际法》上卷第1分册,王铁崖、陈体强译,北京:商务印书馆,1981年,第11页。

征服，或者割取战败国的领土、索取战争赔款等。然而，"二战"的惨祸彻底警醒了世界人民，要维护世界和平、防止惨祸重演，就必须铲除殖民帝国主义的土壤，就必须在国际法上明确武力掠夺他国领土的非法性和无效性。为此，三大同盟国在1943年《开罗宣言》中宣布："我三大盟国此次进行战争之目的，在于制止及惩罚日本之侵略，三国决不为自己图利，亦无拓展领土之意思。三国之宗旨在剥夺日本……其他日本以武力或贪欲攫取之土地，亦务将日本驱逐出境。"这表明即使日本战败，同盟国也不会剥夺日本固有的领土。可以看到，同盟国从根本上否定了国家发动侵略战争的动因，改变了传统国际法中关于征服、灭亡的规则，为彻底禁止战争、实现世界和平创建了必要的新规范。1945年7月26日同盟国敦促日本无条件投降的《波茨坦公告》中明示宣布《开罗宣言》诸项条件必须实现。由此可见，《开罗宣言》开启了人类历史上的正义战争。

甲级战犯是指策划、准备、发动或执行一种经宣战或不经宣战之侵略战争，或违反国际法、条约、协定或保证之战争，或参与上述任何罪行之共同计划或阴谋的主体。通常只有军队大本营、政府高层统帅部中的官员才有机会成为策划、准备、发动侵略战争的当事人，而这样的人并不会亲自上阵从事违反交战法规的行为。日本辩护律师主张同盟国只能审判在战场上违反交战法规的军人，并杜撰所谓法律依据，其目的就是阻挠审判策划、准备和发动侵略战争的领导者。如果发动侵略战争的领导人都能逃避法律制裁，那么，正义就无法伸张，一切遏制侵略战争的努力就会化为乌有。

事实上，那种既想保留国体又想逃避侵略战争责任的鼓吹者，是人类中极其狭隘以及毫无担当精神的异类。战后建立国际军事法庭审判破坏和平罪的实践，是在国际法禁止性规范、违反国际法应当承担国家责任的基础上,创造性地对发动侵略罪行的个人判处了侵略罪,这是对国际法的新贡献。这场反法西斯战争是人类历史上真正意义上的正义战争,它通过对近代国际法的改造,创制了现代国际法的新规范,铲除了帝国主义殖民扩张、吞并他国领土的诱因。

据统计,靖国神社里供奉的灵位有80%以上是在"二战"中丧生的,在"二战"后被远东国际军事法庭判处死刑的14名甲级战犯也在内。这14名甲级战犯的牌位是1978年10月以"昭和殉难者"的名义被从东京的品川寺移到靖国神社的。这些人以及原先就祭祀在靖国神社的乙级、丙级战犯合计1000余人。正是这些灵位的存在,引发了受人关注的"日本要人参拜靖国神社问题"①。此后不断有日本首相以及国会议员参拜。其目的实际上是要否定东京审判的正义性,虽然也有日本国民从日本宪法规定的政教分离的角度对此进行批判。另一方面,日本国会批准的"旧金山和约"第11条中明确规定:"日本接受远东国际军事法庭与其他在日本境内或境外之盟国战罪法庭之判决。"而《日本国宪法》第98条第2款规定:"日本国缔结的条约及已确立的国际法规,必须诚实遵守之。"由此可见,日本政府领导人公然参拜供奉14名甲级战犯的靖国神社的行为不仅违反日本宪法,混乱了日本社会的良知和道德底线,而且也是对"二战"中的亚洲受害国家的公然挑衅。

四、 日本右翼虚构战争罪惩罚性规范的存在

归纳而言,日本右翼否定东京审判的核心主张如下:第一,日本投降时承认同盟国依据《波茨坦公告》第10项,审判战争人犯。而当时战

---

① 《靖国神社拒移战犯牌位》,《中国青年报》2005年6月6日。

争犯罪的含义,是违反战争法规之犯罪者。而涉及战争的计划、准备、开始以及实施"战争犯罪"的破坏和平罪(侵略罪)以及反人道罪的观念,在《波茨坦公告》发表时,在文明国家之间尚不存在。第二,虽然有极端主义者认为日本的这次战争违反了《巴黎非战条约》而构成犯罪,但是《巴黎非战条约》只规定了作为国家政策的战争被认定为非法而应受到谴责,它没有规定犯罪的问题。《巴黎非战条约》缔结扩大了战争犯罪的范围,是难以想象的事情。其结论是,东京审判违背了法律不溯及既往的原则,因此,这是复仇的审判,该判决不代表正义。

否定东京审判正义性的逻辑结构是"二战"前严重违反交战法规的构成战争罪;而"二战"结束前国际社会只有禁止侵略而没有惩治侵略罪的国际法规范,因此,以侵略罪罪名惩治日本战犯是战胜国对战败国的复仇。事实上,在"二战"前国际法也仅有禁止违反交战法规的规范而没有惩治违反法规行为的规范。问题是一向精明的日本人在这个问题上却故意掩盖前后两者的相同特点,给世人造成一种印象,即"二战"结束前国际法对于违反交战法规的行为明确规定了惩罚性条款,而违反开战法规定的仅有禁止性规范,缺乏惩罚性规范。这种结论纯属歪曲历史上的战争法规,误导国际舆论。

查明在"二战"前国际社会也只有禁止违反交战法规的规范而没有惩治战争罪的国际法规范这一事实,有助于揭露日本被告方以所谓"法无明文规定不为罪"为理由否定侵略罪适用的谬论。为此,在这里有必要对近代国际法和现代国际法的沿革和发展做一个展开,并从中寻找到战争罪的法律渊源。

(一)"战争罪"的法律渊源探究

从1648年近代国际法的产生至第一次世界大战,在这一传统国际法时期,受无差别战争观的支配影响,国家是享有战争权(包括开战权和自卫权)的,因此,在历史上国家以武力或武力相威胁手段解决与他国的争端并不为国际法所禁止。但尽管如此,不受限制的交战方式和对象也是被视为违背自然法则的。从 19 世纪后半期开始,基于相互制约和人道主义等种种原因,人们开始感觉到有逐步把那些已经成熟的原则和惯例用国际公约的形式加以规定和统一的必要。因此,国际就作战方法、使用武器以及对伤病员、俘虏、平民的待遇等各方面问题举行了一系列的外交会议,签订了一系列的国际公约,其中两次海牙和会中所签订的那些公约,特别是 1907 年《海牙第四公约及其附件陆战规则》(以下简称《海牙第四公约》)构成了国际法交战法规的重要文献。当时世界上大多数国家参加了该公约。鉴于一般国际法是指世界上大多数或绝大多数国家参加的国际条约规则的总体,[1]《海牙第四公约》的规范可被称为一般国际法规范。

进入现代国际法时期,国际法交战法规得到了进一步的完善和发展。1949 年四个日内瓦公约以及 1977 年签订的《日内瓦补充议定书》使得交战法规或者说人道主义法规的范围更加广泛。时至今日,除了少数新颖课题外,关于交战国的宣战方式、武器的使用、作战的方法、俘虏的待遇、平民的保护以及中立国的地位和其他许多国家和个人在战时所应遵守的规则和习惯等几大部分都被这些公约所包罗了。这些公约曾经为大多数国家签字、批准或加入,它们已经成为世界各国所公认和应该共同遵守的行为规范。违反这些规范的行为即可构成战争罪,即《远东国际军事法庭宪章》所称的"常规战争罪"

---

[1] Robert Jennings, Arthur Watts, eds., *Oppenheim's International Law*, Vol. I, 9th Edition, London: Longman, 1992, p. 4.

(conventional war crimes)。

国际法的渊源主要是国际条约和国际习惯。从国际条约来看,"二战"前已经存在大量的关于交战规范中的禁止性规范。但是对于违反禁止性规范的交战方,其承担责任的方式中并没有明确个人的刑事责任。当探究战争罪的渊源时,有学者会引经据典地搬出《海牙第四公约》,其第3条规定:"一个国家应为它的武装部队的一切行为担负责任。"[①]尽管1899年和1907年的海牙两届和平会议就战争行为制定了较为详尽的规则或章程,但关于战争犯罪的刑罚规范是否存在是模糊的。《海牙第四公约》第3条的全文是:"违反该章程规定的交战一方在需要时应负赔偿。该方应对自己军队的组成人员做出的一切行为负责。"这一条款可以解读成:违反规定的交战国(国家主体)应负赔偿责任,对于成员做出的一切违反规约的行为,其交战国应承担国家的责任。如果将"交战方应对自己军队的组成人员做出的一切行为负责"扩展解读为"交战方对其成员的违反行为应追究其战争罪"的话,这种解释不足采信,也违背了按《维也纳条约法》解释的规范。

实际上,《海牙第四公约》所规定的国家赔偿的救济模式,在追究敌国公民的刑事责任方面存在法律上的模糊性,它并没有清楚地言明一国可以对其俘虏的另一国公民行使管辖权。另外,从当时的情况来看,国家元首的豁免权以及执行上级命令和国家行为等辩护理由仍然被广泛地接受。[②] 这就使得追究个人刑事责任十分困难。

在条约中明确刑事责任形式的是1949年日内瓦四公约,它们均规

---

① 赵秉志、王秀梅:《论战争罪之内涵及其刑事责任主体》,《河北法学》2001年第2期。
② Guenter Lewy, "Superior Orders, Nuclear Warfare, and the Dictates of Conscience: The Dilemma of Military Obedience in the Atomic Age," *American Political Science Review*, Vol. 55, No. 1, 1961, p. 6.

定:"各缔约国担任制定必要之立法,俾对于本身犯有或令人犯有下列之严重破坏本公约之行为之人,处以有效刑事制裁。各缔约国有义务搜捕被控为曾犯或曾令人犯此种严重破坏本公约行为之人,并应将此重任,不分国籍,送交各该国法庭……予以审判。"①

然而日内瓦四公约的刑事责任条款本身不具有溯及"二战"之前的效力。因此,我们有必要从国际司法实践、国际习惯法角度,寻找战争罪行的禁止性规范和刑事责任承担规范。

(二) 国际法实践:"莱比锡审判"

自近代国际法形成以来的有文字记载的国际司法实践是"莱比锡审判"。《凡尔赛和约》规定建立一个国际法庭来审判战犯。其中第7部分的"处罚",共有4个条款,对包括德皇在内的战犯审判做出了规定。② 根据巴黎和会决定建立的惩罚委员会,对德国及其盟国违反战争法规和惯例的罪行进行了调查。需要说明的是,巴黎和会成立的惩罚委员会的职责是对两种罪行进行调查:一种是发起战争者的罪行,另一种是"违反战争法规和惯例"的罪行。③ 但是,《凡尔赛和约》关于惩办威廉二世和其他主要战犯的条款,并没有被真正实施。其主要原因有:(1)俄国十月革命的胜利,使得各战败国和协约国的资产阶级统治者把主要注意力转向如何对付苏维埃政权的问题上,而对怎样执行《凡尔赛和约》关于惩办德国战犯的条款不甚关心;(2)协约国内部的摩擦,尤其

---

① 《日内瓦第一公约》第49条;《日内瓦第二公约》第50条;《日内瓦第三公约》第129条;《日内瓦第四公约》第146条。

② 参见《凡尔赛和约》第227—230条。

③ "Commission on the Responsibility of the Authors of the War and on the Enforcement of Penalties," Mar. 29, 1919, reprinted in *American Journal of International Law*, Vol. 14, 1920, p. 95.

是英、法两国之间的猜忌,使英国采取袒护德国、抑制法国的外交方针;(3)德国对于引渡战犯并交付审判进行了顽强抵抗和不合作。①

由于协约国未能组织审判"一战"战犯的法庭,经过德国内阁的建议,协约国索性将审判工作委托给位于莱比锡的德国最高法院进行,适用国际法而不是德国的国内法。"惩罚委员会"于1920年完成调查,提出了一个896人的重要战犯名单,交给德国政府按名单予以逮捕和审讯,德国政府多方抗拒,先将名单压缩减为45人,称之为"试验审判"。在这45人之中,实际上受到审判的只有12人,而这12人之中经法庭判罪的只有6人;他们所获的刑罚异常轻,自6个月至4年徒刑不等。在6名被判了刑的人犯之中,有两名还越狱逃跑了,论者都认为这是德国法庭故意放纵。因此,"莱比锡审判"的最后结果只是轻微地惩罚了总共4名德国军人。②

今天人们通常将严重违反交战法规的行为视为战争罪行,由此就以为"一战"后的"莱比锡审判"确立了战争罪的罪名,事实并非如此。实际上惩罚委员会在提交的报告中就"违反战争法规和惯例"的罪行列举了32种具体的罪名。③ "二战"以前的战犯审判实例不是很多,但违反战争法规和惯例(即犯有暴行罪,atrocities)的犯人在战时或战后受到法律制裁却是常有和惯见之事。④ 事实上,《凡尔赛和约》中规定了对战败国的违反战争法规者必须惩罚的条款,但是没有明确违反战争法规和战争习惯法将被判处战争罪的罪名。换言之,"二战"前,"战争罪行"的概念是模糊、混乱的。战争罪的定义也是不曾存在的。但是,在

---

① 参见梅汝璈:《远东国际军事法庭》,北京:法律出版社、人民法院出版社,2005年,第5页。
② 同上书,第6页。
③ 参见丛文胜:《战争法原理与实用》,北京:军事科学出版社,2003年,第562页。
④ 参见梅汝璈:《远东国际军事法庭》,第19页。

国际习惯的实践方面,违反交战法规的个人将以犯有暴行罪受到复仇处决或惩罚已经为国际社会普遍接受。

国际习惯法是指在国际交往中,经国家反复多次的实践,被世界各国公认为法律而逐渐形成的不成文的行为规则。① 因此,从国际习惯法来看,在远东国际军事法庭审判日本战犯之前,一方面,鉴于国际社会缺乏反复实践和法律确信,尚不能称以战争罪惩罚违反交战法规规范的习惯法已经形成;另一方面,违反交战法规的个人以犯有暴行罪将受到复仇处决或惩罚已经为国际社会普遍接受。

有必要归纳在"二战"前处理违反交战法规责任者的国际法实践的规律:

1. 在规范战争法的交战法规方面,存在的只是禁止规范,而并不存在明确规定惩治违法的禁止性规范;2. 在国际法的实践方面,违反交战法规的个人以犯有暴行罪受到复仇处决或惩罚已经为国际社会普遍接受;3. 无论"莱比锡审判"成功与否,它都具备示范效力而不构成具有普遍国际法的意义;4. 战争法规和惯例的实践,揭示了交战法规或开战法规的禁止性规范必然暗含了惩罚责任者这一逻辑关系;5.《凡尔赛和约》关于惩办威廉二世和其他主要战犯的条款,揭示了惩办侵略战争制造者和主使人的意思和企图在国际社会里已经有了一个初步的萌芽和明确的开端。②

日本战犯辩护律师主张只接受以战争罪审判战争人犯,而否定以"破坏和平罪(侵略罪)"审判战争人犯,其逻辑起点是,国际法不仅有关于交战法规的禁止性规范还有惩罚性规范;而关于开战法规,国际法

---

① 参见小寺彰、岩沢雄司、森田彰夫:《講義國際法》,東京:有斐閣,2004年,第39页。
② 参见梅汝璈:《远东国际军事法庭》,第7页。

只有禁止性规范,没有相应的惩罚性规范。事实上,日本辩护律师的主张虚构了战争罪惩罚性规范的存在,愚弄了国际社会。如前所述,在"二战"前,国际法对交战法规以及开战法规均停留在禁止性规范上,而没有明文的惩罚性规范。但是,战争法规和惯例的实践,揭示了无论是交战法规还是开战法规的禁止性规范,都必然暗含了惩罚责任者这一逻辑关系。日本辩护律师只接受东京法庭以战争罪审判战犯,实际上就违反了同一律,是荒谬的。

五、 对否定东京审判管辖权的再批判

纽伦堡法庭和东京法庭的审判中都涉及破坏和平罪(侵略罪)是否具有追溯力的问题。被告方面对破坏和平罪的指控提出反对意见的理由是:在犯罪的当时,即在法西斯策划战争和发动战争的时候,不存在禁止侵略战争和禁止阴谋活动的法律规定,也就是说,侵略战争在当时的国际法上不被认为是犯罪,即使在审判时,国际法上已确认侵略战争为犯罪,被告人仍应被宣告无罪,因为溯及既往地适用刑法是不被允许的。所谓"法无明文规定不为罪"原则,也就是罪刑法定、禁止溯及既往的原则,这项原则在各国刑法中都有规定。

日本国际法学者大沼保昭在他的《东京审判·战争责任·战后责任》一书中认为,东京审判中争论最大的法理问题就是,把开始和实施侵略战争行为视为"破坏和平罪",在当时的国际法上是否已经得以确认?如果仅以"大东亚战争"爆发时已经存在的国际法为基准来考虑这一问题,接受肯定论是困难的。"破坏和平罪"的理论结构是战争违法观和领导责任论相结合。所谓战争违法观,就是国际法原则上认为

战争是违法的观念。而领导责任论,是指国际法上受到否定评价的国家行为的责任应由领导者承担的观念。如果仅以当时存在的国际法为判断基准的话,就不能认定"破坏和平罪"是国际法上的犯罪。罪刑法定主义在保护个人的权利方面是人们所希望的,是正确的原则——这一点是毫无疑义的。而且,罪刑法定主义正在当时的国际法上逐渐确立。这样,以"破坏和平罪"给予个人以重罚,不能不说是有问题的。①

虽然远东国际军事法庭对被告人律师否定法庭管辖权的主张从原则上进行了驳斥,并在判决书上作出了严正的驳回。但是,在日本保守派以及右翼势力不断误导舆论的今天,深入地分析这一争议的问题,有助于读者客观、全面地深入理解、认清历史争议问题。

(一)"破坏和平罪"的依据与适用

纽伦堡和东京法庭的宪章还规定了法庭对另外两种战争罪行有权行使管辖权,即"反人道罪"和"破坏和平罪"(又名"侵略罪")。这两种罪行是较普通的战争罪行更为严重的罪行。② 纽伦堡和远东国际军事法庭管辖权中的"反人道罪"的添置没有引起过多的问题。被告人辩护律师没有对它提出过严重的抗议,当时的国际法学者对它也没有过多的批评。原因大概在于大家都认为处罚这样的罪行是势所必至,也是理所当然的。为此,该罪名的适用不在本论文中讨论。

破坏和平罪又名侵略罪。《远东国际军事法庭宪章》第 5 条对此明确规定:破坏和平罪指策划、准备、发动或执行一种经宣战或不经宣战之侵略战争,或违反国际法、条约、协定或保证之战争,或参与上述任何

---

① 参见大沼保昭:《東京裁判から戰後責任の思想へ》,第 32—33 页。
② 参见《远东国际军事法庭宪章》第 5 条。

罪行之共同计划或阴谋。①

由于"一战"给人类带来了深重的灾难,战后国际社会反对侵略战争的呼声日益高涨,展开了纠正无差别战争观的实践,开始了对追究战争违法性的新正义战争论的检讨。②《国际联盟盟约》第 10 条规定:"联盟会员国保证尊重并保持所有联盟会员国之领土完整及现有之政治独立,以防御外来之侵略。"第 16 条规定:"联盟会员国如有不顾本盟约第 12 条、第 13 条和第 15 条所定之规约而从事战争者,则据此事实应即为对于所有联盟其他会员国有战争行为。"无疑,这是国际集体安全体系的雏形,是为防止战争、制止侵略而作出的重要贡献。

1923 年由国际联盟主持制定的《互助条约草案》宣布:侵略战争永远不得作为解决国际争端的手段。虽然草案不是条约,不具有法律拘束力,但是它揭示了国际社会的努力。

迈向惩治侵略罪的另一努力是 1926 年在华盛顿召开的国际议会联盟年会。年会通过了数项决议,其中一个决议是关于"侵略战争的刑事犯罪和国际惩处措施的组成"。年会还作出决议:(1)研究侵略战争的社会、政治、经济和道德的根源并找出制止侵略罪行发生的实际方法;(2)起草一部有关的国际法律规范的初步草案。根据草案中的制止国际犯罪的基本原则,发动侵略战争的个人应依据事前制定的法律承担刑事责任;制裁不但适用于国家而且同样适用于个人及其同谋。该草案还列举了各种形式的侵略。③

---

① 《远东国际军事法庭宪章》与《纽伦堡国际军事法庭宪章》规定的"破坏和平罪"定义,唯一不同的是多了"经宣战或不经宣战"的表述。
② 参见加藤朗等:《戦争の展開と抑制》,東京:勁草書房,1998 年,第 145 页。
③ 参见弗兰兹:《国际刑事法院·通向和平的一步——文件历史与分析》第 1 卷,波士顿:哈佛大学出版社,1980 年,第 34 页。转引自刘大群:《论侵略罪》,《武大法学评论》2005 年汇总刊。

1927年国际联盟大会一致通过的宣言的前言中指出:"一场侵略战争绝不能起到解决国际争端之手段的作用,并且其后果是国际性犯罪。"①1928年8月27日通过《凯洛格—白里安公约》(全称《关于废弃战争作为国家政策工具的一般条约》,亦称《巴黎非战公约》。这是"二战"之前国际社会在制止侵略战争方面最显著的成就。《巴黎非战公约》第一次正式宣布在国际关系中放弃以战争作为实行国家政策的工具,和平解决争端,从而在国际法上奠定了互不侵犯原则的法律基础。在1939年"二战"爆发的时候,该公约对各国包括德国、意大利和日本,均具有约束力。

1945年,"二战"中反法西斯联盟所签订的《联合国宪章》明确提出了"禁止非法使用武力原则"。该宪章在序言中提出,非为公共利益,不得使用武力。第2条规定,各会员国在其国际关系上不得使用武力或武力威胁,或以与《联合国宪章》不符的任何其他方法,侵害任何会员国的领土完整或政治独立。1954年,中、印、缅三国倡导的"和平共处五项原则"中明确提出了"互不侵犯原则"。

综观战争法的历史发展,通常的正战论涉及战争的开战目的和交战方法(手段)这两个方面:前者是开战法规,即"国家诉诸战争权的开战法规"(jus ad bellum);后者是交战法规,即"关于国际人道的交战法规"(jus in bello)。这些法规约束着战争开展的条件以及制约着战争的手段。在开战法规方面,规定了各种条件。尤为核心的条件是关于开战的理由基础是否正义(just cause),例如,侵略战争是被禁止的,为抵御侵略的自卫战争则被视为符合正义的战争。开战的情况下也同样,

---

① 《纽伦堡法庭判决书》,第212—222页。转引自刘大群:《论侵略罪》,《武大法学评论》2005年汇总刊。

战斗行为的目的和手段相适当原则是不能违背的。①

总之,《巴黎非战公约》的"废止以战争作为推行国家政策的工具"的规定,标志着公约明确了"禁止战争"的国际法原则。需要说明的是,《巴黎非战公约》在1928年最初的签字国有15个,其中包括日本。从1929年7月24日公约正式生效至"二战"爆发之前,有63个主权国家加入了该公约。当时世界上没有参加《巴黎非战公约》的国家仅有4个,它们分别是阿根廷、玻利维亚、萨尔瓦多、乌拉圭。1933年国际社会缔结了与《巴黎非战公约》内容基本相同的《拉丁美洲非战公约》(《废弃侵略与调停公约》),有20个国家参加,其中包括了上述4个没有参加《巴黎非战公约》的国家。由此可见,《巴黎非战公约》的原则已经为全世界各国所认可。② 该公约应被视为具有一种与国际习惯法规则相似的永久性。③《巴黎非战公约》具有普遍性国际法的效力,即拘束国际社会的每一个国家。与交战法规相比较,《巴黎非战公约》的禁止规范涉及国家的诉诸战争权(开战权),而《海牙第四公约》的禁止规范涉及国家间的交战规则或者国际人道法规范。

(二)《巴黎非战公约》暗含的制裁性

国际军事法庭对被告人主张的传统国际法不存在侵略罪的辩护理由进行了驳斥。法庭的依据是,禁止实行事先没有法律规定的刑罚是司法公正的一般原则,而不是对主权的限制。判决书指出:"有人主张,对于违反条约和保证,没有发出警告就对邻国发起进攻的人加以惩处是不合理的。这种论点显然是不正确的。因为在这种情况下,进攻者

---

① 参见加藤朗等:《戦争の展開と抑制》,第146—147页。
② 参见宫崎繁树:《戦争と人権》,東京:学阳书房,1976年,第14页。
③ 参见劳特派特修订:《奥本海国际法》下卷第1分册,第132、141页。

本身一定知道他是无理的。因此对他惩处决不是不公正的;反之,如果对他的罪行不作惩处,那才是不公正的。鉴于各被告在德国政府中所处的地位,他们,至少他们之中的某些人,一定了解德国所签订的、宣布用战争手段解决国际争端是违法的有关条约;他们一定知道,当他们处心积虑地实施他们的侵略和进攻计划时,他们的行动是完全违背了国际法的。可见,仅从这一情况来观察本案,上述准则(法无明文规定不为罪)是不适用于当前的事实的。"①

就《巴黎非战公约》仅表现出战争违法观而不具有领导责任观的问题,《奥本海国际法》指出,"像其他国际义务的情形一样,没有关于制裁的特殊规定,并不影响该公约的法律性质。这也不影响违反公约的犯罪性(以别于单纯的非法性)",因为"它的本质是它损害了整个社会而可以由整个社会予以惩罚。行为的严重性、破坏性和恶毒性也不是与决定行为的犯罪性问题无关的。根据这些标准,对《巴黎非战公约》的蓄意违反构成一个国际犯罪行为。它已经不是一般的侵略战争——违反一个明文规定的义务而从事的战争——的问题,而是违反一个已经废弃战争作为主权国家的国际特权的根本条约而从事战争的问题"。②

法庭认为,人人有知晓和遵守一切现行法包括国际法的义务,对于现行法的愚昧无知,绝不能作为免除罪责的辩护理由。被告人在从事侵略的时候,总是不能精确地了解侵略在国际法上是何等严重的罪行,但是以他们的知识和地位来说,他们在破坏条约或协定去攻占邻国的时候,绝不会不明白或者感觉不到他们的行为是错的,是有罪的。不能

---

① 施泰尼格尔:《纽伦堡审判》,王昭仁等译,北京:商务印书馆,1985年,第184页。
② 劳特派特修订:《奥本海国际法》,第140页。

说他们没有"犯罪的意思"。纽伦堡审判判决书上说,对于这种人"加以惩罚,非但不是不公平,反之,如果让他们逍遥法外,那倒是不公平了"[①]。

归纳而言,在国际公法规范战争行为方面,只要公约有禁止性规范,就当然暗含了制裁性的精神。

(三)《巴黎非战公约》与《海牙第四公约》具有相同的惩治罪犯精神

按照日本辩护律师的意见来看,所谓《巴黎非战公约》虽然明确了废弃战争,意味着侵略战争属于非法的行为,但是《巴黎非战公约》并没有明确规定对违反规定实施战争的一方如何实施惩罚。因此,《巴黎非战公约》仅规定了作为国家政策的战争被认定为非法而应受到谴责,它没有规定犯罪的问题。但是在战争罪问题上,日本辩护律师对于东京审判中公诉人起诉日本战犯的战争罪则毫无异议。被告人辩护律师的这一立场是要说明在东京审判前,国际社会已经普遍存在以战争罪惩治违反交战法规行为人的规范。

事实上,如前所述,《海牙第四公约》附件陆战规则中详列了禁止性的交战方法、手段,可是该公约并没有相关的惩罚性规定。同样,《巴黎非战公约》也明确地规定了禁止国家发动战争解决争端,但是并没有相关的惩罚性规定。总之,两者均没有言明制裁性规范,换言之,《海牙第四公约》与《巴黎非战公约》在法规的构造上具有同样的表现。

从战争罪犯的审判实践方面来看,梳理"战争犯罪"与"侵略罪"的法律渊源,也证明了"二战"前对战争犯罪者进行审判的罪名实际上是(与战争有关的)"暴行罪"而非"战争犯罪"。(与战争有关的)暴行罪

---

① 施泰尼格尔:《纽伦堡审判》,第23页。

的法律基础当然是1907年的海牙陆战规则中的禁止性条款。第一次世界大战前国际社会对于交战规则只有禁止性规范,而没有惩罚性条款。同样,"二战"前国际社会对于战争的计划、准备以及开始实施的侵略行为,也只有禁止性规范(《巴黎非战公约》),而不存在惩罚性规范。但是,在国际法的实践中,国际社会在禁止性规范的基础上,延伸出了惩罚性规范。问题是,日本辩护律师选择性地接受惩罚"战争罪"而不接受惩罚"侵略罪"显示了其十分荒谬和悖论的逻辑。迄今,没有人注意到日本辩护律师这一严重地违背同一律的立场。从国际习惯法的规则来看,违反国际法就应当承担责任,这一点是毋庸置疑的。

进而言之,虽然《海牙第四公约》和《巴黎非战公约》没有明文规定对个人的刑事处罚的内容,但是,这并不意味着,违反交战法规和开战法规的行为人就能够当然地豁免于处罚。从法理上来说,只要公约有禁止性规范就当然暗含了处罚性的精神,发动侵略的日本战犯们应当预见到《巴黎非战公约》剥夺国家开战权的禁止性规定必然暗含处罚性的精神。这个结论的逻辑关系如下:

近代国际法中与《海牙第四公约》的禁止性规范相配套的惩罚性措施主要体现在国际习惯法中,例如,传统国际争端的解决方法中允许国家采取强制方法执法,其中包含采取报复(reprisal,又称报仇)手段。报复是指国家为了对一个国际不法行为用自己执行法律的办法取得纠正而做的原为非法的行为。报复只有在发生国际不法行为时才被允许。就报复的对象而言,报复行为可以对属于或应属于不法行为国或其国民的任何东西实行。战时报复是为了强迫从事非法战争行为的敌人遵守战争法规而采取的回击。报复的价值,在接受国际联盟和《联合国宪章》的义务之前,各国可以对于它们认为其重要程度还用不着宣战而又不能完全加以忽视的国际不法行为采取报复。不可否认,一方面,报复是一种粗暴的解决争端的方法,报复制度在强国与弱国之间发生争端时会被滥用,而且以前曾经被滥用过;但是另一方面,既然在主权国家之上没有一个中央权力机关能够强迫不法行为国进行赔偿,报复制度是难以废止的。①

《奥本海国际法》还指出:"《巴黎非战公约》本身既没有明文规定其他制裁,也没有规定其他制裁的意图。但是,虽然公约本身没有规定特殊的制裁,然而对公约规定的违反就构成对公约所有签字国的国际侵害行为,因而这些签字国可以不必作战而有权采取国家责任原则所许可的自助或其他救济方法。它们可以实行报复;它们取得了干涉的权利;无论作为交战国或中立国,它们有权使违法的交战国负担战争所引起的损失的责任。"②

换言之,虽然国际公约仅对开战法规规定禁止性规范而没有惩治性条款,这是因为习惯法中允许国家以报复行使执法权。然而1919年至1945年恰恰是近代国际法向现代国际法过渡的时期,交战法规特别是开战法规的规则得到了重大的改变。这是由于两次世界大战出现的对人类尊严和文明严重践踏的暴行,如果按照传统的报复机制行使执法权的话,无疑将会加倍践踏人类的文明。因此,《凡尔赛和约》寻找到一条取代报复的执法机制,就是对严重违反交战法规的行为人进行法律惩罚,以暴行罪判罪。

在近代国际法向现代国际法演变的过程中,报复的手段也受到了限制。国际法学会于1934年巴黎会议中曾考虑波里蒂斯提出的一项报告,并通过了一项关于和平报复的决议。按照该决议,除了自卫或为从

---

① 参见劳特派特修订:《奥本海国际法》,第97—101页。
② 同上书,第139—140页。

事经正当授权的国际行动外,禁止涉及使用武力的报复。因此,只要在放弃使用武力的权利之时还没有接受把争端交付强制司法解决的义务,只要还没有一个机构可以强迫遵守上述义务并强迫遵守根据该义务所作出的判决,则不用武力的报复必须被承认是执行国际法的方法之一。①

同理,《巴黎非战公约》的禁止性规范也必然附随着惩治性的内涵。国际社会,包括日本没有理由以为违反《巴黎非战公约》而不会受到任何惩治。

六、 所谓东京审判违背 "不溯及既往原则"的分析

被告人辩护律师主张:以1945年8月8日《纽伦堡国际军事法庭宪章》中的对和平、对人道的犯罪归入战争犯罪处理的规定来解释7月26日的《波茨坦公告》,违反了法律不溯及既往即罪刑法定的原则。

罪刑法定原则的基本含义是法律不溯及既往,禁止事后法则,及法无明文规定不为罪。现代民主国家的刑法都明确规定禁止溯及既往原则(禁止事后法原则),即刑法只能适用于其施行以后的行为,而不能追溯适用于其施行以前的行为。从1948年的《世界人权宣言》开始,国际刑法对禁止事后法原则予以了确认,使其成为国际刑法中的一项重要原则。然而,"二战"之前,"罪刑法定原则"也只是一些文明国家国内法中的司法原则。同时,罪刑法定原则在大陆法系国家和英美法系国家的法律中的体现差异甚大。大陆法系国家通行成文法,罪刑法定原则在宪法和刑法中有明确具体的规定,或在有关犯罪和刑罚中也有充

---

① 参见劳特派特修订:《奥本海国际法》,第97—101页。

分地体现。英美法系国家虽然也有制定法,但主要不实行成文法,而以习惯法、判例法为主体。在英美法系国家,适用法律的过程就是解释法律的过程。其原因正如美国大法官卡多佐所说:"普通法不是既存的普通有效真理的演绎,而是现实的具体经验的归纳……法官面临双重问题:首先必须坚持遵循前例原则,引用以前的判例;然后必须决定这个原则的变动与发展的方向和途径。"①

另外,国际法与国内法的产生方式不同,国际法的效力是基于当事国的共同意志。《奥本海国际法》认为"共同同意是国际法的根据",国际法形成过程就是国家与国家之间相互合作与斗争的过程,也是国家与国家之间为了体现其意志,相互协调的过程。换言之,战胜国与战败国之间可以依据既有的禁止性规范和不法行为应承担国家责任的习惯法,创造性地对破坏世界和平的战争发动者施以惩罚;而国内法却是以国家的最高权力机构统一立法的方式生产对国民具有普遍拘束力的法律,基于这样有区别的立法方式,在国内法中落实罪刑法定原则是十分自然的。

至于日本战犯辩护律师主张的,以1945年8月8日《纽伦堡军事法庭宪章》中的对和平、对人道的犯罪归入战争犯罪处理的规定来解释7月26日的《波茨坦公告》,违背了法不溯及既往的原则,这种理由并不成立。虽然破坏和平罪和反人道罪出现在1945年8月8日《纽伦堡国际军事法庭宪章》中,而1945年7月26日的《波茨坦公告》仅提出要审判"战争犯罪"。但是,如前所述,东京审判中的卡尔检察官的回答是:"如果当时日本政府,关于战争犯罪的含义有着任何的疑惑的话,只要通过询问,任何疑问都会云开雾散那样地简单。他们实际上就天皇未

---

① 夏成富:《大陆法系、英美法系罪刑法定原则比较》,《现代法学》1994年第2期。

来的地位进行了询问,并获得了迅速的回答(1945年8月10日,日本政府通过瑞士、瑞典政府向美、英、中、苏四国询问,《波茨坦公告》没有包含要求变更天皇统治的大权,日本在这样的理解之下接受《波茨坦公告》,这样的理解是否有错误,请以明确的意向迅速地反馈。对此,四大国于8月11日发出了回应:'天皇与日本政府统治国家之权利,应听命于同盟国最高司令官。同盟国最高司令官可采取其所认为适当之各项步骤,以贯彻此等投降条件。'8月13日这个回答通过瑞士政府传递到了日本政府)。"我们有理由认为日本天皇对此也十分清楚。

事实上《波茨坦公告》第10项规定:"吾人无意奴役日本人民,或消灭其国家。但对于战罪人犯,包括虐待吾人俘虏在内,将处以法律之裁判。"其审判的对象,当然不限于战场上的违反交战法规的行为人,其对象必然包含组织、策划、发动侵略的领导人,从1945年7月26日的《波茨坦公告》所使用的"战争罪犯"或"战罪人犯"的文字来看,它与(狭义的)战争罪所使用的文字是不同的。战争罪犯与战争罪不是等同的。由战争罪犯的词组结构可知,它指与战争有关的罪犯,因此内涵和外延比通常的战争罪要广泛。战争罪只是战争罪犯所实施的违法行为的其中一种罪名。因此,"战争罪犯"完全可以被理解为广义的与战争有关的罪犯。所谓无条件投降当然包含了将发动侵略战争的罪犯绳之以法的惩治手段。日本天皇裕仁也是这样理解的。日本投降后,他在第一次求见盟国最高司令官麦克阿瑟时说道:"我是作为对我国人在进行战争时在政治上和军事方面所作出的一切决定和采取的一切行动负责任的人来到这里的,是向你所代表的那些国家投案并接受审判的。"[①]

---

① 麦克阿瑟:《麦克阿瑟回忆录》,上海师范学院历史系翻译组译,上海:上海译文出版社,1984年,第183页。

虽然《维也纳条约法公约》第 28 条阐述了条约不溯及既往的原则，但同时也规定了例外，即只要缔约国之间另经确定，可以溯及缔约国以前所发生之任何行为或事实或已不存在之任何情势。换言之，不溯及既往之原则不属于国际条约法中的强行法规范，远东国际军事法庭以战争罪、破坏和平罪和反人道罪起诉和审判战犯是同盟国与日本共同约定和创制的。"旧金山和约"第 11 条写明，日本明确地接受远东国际军事法庭与其他在日本境内或境外之盟国战罪法庭之判决。"旧金山和约"是日本国国会批准的"和约"，当然反映了日本国的国家意志。可见，从法律效力的依据来看，破坏和平罪是同盟国与战败国日本在共同意志之下创立的。时任美国总统杜鲁门在 1946 年 1 月的国会预算上的讲话没有错：战后的国际军事法庭是世界历史开创以来首次对战争制造者进行惩罚的审判。①

"法无明文规定不为罪"的格言并非对主权的限制，而是关于正义的一般原则。"罪刑法定"的一个基本要求是国民能够根据刑法规范预测自己行为的后果，从而明确地知道何种行为被刑法所禁止而不当为。侵略行为在被告人实施之前就被禁止。被告人既然应当知道违反交战法规禁止性规范者要被处以惩罚，那么也就应当预见违反《巴黎非战公约》禁止性规范者也将会受到惩处。惩处被告人并非远离公正，允许其错误行为逍遥法外才是不公正的。

结　语

如今，日本右翼势力鼓吹事后法违反国际法、违反正义原则，如果

---

① 参见管建强：《东京审判的法律依据》，《人民法院报》2015 年 9 月 3 日。

按照传统国际法规范惩罚日本国,其结果不难推断:日本不得不以割地赔偿求得残存,或者直接遭致灭亡,那么在今天的世界地图中就没有日本国的名字。然而,"二战"的正义性在于,从1919年社会主义国家苏联的列宁提出了不割地、不赔偿口号,到1943年《开罗宣言》宣布:"我三大盟国此次进行战争之目的,在于制止及惩罚日本之侵略,三国决不为自己图利,亦无拓展领土之意思。三国之宗旨在剥夺日本……其他日本以武力或贪欲攫取之土地,亦务将日本驱逐出境。"这表明即使日本战败,同盟国也不会剥夺日本固有的领土。今天日本右翼势力的言行显得十分狡辩和蛮不讲理:他们既想要保存日本国体,又想要避免应有的惩罚。如果国际社会每个国家都像日本那样,那么世界和平和安全、国际正义就难以持续存在。

从列宁提出的理论到"二战"中同盟国的实践,可以看到,同盟国从根本上否定了国家发动侵略战争的动因,改变了传统国际法中关于征服、灭亡的规则,为彻底禁止战争、实现世界和平创造了必要的新规范。因此,战后建立国际军事法庭审判破坏和平罪的实践是在国际法禁止性规范、违反国际法应当承担国家责任的基础上,创造性地对发动侵略罪行的个人判处了侵略罪,这是对国际法的新贡献。

日本右翼势力为否定东京审判的正义性,长期以来利用日本法学专业人士的所谓研究成果,大肆歪曲和鼓吹东京审判逾越管辖权和违背法律不溯及既往的理论,企图左右日本国民情绪、误导国际舆论。虽然日本右翼势力的动机是政治性的,但是其抛出的反论是学术性的。1948年11月12日东京审判的法庭上首席法官敲响法槌至今已近75周年,围绕东京审判的争议问题,不能故步自封地依然停留在政治性叙事框架之下,作为受害国的中国学者不能简单地将东京审判法律争端的博弈,指望通过恢弘大义的檄文表达政治立场,或者依赖在我国建立东京审判纪念馆的方式来强化东京审判的正义性。① 脚踏实地以历史事实为抓手,以国际法视角为准绳进行全面、系统和逻辑的挖掘、研判和驳斥,向一切美化侵略战争的言论展开针锋相对的斗争,才是拨乱反正的唯一路径。

---

① 参见王盼盼:《中国将建立东京审判纪念馆 日本这下有点慌》,2017 年 11 月 27 日,https://baijiahao.baidu.com/s? id=1585181428378439954&wfr=spider&for=pc,2023 年 4 月 19 日访问。

法律知识的生成史与传播史

清季民初法系知识的东学背景及其传衍

杨 瑞[*]

日本自明治新政起以"西洋文明为目标",推行"文明开化"国策,[①]开始有意识地继受欧洲大陆国家的法律,用以更新其固有的文物制度;同时配合使用日语中的汉字词组,或组合新式和制汉语符号,用以表达舶来的知识和学说的意涵,以期创成一套新的符合近代价值观念的知识体系、制度体系和话语体系。穗积陈重在欧洲比较法学基础上,创制出"法族""法系"等专门术语,以一套全新的语汇概念及系统化学理阐释,创所谓"法系别比较法学派"。在以欧洲为中心的话语体系笼罩下,这种孕育于东洋却又契合西洋文化和价值观念的学说,被置换为"据西洋哲学家的学说"或"西洋的学说"。[②] 对日本一方而言,毋宁说是学习西洋文明获得成功以至"乱真"的明证。

扩而言之,明治日本以"法律进化主义"与"法律学的革命"相辅而行,使固有的法律知识和制度脱胎换骨,自东洋统系一变为西洋统系,助其完成了西方观念中的"现代革命"[③],引发东亚地缘政治和文化格局剧变。"法系"及其相关联的法政知识与概念,皆自日本引介入华,对

---

[*] 山东大学历史文化学院特聘教授、博士生导师。
[①] 参见福泽谕吉:《文明论概略》,北京编译社译,北京:商务印书馆,2017年,第9页。
[②] 参见穗积陈重:《法窗夜话》,吉田庆子等译,北京:中国法制出版社,2015年,第151—153页。
[③] 任达:《新政革命与日本:中国,1898—1912》,李仲贤译,南京:江苏人民出版社,2006年,第195页。

戊戌以来知识与制度体系转型和重塑所产生的影响既深且远。因此，研究和认识近代法律变革史，首当澄清其与日本或东学之关系。海内外既存研究立足于史学或法学学科，抑或沟通法、史两科，推进了相关史实重建与认识深化。[①] 若从知识史角度而言，"法系"词汇创制、概念形成以及流传、演变史事尚有待进一步廓清；从知识生产、价值观传递以至制度展开中间的曲折故事及来龙去脉，尚须深究。有鉴于此，爬梳中外各方面的全部史料史事，内外互证，澄清事实，以实着虚，依照时序建构知识和文本从无到有的历史，辨析其背后的东学背景以及渊源流变，兼及影响知识生产的学派、人脉、人际交往以及制度设计与运作之间的互动联系，为实证东亚知识整体转型中东学、西学以及与中学之间错综关联，知识论、价值观转型与制度重塑之间内在逻辑，不啻提供一种新的研究和认识近代历史多元复杂演进历程的视角和进路。

一、东学渊源：穗积陈重
与"法族""法系"词汇创制

揆诸历史，"法系"一词，系东亚国家在接触西方近代文明中，由明治日本学者穗积陈重创制的"法族"一词衍生而来，并作为"近代语言"重要有机构成，传至中国以及世界，成为通用性法学术语和普遍性知

[①] 学界既有研究的主要取向以及代表性成果有：一是将"中华法系"视作一种"话语"，考察其在近代中国建构之史，以及对中国传统法制进行"中华民族"化的历史叙述，如郭世佑、李在全《"中华法系"话语在近代中国的建构》(《江苏社会科学》2008 年第 6 期)；二是从学说、民族主义与话语实践等层面，考察中华法系之建构，如赖骏楠《建构中华法系——学说、民族主义与话语实践(1900—1949)》(《北大法律评论》第 9 卷第 2 辑，2008年)；三是对居正、杨鸿烈等相关个案人物的研究，如尤陈俊《中国法系研究中的"大明道之言"——从学术史角度品读杨鸿烈的中国法律史研究三部曲》(《中国法律评论》2014 年第 3 期)等。

识。"法系"知识及思想在中国的传播,既为日本输出经其创制的词汇、概念,传递东洋化西学知识和近代观念,反向中国施行涵化(Acculturation)文化现象,亦系中国主动借径日本接引西方近代文明成果进行文明重塑的具体表征。

穗积陈重(ほづみのぶしげ,1855—1926),一生跨越日本明治、大正两个时代,自幼受本居派国学和汉学思想熏染,后转向"洋学",入开成学校习法理学,1876、1880年先后赴英国伦敦大学、德国柏林大学习法学,始受达尔文、赫胥黎和赫伯特·斯宾塞思想影响,志于法律进化的调查研究事业,继受历史法学家学祖梅因(Henry James Sumner Maine)、分析法学创始学者约翰·奥斯丁(John Austin)以及杰里米·边沁(Jeremy Bentham)学术思想影响,在融汇欧洲历史法学派(Historical School)、比较法学派(School of Comparative Jurisprudence)基础上,开创"法系别比较法学派",被奉为日本近代法学界"元勋"。①

中外学者一般将"法系论"缘起追溯至穗积陈重及其《法律五大族之说》一文。国内较早揭示"法系"说发明权属的当是留日生骆通。②此后更为系统地进行论证的是杨鸿烈,谓"最早主唱'法系'之说者,厥为日本之穗积陈重博士"③。直到20世纪70年代,日本学者五十岚清等人亦持此论。④ 明治十七年(1884)三月、七月,从德国回国未久的穗积陈重在日本《法学协会杂志》第1卷第1、5号"论说之部"连续刊载

---

① 参见广池千九郎:《穗積博士の「隠居論」を読む》,《読売新聞》1915年6月25、26日。
② 参见《比较法学会大会纪事》(续),《顺天时报》1913年1月14日,"专件",第1张第3版。
③ 杨鸿烈:《中国法律在东亚诸国之影响》,北京:商务印书馆,1937年,第12页。
④ 参见五十岚清:《法系論再説(1)——比較法研究ノート(2)》,《北大法学論集》1974年8月10日第25卷第1号,第150页。

《法律五大族之说》一文,首次提出和制汉语新名词"法族",并阐释"法律五大族"之内涵。由此可见,将穗积陈重指认为提倡"法系"说之第一人,其论点大致不差。然而,不加分辨地将原本的"法族"代之以后出的"法系"一词,忽略前后演进及意涵转换,不仅失之于简,亦与其本意不合。

　　穗积陈重以欧洲传统的比较法学文本和话语为底本,另外发明"法族"一词,将其当作划分、分析世界各个国家和地区法律种类及其源流关系的概念工具来使用。首先,运用"法族"概念,认识和阐释人类文明史发生以来纷繁复杂、形态多样以及有着复杂演化进程的法律现象。他认为,各国自然地理和社会风俗等方面的独特性,决定了各国法律制度各具规模且皆为特别的存在。各国的法律之所以呈现出互有差异的多种样态,主要取决于以下几要素:一是臣服拥戴的君主不同,二是宗教信仰的差异,三是国土的地势差异,四是民族之不同,即不同的君主、宗教、国土地势以及民族,会产生不同的法律。反之亦然。① 其次,发明"法族"一词,意在传统的欧洲比较法学派取径之外另辟蹊径。穗积陈重留学欧洲时,正值比较言语学乘殖民主义全球扩张而兴起,包括比较法学在内的各种比较学问在欧陆蔚为潮流,因此他深受此风气濡染,谓:"我曾钻研比较法学,然而各国法律条文浩繁错杂,可谓汗牛充栋,哪怕只是大致识别都十分不易。所以,若要研究比较法理学,只有先对其进行分类,对繁琐之处进行简化,杂乱之处有序排列,让人一眼便可识别。……因此,要研究比较法理学,对各国法律的相似之处进行分类整理就显得尤为重要。"②他自道致力于"法族学说"研究是为"便于大

---

① 参见穗積陳重:《法律五大族之説》,穗積重遠編:《穗積陳重遺文集》第 1 册,東京:岩波書店,1932 年,第 292—297 页。
② 穗積陳重:《法律五大族之説》,穗積重遠編:《穗積陳重遺文集》第 1 册,第 298 页。

家从事比较法研究"。他发现"法律伴随文明开化而进步"的文化规律，即文化同源的国家具备同一种法律，据此将世界法律按照地理方位依次划分为五种：支那法族、印度法族、回回法族、罗马法族、英吉利法族，即其"世界五大法族"说。

"法系"作为法律术语，在文本中出现要明显晚于"法族"一词。大正五年(1916)穗积陈重回顾称，"法族"以外，"法系"一词亦为其20多年前所创，同时"为了表示法律移植系统还造出'母法''子法'等词汇，并使用于法学通论及法理学的课程"①。综合考察，"法系"一词，盖为日语中"法律の系统"缩略语，反之，"法系"即"法律系统"，其称谓及运用最早始于穗积陈重。明治十七年(1884)十一月，在发表于《法学协会杂志》第9号的《英法德法学比较论》一文中，他首次使用了"法律系统"一语，以及"固有法"与"继受法"、"母法"与"子法"两组相反相成的概念。他将法律区别为固有法和继受法两个构成要素，并比照生物物种间的亲缘关系，将其区分为母法和子法，即相当于"祖先"和"后裔"，或者"母"与"子"。② 穗积陈重运用系谱学的方法(Genealogical Method)概括解释世界不同文明体之间经由文化的纽带，实现不同法律系统间的交流互鉴历史，在"法族论"向"法系论"演进方面更进一步，为各国学者广为接受。中国法学者把"法系"作为"法律系统"的各种解释，均直接或间接地来自穗积陈重。③ 欧宗祐认为，法系(Genealogy of

---

① 穗积陈重：《法窗夜话》，第152页。
② 参见穗積陳重：《英佛獨法學比較論》，穗積重遠编：《穗積陳重遺文集》第1册，第333—337页。
③ 日本学者认为，中国现代汉语中"系统"一词亦是中国人承认自日语引入的新词。1270个汉语外来词中，来自日本语的有459个，其中法律类实物概念有39个，全部来自日本语汇。参见实藤惠秀：《中国人留学日本史》，谭汝谦、林启彦译，北京：生活·读书·新知三联书店，1983年，第321、329页。

Law)即"法律系统"或"法律派别",即"一国或数国之法律,具有独特之性质,自成系统,能与他国之法律判然分别之谓"。① 留学于法国巴黎大学的楼桐孙的解说与之尤近:"法系是法学的系统。凡一国法令,有为古代所固有的,有由外国所承受的,每一种法制都有一种历史上的渊源,合若干法律而成为国家整个立法的系统,叫做法系。"②同为巴黎大学毕业生的阮毅成持论大体同调:"凡一国之法律,无不由固有法与继受法之二元素而成。而继受法,又必有为其模范法者,其间所生之关系,却如人之母子而成一统系,是为法系。"③北京大学法科留日生白鹏飞更将"法系的比较法学派"定义为"探究世界各国法律所由发生之渊源,而研究其系统上之异同",并言穗积陈重"主张此说最力者"。④

有趣的是,穗积陈重在同一文本中同时使用"法系"和"法族"两个概念。明治二十二年(1889)三月,他仍坚持以"法族"为标准,作比较法学之基础。⑤ 明治二十四年(1891),他重申:"我曾将世界上的法律按照各自的系统进行分类,共有五大族:印度法族、支那法族、回回法族、罗马法族以及英吉利法族。"此后不久他便使用"法系"一词概称"法律系统"。明治二十四年(1891)年底,他在反驳时人所主张日本之"隐居制"起源于印度佛教时,便直接使用"法系"一词,揭示其既源于"印度法系",也基于"支那法系"。⑥ 从材料看,穗积陈重最早使用"五大法律系统说"是在明治三十二年(1899)八月,发表于《法学新报》第9卷第

---

① 欧宗祐:《民法总则》,北京:商务印书馆,1928年,第13页。
② 楼桐孙:《法学通论》,南京:正中书局,1940年,第24页。
③ 阮毅成:《阮性存遗稿》卷一《法系说》,沈云龙编:《近代中国史料丛刊》第53辑,台北:文海出版社,1973年,第1页。
④ 白鹏飞:《法学通论》,上海:民智书局,1928年,第190页。
⑤ 参见穗積陳重:《羅馬法を講ずるの必要》,穗積重遠编:《穗積陳重遺文集》第2册,東京:岩波書店,1932年,第98页。
⑥ 参见穗積陳重:《隱居論》,東京:哲学書院,1891年,第44—45、55、56、59页。

101号的《法律与宗教的关系》一文,划分世界"法律系统"为印度法系统、支那法系统、罗马法系统、回回教系统、英吉利法系统,阐释"法系别比较研究法"(Genealogical Method of Comparison):"我在研究比较法学过程中,将各国的法律按照系统别进行比较,作为比较法学的研究方法。也就是根据法律系统,将当今各国的法律分为:印度法系统、支那法系统、罗马法系统、回回教系统、英吉利法系统,这五种是世界上较大的法律系谱。"①

明治三十七年(1904)九月,穗积陈重受邀参加在美国圣路易斯举行的世界博览会暨国际艺术和科学大会(The International Congress of Arts and Science, at the Universal Exposition, Saint Louis),宣读英文论文《日本新民法:比较法学之资料》(The New Japanese Civil Code: As Material for the Study of Comparative Jurisprudence),首度在西方国家主导的国际学术交流舞台上,结合日本民法立法实践系统全面地展现了"法系别比较法学"观点。② 论文第三部分"比较法理学方法"(Methods of Comparative Jurisprudence),首先概述了欧洲比较法学派三种比较单位及标准:一是国别比较法(State),二是种系别比较法(Race),三是民族别比较法(Peoples)。其次从历史与比较方法相结合(combining the historical with the comparative method)角度,把具有共同的文化世系和血统(common lineage or descent)的一组特定集团的法律(a certain group of

---

① 穗積陳重:《法律と宗教の關係》,穗積重遠編:《穗積陳重遺文集》第2册,第430页。
② 美国哈佛大学法律图书馆(Harvard Law Library)藏有该论文原文完整版,全文共19小节,主要内容刊载于《万国学艺会议报告》1906年第2卷。此后扩充为英文本讲义——《新日本民法典讲义:作为比较法学的研究材料》(Lectures on the New Japanese Civil Code: As Material for the Study of Comparative Jurisprudence),于大正元年(1912)由日本丸善株式会社出版。

laws)而非一国、一种族或一民族,作为比较的单位,将世界文明国家法律分为互为联系的几个集团(Groups),通过平行比较,发现存在于它们之间的一致性和差异性。第四部分"伟大法族"(Great Families of Law),在此前"五大法族"基础上,增补日耳曼和斯拉夫两法族,扩展为"七大法族",分别是中国法族、印度法族、穆罕默德法族、罗马法族、日耳曼法族、斯拉夫法族、英国法族。① 穗积氏修正前说,似乎是受了法国比较法学派影响。1900年7月,巴黎大学艾斯曼(A. Esmein)在巴黎国际比较法大会上提出新的"五法系论",即拉丁法系、日耳曼法系、英美法系、斯拉夫法系和伊斯兰法系,②对关注西学动向的穗积氏不无学理启示。

历史地看,穗积陈重"法族""法系"概念及其学说,在形态上既渊源于西学的基本概念和学说,又在此"底本"上进行必要的变异和再造;同时在价值上自东方系统转向西方世界,且其生成历经了自我形塑和被形塑的过程,最终实现了从"西学"到"东学"之蜕变。1902年织田万所著《法学通论》在一定程度上鉴取了穗积陈重的"法族说",将世界法律分为六族:印度族法律、犹太族法律、回回族法律、支那族法律、希腊罗马族法律、日耳曼族法律;但他在"比较法学派"一节中却未提及穗积陈重。③ 同样,1905年付梓的奥田义人《法学通论》一书,将"法系别研究法"单列为一派,亦未明确其发明权属。非但如此,"这个分类(被)

---

① Nobushige Hozumi, *Lectures on the New Japanese Civil Code: As Material for the Study of Comparative Jurisprudence*, Tokyo, Osaka and Kyoto: Maruzen Kabushiki-Kaisha, 1912, pp. 29–33, 35.

② 引自五十岚清:《法系论序说》,《北大法学论集》1965年12月第16卷第2—3号,第242页。

③ 参见織田萬:《法學通論》,東京:有斐閣,1902年,第16、20—29頁。

当成西洋的学说引用"①。穗积重远作为其学术衣钵传人,于大正六年(1917)出版《法理学大纲》一书,盖出于为乃父正名的情愫,书中单列"比较法学"一章,始把"法系别比较法"创制权冠于穗积陈重名下。其分类法与奥田义人1891年《法学通论》修订本的分法如出一辙,与乃父不同的是,穗积重远将"七大法族"替换为"七大法系",即支那法系、印度法系、回回法系、罗马法系、日耳曼法系、斯拉夫法系、英吉利法系。②至此,东洋学之"法系论"基本定型,这对渴求新知的中国人而言,既是可资于治道的"新学",亦为有效学习西方的终南捷径,所以其观点几乎被中国学人全盘接受或抄录,转变为学校教科书中的普通性知识。③

二、 东学西渐:励志社成员的先锋作用

就语源学而论,"法系"一词及其概念,最早即由留日励志社成员、康门弟子自日语引入汉语世界,被国内知识界接纳并用以从整体上观察、认识和比较中国及世界法律系统及其优劣取舍的通用术语和表述工具,对近代国家观念变迁、法律制度变革以及国体变更均产生重要影响和制约。

有人考订说,"法系"一词最早系由署名"攻法子"的留日学生在明治三十六年(1903)八月十三日发行之《政法学报》(癸卯年第二期)"学

---

① 穗积陈重:《法窗夜话》,第151页。
② 参见穗積重遠:《法理學大綱》,東京:岩波書店,1917年,第79—80页。李鹤鸣将其译为中文版,列入商务印书馆"政法丛书",原著中"支那法系"直译为"中国法系"。参见穗积重远:《法理学大纲》,李鹤鸣译述,北京:商务印书馆,1928年,第72页。
③ 欧阳谿所阐发的"七法系论",几乎是穗积重远的整段话之翻版,只将"支那法系""中国法系"替换为"中华法系"。参见欧阳谿:《法学通论》,郭卫修编,上海:上海法学编译社,1946年,第32—33、46—67页。

术·法律"一栏发表的《世界五大法系比较论》一文引介而来,其人系就读于东京帝国大学法科的钱承志、吴振幼、章宗祥、王鸿年四人中之一人。① 上述说法,对"法系"一词传入时间的判定大致不差,但对"攻法子"其人究竟为谁,尚无确证。有人推论说是1898年赴日留学的浙江嘉兴籍学生吴振麟,②但尚不能证实。

取诸同一"本事"不同记载,可比较而得其"近真"。略陈如次:1903—1905年分别刊载于不同报刊的同一篇文章《日本改定法律沿革考》出现大约四个版本,而此文与《世界五大法系比较论》作者同为"攻法子",如能确定前文作者,后文作者便自然明了。"攻法子"在当年十二月十五日发行之《政法学报》(癸卯年第六期)"学术·法律"一栏发表《日本改定法律沿革考》一文,先后被南北各报刊转录,③衍生出至少三个版本。前两个文本虽未署名,但除个别文字调整外,其标题、正文与《政法学报》所载完全一致,可知其属同一人作。再将《申报》所载文本与其他三个文本比对发现,其标题、正文内容亦相合,重要的是,后者在正文之前冠有一段说明性文字:"乌程章君宗祥精研法学,在京师进士馆为刑法教习,尝作《日本改定法律沿革考》,以示同学。我国近方修改法律,章君此作,有足资入参究者。本馆觅得其稿,爰为录入报端。"④这清楚地表明,此文作者是"章宗祥"。通过比勘同一文本的两条不同

---

① 参见赖骏楠:《建构中华法系——学说、民族主义与话语实践(1900—1949)》,第425—426页。

② 参见陈灵海:《攻法子与"法系"概念输入中国——近代法学史上的里程碑事件》,《清华法学》2017年第6期,第196—199页。

③ 《济南报》于甲辰年(1904)四月初十日第39号、四月十二日第40号"要件"栏转录;《南洋官报》于乙巳年(1905)十一月初十日第28期、十一月二十日第29期、十一月二十九日第30期、十二月初十日第31期"杂志"栏转录;《申报》于1905年7月12—13、17、19—22日第1、2版转录。

④ 章宗祥:《日本改定法律沿革考》,《申报》1905年7月12日,第1张第1版。

记载,再参以章氏生平事迹,两相印证,可以确定以"攻法子"之名发表《世界五大法系比较论》者,实为"乌程章宗祥"。

前后对照,发现五四时代对章宗祥、曹汝霖二氏政治形象的塑造,以及后五四时代形成的大众历史记忆,与其本人的实际面相形成巨大的反差。章、曹二氏之"本体",较之当世及后人在特定时空条件和政治光谱之下建立起来的"卖国贼"、亲日派"四大金刚"要角的认知与形象,更形丰富且复杂,尤须从法政观念与知识体系的更新转换角度重新评估其在近代中国思想文化史上的地位。① 是时,中国留日学界团体励志社,其骨干成员章宗祥、曹汝霖充当了倡扬日本法政知识及思想的先锋与要角。究其渊源,此社为庚子东京留学生组织,以"联络情感,策励志节"为旨趣。清廷废止八股,并有意酌用东西洋毕业生,留学生中"热衷利禄者多认为仕途捷径",励志社受此影响趋于解体。与其他大多数倾向革命排满的社团组织愈趋激进化相异趣,从中分化出来的部分志士,以从事新学知识传播与新思想输入为旨趣,于庚子下半年发刊《译书汇编》。② 此刊以"输入新文明"相标榜,"调查英美德法及日本等国政法经济最新之书,悉为介绍,以为志士购取之便",尤以翻译日本明治以来著述、维新人物事迹、日本宪法书籍、名人讲义、各国宪法以及名人传记为主。

章宗祥生于1879年,字仲和,浙江乌程人,1898年冬以南洋公学师

---

① 陈独秀在1919年4月20日写道:"章宗祥、曹汝霖、江庸、陆宗舆,都是很有知识和能力的人,不知道社会上因为什么说他们是亲日派四大金刚。这次章公使由日本回国,许多中国留学生,都手拿上面写着'卖国贼'三个字的旗子,送到车站。我们是没有血性的国民,只好希望章等四人有点觉悟。"参见陈独秀:《独秀文存·四大金刚》,合肥:安徽人民出版社,1987年,第504页。

② 参见冯自由:《革命逸史·励志会与译书汇编》,北京:商务印书馆,1939年,第146—147页。

范生之资派赴留学日本,1903年夏卒业于东京帝国大学法科,获选科文凭,始任京师大学堂教习,主讲刑法并协助严谷孙藏译授民法,后因任法律馆纂修官机缘而成沈家本派之嫡传。章氏晚年回顾留日掌故,"余辈以学生之地位,抱有两目的,一译著,以新思想输入本国;一招徕,务使留学及游历者加增"。① 章加入为励志社成员,且任《译书汇编》以及改名后之《政法学报》编辑、译员及干事。② 据笔者统计,章留日期间在以上两刊发表法政类文章20篇,翻译岸崎昌、中村孝合著之《国法学》并由译书汇编社印行,《新民丛报》在"绍介新著"栏介绍此书系"乌程章宗祥译","译者留学于东京法科大学有年,于斯学深有所心得,因选译是书,以饷国民"。③ 据章氏讲,其时还在翻译一木喜德郎著《国法学》一书,另编有《游学指南》小册子。④ 除章宗祥一文外,《政法学报》同年还刊载了另外一篇介绍穗积陈重"法系"及"法系别比较法"说的重要文献,即署名"耐轩"之《论法学学派之源流》文。法史学界对此文本一直未有充分重视,对"耐轩"本名未作考证。"耐轩"实为励志社、《译书汇编》另一重要成员曹汝霖。曹氏1876年生于上海,字润田,别号"耐轩",1900年入读日本早稻田专门学校(后改称早稻田大学),旋改入东京法学院(后改称中央大学),学习法律;1904年回国被派赴商部任商务司行走,并兼商律馆编纂。⑤ 曹留日期间同为《译书汇编》《政

---

① 参见章宗祥:《任阙斋主人自述》,载全国政协文史资料委员会编:《文史资料存稿选编》第24册"教育",第915—935页。
② 参见《壬寅年译书汇编担任译员及干事之姓氏》,《译书汇编》第2卷第1期,1902年2月,第6页。
③ 《绍介新著·国法学》,《新民丛报》第6期,1902年4月22日,第95页。
④ 章宗祥:《任阙斋主人自述》,载全国政协文史资料委员会编:《文史资料存稿选编》第24册"教育",第915—935页。
⑤ 参见曹汝霖:《一生之回忆》,香港:春秋杂志社,1966年,第1、16—17、36页。

法学报》编辑、译员及干事,①以"耐轩"为名,发表法政类文章10篇。如上所述,通过章、曹两文介绍,"法系"词汇、概念及"五大法系"学说被引入汉语世界,再经由报刊等大众传媒传播而为国内知识界所熟悉。

可以确定,章宗祥首次将"法系"概念及其学说思想引入汉语世界,其相关文章是为目前所见最早的中文材料,章因此成为国内使用"法系"名词第一人。他直言,其"法系论"知识和思想资源,系据"日本法学博士穗积陈重氏之说","五大法系之说,吾盖亲炙穗积氏而得之"。②文章开首即从"国家"与"法律"关系入手点题说,中国即将步入一个具有世界意义的"法治国时代":"今世之国家所谓法治国时代是也,是故其国之法律愈完备者,则其国愈平治;其国人民之法律思想愈发达者,则国家之地位必愈巩固,而国权国势必愈扩张;反是者,则往往国无纪律、人昧权利,他国得而乘之,屡然几不能与世界各国并存。"他认为,法律是"国家的天然属性"之一,"国家之成立以法之发生为断,是故世界未有法之不立,而能完成其为国家者"。通过文本比对,发现此文在很大程度上是穗积陈重"法族""法系"学说的浓缩版本。首先,主张不同国家具有不同法律,是缘于各自地理、人种、习惯等不同,这与穗积氏的论点如出一辙。其次,关于"法系"概念表述,亦以"法律之系统"为准,"各国之法莫不有其系统,简言之则曰法系";其称"各国法系之不同,犹之世界人种之不同。黑种之奴、红种之灭,由其智识程度之低下,而有机体组织之元素犹有未备",源自穗积陈重的"法律进化主义"说。再次,文中所列世界"五大法系",即印度法系、支那法系、回回法系、罗马

---

① 参见《壬寅年译书汇编担任译员及干事之姓氏》,《译书汇编》第2卷第1期,1902年2月,第6页。
② 攻法子:《世界五大法系比较论》,《政法学报》第2期,1903年8月13日,第2、7页。

法系和英国法系以及各自"法境"之"名"与"实",均直接采自穗积氏之说,在名称上取"法系"舍"法族",将和制汉字词组"法族"一词替换为"法系";在实际指称上则两者兼采。

不同于章宗祥的直接引介,曹汝霖转以日本法学博士奥田义人《法学通论》讲义为蓝本,从"比较法学派"角度介绍了"法系"概念,评估其在世界法学派中位置。奥田义人修订明治二十四年(1891)版《法学通论》一书,于明治三十八年(1905)年初由东京法学院大学出版。修订版本前后至少有两个汉译版本:一是张知本本,1905 列为"法政丛编"之一种,湖北法政编译社出版;二是 1906 年卢弼、黄炳言本,东京清国留学生会馆出版,后改由上海昌明公司出版。此书从"法律系统"和"法律类别"角度,直接使用"法系""继受法""固有法""母法""子法"等概念;在"法学学派"一节,将"实验法学派"分为分析法学派、沿革法学派、比较法学派三大派,比较法学派下,复分为法系别比较法学派、人种别比较法学派及国别比较法学派,将"法系别"比较研究法单列为一派,且居于三派之首,并说此派"以法律系统之区别为基础,即比较法律之谓",如比较研究罗马法系之法律与支那法系之法律,而观其异同;或比较回回教法系与英国法系之法律,而考其差异之类。① 曹汝霖只选译了《法学通论》讲义中关于法学学派之一小节,引述原文关于"法系"的定义,"法系别者,以法律系统之区别为基础而比较其法律之学派",如以罗马法系之法律与支那法系之法律相较,以别其异同;以回回教法系之法律与英国法系之法律相较,以明其优劣。他认为,实验法学派应细分为分析法学派、历史法学派、比较法学派,在"比较法学派"中,亦将"法系别比较法学派"与欧洲传统的"人种别比较法学派""国别比较法学

---

① 参见奥田義人:《法學通論》,東京:東京法学院大学,1905 年,第 97—105 頁。

派"相并列并居于首。① 所以,无论是学派划分、位次编排,还是具体阐释方面,此段文字均直接抄录奥田义人讲义,而其刊出时间却比后者早大约两年时间。说明,至少在 1903 年之前,穗积陈重"法系论"已形成较为系统的理论学说,不仅成为当时留日法科学生课业学习的一部分,而且成为他们心目中颇具有世界地位的新知识,显示了日本法学在东亚内部不断提升的影响力。

更深层的影响是,留日学生在引介"法系"概念的同时,连附着其上的价值判断也一并接受和传布了。诸如,穗积氏将生物界物种优劣及淘汰机制引入社会领域,用以探讨法律的新陈代谢,从而提出了"法律进化主义",得出"万法归一"的论断。② 其意是,劣质法系终被优质法系所淘汰;"归一",即指统一于"罗马法系"。③ 在近代西升东降的大趋势下,东西方文明孰优孰劣似已无须再证,所以,他有一个基本预设:有朝一日世界法系尽归于罗马法系。所以,在西洋文明的强势碾压下,东亚各国应改弦易辙,以研究和效法罗马法系为急务。其立论的基本依据是,支那法系素重道德、不重法律,以致其生命力远不及印度法系,在"罗马法系与英国法系之法律渐次侵入此法系之境界"情势下,支那法系将成为五大法系中"最先失其独立存在者"。换言之,支那法系被罗马法系取代乃世界大势所趋,无可避免。因应之道,唯有未雨绸缪、舍"东"就"西"一途,此之谓"适者生存"自然法则使然。此种思想观念,不仅一度左右了明治日本学习欧洲大陆法派的路向,亦对清季律改取

---

① 参见耐轩:《论法学学派之源流》,《政法学报》第 4 期,1903 年 10 月 15 日,第 10 页。
② 参见穗積陳重:《萬法歸一論》,穗積重遠编:《穗積陳重遺文集》第 1 册,第 359 页。
③ 参见穗積陳重:《羅馬法を講ずるの必要》,穗積重遠编:《穗積陳重遺文集》第 2 册,第 99 页。

法大陆法派具有决定性影响。章宗祥认同以上观点,认为"将来足以支配全世界而今日已发施其实力者,惟罗马法系与英国法系",故有必要通过法系间比较研究,"真知其优劣",以便"舍短从长"。他亦批评,支那法系"惟道德是尚,而不明权利之为何物,故法律之效用几于无存",因此,"处此法治国之时代,而据一要素不备之法系,欲以应今日社会之用,盖戛戛乎难矣"。章并不完全认同罗马法系必然一统天下,却也断言:中国将来之法律必然在罗马法系和英国法系之间权衡取舍,"支那不言法治则已,欲言法治,则惟舍支那固有之法系而继受罗马及英国之二新法系,然后国民法律之思想得以渐次发达进步,法典可期其完成"。① 章接受穗积氏"法系"学说主体部分,自然认同潜藏其间的西优东劣的价值判断,言外之意,以欧美法系取代中国法系是自然机理发挥作用的必然趋势。

章氏一文因其开创性意义,被今人视为"中国历史上的第一篇比较法论文"②,亦因牵涉当时及后世相当长一段时间内制约并困扰中国法制改革道路选择的根本性问题探讨,其意义及影响自不应小觑。其一,法律制度改革固然是时势使然,但各方对如何改,究竟是枝节修订、局部变革,还是从法系角度施以系统性变革,始终存在重大分歧。其二,中国法系与英国法系、罗马法系之别,其背后不仅是中西差别,更是新旧分水岭,还是文明与落后大分野,关乎民族生存竞争与国运之争重大关节。其三,礼治与法治,孰优孰劣,两者能否并存于现代国家之中。显然,章宗祥等人认为在"法治主义"盛行时代,以"礼"为本位的中国法系与现代国家精神不相凿枘,且在西方文明冲击下,自身面临严重的

---

① 攻法子:《世界五大法系比较论》,第1—3、7—8页。
② 何勤华:《比较法学史》,北京:法律出版社,2011年,第91页。

生存危机,故而主张以"法治主义"取代"道德中心主义",施行系统性法制变革和制度重塑。

三、 内外相合:康门弟子的接力传播与宪制指向

近代有意识地大量引入东洋法政知识并有意向国家制度层面落实,始于戊戌维新时期,其间康有为的引领推动作用最为凸显。1898年孙家鼐进呈光绪御览康氏之《日本书目志》中专列"法律门",搜罗东西各种法律著述及文本共计445种,尤以日本法政学界著述或日译欧美法学著作为多,所列法理学书目17种,几乎全为日人著述。以功利主义心态取法日本促动变法的康有为宣称,"已尽悉日本一切法制章程,待举而斟酌施行"①,对日本以西法变革国家典章制度的奇效的倾慕之情亦溢于言表:"日人择而施用之,律有学,学有生,书有讲义、问题、难题,复吾汉世郭躬、陈宠之业。唐时律学博士、律学生之法,移吏幕之阴学而阳用之,道在一转移哉。"日本"变律"大获成功,不仅重塑了其在东亚的政治、文化地位,以致"日吏能治吾民,而吾吏不能治日民",使天朝大国"徒损威重"并为"深耻";而且日益增进其国际地位,"日本之能治西民,盖自变律始"。由此引申出仿效日本"变律"的第二重现实意义——取消领事裁判权,恢复"中国自主之义"和"大一统之治"。② 在康氏看来,在"道在一转移"可期情形下,采择"东方同文同俗之法"以与西方同制是必由之路,甚而自信"我之收效,比日本

---

① 康有为:《日本变政考》(1898年6月21日后),载姜义华、张荣华编校:《康有为全集》(增订本)第四集,北京:中国人民大学出版社,2020年,第223页。
② 参见康有为:《日本书目志》(1898年春),载姜义华、张荣华编校:《康有为全集》(增订本)第三集,北京:中国人民大学出版社,2020年,第342—357页。

事半而功必倍之"。① 以国士自居的康以为揣摩到光绪急于推行变革,外以御侮雪耻、内以稳固亲政地位的心态,伺机将借助日本学习西方的政见抛出,将其上升为实现富国强兵的国策,为以日本为模范推展新政改革奠定基调。

戊戌政变后,亡走日本的康有为在政治上渐趋保守,留恋于保皇复辟大业,在引领新思潮方面踟蹰不前;梁启超则以报刊为媒介广为引介传播各种东学知识,与国内新政改革互为援应,合力推动立宪运动。此前,梁启超辅助乃师编纂《日本书目志》时,颇为关注东学动向,来日后有意结交日本政学人士,以便借助外力影响国内政局。为此,他广为涉猎织田万、浅井虎夫、广池千九郎、田能村梅士、穗积陈重、奥田义人、梅谦次郎等人著述,特别留意助推日本维新告成的法政知识和制度的动态发展。② 其间,他直接或间接地接触到方兴未艾的"法族""法系"观念学说,并利用报刊等新媒介向国内引介。所以,励志社成员之外,梁启超以及其他康门弟子以引导中国仿照日本确立宪政体为指向,以厘析法制演进与政治文明进步关系为入手,与国内知识界声应气求着力传播日本法政知识和思想,以主导清季变政的取法和走向,成为接续传播法系知识及思想的要角。

以创办《新民丛报》为界标,梁启超转而"专言政治革命,不复言种族革命"③,昌言继受外来法系以光大中国法系,以"法治主义"代"礼治

---

① 康有为:《日本变政考》(1898年6月21日后),载姜义华、张荣华编校:《康有为全集》(增订本)第四集,第217、223页。
② 参见梁启超:《三十自述》,载丁文江、赵丰田编:《梁启超年谱长编》第2册,上海:上海人民出版社,2009年,第115页;梁启超:《论中国成文法编制之沿革得失》,《新民丛报》第4年第8号,1906年5月8日,第2页。
③ 梁启超:《鄙人对于言论界之过去及将来》,《饮冰室合集》文集之二十九,北京:中华书局,1989年,第3页。

主义",是其"政治革命"概念重要内涵之一。1906年2月,署名"希白"的作者在《新民丛报》讨论上海领事裁判权及会审制度时,同样将"法系"解为"法律之统系",谓:"法系者,法律之统系也,如人之有族性然。现今各国法律,有特别发生者,有沿袭前人者。若所沿袭同,则其法系同,如欧洲大陆诸国,皆同出于罗马法系者也。"为避免读者误解,特意指明其所论为"专关于临时裁判之法系,非泛指一般法系",所以他在穗积陈重法系基本观念基础上,转以"国家"为标准,将领事裁判法系分别为法兰西法系、英吉利法系、俄罗斯法系以及新进之日本国。① 此处"希白",即孔昭焱,希白为其字,亦字熙伯,生于1881年,广东南海人,早年入广州万木草堂师事康有为,与梁启超等同列康门大弟子,任《知新报》撰述;戊戌政变后入读日本法政大学速成科,专攻法律。② 梁启超与其素有"至亲之谊"③,为其文作序时坦言,读此文后始对上海租界领事裁判权及会审制度有"种种复杂之结构"感到"奇异不可思议",非但其"旧日未尝梦见",甚或"举国所未梦见"。梁氏意识到,诸如引入"法系"之类概念,直接缘起于国人司法主权观念萌发,"国权思想稍发达,朝野上下渐知领事裁判权为国耻,窃窃思拒回之",而在"国法之完整、国力之充实"前,从事以"洞悉其症结"为要旨的研究,使中国"决当出一哄之时代以入于研究之时代",尤为当务之急。④

---

① 参见希白:《上海领事裁判及会审制度》,《新民丛报》第4年第1号,1906年1月25日,第14—18页。
② 参见《法政速成科第二班卒业生姓名》,载日本法政大学大学史资料委员会编:《清国留学生法政速成科纪事》(原《法政大学史资料集》第十一集),裴敬伟译,李贵连校订,孙家红参订,桂林:广西师范大学出版社,2015年,第147页。
③ 孔昭焱:《致梁启超》,"国立中央"图书馆特藏组编:《梁启超知交手札》,台北:"国立中央"图书馆,1995年,第2页。
④ 希白:《上海领事裁判及会审制度·饮冰识》,《新民丛报》第4年第1号,1906年1月25日,第1—2页。

可能受同门孔昭焱以及东邻共同启发,梁启超于是年发表《中国法理学发达史论》,对法系大义详加阐发。在民族性方面,"发扬国粹使我先民久湮之精神拨沈瞢而著光晶";在世界性方面,便与"新世界新学说相比较知我之短长,以唤起我同胞研究法学之兴味"。其所谓"新世界新学说",包括日本及其新学说,如第三章"法字之语源"资料"多取诸日人广池千九郎氏所著《东洋法制史叙论》"①。值得一提的是,1905年12月穗积陈重结束美国之行后,在为广池千九郎《东洋法制史序论》一书所作序言中表示,此前曾作"法系论",明确世界"五大法系"之内涵。② 合理推断,梁氏阅读氏著时必然注意到穗积序中"五大法系"学说。有意思的是,梁氏并未直采之,反另立"四法系"说:"近世法学者称世界四法系,而吾国与居一焉。"③从内在逻辑看,梁氏以"系别"作为比较中国与世界其他国家法律进展得失之准的,与穗积陈重的取向完全契合,合理推论其至少应在梁氏所谓的"近世法学者"之列。从历史上看,梁启超认为中国法系曾经历了辉煌发展:"其余诸法系,或发生蚤于我,而久已中绝;或今方盛行,而导源甚近。然则我之法系,其最足以自豪于世界也。夫深山大泽,龙蛟生焉。我以数万万神圣之国民,建数千年绵延之帝国,其能有独立伟大之法系宜也。"④他从历史的角度追溯"国家法"在中国的渊源流变之迹,以彰显中国法系在世界历史上之重要地位,谓:"我国自黄帝、尧、舜时代,即已有国家法,而虞、夏之间,成文法之痕迹,见于故书雅记者,渐可考见。迨夫周代,成文法之公布,遂

---

① 梁启超:《中国法理学发达史论·自叙》,《新民丛报》第4年第5号,1906年3月25日,第1页。
② 参见穗積陳重:《東洋法制史序論·序》,広池千九郎:《広池博士全集》第2册,千葉:道德科學研究所,1937年,第2页。
③ 梁启超:《中国法理学发达史论》,第3页。
④ 梁启超:《中国法理学发达史论》,第3—4页。

认为政府之一义务。及春秋、战国,而集合多数单行法,以编制法典之事业,蚤已萌芽。后汉、魏晋之交,法典的之资料益富,而编纂之体裁亦益讲,有组织之大法典,先于世界万国而见其成立。唐、宋、明、清承流蹈轨,滋粲然矣。其所以能占四大法系之一,而灿然有声于世界者,盖有由也。"①梁氏以历史家眼光追溯中国法系的源头,旨在为鉴取外来法系以重塑新的中国法系,从历史上找寻合法性依据。

梁启超发现,历来被认为自成一系的中华法系同样受到外族法律文明的滋养,谓:"我国之法系,其中一部分殆可谓继受苗族之法系而来";至唐以降形成浩繁的成文法体系,并随其文治武功不断向周边各国扩张其影响,故"高丽、日本、安南诸国,皆以彼时代继受我之法系";"我国尝汲文化之源于支那,故代表文化之法律,亦皆继受支那法系。当天智天皇之朝,始据唐律为母法,以编纂律令"。梁氏的类似认知在很大程度上承自奥田义人之言说,他称引氏著《法学通论》一段话:"我国尝汲文化之源于支那,故代表文化之法律亦皆继受支那法系。当天智天皇之朝,始据唐律为母法以编纂律令;其后天武、文武等诸朝,数经改正;元正天皇之朝,编律令各十卷,名为养老律令,实我国古代成文法之沿革。"②论述"外国法"系"本国法"重要渊源时,其论点直接采自穗积陈重,并从国家与种族关系角度加以发挥,认为世界其他国家的法律多有借材异域之做法:"今世各国现行法律,多取材于异国,其继受他国之法系者无论矣。如欧洲大陆国继受罗马法系,美国继受英国法系,日本前此继受我国法系,近今继受罗马、英国两法系之类。即一法系中所属之国,亦未尝不互相师法,弃短取长,虽谓今世各国法律,无一国不杂

---

① 梁启超:《论中国成文法编制之沿革得失》,第5页。
② 梁启超:《论中国成文法编制之沿革得失》,第7、38页。

外国法焉。"至于中国,历史上借镜"九黎法系""六国之法"以及"东胡旧制",不断加以因革损益,创成中华法系,所以谓"外国法为我法律一种之渊源,亦不为过"。①

在梁启超看来,三代之世融合外族法文明,塑造了中华"伟大之法系",先秦之后却是"退化复退化,驯至今日,而固有之法系,几成僵石","自今以往,实我国法系一大革新之时代也",故"采人之长以补我之短"为当务之急。② 言外之意,欲重塑中国法律文明,亟应效法古法,采择外来法系以为补救:"(我国)固有之法系,殆成博物院中之装饰品,其去社会之用日远,势不得不采他人之法系以济其穷。"③从他对罗马法的推许中,不难发现其倾向性,从中隐约可见东学之背影。其谓:中国"法律界最不幸者,则私法部分全付阙如之一事",相形之下,罗马法"所以能衣被千祀,擅世界第一流法系之名誉者,其优秀之点不一,而最有价值者,则私法之完备是也,其中债权法尤极完备,今世各国,殆全体继受之";而其更远大意义则是充当了文艺复兴运动之原动力,"近世之初,所谓文学复兴时代者,罗马法之研究,自其时始启端绪,而近世之文明,即于兹导源焉,其影响之大如此。近世各国法律,不取义务本位说,而取权利本位说,实罗马法之感化力致之"。④

1902年,梁启超言论重心自东京转至上海后,由其主导的《国风报》承《政论》之余绪,立言意趣不似《新民丛报》仅仅教育国民,进而

---

① 梁启超:《论中国成文法编制之沿革得失》,《新民丛报》第4年第9号,1906年6月22日,第30—31页。
② 梁启超:《中国法理学发达史论》,第5—6页。
③ 梁启超:《论中国成文法编制之沿革得失》,第6页。
④ 梁启超:《论中国成文法编制之沿革得失》,《新民丛报》第4年第10号,1906年7月6日,第3—4页。

"欲劝说政府,俾达立宪目的"①。在预备立宪的大环境下,梁氏转以宪制为立言鹄的,"专从各种政治问题为具体之研究讨论,思灌输国民以政治常识",以启蒙国民的现代国家意识。② 1910年3月,梁启超在该报重新刊发修订后的《中国国会制度私议》长文,关于"被选举权"之"官吏得任议员与否"一节,从法制角度而言,欧洲大陆分化为"法国法系"与"德国法系"两大派,前者以限制官吏为原则,以不限制为例外;后者则反之;日本则"斟酌于德法两法系之间,而略近于英国",其选举法限制某种官吏不得有被选举权。经过综合比较,他认为,制度取舍应遵循以"国情以为断"原则,同为东亚国家之中国,应别于日本,宜采"法国主义而不宜采德国主义"。③ 在集权与分治两派争持不下时,梁氏旧文新刊,力主"大立宪国"计划,以为中国省制形似联邦制,实质却大不同,因而主张鉴取美国、德国以及日本改制经验与教训,在法理上各省"虽可自制适用于其省之法,然必以不背触国法为其范围",以维护中国的大一统。④

20世纪初,"法系"概念及分类框架逐渐成为中国的一种普通性知识,朝野各自政治立场和主张迥然不同,但用以表达的概念工具却趋于一致,并逐渐在制度层面予以一定的落实。立宪人士如此,革命派人士亦然。革命党人胡汉民从法理角度阐释发生于加拿大的"卡路伦事件",针对刑法学意义上的"责任"归属问题说,刑法上所谓"紧急行为",主观的无责任论属"法兰西法系国所行之学说",客观的无责任论

---

① 张朋园:《梁启超与清季革命》,上海:上海三联书店,2013年,第207页。
② 梁启超:《鄙人对于言论界之过去及将来》,《饮冰室合集》文集之二十九,第3页。
③ 沧江:《中国国会制度私议》(续),《国风报》第1年第12期,1910年6月7日,第44—51页。
④ 长舆:《论中央地方之权限及省议会之必要与其性质》,《国风报》第1年第32期,1910年12月22日,第34—35页。

则属"德意志国所行之学说"。① 实际上官方话语亦无例外,而且更进一层的是促其在制度层面展开。1911年,法部徐谦、许世英就"审判制度"从"法系"角度对东西各国的制度设计进行分派,"世界法理趋于大同,是以欧美列邦无论君主、民主,莫不同归于立宪",司法一权因"法系不同"遂分为大陆与英美两派:前者以法国为其祖,德国后起却驾法而上;后者以英国为其祖,美国则去其贵族习惯而专伸张其民权部分。因之,两派所施行的审判制度,在审级方面亦判然分明。在欧陆内部,各国的审级制度亦有不小分别。相比之下,中国宜采大陆法派,尤应以德制为模范。② 清廷官方文书中屡有所现,说明"法系"等和制新学语及其知识渐次被官方接纳,付诸国家制度层面的实践。不过,主持其事的沈家本虽未曾对法系概念及其取向进行过明确具体的理论阐释,但其汲取戊戌志士激急推行以致新法流产之殷鉴,深悉"行新政者,辟诸祛病,欲速则不达"之理。③ 故出于减小变律阻力,回避变更法系等敏感字眼,实际工作中却延聘冈田、志田、松冈等日本法学博士,翻译并参酌日本、德国新律,另订六法草案,走上了一条通往罗马法系的道路。

四、反沈(家本)派崛起 与东方文化价值再肯定

民国肇造,南方革命党人王宠惠观察到"迩来政治问题竞争最烈

---

① 汉民:《排外与国际法》,《民报》第9号,1906年11月15日,第3页。
② 参见《法部代奏会员考察各国司法制度报告书》,《国风报》第2年第15期,1911年6月26日,第67—69、74页。
③ 徐世虹主编:《沈家本全集·日记》第7卷,光绪二十四年(1898)八月十六日,北京:中国政法大学出版社,2010年,第848页。

者,非中央集权与地方分权之二说"①。是时愈趋理性持重的梁启超开始有意识地进行反省,强调"一国有一国特别之国情,欲以他国例中国,未有能善其事者"②。他返津办《庸言》报,以法言政,以政促法,旨在"濬牖民智,熏陶民德,发扬民力,务使养成共和法治国国民之资格"③。针对立法中"省制问题",他以为"兹事体大,于国家组织全体攸关,实为国家根本法之一种",本应与"议院法等同,附属于宪法",而政府朝令夕改,步骤凌乱,"虚三级制"直接取自普鲁士 Oberpräsident 与 Landes director(日本译作"州知事"与"州长")做法,尤与中国历史和国情不合。环顾欧美各国,以法系分成两派,英美派以地方自治团体长资格兼司地方行政,由选取产生;欧陆派除最低级团体一如英美制外,其高级者以国家、地方行政长官资格兼理地方团体事务,由中央简任。普鲁士"创此奇制","全由历史上沿革而来,盖普本沿封建采地之旧",中国"本无此历史而强袭其迹,得毋有效颦之诮乎"。④

　　梁启超的反省和转向在进步党及其同道中形成一种新的文化价值取向,进而在知识界、政法界扩散为一种新思潮,显示世变之下,西学化后之东学价值及其影响在民初发生了根本变异。张东荪以"独立思想者身份"公开举起反沈(家本)旗帜,⑤措辞严厉地批评清季仿照日本的律改"不合于中国国情"且贻害无穷,其言中国"国情"与梁氏所谓中国"社会"语殊则义通。立法方面,法律编查馆所编订法律,非但不完备,

---

① 王宠惠:《中华民国宪法刍议》(1913 年 3 月),载张仁善编:《王宠惠法学文集》,北京:法律出版社,2008 年,第 24 页。
② 梁启超:《财政问题商榷书次编》(1912 年 7 月 20 日),载汤志钧、汤仁泽编:《梁启超全集》第八集·论著八,北京:中国人民大学出版社,2018 年,第 384 页。
③ 梁启超:《鄙人对于言论界之过去及将来》,《饮冰室合集》文集之二十九,第 4 页。
④ 梁启超:《省制问题》,《庸言》第 1 卷第 1 号,1912 年 12 月 1 日,第 1—3 页。
⑤ 参见张东荪:《理性与民主》,北京:商务印书馆,1946 年,第 4 页。

且多不合于中国国情,加之颁布而未施行,以致无法可遵守。迨至共和底定后,各省本前清旧案,删订新法大约纯采罗马法系,甚者抄袭日本法规原文,不问其是否与中国情形相合,仅以为与外国相同,始足壮共和国外观。法律执行方面亦大体不差。他说:"罗马法系,不能完全抄袭者,稍有法学知识之人尚能辨之。盖中国本乎数千年之国性,亦有中国法系,断不容抛弃殆尽而取之于人,然而橘枳易地,其效当非如时流所想像者也,所谓不能执行者,尤为数见不鲜。……中国现行法律,有绝不见执行者,不过有时专为宵小利用,借以搞诈而已,仅于此时一见执行耳。"①张氏以为,新律要为民国伦常道德沉沦负责。郑浩②随即予以呼应,呼吁新法律"不抵触旧道德",称清季以来致乱之源,"非旧道德之罪,乃人不遵旧道德之罪"。他分别以日本、欧美情势作为反证:一是家族主义,国人指摘其妨碍国家主义发达,日本"保留家族主义者,于国家发达有何害"。二是男女防别之严,然"男女无别、淫乱日滋,乃欧美文明之余弊,彼之人已甚忧之,而莫可如何正心,慕我国之礼化";中国旧道德既"适生存则适于时会",反之,"新法律不当与旧道德抵触"。职是之故,中国不仅不宜笼统追仿日本成法,反应持守"以我为主,以彼相资""勿失我之精神性质"为第一要义,"外人法典,无论法国系,德国系也,无论大陆派、英美派也,我第取其可取,去其可去,求之天理而准措之",准此必能"大放异彩",自成为"新中国之新法律"。③

1913年9月,梁启超以进步党党魁之资代许世英出任司法总长,短短五个月即被章宗祥所取代。究其原委,在司法界毫无根柢的梁启超,

---

① 张东荪:《道德堕落之原因》,《庸言》第1卷第12号,1913年5月16日,第1、3页。
② 郑浩,字义卿,广东潮阳人,生于1863年,清季留学日本习法政时为梁启超所赏识而列入其门墙,先后在梁氏创办之《新民丛报》《庸言》等刊发表文章多篇,归国后经学部考试后被授予法政科举人。
③ 郑浩:《法典编成根本说》,《庸言》第2卷第4号,1914年4月5日,第4—7页。

在部、院之争的气氛中,难以伸展其志。退出后他深入反思清季施行新政"十年来之中国,日日以离社会创制度为事,其极也乃取凡与我社会绝不相容之制度,无大无小,悉移植之",故"凡百制度,日日皆在试验中",但其结果是"对于制度之大患,在有革而无因,感现行制度之不适,则翻根柢而摧弃之,故无论何种制度,皆不能植深基于社会,而功用无自发生",有鉴于此,他提出"制度试验"新路途:"由旧而趋新,固试验也。由新而求旧,亦试验也。"①此后,类似梁之反思性言说在体制内外大量浮现。作为帝制派中坚人物的北洋法制局局长顾鳌呈请袁世凯时直言:"一国法制,必以一国之制度沿革及其风俗习惯为基础,而后可以适合于国势民情,推行无阻。"②无视中国历史和国情亦步亦趋追仿域外,犹如邯郸学步,学步不成,反失其本。广东巡按使李国筠警醒世人,若"狃于收回领事裁判权之说,事事悉取大同,窃恐学步未成,失其故步将焉用之",因此,新法典"务宜本宗旨于礼经,罗社会之情况,以历代之中律为经,而参以东西各国之法意,庶吾国数千年来相传之国性得以维持于不坠,则刑以济礼之穷,所挽回于风俗人心者,为益实大"。③

客观而言,诸多反思和质疑声之所以层出不穷,除却派系和政争因素之外,确也说明,民初司法制度改革势必要审慎评估外来观念和制度移植与中国历史和社会之关系。许、章两党均试图从主导比较法研究入手,以解决新法律的适用性问题,这也直接导致双方的竞争延伸至法学学术团体领域,集中体现于各自主导的法学会与比较法学会之间的角力。据许世英亲述,中国比较法学会乃"前司法总长汪君创办……

---

① 梁任公谈,记者笔述:《述归国后一年来所感》,《庸言》第 2 卷第 1、2 号合刊,1914 年 2 月 15 日,第 2—3 页。
② 《法制局调查经费之请加》,《申报》1914 年 7 月 18 日,"要闻一",第 1 张第 3 版。
③ 《粤巡按请由各省核议法典草案》,《申报》1915 年 2 月 7 日,"要闻二",第 2 张第 6 版。

(他)同孙中山先生到外游历,拟将本会加入万国法学会,以求发达"①。此处"汪君"应是"王君"之误,实指北京政府首任司法总长"王宠惠"。1912年7月14日,王氏因唐绍仪内阁倒台而总辞,许世英继任延续了部派对中央司法的控制。章宗祥遂谋求复活清季院派主导之法学会,将部派排除在外。在具有国民党背景的刘恩格推动下,许世英酝酿成立比较法学会,作为反制亦将院派排除在外。12月22日下午1时,比较法学会举行成立大会,南北各方约200人与会,南来的具有国民党背景司法人士,如刘恩格、周泽春、伍朝枢、党积龄、骆通,以及王宠惠旧部刘远驹等,亦有罗文干、赵天麟等英美法派人物。许世英试图借此奠定司法改革基调,即告别清季以来通过日本学习欧美的时代,由其领导比较法研究,"中国法律取法东西各先进国,而东西各国法律派别支分日新月异,非比较而研究之不能取长弃短。矧对外尤有领事裁判权问题,更宜撷取各国法律之精华,制为最新最良最适宜之法律,庶改正条约时自然就范"。罗文干从法律实践角度,附议指出:"中国人为宗教、气候、风尚事事不与欧美同,研究法学非从比较着手不可。"②伍朝枢不绝对排斥罗马法,而且在学理上展望"吾国将来或成罗马派或独立成一支那派"③。翌年2月,是会发表刘远驹之文,表面指向司法界弊病,实为清算"沈家本-章宗祥"一脉改律之失:其一,格义附会,反失其本;其二,党派意气,洛是蜀非;其三,宋斤鲁削,取舍失当。故欲"张大国法治之徽帜,树士林法学之阶梯",必先去此三弊。④

---

① 《中央司法会议第四日纪闻》,《申报》1912年12月11日,"要闻一",第3张第11版。
② 《比较法学会大会纪盛》,《顺天时报》1913年1月9日,"专件",第1张第3版。
③ 《比较法学会大会纪盛》(续),《顺天时报》1913年1月10日,"专件",第1张第3版。
④ 刘远驹:《比较法学会致各省都督民政长书》,《庸言》第1卷第5号,1913年2月1日,第3—4页。

许世英欲要染指整个法学界,还需借重王宠惠及其背后的国民党力量。10月,比较法学会在上海中华饭店成立,王宠惠被推举为会长。王氏在演讲中将近世法律分为英美法派和欧洲大陆法派,大陆派又有法派与德派之殊,大陆中亦有调和二者而为折中派,日本始则采用法派,继而崇尚德派,"中国取法日本,亦为德派"。同时对中国取法日本学习德派的做法婉转提出批评,"德国之法律,其可法者固多,要亦非无可议之点。今欲集世界各国之法律,权衡损益,挈短较长,以期适用于我共和开幕之民国,殆非研究比较法学,不足以衷于一是",所以,"必知本国之所短取他国之所长,深明法律之比较,而改良进步以与世界各国竞"。① 王宠惠借径"博观而约取"比较法学研究,以改弦更张、效法英美法派为民国另制新法的意图,与许世英等人的主政思路不谋而合。此外,王宠惠、罗文干等加入许党阵营,对"沈-章"一脉形成空前压力,相当一部分留日人士的态度发生逆转。

东吴法学院出身的高维廉描述说:"清末一般的法学家大半是日本留学的,那时候起草民律的还是日本人,所以就完全的倾向着大陆派的法制。鼎革以后,受过英美法学思想洗礼的法学者,回到中国来就表示他们不满意于大陆派的态度,而主张采纳英美制。大陆派的势力虽然是根深蒂固,但是英美派的影响也很不小。于是我国的法学界就显然分成不并立的两派,各派都尽力张扬己派的长处而指摘对方的弱点。另外又产生一派折中主义者,专取调和主义。"② 日本明治大学毕业生卢复转而批评清季律改"徒袭取他人之法文",乃数典忘祖"媚外"之举,其行为"置数千年来圣贤明哲所创造之宪章于不顾,牺牲数万万人千古

---

① 王宠惠:《法学谈》(1913年10月),载张仁善编:《王宠惠法学文集》,第201—202页。
② 高维廉:《建设一个中国法系》,《法学季刊》(上海)第2卷第8期,1926年4月,第405页。

所遗传之群德群情而弗惜,舍己从人,以为得未曾有之良法美制","卒以沦亡神灵之国粹",谓"维新以来,醉心欧化,典章制度,效法西人,群以率由旧章,不足以逐世界之潮流,应社会之急需,善则善矣,其如弗洽于群情何? 夫削足适履,非履弗佳,难受者削足之痛苦";民国肇建后,"秩序紊乱,人心骚然,朝令夕更,靡所遵循,继兹以往,弗图补救,匪特法律无修明之日,势将无以压服天下之人心"。事实说明,"纯用欧美之法,难治中国之人",为今之计,当"以中国之人,立中国之法"。① 英美法派学人蔡枢衡的观察与评判与之若合符节:"三十年来的中国法和中国法的历史脱了节,和中国社会的现实也不适合。这是若干法学人士所最感烦闷的所在,也是中法史学和法哲学上待解决的悬案。"②蔡枢衡所言"若干法学人士",主要指以沈家本为旗手之"沈-章"一脉。

毕业于日本早稻田大学法科的沈锡庆,以其先后任职于北洋及南京政府司法界亲身经历现身说法:民元"竭力购阅日本成书以资模仿",司法状况为"国人所不满,力加攻击",但尚不自知"现行法律与国俗民情不合,亦不知法院办案每与真实案情不符",直至 1918 年至 1927 年"颇知现行制度及法规,实有不能适用之处。一国有一国之国俗民情,实非削足就履所能济事"。③ 此外,时人有将清季修律归结于日本策士之动议,是"日本之一种对华主义",国人不察深陷"收回治外法权"误区,以致"有名中国之法系,在世界尚有光辉,在中国法学界,转相轻诬",这是"中国法律之不幸",亦为"世界文化之缺憾",宣称"今日研究中国法系成立之本源,是东方文学者应有之义"。④

---

① 卢复:《中国法系论》,《楚宝杂志》第 1 卷第 2 期,1917 年 3 月 31 日,第 1、10 页。
② 蔡枢衡:《中国法律之批判》,南京:正中书局,1942 年,第 1 页。
③ 沈锡庆著,高利华整理:《沈锡庆日记》(1934 年 7 月 14 日),南京:凤凰出版社,2019 年,第 242—243 页。
④ 敬庵:《中国法律生于礼》,《亚洲学术杂志》第 1 卷第 1 期,1921 年 9 月,第 2 页。

袁世凯死后,"沈-章"一脉在政治与学术上失势,英美法派、具有同盟会或国民党背景人士重新占据北洋司法要津。大陆、英美两派权势此消彼长,直接导致"沈-章"一脉阵营分裂,典型案例当属沈派嫡传董康转向"反沈派","遇有机会,即便站在反沈派的立场作主张"。① 1922年,淡出政治后董氏在访英途中表示,"中国司法采取欧陆制度,实属错误,以中国之情势,当采取英国制度"②,甚而认为"英美法律手续与中国旧法律颇为密合"③。董并非一味为反沈而反沈,乃体现了其对清季律改较为深彻的省思,以及对中外不同历史文化条件下的法律所进行的比较研究,从中国种族与文化的独特性加以佐证:"吾国法系基于东方之种族,暨历代之因革,除涉及国际诸端,应采大同外,余未可强我从人";事实上"从前改良司法采用大陆,久蒙削趾就履之诮,改弦易辙,已逮其时",甚而认为中国律改"已成各法,是否可以促司法之进步,余以为未也"。④ 董康从反思清季误入欧陆法系,推及对整个大陆法系之质疑,称"平心比较"颇觉"从前主张,偏重新之一方,至今日更苦手续之繁重。然此中困难情形,恐非吾国一国为然,凡属用大陆法系者,当同抱此感想"。⑤ 1924年,他引入"东亚法律系统"或"东亚法系"概念,代替"中国法系""中华法系"等称谓,认为其不仅可与风头正劲的英美法系相沟通,甚至可与风行世界的罗马法系相争衡:"尝游英京伦敦,……颇疑英之系统亦出东亚,或即所谓东来法之一欤。由是推之,东亚法系固

---

① 蔡枢衡:《中国法律之批判》,第6页。
② 《董康在英之谈话》,《申报》1922年12月1日,"特约路透电",第1张第4版。
③ 《董康在伦敦之谈片》,《申报》1923年1月16日,"国外要闻",第1张第4版。
④ 董康:《民国十三年司法之回顾》,《申报》1924年10月10日国庆纪念增刊,第6版。
⑤ 董康:《中国编纂法典之概要》,载何勤华、魏琼编:《董康法学文集》,北京:中国政法大学出版社,2005年,第471页。

亦横亘世界,与罗马法对峙,不可磨灭之物也。"①1926 年至 1936 年,董康四次访日,名为寻访汉籍珍本图书,实借讲演"东方法制之古历史"之机,与日本法政界联袂倡导东方法制与东方文化。② 董康立场和态度的转变,是为民国肇建以来政局演变,东学、西学与中学竞存争胜态势下,国家法制取向及个体生命价值及学术思想,在重新估定传统的现代价值中,不断寻求自我调适和突破的时代和文化之高度浓缩。

综上,梁启超诸人通过明治日本吸收西方近代法制观念和思想,用以更新固有的观念和知识体系,所以,法系知识生产与历史演化背后,其实是新旧法律和政治文明新陈代谢问题,抑或中西法律文化及价值观念替嬗问题。日本摆脱江户时代中国文化的影响,代之以西洋文化,在法制领域受容大陆派法律,既接续其继受法文化传统,也契合融入世界体系的现实需求。深领其意的梁启超诸人循其轨辙,为中国继受欧美法系以光大自我,从历史中寻找现实变革之道。所以,更深层的影响是,始于知识论和价值观的引介传递,终而落实于新政治制度建构,即借径东洋学知识传播了西方文化价值观,并成为肇建现代型国家体制的有机构成。在清季民初那一代法政人士心目中,"法系"概念不仅是用以分析世界法律现象的知识性工具,更是衡度文物制度优劣的价值尺度。在进化论、"欧洲中心论"强势话语支配下,法系概念和学说思想的生成及其在华传衍本身即为西学化过程,相应之法律"现代性"几成前现代国家走向世界、推行"西化"之代名词。换言之,法律"西方化"俨然是法律"现代化"的同义语。此虽为时代观念的映照,却不无绝对

---

① 董康:《新旧刑律比较概论》,《法学季刊》(上海)第 3 卷第 5 期,1927 年 7 月,第 5 页。
② 参见董康著,王君南整理:《董康东游日记》,上海:上海人民出版社,2018 年,第 222—224 页。

和片面之嫌。

尤应注意到,中日两国历史与国情相差极殊,以致双方在接引域外知识与制度实现转型中命运两重天。中国数千年的历史文化传统毕竟不可能在短时间内被截然分为两橛,在强大而持久的社会心理和文化惯性作用下,形成的巨大张力贯穿近代历史始终,因此在知识引介、价值传导以及制度展开中,长期处于古与今、中与西、本土与世界、传统与现代、理论与实践的纠结中,礼法之争此起彼伏、不绝如缕,实际进展和制度落实的效果远不及日本。近代世变之下,法系知识论和价值论均有不同程度的演变,20世纪30年代朝野内外群起鼓动重建中国法系,以期重估、重建本土文化价值,恰是对清季以来对中土价值观之否定的强烈反弹,可谓否定之否定,这将另文探讨。

移樽施教：伍廷芳与 20 世纪初美国"门罗主义"的再定位

章永乐 *

　　1898 年，美国赢得美西战争，占据了前西班牙殖民地菲律宾，随后平定菲律宾人的反抗，在亚洲获得了一个重要的立足点。新殖民地的开拓，迫使美国精英思考其传统的以"美洲"或"西半球"为限的"门罗主义"外交政策能否与新的帝国现状相匹配。然而，即便在美国国会内部，都有大量议员认为吞并菲律宾从根本上违反了"门罗主义"的精神。究竟是更新"门罗主义"解释，以与美国的帝国雄心相适应，还是放弃"门罗主义"，诉诸其他论述来支持美国的帝国扩张，成为一个非常紧迫的理论问题。

　　在这一关键的历史时刻，有敏感的中国政治精英作出了回应。1900 年 2 月 22 日，清廷驻美公使伍廷芳应邀在宾夕法尼亚大学发表演讲《论美国与东方交际事宜》(The Proper Relations of the United States to the Orient)，主张美国应当行华盛顿之遗教，乘着平定菲律宾之势，将"门罗主义"的适用范围扩展到菲律宾乃至亚洲。这一姿势根本不像是"移樽就教"，简直可以说是"移樽施教"，引发了美国舆论界广泛关注，仅在 1900 年就有《纽约时报》《纽约论坛报》《华盛顿邮

---

* 北京大学法学院长聘副教授，美国加州大学洛杉矶分校政治学博士。本文得益于与孟庆龙、张广生、欧树军、殷之光、谈火生、戴晓光、贺方婴、魏磊杰、吴景键、孔元、杨肯等师友的讨论，在此一并致谢。本文的一切错漏概由作者本人负责。

报》《芝加哥每日论坛报》《洛杉矶时报》等数十家主流媒体对伍廷芳的演讲进行报道。① 伍廷芳的演讲涉及很多内容,如纪念华盛顿精神、菲律宾的统治方式、宾夕法尼亚大学的发展方向等等,但大众媒体的报道基本上将重点放在其扩张适用"门罗主义"的主张之上,美国舆论界的敏感点由此可见一斑。美国的国际法学界、历史学界也有重量级学者对伍廷芳的论述作出回应,借其论述对"门罗主义"进行再定位。②

---

① 美国报刊仅在1900年就出现了数十种对于伍廷芳演讲的报道,以下为部分报道: "Monroe Doctrine In Pacific.: Wu Ting-Fang Advises Extension of Our Atlantic Policy to the Far East," *The Washington Post*, 23 Feb 1900, p. 3; "Monroe Doctrine for Asia," *The Sun*, 23 Feb 1900, p. 7; "Natal Day: Anniversary of Washington Celebrated in America and Abroad Minister Wu Ting Fang Speaks at Philadelphia," *Courier Journal*, 23 Feb 1900, p. 2; "America and the Orient: Talk by Minister Wu Ting Fang at Philadelphia," *Los Angeles Times*, 23 Feb 1900, p. 15; "Advice by Chinese Minister," *Chicago Daily Tribune*, 23 Feb 1900, p. 3; "Monroe Doctrine in Pacific: Wu Ting-Fang Advises Extension of Our Atlantic Policy to the Far East," *The Washington Post*, 23 Feb 1900, p. 3; "Minister Wu's Suggestions," *Chicago Daily Tribune*, 24 Feb 1900, p. 12; "Monroe Doctrine for Asia: Suggested by Minister Wu at University of Pennsylvania Day Wu Ting Fang's Address Relations of United States and China Training for Diplomacy Policy in New Possessions Monroe Doctrine for Asia," *New York Tribune*, 23 Feb 1900, p. 2; "Views of Wu Ting Fang: Public Addresses on China's Relations with the World as to the Philippines, China, and America," *New York Tribune*, 10 July 1900, p. 4; "United States and China: Chinese Minister Suggests Extension of Monroe Doctrine. His Tribute to Washington Indicates Measures This Country Should Adopt with Regard to the Philippines and the Orient," *New York Times*, 23 Feb 1900, p. 9; "The American Lawyer," Vol. 8, No. 4, Apr 1900, p. 147; "Factor in the Far East: United States Regarded as a Power. Chinese Minister on Our Policy in the Orient. How the Philippine Islands Should be Governed. No in Existing Laws and Customs. Power Should be Impartial, Fair and Just," *Detroit Free Press*, 23 Feb 1900, p. 2; "United States and China: Chinese Minister Suggests Extension of Monroe Doctrine. His Tribute to Washington Indicates Measures This Country Should Adopt with Regard to the Philippines and the Orient," *New York Times*, 23 Feb 1900, p. 9; "No Secret Alliance with Great Britain," *Zion's Herald*, Vol. 78, No. 9, Feb 28, 1900, p. 259.
② Albert Bushnell Hart, "Pacific and Asiatic Doctrines Akin to the Monroe Doctrine," *The American Journal of International Law*, Vol. 9, No. 4 (Oct. 1915), pp. 802–817; Albert Bushnell Hart, "The Monroe Doctrine and the Doctrine of Permanent Interest," *The American Historical Review*, Vol. 7, No. 1 (Oct. 1901), pp. 77–91.

伍廷芳的《论美国与东方交际事宜》值得今人重视，不仅是因为它在美国国内引发了显著的舆论反响。首先，在中美两国当时的条约关系之下，作为一个受到东西方列强共同压迫的"半殖民地"弱国的外交代表，伍廷芳"移樽施教"，对美国统治殖民地以及扩张势力范围的方式提出"建设性建议"，即便在今天看来，也是一个非常令人惊异的行为。人们对于弱国外交代表的一般期待，是在直接涉及本国与对象国关系的事项上发言，而伍廷芳似乎在此范围之外"多管闲事"，就对象国的立国理念和治理方式公开发表评论，某些表述甚至还不乏居高临下的指导意味，这在外交上无疑是有风险的。伍廷芳自幼接受西学教育，深知中国与西方列强国力之悬殊，并在当时一再经历美国主流社会对华人的种族歧视，他为何采取这样一种言说姿势？他所管的究竟是"闲事"，还是对于当时中国的安危至关重要之事？

其次，就美国"门罗主义"的演变与传播而言，伍廷芳的《论美国与东方交际事宜》更是一个值得关注的文本。在19、20世纪之交，在绝大多数中国士大夫对于"门罗主义"仍然一无所知的背景下，一位中国公使直接介入美国国内关于"门罗主义"再定位的关键辩论并产生实质影响，可见美国"门罗主义"在东亚绝非只是单向传播，像伍廷芳这样的中国精英的反馈，也为其在美国国内的继续演变提供了动力。从既有的史料来看，我们也许很难说伍廷芳的《论美国与东方交际事宜》直接带来了美国"门罗主义"的理论创新，但至少可以证明这一文本产生了一种鼓励作用，引导部分美国精英思考"门罗主义"与"门户开放"政策的亲缘关系以及将"门罗主义"运用于西半球之外的话语方式，在"门罗主义"的发展史上留下了一个不可忽略的印记。

在国际法史与外交史的研究中，"门罗主义"与美洲区域国际法是一个方兴未艾的主题①,但对于"门罗主义"与近代中国之关系,目前仅有少数研究涉及。② 国内与国际学界对于伍廷芳出使美洲期间的活动和著述,尽管已有不少研究③,但对其"门罗主义"论述(尤其是《论美国与东方交际事宜》一文)仍缺乏聚焦,至于伍廷芳的"门罗主义"论述在美国引发的反响,至今仍是研究的空白。拙著《此疆尔界:"门罗主义"与近代空间政治》关注到了伍廷芳 1914 年出版的英文著作 *America, Through the Spectacles of an Oriental Diplomat*(《一个东方外交官眼中的美国》)中的"门罗主义"论述,但也没有对伍廷芳 1900 年的演讲展开讨论。④ 本文尝试填补这一研究空白,在历史的语境中解读伍廷芳的"门

---

① Francis Anthony Boyle, *Foundations of World Order: The Legalist Approach to International Relations (1898-1922)*, Durham and London: Duke University Press, 1999; Juan Pablo Scarfi, *The Hidden History of International Law in the Americas: Empire and Legal Networks*, Oxford & New York: Oxford University Press, 2017; Christopher Rossi, *Whiggish International Law: Elihu Root, the Monroe Doctrine, and International Law in the Americas*, Leiden, Boston: Brill Nijhoff, 2019; Juan Pablo Scarfi, "Denaturalizing the Monroe Doctrine: The Rise of Latin American Legal Anti-Imperialism in the Face of the Modern US and Hemispheric Redefinition of the Monroe Doctrine," *Leiden Journal of International Law*, Volume 33, Issue 3, pp. 541-555. 这里还值得一提的是 Arnulf Becker Lorca, *Mestizo International Law: A Global Intellectual History 1842-1933*, Cambridge: Cambridge University press, 2014。该书部分内容涉及了"门罗主义"与国际法之间的纠缠。法斯本德与彼得斯合编的《牛津国际法手册》对于拉丁美洲区域国际法的讨论,简略地提到了"门罗主义"的影响。参见巴多·法斯本德、安妮·彼得斯编:《牛津国际法手册》,上海:上海三联书店,2020 年。

② 参见章永乐:《此疆尔界:"门罗主义"与近代空间政治》,北京:生活·读书·新知三联书店,2021 年;刘小枫:《"门罗主义"与全球化纪元》,《学术前沿》2020 年第 3 期。

③ 如张礼恒:《伍廷芳的外交生涯》,北京:团结出版社,2008 年;张礼恒:《"三世"外交家伍廷芳》,福州:福建教育出版社,2015 年;张礼恒:《从西方到东方:伍廷芳与中国近代社会的演进》,北京:商务印书馆,2002 年;张云樵:《伍廷芳与清末政治改革》,台北:联经出版事业公司,1987 年;丁贤俊、喻作凤:《伍廷芳评传》,北京:人民出版社,2005 年;梁碧莹:《艰难的外交:晚清中国驻美公使研究》,天津:天津古籍出版社,2004 年;刘晓妹:《伍廷芳与中美侨务问题交涉研究(1897—1902)》,东北师范大学硕士论文,2009 年;Linda Pomerantz Shin, *China in Transition: The Role of Wu T'ing-fang (1842-1922)*, Ph. D. Dissertation, University of California, Los Angeles, 1970, p. 260; Chung-Tung Chang, *China's Response to the Open Door, 1898-1906*, Ph. D. Dissertation, Michigan State University, 1973, pp. 20-21。

④ 章永乐:《此疆尔界:"门罗主义"与近代空间政治》,第 74 页,注 1。

罗主义"论述以及引发的各方反响。同时,这一研究也涉及"门罗主义"全球传播史与接受史中的一个重要环节:拙著《此疆尔界》将"门罗主义"传入中国的核心中介群体界定为世纪之交的旅日精英,但尚未探讨伍廷芳这样的旅美精英究竟如何回应"门罗主义"。本文将就此进行补充研究。

本文将分为如下部分:第一部分探讨伍廷芳论述的双重历史语境;第二部分对伍廷芳的演讲文本展开分析,并将其论述与同时代的其他中国精英论述作对比,以阐明其立场在当时的中国舆论界中所占据的位置;第三部分集中探讨美国舆论界与学界对伍廷芳论述的回应,以阐明伍廷芳的论述对于美国20世纪初"门罗主义"发展所产生的影响。本文将伍廷芳的演讲文本视为针对特定历史情境和特定听众的修辞。而我们只有在细致探讨这些修辞成分的前提之下,才能接近伍廷芳的意图,并发现其知识体系的力量与局限性。

一、伍廷芳演讲的双重历史语境

作为一个半殖民地国家的驻美使节,伍廷芳一开始对华盛顿决策者的影响相当有限。在此情况下,他经常采用"自下而上"的策略,积极在美国民间发表演讲,并在美国报刊上发表他的演讲文本,影响公共舆论。他的演讲为他积累起相当大的声誉,以至于在1900年八国联军入京之后,美国战争部助理部长乔治·米克尔约翰(George Meiklejohn)公开主张美国应当推翻光绪皇帝,立伍廷芳为中国的新皇帝。[①]

[①] "Meiklejohn, Rampant," *Virginian-Pilot*, Vol. 6, No. 10, 12 July 1900, p. 4; "Topics of the Times," *New York Times*, July 10, 1900, p. 6.《纽约时报》的报道嘲讽了这一想法,但米克尔约翰的奇思妙想本身可以证明伍廷芳的影响力,以及其给美国精英留下的"亲美"印象。

伍廷芳于1900年2月在宾夕法尼亚大学发表的演讲《论美国与东方交际事宜》是其在美国发表的公众演讲之一,具有双重的历史语境:第一是随着美国势力范围越出西半球,"门罗主义"的解释面临着重大转型;第二是海外华人华侨正在进行着反对美国《排华法案》的斗争,而伍廷芳比之前的清廷驻美外交官都更为积极地捍卫华人华侨的利益。

我们先来看第一重历史语境。"门罗主义"源自1823年美国总统詹姆斯·门罗(James Monroe)针对欧洲"神圣同盟"干涉美洲革命图谋而发表的国情咨文,其最初的版本包含了三个核心原则:第一原则反对欧洲列强在美洲建立新的殖民地;第二原则反对欧洲列强对已独立的美洲国家的干涉;第三原则声明美国不干涉欧洲国家的事务,经常被称为孤立主义(isolationism)原则。① 美国19世纪的"门罗主义"使用的标志性口号是"America for the Americans"(美洲是美洲人的美洲),一个原本起源于19世纪50年代本土排外主义运动的口号。② 在整个19世纪,"门罗主义"的话语一直基于对东西两个半球的空间划分,将"西半球"视为一个体现共和制原则的政治空间,与专制腐败的旧大陆相对立。

---

① 参见王绳祖、何春超、吴世民编选:《国际关系史资料选编:17世纪中叶—1945》,北京:法律出版社,1988年,第91—93页。

② John Bassett Moore,"The Monroe Doctrine," *The Annals of the American Academy of Political and Social Science, Vol. 96, The Place of the United States in a World Organization for the Maintenance of Peace*(Jul. 1921), pp. 31-33. "America for the Americans"作为一个口号,它发源于19世纪40—50年代美国出现的反天主教移民的"一无所知"(know nothing)运动。1854年,这一运动的领导组织改组为"美国人党"(American Party),该党在1856年的总统大选中,公开喊出了"America for the Americans"(美国是美国人的美洲)的口号,以动员本土新教徒反对天主教移民。See Robert North Roberts et al., *Presidential Campaigns, Slogans, Issues, and Platforms: The Complete Encyclopedia*, Vol. 1, Santa Babara, CA: ABC-CLIO, LLC, 2012, p. 17. 由于围绕奴隶制的斗争激化,该党的反移民议程未能在选举中成为主流,该党势力也被美国的两大政党所吸收。但"America for the Americans"这一口号却流传了下来,并被运用于倡导"门罗主义"的场景中。

然而，1898年，美国赢得美西战争，不仅控制了波多黎各，通过"普拉特修正案"(The Platt Amendment)将刚独立不久的古巴变成自身的保护国，巩固了其在西半球的主导地位，而且获得了对关岛、威克岛、菲律宾等非美洲土地的控制权，其势力越出了西半球，在太平洋西岸确立了一定的影响力。而这就带来一个问题："门罗主义"是否应当局限于原来的西半球？伍廷芳所介入讨论的，就是这样一个问题。

在伍廷芳1900年发表演讲提出将"门罗主义"运用于菲律宾乃至亚洲之前，他已经先于美国政府提出中国应当进行"门户开放"。在1898年2月的《奏请变通成法折》中，伍廷芳从"均势"的原理出发，认为要防止中国被列强瓜分，就需要让列强相互牵制，而这就需要中国进一步开放通商口岸。伍廷芳指出，欧洲像瑞士、比利时这样的小国都能在大国的夹缝中生存，关键在于"彼全国通商，重门洞开，示人以无可欲"，而"中国深藏固闭，转有以启其觊觎之心故也"。① 伍廷芳主张先在沿海省份试行与列强全面通商，等到时机成熟，开放全国与列强通商。伍廷芳举例称，甲午战争中天津、上海作为通商口岸均免于战火，可见"通商之区，各国视为公地，平时均沾利益而莫之能专，有事互相钳制而莫敢先发"。② 伍廷芳甚至期待一旦实施全国通商，原本为通商而特设的租界即可以被收回。

这一主张在原理上当然非伍廷芳所创。在冷战时期"均势"战略的理论家和操盘手亨利·基辛格看来，魏源早就提出了符合欧洲"均势"原理的主张："与其使英夷德之以广其党羽，曷若自我德之以收其指

---

① 丁贤俊、喻作凤编：《伍廷芳集》，北京：中华书局，1993年，第48页。
② 同上书，第49页。

臂。"①魏源认为,与其让英国"德色",即通过散发从中国获得的利益,获得列强感激,从而增强其党羽力量,还不如由我方来"德色",主动将利益分配给列强,从而使其相互牵制。伍廷芳的上级李鸿章就是长期采取这一方针,作为李鸿章的助手,伍廷芳受其外交思路影响很深。在总理各国事务衙门多年推行"以夷制夷"战略的前提之下,伍廷芳提出"全国通商,重门洞开"的主张,丝毫不显得突兀。② 1898年清廷电谕各封疆大吏:"现当海禁洞开,强邻环伺,欲图商务流通,隐杜觊觎,惟有广开口岸之一法。"③在美国国务卿海约翰(John Hay,直译约翰·海伊)向其他列强发出"门户开放"照会之前,伍廷芳即在美国多次演讲,宣传中国的"门户开放"主张。

1899年与1900年,美国两次就中国问题对其他列强发出"门户开放"照会,倡导"门户开放,利益均沾",主张"维持中国领土和行政完整",反对其他列强垄断对华利益。在1899年发出第一次"门户开放"照会之前,美国官员根本没有征询伍廷芳的意见,伍廷芳只是从报纸上获得相关消息,而美国国务卿海约翰对其质询的回应也非常傲慢。④ 美

---

① 魏源:《筹海篇三:议战》,载《魏源全集》(第4卷),长沙:岳麓书社,2011年,第35页。另参见亨利·基辛格:《论中国》,胡利平等译,北京:中信出版社,2012年,第56页。
② "以夷制夷"与"均势"具有不同的历史起源。"以夷制夷"是中原王朝长期以来利用周边政权之间的矛盾,使其相互牵制,以维持中原王朝优越地位的策略,在观念上预设了"夷/夏"之辨以及中原王朝的雄厚国力和优越地位,而这两点在鸦片战争之后都受到了严峻的挑战。起源于欧洲的"均势"没有这样的预设,"均势"战略在欧洲的运用主体通常也是具有列强(great powers)地位的国家。基辛格指出:"从均势的角度看,考虑到力量的客观构造,中国几乎没有可能作为一个统一的大陆国家存活下来。"他认为中国依靠外交官的分析能力与人民的坚韧不拔和文化自信度过最艰难的危机。参见亨利·基辛格:《论中国》,第52—53页。而所谓外交官的分析能力,重点就在于将"均势"的眼光与"以夷制夷"的传统战略结合起来,让列强在华相互牵制。在基辛格看来,近代中国不具备列强地位,其"均势"战略却能收得一定的成效,这是极具中国特色的历史经历。
③ 朱寿朋编:《光绪朝东华录》,北京:中华书局,1984年,第4158页。
④ David Anderson, *Imperialism and Idealism: American Diplomats in China, 1861-1898*, Bloomington: Indiana University Press, 1985, p.179.

国精英当然不会将"门户开放"政策的起源归结为中国官员的建议。美国传教士、外交官卫三畏(Samuel Wells Williams)的儿子卫斐列(Frederick Wells Williams)甚至称原美国驻华公使蒲安臣(Anson Burlingame)为"门户开放原则之父",后者早在19世纪60年代代表中国出访欧洲,曾经提出了在某些方面类似于"门户开放"的"合作政策"(Cooperative Policy)主张。① 伍廷芳只能是被动地接受美国版本的"门户开放"政策,进而通过解释的方法,试图将其引导到自己期待的方向上来。

然而,"门户开放"政策和"门罗主义"之间究竟是什么关系,在当时的美国,亦是一个在理论上缺乏回应的问题。1899年3月《北美评论》(North American Review)上发表的《中华帝国的解体》(The Dissolution of the Chinese Empire)一文中即指出美国面临的迫切理论需要:"为了回应菲律宾引起的较小的地方问题而引入的门罗主义修正,将需要被放大或扩展至能够包含巨大、复杂和丰富的中国问题。"② 而伍廷芳在其1900年的演讲中,试图主动回应这一问题。

美国的影响力越出"西半球",这是伍廷芳发表演讲的第一重历史语境。第二重历史语境则是美国的"排外"风潮以及伍廷芳与美国政府关于《排华法案》的交涉。1868年,中美两国签订了《中美续增条约》,其第5条规定:"大清国与大美国切念民人前往各国,或愿常住入籍,或随时来往,总听其自便,不得禁阻。为是现在两国人民互相来往,或游历,或贸易,或久居,得以自由,方有利益。"③ 该条约为中国人移居美

---

① Frederick Wells Williams, *Anson Burlingame and the First Chinese Mission to Foreign Powers*, New York: Charles Scribener's Sons, 1912, p. viii.

② George Smyth et al., *The Crisis in China*, New York & London: Harper & Brothers Publishers, 1900, p. 218.

③ 梁为楫、郑则民主编:《中国近代不平等条约选编与介绍》,北京:中国广播电视出版社,1993年,第171页。

提供了法律依据。然而,随着美国西部淘金热的降温和中央铁路的完工,美国社会能够提供的就业机会减少,社会矛盾激化,美国加利福尼亚州最早掀起排华风潮,并向美国其他地方蔓延。1880年,美国总统海斯(Rutherford Birchard Hayes)派遣使团前往中国,与清政府达成了《中美续修条约》,将美国当时已出现的一些对于华人移民的限制正当化。[①] 1882年,美国国会两院通过更为激进的《关于执行有关华人条约诸规定的法律》(即1882年《排华法案》),并由总统切斯特·艾伦·阿瑟(Chester A. Arthur)签署生效。美国的一些精英甚至用"门罗主义"话语来论证排斥华人乃至亚洲移民的正当性,比如美国"海权论"代表理论家马汉认定:"亚洲人的移民是违背门罗主义的,因为他们不能被同化,他们是在开拓殖民地,这实质上是吞并行为。"[②]

伍廷芳于1897年美国"排华"高潮时出任驻美公使。他在上任之初就面临着一个他的前任所未曾遇到过的保护华人的新问题。赢得美西战争之后,1898年7月7日,美国国会通过决议,将《排华法案》扩展到夏威夷群岛,禁止华人移民到夏威夷群岛,同时也禁止华人从夏威夷群岛进入美国本土。美国的"排华"风潮也延伸到了菲律宾。1898年美国占领菲律宾后,受命组织政府的奥迪斯将军(Elwell Stephen Otis)于8月26日发布命令,禁止中国人进入菲律宾,这一命令并没有议会立法作为基础。伍廷芳上奏清廷,并多次照会美国国务卿海约翰,但根本无法制止美国政府的相关决定。1902年,美国国会再次讨论《排华法案》,进一步扩大限禁华人的范围,升级限禁措施。伍廷芳于4月29日照会海约翰,希望美国总统否决该项法案,但罗斯福总统在收到伍廷芳

---

① 参见陈翰笙主编:《华工出国史料汇编》(第1辑第4卷),北京:中华书局,1980年,第1326页。
② 罗伯特·西格:《马汉》,刘学成等编译,北京:解放军出版社,1989年,第461页。

的照会前已经签署法案,伍廷芳交涉无果。

　　一方面,伍廷芳从"均势"原理出发,对美国寄予厚望,希望美国能够牵制其他列强对于中国的瓜分;另一方面,美国政府和美国社会对于华人不断升级的种族歧视,又让他感受到了深深的恶意。那么,他究竟如何平衡自己的希望和失望呢?他在演讲中主动触及美国"门罗主义"的适用范围这一议题,究竟出于什么意图,又产生了什么效果呢?

二、伍廷芳的言说姿势

　　伍廷芳1900年2月22日在宾夕法尼亚大学的英文演讲"The Proper Relations of the United States to the Orient"在光绪年间出有石印中译本,但出版年月不详,后收入《伍廷芳集》,其具体内容与美国报章报道一致。伍廷芳为中译本加上了一个序言,可以更清晰地表明其演讲的意图:"美国保邦旧例,自守封圻,以杜外衅,不欲用兵于他洲,亦不欲他洲之兵加于同洲之国。中、南两洲各小国弱而不亡者,维此是赖。比年来,时异势殊,稍稍多事。自战胜西班牙后,吕宋一岛割隶美属,与我为邻,相距闽、粤,直衣带水耳。履霜坚冰,当防其渐,有心时事者,所宜动念也。顾遗谟具在,公论犹存,美既与我同洲,如能以保美洲者保东亚,则东亚可安。列邦虽多觊觎,亦将观望,而不敢遽发,或亦因势利导之一策乎?至禁工苛例推行吕岛,此犹得失之小者耳。"①

　　这段话可以表明,伍廷芳对于美国占领菲律宾充满警惕,担心美国以菲律宾为跳板,吞并中国沿海省份。伍廷芳的这种恐惧并非在1900年之后才滋生的。在发表于《北美评论》1900年7月号的《中美互惠互

---

① 丁贤俊、喻作凤编:《伍廷芳集》,第126页。

利》一文中,伍廷芳已经指出了菲律宾因素对于中美关系的重要意义:"中国很有兴趣地注意到,星条旗已经插上了菲律宾诸岛,这将使美国成为中国未来的邻国。美国一直是中国的朋友,所以,中国真诚地希望,美国不要利用她的新海岸来妨碍亚洲人民,而应抓住这一机会加强两国间互利的友好关系。"①而他对这一时局的回应方式,则是将"门罗主义"引入菲律宾乃至东亚。他对"门罗主义"的文字描述充满善意,相信美国运用"门罗主义"来排斥欧洲列强对美洲的干涉,保护美洲各共和国,而美国自己并无吞并美洲各国之心。如此,将"门罗主义"运用到菲律宾乃至东亚,就意味着美国不仅不会吞并中国,而且会帮助中国抵御其他列强。如果中国可以得到美国在这方面的保证,那么即便美国将《排华法案》适用于菲律宾,对中国而言并不算什么大的损失。伍廷芳在这里完成了对轻重的权衡,将在中国乃至东亚建立列强之间的均势放在第一位,而将修改《排华法案》放在第二位。

在剖析伍廷芳声明的意图之后,现在让我们转向探讨伍廷芳的修辞手法。根据《纽约时报》的报道,伍廷芳2月22日的演讲在宾夕法尼亚大学音乐学院举行,当日的活动旨在庆祝华盛顿诞辰以及宾夕法尼亚大学法学院新楼落成。宾夕法尼亚大学教务长(provost)查尔斯·哈里森(Charles C. Harrison)向听众介绍了伍廷芳,并勾勒了当下的时势:中国在过去的4000年里一直是"耐心的、田园式的、凝固的",不愿回答"谁是我的邻居"这个问题;而美国则是"骚动不安的、充满好奇心的、缺乏耐心的、进步的",在一个世纪里取得了让旁观者震惊的成绩,但美国人自己却没有时间去思考。现在美国正在寻求进入这个天朝王国

---

① 丁贤俊、喻作风编:《伍廷芳集》,第92页。英文版见 Wu Ting-fang, "Mutual Helpfulness between China and the United States," *The North American Review*, Vol. 171, No. 524 (Jul. 1900), pp. 1–12。

(celestial kingdom),代表中国政府的伍廷芳又将有何回应呢?①

伍廷芳首先感谢主办方在华盛顿诞辰之日邀请他来演讲,将这一演讲的时势表述为美国"开拓日广,新得土疆,远及东亚"。接下来,他赞扬了华盛顿总统的功业和德性,并称华盛顿在中国享有盛名,常被类比于尧舜。美国建国125年,如今成为中国的邻国,"两国交谊从此日敦,此不佞所深喜而乐道者也"②。

接下来,伍廷芳引用了美国邮政总长在纽约发表的关于美国政策之意不在扩张版图,而在于开拓商务的观点,称美国与亚洲的交往,必将以和平为主。而要维持和平,美方首先就要研究亚洲各族群的风俗习惯,实行因俗而治。伍廷芳提到了华人与欧洲人、美国人之间因为不了解彼此风俗而引发的误解和冲突,隐含地指向美国《排华法案》背后美国人对于华人的种种误解。伍廷芳指出,要促进对亚洲的理解,就要培养熟悉东方语言和习俗的人才。他开始讨论宾夕法尼亚大学可以在这方面发挥作用,建议宾大"速设汉文教习"。与此同时,他建议以英语为万国通用语言,促进东西方各国之交流。接下来,他又从万国通用语言,讲到"公法"的研习,强调了"公法"对于各国交往的重要性:"各国行事,以强弱异势,多背公法。背之者多,则恐习之者少矣。"③这当然也是在劝诫美国尊重"万国公法",以增强"公法"之权威。

伍廷芳接下来的论述会令许多当代读者感到惊异:他给美国治理菲律宾提出建议,希望美国因俗而治,不要轻易变更土著风俗;希望美国平等对待菲律宾各族群,不要厚此薄彼。伍廷芳对于族群平等的提

---

① "Chinese Minister Suggests Extension of Monroe Doctrine," *New York Times*, Feb 23, 1900.
② 丁贤俊、喻作凤编:《伍廷芳集》,第128页。
③ 同上书,第131—132页。

议,隐含表达了他对美国在菲律宾推行"排华"的不满。伍廷芳指出,统治万里之外的族群,并非美国之所长,美国不妨向邻近的英法殖民地学习。但最重要的是遵守华盛顿1796年"告别演说"中的遗训。伍廷芳赞扬华盛顿的遗训与孔子所说的"言忠信,行笃敬"不谋而合,"为天下各国指南之助"①。

伍廷芳将"门罗主义"论证为"华盛顿之道"的具体化,是"保邦致治之隆规"。他将美国政府最近的"门户开放"照会内容概括为"共保中国洞辟门户,毋许侵陵",符合华盛顿公正和平之宗旨。下一步,伍廷芳"移樽施教",提出了将"门罗主义"运用于菲律宾乃至亚洲的主张:

> 然则贵国今日应行门鲁式之道于亚洲,诚不待再计决矣。吕岛在亚洲界内,为东西往来之门户,门鲁氏之论谓:凡有侵削南北美洲之地,即有碍于贵国太平之局,此言诚是也。夫以美洲南北相去八千里尚不容他人侵削,然则亚洲之地,距吕岛不及六百里者,万一有事,岂容袖手旁顾耶?既谓波吐立哥岛、大西洋诸岛不应入外人掌握,然则亚洲东部陆地与吕岛相距,较波吐立哥岛与美国化罗理打相距尤为密迩,万一见侵,谊属同洲,不应同此关切耶?吾非惧侵占之事即在目前也,特以门鲁氏之道为贵国保邦政策,今既有土地于东方,则随地推行,亦自然之理耳。此政策并非自私自利也,即向所云:公正自保为本者也。苟力行之,贵国仁声义闻,无远弗届矣。②

---

① 丁贤俊、喻作凤编:《伍廷芳集》,第133页。
② 同上书,第133—134页。

伍廷芳论证"门罗主义"适用于亚洲的基本逻辑如下：(1)菲律宾已是美国领土，因而"门罗主义"自然可在菲律宾推行；(2)亚洲大陆与菲律宾有"谊属同洲"的连带关系，亚洲大陆距离菲律宾的距离，比美国佛罗里达距离加勒比海上的波多黎各更近，因此适用于菲律宾的"门罗主义"，当然也可以在亚洲大陆推行。而将"门罗主义"扩用于亚洲，必将大大增加美国的国际声望。伍廷芳未必充分意识到的是，他认为理所当然的"'门罗主义'适用于菲律宾"的观点，在当时的美国却构成一个很大的理论难题。

伍廷芳将"门罗主义"与华盛顿"告别演说"的精神联系起来，显然是在强调"门罗主义"与华盛顿所深恶痛绝的老欧洲的野心与竞争存在根本差异，从而将扩张主义视为"门罗主义"的对立面。将这样的"门罗主义"推广到亚洲，也就意味着美国不会像欧洲列强那样侵占亚洲的领土，反而会为了保护亚洲弱小国家而牵制欧洲列强。伍廷芳诉诸华盛顿权威的做法，在清末民初的知识界并不罕见。正如历史学者潘光哲在《华盛顿在中国》一书中指出，当时诸多论者将华盛顿描绘成"异国之尧舜"，并通过对华盛顿形象的塑造，表达对美国政治制度的肯定和向往。[①] 不过，《华盛顿在中国》的论述并没有涵盖伍廷芳1900年演讲这种中国人向美国听众论述华盛顿的情形。伍廷芳对华盛顿的赞美显然具有特定目的——他对美国不无戒心，试图劝说美国能在"门户开放"和"门罗主义"的实践中忠于华盛顿之道，在亚洲维持和平，牵制欧洲列强的侵略。这实际上是期待美国"作茧自缚"。

如此看来，伍廷芳预设了"门罗主义"是美国秉承华盛顿"告别演说"精神、保护邻邦领土完整和维持和平的原则，而不是干涉和侵略邻

---

① 参见潘光哲：《华盛顿在中国》，台北：三民书局，2006年，第47—70页。

邦的原则。我们并不清楚伍廷芳是否了解"门罗主义"的黑暗面。事实上,在19世纪,"门罗主义"早已经充分呈现出其服务于扩张主义与干涉主义的一面。在19世纪上半叶,美国总统詹姆斯·波尔克(James Polk)就是以"欧洲列强不得干涉美洲大陆人民中的一部分组成一个独立国家而建议要和我们的联邦合并"为借口,证成美国对得克萨斯的吞并①,并甚至试图吞并墨西哥的尤卡坦半岛。1870年,格兰特总统提出"从此以后,这片大陆上的任何领土都不能被转让给欧洲国家"②,目的在于吞并多米尼加共和国。如果不是因为国会中的种族主义者嫌弃多米尼加共和国居民不是纯正的白人,从而否决格兰特总统的方案,美国已经将多米尼加变成自己的一部分。至于以"防止欧洲干涉"为名,对拉丁美洲国家内政进行干涉,从来都是美国的"门罗主义"实践的有机组成部分。美国的联合果品公司(The United Fruit Company)在许多拉丁美洲国家制造了"国中之国",翻手为云,覆手为雨。伍廷芳1914年出版的英文著作 America, Through the Spectacles of an Oriental Diplomat (中译《一个东方外交官眼中的美国》)也没有触及"门罗主义"的这些黑暗面。③ 不过,当时不仅是他一个人采用这样的言说姿态。即便到了1915年,中国留美学生在反对日本强加给中国的"二十一条"的时候,也是树立一个光辉的美国"门罗主义"典范,与日本对美国"门罗主义"的模仿作对比。④ 直到20世纪20年代早期,在中国的"联省自治"运动

---

① 参见王绳祖主编:《国际关系史资料选编》(上,第一分册),武汉:武汉大学出版社,1983年,第68—69页。
② Dexter Perkins, *A History of the Monroe Doctrine*, Boston: Little, Brown & Company, 1955, pp. 158-159.
③ 参见伍廷芳:《一个东方外交官眼中的美国》,李欣译,南京:学林出版社,2006年,第15—16页。
④ Daniel M. Dubois, *Great Expectations: Chinese Students in America and the Open Door, 1900-1930*, Ph. D. Dissertation, Truman State University, 2007, pp. 165-167.

之中，我们仍然可以看到"门罗主义"呈现出非常正面的形象，直至国共两党的合作对"联省自治"作出新的定性。①

在其 1900 年演讲的最后部分，伍廷芳强调，统治"新附异族之人"靠的不是"善战勇敢"，而是政治家的"擘画经营"，需要以德服人。美国"代有伟人"，宾夕法尼亚大学将培养后起之秀，承担大任。伍廷芳最后呼吁："星旗招展，不仅为自由之帜，且以为仁义之准，吾将拭目俟之。"②

伍廷芳非常重视自己在宾夕法尼亚大学发表的《论美国与东方交际事宜》演讲。在同年 3 月在美国刊物上发表的文章《中国与美国》(China and the United States)末尾，他带着一丝自豪这样写道："美国人应该了解的事情很多。那天，我在费城讲话时，冒昧地向菲律宾群岛的政府建议，派一些士绅到邻近的殖民地——特别是英法殖民地——去研究他们的历史和管理方法。那些殖民地政府富有统治亚洲人的经验。为此，他们已经付出了沉重的代价。美国人会从这些经验中获益的。理论并不总是可靠的；而经验却十分可贵。"③一个半殖民地政府的外交使节，向新进的殖民者传播老殖民者的殖民帝国治理之道，这是否怪异呢？结合伍廷芳个人的成长经历，这一"移樽施教"行为似乎不难理解。伍廷芳出生于新加坡，后来入香港圣保罗书院，又前往英国留学获得博士学位，回到香港担任律师，其早年教育及生活经历与大英帝国有着极其密切的关系。因此，他在美国听众之前不经意间透露出某种对大英帝国的认同，也是非常自然的。但伍廷芳的出发点和立足点都

---

① 参见章永乐:《此疆尔界:"门罗主义"与近代空间政治》，第 234—273 页。
② 丁贤俊、喻作凤编:《伍廷芳集》，第 134 页。
③ Wu Ting-fang, "China and the United States," *The Independent... Devoted to the Consideration of Politics, Social and Economic Tendencies, History, Literature, and the Arts*, Vol. 52, No. 2678, 1900, p. 755. 丁贤俊、喻作凤编:《伍廷芳集》，第 126 页。

在于维护中国在殖民帝国秩序中的安全。向美国"移樽施教",以赢得美国的好感,目的是为了在《排华法案》交涉中获得美国的一定让步。即便这一目标无法达成,如果能够说服美国主动地在亚洲维持"均势",牵制欧洲列强瓜分中国的图谋,也不失为一种收获。①

更值得一提的是,在1921年华盛顿会议召开之时,伍廷芳在《华盛顿邮报》上发表英文文章,再次提到了他在1900年的这个演讲。兹节录该文中译本如下:"犹忆当年杜威大将军占领斐列滨群岛后,余料该岛将为美国领土,即献议于海约翰氏与美国其他政治家,谓欲保兹岛之安全,必须将门罗主义推广至太平洋。但当时以余之建议为太早,计今日则时机已至。余以为此问题应受严重之考虑矣。"②伍廷芳公开向华盛顿会议建议将"门罗主义"推广于太平洋及其沿岸各地,意在赢得美国政府好感,使其尽快承认孙中山领导的南方政府。

不过,伍廷芳对其1900年演讲内容的概括却不尽准确:他在当年的公开修辞绝非为了保护菲律宾的安全,而是将"门罗主义"用于美国新属地视为理所当然,进而将重点放在解释为什么亚洲大陆也应该被纳入"门罗主义"适用范围这个问题上。在1921年,伍廷芳的身份早已不是中国驻美公使,而只不过是孙中山领导的南方政府的外交部长兼财政总长,他提出的将"门罗主义"扩用到亚洲的论述也不再像21年前那样吸引美国听众的注意——早在1919年1月,《中太平洋杂志》(The

---

① 伍廷芳说:"日本已经开始修订她以前签订的领土条约,英国和其他国家已不再妨碍日本的发展,这也说明了西方国家的公正。我希望中国步日本后尘的那天会很快到来。"丁贤俊、喻作风编:《伍廷芳集》,第92页。
② "Dr. Wu Ting Fang Wants Monroe Doctrine Applied to All Lands on Pacific," *The Washington Post*, 04 Dec 1921, p. 62. 伍廷芳:《对外宣言》,载中国社会科学院近代史研究所近代史资料编辑部编:《近代史资料》(总88号),北京:中国社会科学出版社,1996年,第200页。

Mid-Pacific Magazine)就有报道:澳大利亚总理和新西兰总理主张美国将"门罗主义"运用于太平洋地区,这两位英国殖民地的政府首脑提出的主张,显然比一位中国官员的主张对美国更有冲击力。① 由于以上种种原因,伍廷芳的新论述并没有像上次那样引发美国主流舆论如此大的反响。

伍廷芳出于"均势"原理,积极将美国引入东亚的思路,在当时中国的精英中又占据一个什么位置呢? 在19世纪末,由于德国占领胶澳,俄国进一步加强对中国东北的控制,中国大量精英将德、俄两国视为中国的头号威胁,试图借助英、美、日的力量牵制德、俄。康有为在1998年力主联英、美、日,甚至提出"中、英、美、日"四国"合邦"。② 章太炎于1897年曾在《时务报》上发表《论亚洲宜自为唇齿》一文,主张联日拒俄,"亚洲和亲"。③ 到了1899年,章太炎对东亚形势的观察,仍将德、俄视为最大威胁,因而认为中国可以联合日、英、美来牵制德、俄。章太炎甚至认为美国占据菲律宾对于东亚是利大于弊,有助于美国发挥对欧洲列强的均势作用。④ 伍廷芳的"联美"思路,在当时的中国国内实际上是比较常见的主张。

然而时势的演变对于部分旅日精英的主张产生了较大冲击。1898年美西战争爆发。阿奎纳多的菲律宾革命政府积极联络日本军方,其

---

① Prime Minister Wm. Hughes of Australia, Prime Minister W. F. Massey of New Zealand, & Sir Bart Joseph Ward, "A Monroe Doctrine for the Pacific Ocean," *The Mid-Pacific Magazine*, Vol. XVII, No. 1, January 1919, pp. 49–50.

② 参见康有为:《请速简重臣结连与国以安社稷而救危亡折》(代宋伯鲁作),载姜义华、张荣华编校:《康有为全集》(第4集),北京:中国人民大学出版社,2007年,第450页。

③ 参见《章太炎全集·太炎文录补编(上)》,上海:上海人民出版社,2017年,第341、4—6页。

④ 参见章太炎:《非岛属美利害论》,《台湾日日新报》1899年3月5日,载《章太炎全集·太炎文录补编(上)》,第126页。章太炎后来转向全面反对东西方"帝国主义",与其在上海公共租界的牢狱经历不无关系。

代表堂·福斯蒂诺·利肖科(Don Faustino Lichauco)在书面回答日本情报人员福岛安正的问题时,举出美国在美洲推行"门罗主义"、排斥欧洲列强的例子,希望日本能与菲律宾联合,共同反对西方对本区域的侵略。① 日本贵族院议长、东亚同文会会长近卫笃麿在当年大讲"亚洲门罗主义",鼓吹"东洋是东洋人的东洋"。② 受到日本"亚洲主义"深刻影响的孙中山将美国占领菲律宾视为对亚洲整体的威胁。1899年,孙中山计划先率兴中会会员帮助菲律宾革命,待其成功,再在菲律宾人的帮助下于中国国内发动革命。陈少白称孙的目的是"使菲岛先行独立,借其余力助中国革命成功,奠定亚细亚同盟之基础,以反抗口中倡导博爱而实际上行非人道之列强,并将其逐出亚洲"③。孙通过与日本军方的关系,帮助菲律宾革命者购买并运输军械,并有支持孙的日本志士在这一过程中付出生命。此外,据菲律宾独立人士彭西的论述,孙还热切支持中国、朝鲜、日本、印度、菲律宾、暹罗等亚洲各国学生在东京组织的东亚青年协会。④

1898年12月梁启超在日本横滨主持创办《清议报》,其"叙例"(创

---

① Don Faustino Lichauco, "Appendix XII: Questions and Answers Sent by Don Faustino Lichauco to Col. Fukushima, July 17, 1898," trans. Jose Ramos, in Josefa M. Saniel, *Japan and the Philippines, 1868-1898*, Quezon City: University of the Philippines Press, 1969, p. 374.

② 比如说,1898年11月,在接见来访的中国流亡维新派领袖康有为时,近卫笃麿提出:"今天的东洋问题已不单纯是东洋问题,它已经成为世界问题。欧洲列强都是为了自己的利益而在东洋竞争。东洋是东洋人的东洋。东洋人必须有独立解决东洋问题的权力。美洲的门罗主义也是这个意思。实际上,在东洋实现亚洲的门罗主义(亜細亜のモンロー主義)的义务就落在了贵我两邦的肩上。"近衛篤麿日記刊行会编『近衞篤麿日記(近卫笃麿日记)』第2卷,東京:鹿島研究所出版会,1968年,195頁。东亚同文会几乎一统日本既有的"兴亚"组织,并有不少高官和贵族加入,名为民间组织,实际上在日本政府的支持下发挥"民间外交"的作用,与当时留日的中国反满革命派和保皇派都有深入交往。

③ 段云章编:《孙文与日本史事编年》(增订本),广州:广东人民出版社,2011年,第59页。

④ 同上书,第75页。

刊词)就使用了"亚粹""黄色种人"等等颇具日本"亚洲主义"色彩的词汇。①《清议报》团队密切关注菲律宾人民反抗美国殖民的战争,将美军的侵略视为不仅是对菲律宾的侵略,也是对"亚洲"的侵略。欧榘甲称赞菲律宾人的反抗呈现出来的"菲律宾者菲律宾人之菲律宾"的意识,称"曰亚洲未有能倡自主者,有之始于菲律宾"②。在菲律宾步步败退之时,蔡锷想到的是"东亚人之东亚果如何耶",担忧"黄族"之命运。③

1900年中国遭遇八国联军入侵,濒临被瓜分的边缘。在《论今日各国待中国之善法》中,梁启超仍肯定美国的"门户开放"政策对于"保全"中国土地与自主权的意义,又称"英国为世界文明先进第一之国,日本为我东方兄弟唇齿相依之交,其待中国之心,亦与美国略同,美国肯力任其难,英日必联袂而起"。这是寄希望于美、日、英三国牵制其他列强瓜分中国的主张,从而保持中国的领土完整和政治自主。在1901年《灭国新法论》中,梁启超指出,即便是美国倡导的"门户开放",也不过是一种"灭国新法":"举全国而为通商口岸,即举全国而为殖民地。"1902年,在《论美菲英杜之战事关系于中国》一文中,梁启超大

---

① 参见张品兴编:《梁启超全集》,北京:北京出版社,1999年,第168页。
② 欧榘甲:《论菲律宾群岛自立》,《清议报》第25册(1899年8月26日)。值得一提的是,1903年12月,美国派遣的菲律宾总督,亦即后来的塔夫脱总统,曾经发表演讲讨论"The Philippines for the Filipinos"这一口号,把自己打扮成这一口号的支持者。而他对这一口号的解释,是将其与民族独立区分开来,只强调美国对菲律宾的治理,是为了菲律宾人自身的福利。"The Duty of Americans in the Philippines," Speech Delivered by Taft before the Union Reading College in Manila, December 17, 1903; reproduced in *Official Gazette (Supplement)*, Vol. 1, No. 68, 1903, pp. 3-4.
③ 如果说这里的论述是将"孟鲁主义"与"帝国主义"相对立,在东京出版的《浙江潮》1903年第6期"新名词释义"栏目则认为"孟鲁主义"为"帝国主义"之别名。梁启超1903年《新大陆游记》则分析了门罗主义从"亚美利加者,亚美利加人之亚美利加"到"亚美利加者,美国人之亚美利加"再到"世界者,美国人之世界"的变化,对美国政客们的解释能力表示惊异。而杨度1907年发表的《金铁主义说》则称美国"变其门罗主义而为帝国主义",前者文明,后者则略带野蛮,但非此不足以求生存。参见刘晴波主编:《杨度集》,长沙:湖南人民出版社,1986年,第221页。

赞菲律宾抗击西班牙与美国,认为菲律宾"实我亚洲倡独立之先锋,我黄种兴民权之初祖也!"菲律宾如果取胜,"可以为黄种人吐气,而使白种人落胆"。

可以说,在19—20世纪,美国参与的美西战争和美菲战争在很大程度上激发了旅日精英的危机感,促使他们去讨论"帝国主义"概念。对于"门罗主义"与"帝国主义"的关系,旅日精英见解不一,有的认为美国正在放弃"门罗主义",转向"帝国主义";有的认为"门罗主义"本身就是"帝国主义"。① 但绝大部分人都同意,美国占领菲律宾,正是"帝国主义"的一种体现。可以说,日本朝野在美国占领菲律宾时所产生的危机感,在很大程度上影响了旅日精英对于时势的判断。

作为清廷驻美外交使节,伍廷芳既没有受到日本朝野的危机感的影响,也没有参与旅日中国精英发起的对于"帝国主义"的讨论。梁启超将美国的托拉斯组织视为"二十世纪之巨灵",是"帝国主义"的重要组织基础②,而伍廷芳只是轻描淡写地将其视为使资本取得最大效益的组织方式。③ 伍廷芳不乏"亚洲"的观念和认同,但倾向于将欧洲列强视为对"亚洲"的威胁,而将美国看作牵制欧洲列强的力量。

伍廷芳在很大程度上延续了李鸿章的"均势外交"的思路。在列强利益冲突显著并有对抗意志的时候,这一战略在一定范围内也是有效

---

① 将"门罗主义"与"帝国主义"相对立的论述,如蔡锷:《孟鲁主义》,《清议报》第67册(1900年12月22日);杨度:《金铁主义说》,载刘晴波主编:《杨度集》,第221页。而另外一些论述认为"门罗主义"本质上就是"帝国主义"。在日本东京出版的《浙江潮》1903年第6期"新名词释义"栏目认为"孟鲁主义"为"帝国主义"之别名。1903年在东京编辑出版的《湖北学生界》第5期"历史传记"栏目发表《菲立宾亡国惨状记略》,1904年浙江金华《萃新报》创刊号全文转载该文,该文在探讨菲律宾亡国史同时,也对美国"门罗主义"的帝国主义本质进行了揭示。

② 参见梁启超:《二十世纪之巨灵托辣斯》,载张品兴主编:《梁启超全集》,第1114页。

③ 参见丁贤俊、喻作风编:《伍廷芳集》,第83页。

果的。然而,弱国打大国牌、强国牌,始终面临着一个根本困境:当列强相互之间存在活跃的"大国协调"(concert of powers)之时,"均势"战略往往会落空。而1814—1815年欧洲维也纳会议建立并扩展到欧洲之外的维也纳体系,恰恰是以"大国协调"为特征的,列强之间不仅有不定期的会议,而且有很多秘密外交渠道相互协调立场。如果列强之间有充分的沟通,就不仅可以建立相对稳定的利益边界,而且可以反过来假借寻求在华"均势"之名,向中国要求越来越多的利益。

比如说,李鸿章将包括美国在内的一系列列强引入朝鲜,希望用其来牵制日本。但这些列强却相继与日本达成协调,在日本吞并朝鲜的过程之中,发挥的牵制作用极其有限。甲午战争之后,俄国自认为在"三国干涉还辽"大大有功于中国,李鸿章也推行"联俄制日"的方针,于1896年与俄方签订《御敌互相援助条约》(即《中俄密约》)。俄国不费一枪一弹,就将中国东北变成了它的势力范围。1897年11月德国占据胶澳(今青岛)。12月14日,俄国以"中俄联盟"遏制德国的名义,将舰队驶入旅顺。德俄两国以相互牵制对方的名义蒙骗清政府,要求分别在胶澳与旅顺长期驻扎下来,但事实上,两国之间存在着顺畅的协调关系。李鸿章希望能以俄国来牵制日本,日俄两国于1898年4月25日在东京签订协议,将朝鲜半岛划为日本的势力范围,而日本默认中国东北为俄国的势力范围。1904—1905年日俄战争之后,日俄两国也通过多次协调,在中国东北重新划分了势力范围。而伍廷芳自己的"均势"主张也曾经遭遇过"大国协调"的打击。《辛丑条约》签订后,伍廷芳倡议中国东北开门通商①,原计划借助美国在东北遏制俄日,但美国却与

---

① 参见王彦威、王亮编:《清季外交史料》(第6册),长沙:湖南师范大学出版社,2015年,第3189页。

日本达成交易,于1908年签订《鲁特-高平协定》,美国承认日本在东北的利益,而日本也承认美国对菲律宾的占领。

凡此种种,都说明了"均势"战略与"大国协调"之间深刻的张力。魏源在《筹海篇》中提出"与其使英夷德之以广其党羽,曷若自我德之以收其指臂",这一"均势"战略规划的着眼点在于利用列强相互牵制赢得时机,从而"师夷长技以制夷"。然而清政府无力奋发自强,其结果只能是在"以夷制夷"的自我安慰中陷入越来越深的半殖民地状态。没有实力支撑,像伍廷芳这样的外交官在谈判桌上再努力,也无法达到"均势"战略的预期目的。

三、伍廷芳与美国的"门罗主义"再定位

伍廷芳在1900年2月发表涉及"门罗主义"的演讲,而这正是美西战争之后美国国内围绕着"门罗主义"与美国的帝国扩张之关系激烈辩论的时刻。领导行政当局的麦金莱(William McKinley)总统鲜明地表明了自己的态度:既不能将菲律宾还给西班牙,也不能交给美国在东方的商业竞争对手法国或德国,更不能交由没有自治能力的菲律宾人自治,美国唯一的选项是接管菲律宾,并"教化"菲律宾人。[①] 然而,美国国会议员围绕着美国对菲律宾和夏威夷的吞并是否违反"门罗主义",产生了极大的分歧。[②]

在美国国会中,一部分议员认为吞并菲律宾本身就是对"门罗主

[①] Charles S. Olcott, *The Life of William McKinley*, Vol. 2, Boston: Houghton Mifflin Company, 1916, pp. 110-111.

[②] Lillie Cornelia Porterfield, *Congress and the Monroe Doctrine: 1895-1905*, Ph. D. Dissertation, The University of Chicago, 1942.

义"精神的背叛,因为这意味着美国在遥远的亚洲做了它禁止欧洲列强在美洲做的事情,有此先例,美国怎么样才能够直起腰板继续禁止欧洲列强殖民美洲呢?这些议员主张允许菲律宾人民自己组织政府,而非吞并菲律宾。一些议员则认为,吞并菲律宾并没有违反"门罗主义"。来自俄亥俄州的众议员博朗维尔(Jacob H. Bromwell)主张:"门罗主义不应该再被局限于宣称美洲是美洲人的美洲,而应当被扩展至意味着全世界处于美国的商业与美国国旗的保护之下。"①而另外一些议员虽然承认吞并菲律宾会违反"门罗主义",但认为可以采取办法来规避,如将菲律宾卖给其他国家,或拿菲律宾交换位于美洲的英国殖民地,这样美国既可以发一笔横财,也无须担心因为殖民亚洲而违反"门罗主义"。② 1899年参议院就吞并菲律宾的美西条约进行表决的时候,表决结果是57∶27,比通过的表决门槛仅多两张赞成票。③

在吞并夏威夷的问题上,国会内部同样发生了分裂,一部分议员认为"门罗主义"从本质上禁止美国前往海外获取领土,而另外一些议员认为夏威夷属于西半球,而且距离美洲大陆比距离任何一个其他大陆都更近,因此吞并夏威夷并不违反"门罗主义",甚至是实施"门罗主义"的内在需要;如果美国不接收夏威夷,它可能会落到其他欧洲列强乃至日本之手,而这恰恰是违反"门罗主义"的。④

美国政界的讨论,甚至影响到了中国旅日精英对于"门罗主义"的理解。梁启超在日本横滨编辑的《清议报》第2册(1899年1月2日出版)曾刊发日本"亚洲主义者"山本宪的学生片冈鹤雄的一篇译文《极

---

① Lillie Cornelia Porterfield, *Congress and the Monroe Doctrine: 1895–1905*, p. 29.
② Lillie Cornelia Porterfield, *Congress and the Monroe Doctrine: 1895–1905*, p. 33.
③ U.S. Congress, *Executive Journal*, Vol. XXI, Part II, Washington D. C.: Government Printing Office, 1909, p. 1234.
④ Lillie Cornelia Porterfield, *Congress and the Monroe Doctrine: 1895–1905*, pp. 40–50.

东之新木爱罗主义》,译文称,美国某参议员阐发了"极东之新木爱罗主义"(即"远东新门罗主义"),并认为借此可以理解美国对菲律宾的占领。根据译文,这一主义的实质是"美、英二国操持世界共通之新帝国主义",取代古罗马的帝国主义,其关键内容是英国、美国、日本、荷兰相互协商,防止欧洲列强瓜分中国,并建立国际仲裁机构解决各国之间的纠纷,美国属地对各国开放,自由通商。① 译文并未交代是哪位美国参议员发表了上述见解,但《清议报》能在1899年年初发表这样一篇译文,至少表明美国政界关于如何将"门罗主义"运用到菲律宾乃至东印度群岛的讨论,早在1898年即已展开。

在伍廷芳于1900年2月发表演讲之时,美国两党正围绕着1900年总统大选而角逐,"门罗主义"与帝国政策议题在它们的政纲辩论之中占据着重要的地位:1900年6月在费城召开的共和党全国代表大会提出的政纲宣布共和党将严格遵循"门罗主义",而在野的民主党在7月份发表政纲,认为这是欺骗性的,民主党宣布自己将真正尊重"门罗主义"的表述和精神实质,反对共和党的"帝国主义"扩张政策。② 在两党围绕"门罗主义"与帝国扩张激烈辩论之时,一位中国公使突然对美国"门罗主义"的适用范围发表意见,必然会引起美国主流精英的好奇心。美国的主流报刊对于伍廷芳在宾夕法尼亚大学的演讲进行了报道,而且将重点放在伍廷芳对于"门罗主义"扩用到亚洲的探讨之上。

波士顿的《锡安信使》(*Zion's Herald*)杂志评论指出,伍廷芳提醒听众马尼拉距离亚洲大陆比波多黎各距离佛罗里达更近,有一种幽

---

① 参见《极东之新木爱罗主义》,《清议报》第2册(1899年1月2日)。
② "The Democratic Platform," *Outlook*, Vol. 65, No. 11, 1900, pp. 635–637.

默的意味,其实上是在暗示《排华法案》不应该被适用于菲律宾。①《美国律师》(The American Lawyer)杂志在报道中也摘录了伍廷芳关于菲律宾与亚洲大陆距离的论述,以及将"门罗主义"扩用到菲律宾乃至亚洲的提议,评论称,反复玩味伍廷芳的论述,可以推断那些认为中国人的头脑(the celestial mind)里缺乏幽默感的说法是值得反驳的。② 波士顿的《公会主义者》(Congregationalist)杂志在 1900 年 7 月 19 日发表的一篇综述称伍廷芳为杰出的外交家(eminent diplomat),将其观点概括为:如果美国要维系贸易上的"门户开放",就需要将"门罗主义"适用于亚洲。在义和团运动的背景之下,该文认为伍廷芳主张中美友好互助的观点在一般情况下会激发美国进一步与中国交往,但在当下,中国需要先纠正自己的错误,中美关系才能恢复到之前的状态。③

纽约出版的周刊《独立报》(The Independent … Devoted to the Consideration of Politics, Social and Economic Tendencies, History, Literature, and the Arts)在 1900 年 4 月 5 日发表社论《国务卿海伊与门户开放》(Secretary Hay and the Open Door)盛赞美国国务卿海约翰,认为本届美国政府通过门户开放政策的协商,不仅为自己获得了荣誉,而且向全世界表明,虽然有"门罗主义",美国在海外仍是一支不可忽视的力量,它能够就亚洲的未来发言并在必要时采取行动。这篇社论在第二段就搬出了伍廷芳:"在华盛顿的中国公使提醒我们对于中国而言,'门户开放'相当于将美国的'门罗主义'转移到太平洋的另一边。'门户开放'

---

① "Wu Ting-fang Again," *Zion's Herald*, Vol. 78, No. 9, 1900, p. 259.
② *The American Lawyer*, Vol. 8, No. 4, 1900, p. 147.
③ "The Cream of the July Magazines," *Congregationalist*, Vol. 85, No. 29, 1900, p. 85.

政策向中国默示的,正是美国对美洲大陆积极明示的内容。"①社论对此进一步展开分析:"门户开放"虽然没有直接禁止俄国、法国、德国或英国吞并中国领土,但它以保护美国贸易利益的名义,使得欧洲列强或日本不能通过夺取中国的任何部分来获取商业利益,间接达到了这个目的,中国被瓜分的风险已经大大降低了。如果中国在这种状态下继续被保护十到二十年,就能通过该自我改革最终实现自我防卫。社论主张,美国还要提防俄国在其铁路修建完成后吞并中国东北,并向其他列强征收高额关税。如果这一情况发生,美国作为一个太平洋大国,就有必要联合日本与英国出手否决。

以上美国舆论界的代表性论述并没有认为"门罗主义"可以直接被适用于菲律宾乃至亚洲,但已经有论者注意到伍廷芳关于"门户开放"与"门罗主义"具有一致精神的论述,并展开了进一步的发挥。在这个议题上,西奥多·罗斯福总统在1901年作出了进一步的论述。老罗斯福在1901年10月11日致德国外交官赫尔曼·斯佩克·冯·斯特恩堡(Hermann Speck von Sternberg)的一封书信中指出,"门罗主义"与"门户开放"是高度相似的,甚至可以说"门罗主义"就是南美洲的"门户开放"。罗斯福在信中希望中国也实行和南美各国类似的政策:不做恶劣的事情,商埠对于所有人开放,废除各种烦人的贸易限制政策。当然,中国也会因此像南美各国一样,保持自己的领土完整。② 我们不知道罗斯福是否阅读过伍廷芳对"门罗主义"与"门户开放"的论述,但这一评

---

① "Editorials: Secretary Hay and the Open Door," *The Independent... Devoted to the Consideration of Politics, Social and Economic Tendencies, History, Literature, and the Arts*, Vol. 52, No. 2679, 1900, p. 841.

② Donald J. Davidson ed., *The Wisdom of Theodore Roosevelt*, New York: Citadel Press, 2003, pp. 50–51.

论无疑标志着非常重要的理论发展。

在美国学界,也有资深学者对于伍廷芳的论述作出了严肃的回应。美国学者中最重视伍廷芳论述的是历史学家阿尔伯特·布希奈尔·哈特(Albert Bushnell Hart),他发表了两篇论文探讨"门罗主义"的再解释。第一篇为发表于1901年《美国历史学评论》(*The American Historical Review*)上的《"门罗主义"与永恒利益原则》①。第二篇是发表于1915年《美国国际法杂志》(*The American Journal of International Law*)上的《与门罗主义相近的太平洋与亚洲原则》②,该文收入作者在次年出版的专著《门罗主义:一个解释》③中。

哈特发表于1901年的《"门罗主义"与永恒利益原则》主要分为两部分:第一部分对"门罗主义"的历史沿革进行考察;第二部分分析当下国际局势的重大变化导致"门罗主义"已经束缚了美国的手脚,使其难以参与更广泛的国际事务,因此为了美国的国家利益,需要抛弃"门罗主义"原则,采用新的"永恒利益主义"原则。哈特赞同美国在西半球之外的势力扩张,但同时,他对"门罗主义"的理解又是相对传统的,具有"西半球"的空间限制,这种理解使得他一开始只能得出"门罗主义"已经过时的结论。该文在第二部分提到了伍廷芳的主张,用了一个状语"quizzically",该词的含义是"带有疑问地""嘲弄地",这呼应了其他报刊对于伍廷芳的幽默感的强调,同时表明作者

---

① Albert Bushnell Hart, "The Monroe Doctrine and the Doctrine of Permanent Interest," *The American Historical Review*, Vol. 7, No. 1, 1901, pp. 77–91.

② Albert Bushnell Hart, "Pacific and Asiatic Doctrines Akin to the Monroe Doctrine," pp. 802–817.

③ Albert Bushnell Hart, *The Monroe Doctrine: An Interpretation*, Boston: Little, Brown & Company, 1916.

仍不能充分确定伍廷芳的真实意图是否与其公开言论一致。①

作为历史学家,哈特对差异极其敏感。他认为原初的"门罗主义"本质上是一种"交换条件":美国不干涉欧洲事务,欧洲也不应干涉美洲事务。这只是在特殊历史条件下提出的一项主张,绝非国际法准则。原初的"门罗主义"包含了三个前文已经概述的主张,但也包含了三项保证:一是保证不干涉欧洲在美洲已有的殖民地;二是保证不干涉美洲各国事务,不谋求在美洲的霸权;三是保证不干涉欧洲各国事务。哈特分析了詹姆斯·波尔克总统在美墨战争期间对于"门罗主义"的创造性适用,国务卿西沃德(William Henry Seward)在19世纪60年代干预墨西哥君主制复辟时的政策话语选择,1881年国务卿布莱恩(James Gillespie Blaine)在面对法国开凿巴拿马运河时的理论回应,1895年国务卿奥尔尼(Richard Olney)在委内瑞拉领土争议上对"门罗主义"内涵的扩充,等等。② 在哈特看来,1823年后"门罗主义"演变的各个节点,都呈现出与原初的"门罗主义"精神的差异。

在《"门罗主义"与永恒利益原则》第二部分中,哈特指出,全球局势已经发生巨大变化,如果美国仍不尽快摆脱"门罗主义"的限制,那么就是在向其他国家表明美国在美洲之外没有任何权力。那么,怎么摆脱"美洲"或"西半球"这个地理空间限制呢? 哈特描绘了他心目中未来美国外交政策需要满足的要点:第一,美国不得不承认拉丁美洲各国政府存在的治理缺陷,因而不应坚持完全"不干涉"的立场;第二,必须承认欧洲各国在美洲的殖民地,尤其要承认英国在美洲事务当中的地位;第三,要认真考虑美国在东半球事务当中的地位。最后,作者提出了他认为合适的原

---

① Albert Bushnell Hart, "The Monroe Doctrine and the Doctrine of Permanent Interest," p. 81.
② Albert Bushnell Hart, "The Monroe Doctrine and the Doctrine of Permanent Interest," pp. 80-82.

则——"永恒利益原则",该原则在泛美事务中的基础体现为如下几点:第一,美国的领土不应被外国领土所包围;第二,美国与其美洲邻国之间的贸易不得受到来自欧洲的任何限制;第三,必须承认英国是一个美洲大国,正如承认美国是一个亚洲大国一样,英美相互承认势力范围;第四,必须解决连接太平洋与大西洋的运河问题,但美国需要保证该运河为全人类的利益服务,不能擅自关闭;第五,美国应履行其在美洲承担的义务;第六,如果美国要保持其影响力,就必须避免进一步吞并拉丁美洲领土。"永恒利益原则"并不意味着美国可以为所欲为,美国不能在国内外制造不必要的困难。最后,作者认为"永恒利益原则"代表着美洲的和平主义以及东半球的国际友好主义,代表着值得向全世界传播的文明。

哈特放弃了"门罗主义"概念,另起炉灶,提出"永恒利益原则",作为能够解释美国外交政策演变的核心原则。这在当时并不是主流的选择。仍然有不少的理论家试图通过重新解释"门罗主义"来解决如何越出西半球的问题。耶鲁大学教授爱德华·伯恩(Edward Gaylord Bourne)在1907年出版的《菲律宾群岛的发现、征服和早期历史》(*The Discovery, Conquest, and Early Histories of the Philippine Islands*)中提出了一个论证:虽然菲律宾群岛就地理和居民而言属于亚洲世界,但是在有史可稽的前三个世纪,它们在某种意义上是美洲的附属。作为新西班牙的附属,它们是西班牙领地最西的边缘。[①] 伯恩的这本著作并没有据此公开得出"门罗主义"可以适用于菲律宾群岛的结论,但已经提供了足够多的暗示。1908年2月,伯恩去世。在马萨诸塞历史学会当年3月份的集会上,詹姆斯·罗德斯(James Ford Rhodes)向到场会员介绍了伯恩的

[①] Edward Gaylord Bourne, *The Discovery, Conquest, and Early Histories of the Philippine Islands*, Cleveland, Ohio: The Authur H. Clark Company, 1907, pp. 21-22.

生平,并将伯恩对于菲律宾是否属于西半球的论述作为帮助"门罗主义"突破西半球限制的重大贡献。① 哈特在这次集会上聆听了他的同行们对于伯恩的讨论。他发表于 1915 年《美国国际法杂志》上的《与"门罗主义"相近的太平洋与亚洲原则》一文开头就提到,伯恩的这个理论必然导致"门罗主义"可以适用于菲律宾群岛的结论。哈特的这一推断,也许就与 1908 年的这次集会有关。

从我们今天的眼光来看,伯恩的这个理论似乎可以填补伍廷芳论证中的一个关键环节的缺失:"门罗主义"为何可以自然地运用到美国的亚洲属地菲律宾? 但哈特引用伯恩的目的并不是为了与伍廷芳对话,而是用它引出"门罗主义"与太平洋地区之关系的问题。哈特在《与"门罗主义"相近的太平洋与亚洲原则》中指出,门罗总统在发表其声明之时,并未试图与美国边疆向西靠近的太平洋一侧产生关联。"门罗主义"是被缓慢地扩用到亚太地区的。接下来,作者分别谈到了美国在太平洋诸小岛、夏威夷群岛、亚洲的菲律宾群岛以及针对中日的相关政策。针对夏威夷和太平洋诸岛,美国外交官员曾经宣布排斥其他国家以征服或殖民为目的占领这些岛屿,而美国最终吞并这些地方,诉诸的理由也是它们已经无法单独抵御欧洲列强的觊觎。② 而美国黑人在非

---

① Charles Francis Adams, James Ford Rhodes, Samuel A. Green, Albert Bushnell Hart, "March Meeting, 1908. Tribute to Charles Henry Dalton; History of the Forged Mather Letter; Conditions in the South," *Proceedings of the Massachusetts Historical Society*, Third Series, Vol. 1, [Vol. 41 of continuous numbering] (1907–1908), p. 403.

② 马西宣称:"我不认为夏威夷现在的统治者能长期掌控夏威夷政府,也不认为这些岛屿上的土著居民能有效控制夏威夷政府。美国已经告知英法两国,我们决心不让任何欧洲国家拥有这些岛屿,或将其纳入自己的保护之下。似乎不可避免地,他们必须受到本届政府的控制,而且只要以公平的方式转让主权,这些国家就会默许对他们进行这样的处置是合理且公平的。本届政府将接受桑威奇群岛主权的移交,并接受与该群岛人民现有权利和利益有关的一切适当规定,例如通常适用于领土主权的规定。美国十分关注任何外国势力,特别是欧洲各国企图扰乱夏威夷群岛安宁的行为。"Albert Bushnell Hart, "Pacific and Asiatic Doctrines Akin to the Monroe Doctrine," pp. 803–806.

洲建立的国家利比里亚虽然在地理上属于"西半球",但之前从未被美国纳入政治意义上的"西半球"。哈特指出,美国政府官员多次借用"门罗主义"式话语谈论当地事务。①

之后,哈特开始论述美国在亚洲的利益及外交政策。美国在亚洲的早期利益首先是商业利益,其次是宗教利益,最后才涉及领土利益。而自从1899年签署吞并条约之后,菲律宾便成了美国领地。菲律宾群岛距离香港只有600英里,处于太平洋贸易的中心地带,自此美国也成为在亚洲拥有殖民地的域外国家。美国国内一直存在反对吞并菲律宾的声音,他们认为这并不符合美国政府应遵循的原则,但菲律宾自身缺乏"在欧洲殖民势力或者中国、日本之前保卫自身所需的人数,手段,团结性或训练",因此解决这一矛盾的方式便是将"美国主义"(the American Doctrine)延伸到菲律宾,禁止外国势力干涉菲律宾群岛事务。在菲律宾有能力实现自治之后,美国便应允许其独立。② 哈特在该文讨论亚洲的部分开头引用了伍廷芳1900年将"门罗主义"运用于亚洲的主张,评论指出,伍廷芳的这句"俏皮话"(quip)里有一些实在的东西:"虽然

---

① 1886年12月,总统克利夫兰(Grover Cleveland)提道:"我们不能忘记的是,这个遥远的社区是我国制度的一个分支。利比里亚的诞生源于美国公民的一系列善举,他们在黑暗大陆上创造文明中心的努力赢得了世界各地,尤其是美国的尊重与同情。尽管将利比里亚纳为正式保护国有悖于我们的传统政策,但美国以一切适当方式协助维护其完整性的出于道义上的权利和义务都是显而易见的,同时在过去近半个世纪当中,我国一直都如是宣称。"Albert Bushnell Hart, "Pacific and Asiatic Doctrines Akin to the Monroe Doctrine," pp. 807-808.

② 哈特提到了曾担任菲律宾总督的塔夫脱总统的态度,并引用了威尔逊总统的表述:"波多黎各、夏威夷、菲律宾确实属于我们,但我们并不能因此便随心所欲。这些领土曾经被视为是纯粹的财产,但现在,我们不再会以自私的目的对其进行开发利用;它们将受到公众良知以及开明政治家的治理。我们必须为当地人民的利益来进行管理,我们还会以对待国内事务同等的责任感来管理他们。毫无疑问,我们将通过正义、利益和情感的纽带,成功地将波多黎各和夏威夷群岛与我们联系起来。而对于菲律宾而言,我们必须走得更远。我们必须坚信他们最终可以实现独立,我们必须尽可能的帮助他们实现独立,为他们扫清道路,为他们打下坚实的基础。"Albert Bushnell Hart, "Pacific and Asiatic Doctrines Akin to the Monroe Doctrine," p. 811.

门罗主义很难跨越太平洋,但美国的'最高利益'(paramount interest)问题可以很好地运用到这里。"

哈特接着指出,当时的东亚与一个世纪之前的南美洲有着很多共同之处:都是一个孱弱不堪、一盘散沙的种族面对一群充满活力、饥饿难耐的欧洲列强。当然,与南美洲不同的是,亚洲有一个庞大的中华帝国,欧洲列强早就已经向她强加了自己的政治制度,控制了她的命运,蚕食了她的诸多领土,并频繁地对她进行干预。哈特认为,美国不可能占有中国领土,或者给中国带去自己的政治制度,其对中国的兴趣主要是宗教和商业上的。因此,美国在中国能够追求的,无非是一种"商业门罗主义"。1899 年美国国务卿海约翰提出的"门户开放"政策就是这样的"商业门罗主义"。通过这一原则,美国可以帮助中国避免被欧洲列强瓜分。哈特认为,"门户开放"原则体现了"门罗主义"的精神,即对欧洲殖民主义的反抗,同时,"门户开放"原则将欧洲列强"势力范围"所引入的商业体制类比为一种政治体制,从而出于美国的利益考量而予以反对。

哈特《与"门罗主义"相近的太平洋与亚洲原则》将"门户开放"称为"商业门罗主义",与前文所提到的老罗斯福的观点非常相似。而在 1915 年之前,他已经在 1913 年 1 月发表的一篇文章中运用了这种视角。在这篇文章中,他认为英、法、德、日、美、俄垄断对华借款与修路业务的六国银行团,其实是针对中国的"神圣同盟"(Holy Alliance)。为此,哈特甚至将日本也称为"一个新的欧洲势力"[1]。哈特指出,美国参与这样的"神圣同盟"是不光彩的,违背了"门罗主义"的精神。历史

---

[1] Albert Bushnell Hart, "The New Holy Alliance for China," *The Journal of Race Development*, Vol. 3, No. 3 (Jan. 1913), p. 261.

上,美国在拉丁美洲反对"神圣同盟"的干预,在巴拿马运河的修建上也排除与欧洲列强的合作,那么在中国,它与欧洲列强的合作也是不光彩的。① 而当时的事实是,美国在六国银行团中与日俄矛盾上升,越来越难以通过银行团实现自己的利益。1913 年 3 月,威尔逊总统宣布美国退出六国银行团,打出的旗号是"借款条件有损中国行政主权"。这一冠冕堂皇的理由和哈特所给出的理由在话语结构上是共通的,都可以追溯到美国"门罗主义"与"门户开放"的话语传统。

哈特在 1915 年撰写的这篇文章,与其 1901 年的文章相比,在修辞上采取了一个更具调和性的立场。他仍然坚持将美国的国家利益作为根本的原则,并称其为"美国主义",但不再明确宣布"门罗主义"在当下已经完全过时,而是认为美国的外交实践正秉持"美国主义"的精神,以一种类比的方式,将"门罗主义"投射到亚太地区。哈特将"门户开放"视为一种"商业门罗主义",就是这样的一种基于类比的判断。这或许是作者对美国理论界在相关方向上的探究的让步与吸纳。他坚决捍卫美国的帝国利益,但同时又清晰地意识到,美国在亚洲扮演的,实际上是欧洲列强在美洲扮演的殖民主义者角色。而且,美国将"门罗主义"运用到亚洲之后,未来必将与日本版本的"门罗主义"发生冲突。

综上所述,尽管伍廷芳自己没有为美国的"门罗主义"再定位提供现成的理论,但他关于"门罗主义"与"门户开放"精神一致的论述,以及美国应当将"门罗主义"运用于菲律宾乃至亚洲大陆的提议,对于具有类似倾向的美国精英是一种强烈的鼓励。我们可以看到的是,许多美国精英正是在他倡导的方向上,不断做出理论创新,放松"门罗主义"的"西半球"空间限制。

---

① Albert Bushnell Hart, "The New Holy Alliance for China," pp. 255-267.

余 论

晚清驻美公使伍廷芳于1900年2月在宾夕法尼亚大学发表演讲《论美国与东方交际事宜》，提出将"门罗主义"扩用至菲律宾乃至整个亚洲，在美国引发了重大舆论反响。上文对伍廷芳这一演讲的历史语境、论证逻辑和历史影响进行了初步考察。这一研究可以证明，伍廷芳是晚清中国旅美精英解读和传播"门罗主义"话语的一个重镇，甚至做到了反向向美国精英"输出"自身的"门罗主义"主张的地步。伍廷芳的演讲很难说对美国的"门罗主义"理论更新发挥了重大推动作用，但至少鼓励了部分美国精英进一步思考和阐发"门罗主义"与"门户开放"之间的亲缘关系，探索"门罗主义"可以被运用于西半球之外的具体论述方式。伍廷芳演讲带来的冲击，在美国"门罗主义"的发展史上留下了一个不可忽略的印记。

在《论美国与东方交际事宜》中，伍廷芳试图在美国成为中国邻国的时势之下，运用"均势"原理，以"门罗主义"为修辞，借助美国势力来牵制欧洲列强。而从他的诸多论述来看，他对"门罗主义"的描述始终带有某种倾向性：他将"门罗主义"视为华盛顿"告别演说"精神的某种延续，而没有论及后续的总统如何利用"门罗主义"在美洲大陆上扩张领土，或者深入干涉拉丁美洲国家内政。这一论述方式在19、20世纪之交的中国具有一定的典型性，当时有许多论述者将"门罗主义"与"帝国主义"视为对立的两极。然而，从当时旅日精英群体的讨论来看，尽管他们对"门罗主义"与"帝国主义"的关系有不同的理解，但基本上都认为美国在美西战争之后的发展态势体现的正是"帝国主义"的发展方向。作为一位在大英帝国完成早年教育,进而转入中国外交事业的精英,伍廷芳甚至还念念不忘向美国传授大英帝国的殖民统治经验。他并没有加入当时中国知识界围绕着"帝国主义"概念展开的讨论,也并没有对此表现出明显的兴趣。他对美国占领菲律宾有所顾虑,但总体上还是将其视为牵制欧洲列强的机会。相比之下,很大一部分旅日精英将美国侵占菲律宾视为对亚洲区域的威胁,孙中山甚至还与日本人联合采取武装行动,试图帮助菲律宾人摆脱美国统治。

伍廷芳1900年的演讲契合了世纪之交美国舆论界的主流问题意识。面临着美国在美西战争之后在美洲之外获得属地和势力范围的现实,传统的"门罗主义"应当如何被重新解释,成为许多美国精英共同的困惑。一系列主流媒体报道评论了伍廷芳的演讲,猜测伍廷芳的意图。有媒体发表文章回应伍廷芳的论述,进一步阐述"门罗主义"与"门户开放"的相似性。而在伍廷芳的评论者阿尔伯特·哈特的论述中,我们可以看到不同的路向:一种是放弃"门罗主义"作为一个统摄性的概念,另起炉灶发明一个"永恒利益原则",以消除"门罗主义"面临的空间限制;另外一种则是支持用类比的方式,在亚太地区对"门罗主义"进行适用,但其根本基础还是美国的国家利益。哈特看起来并不完全相信伍廷芳的主张是真诚和严肃的,但很显然受到了伍廷芳论述的激发,将其纳入美国需要回应的问题之中。

而从哈特对伍廷芳的回应来看,伍廷芳试图用他所理解的华盛顿"告别演说"的精神来框定"门罗主义"的解释,也许多少显得有些"一厢情愿"。哈特将美国的国家利益视为根本的原则,而任何外交传统原则都需要在此基础上来运用。美国后续的决策精英实际上也是这么做的。威尔逊总统于1916年10月5日在奥马哈(Omaha)发表的一个演说中重新解释了华盛顿的"告别演说":"你们知道,我们永远怀念和尊敬伟大的华盛顿的建议,他建议我们要避免卷入外交事务。依据这个建议,我理解他指的是要避免卷入其他国家充满野心和民族主义的目标。"①这就对华盛顿的意图进行了限缩解释,使得美国可以卷入欧洲国家那些并不涉及所谓"野心与民族主义"的事务。在此基础之上,威尔逊于1917年1月22日在参议院发表了后来被称为"没有胜利的和平"(Peace without Victory)的演讲,对"门罗主义"作了新的界定,彻底突破了"西半球"或"美洲"的空间限制。② 这从表面上看和伍廷芳的目标一致。但是,威尔逊自己正是一个满口理想主义修辞的干涉主义者,他在总统任内数次发动对拉美的军事干预:1915年对海地内政的侵入与控制,1916年对墨西哥的"潘兴远征"(Pershing's Expedition),1916年对多米尼加的军事占领。让"门罗主义"突破"西半球"的限制,意味着美国得以在全球范围内,以反对其他列强干涉的名义来实施美国自己的干涉主义,而这与伍廷芳所描述的充满利他精神的"门罗主义"具有不同的气质。

在1921年华盛顿会议召开之时,伍廷芳再次在美国报刊撰文,主张将"门罗主义"推广至太平洋及其沿岸地区,在对"门罗主义"的态度上,可谓"有始有终"。也许,我们仍然无法完全排除这样的可能性:伍廷芳其实知道"门罗主义"的阴暗面,但是,"两害相较取其轻",仍然选择了利用美国来平衡其他对中国更具危险性的帝国主义势力。不过,此时追随孙中山的伍廷芳也作出了这样的评论:"中国非外界所能救,救国之道,全仗内力。此内力足以引起和平与兴盛,国家之得救,亦即

---

① Woodrow Wilson, *War and Peace: Presidential Messages, Addresses, and Public Papers (1917–1924)*, Vol. 2, Honolulu: University Press of the Pacific, 2002, pp. 346–347.

② President Woodrow Wilson, "Peace without Victory" Speech, January 22, 1917. 64th Cong., 23 Sess., Senate Document No. 685: "A League for Peace."

在此。"①半年之后,伍廷芳与世长辞。作为外交家,伍廷芳一生运用"均势"原理,力保中国安全,却每每遭遇挫败;晚年的伍廷芳目睹了新的提升"内力"方法之端倪,而未见其完整施行,不无遗憾。

然而,作为一位出生于1842年的长者(比张之洞小5岁,比曾纪泽小3岁,比康有为大16岁,比孙中山大24岁,比梁启超大31岁),伍廷芳已经是他的同代人之中最具"与时俱进"精神的少数人之一。在华盛顿会议召开百年之后,中国外交官早已不需要以伍廷芳的姿势来捍卫中国在国际体系中的安全,但伍廷芳充满能动性的探索仍然值得今人回顾与思考。

---

① 伍廷芳:《对外宣言》,载中国社会科学院近代史研究所近代史资料编辑部编:《近代史资料》(总88号),第202页。

民国山林国有化与山场争讼
——以东南山区为中心的研究

杜正贞*

在中国古代历史上,东南山区①的山场产权发展大致经历了以下变化:从理念层面上的山泽国有;到寺观、豪强、民众私占、开发,用刻石、契约等方式确立对山场的各种排他性权利;再到宋代以后国家将部分山场作为赋税对象,对山场业主提供某种权利保护。② 但总体来说,在整个漫长的传统时期,国家对东南山场基本都采取一种"不与民争利"的放任态度。即便存在着一些官山、学山,或者因为矿、盗而封禁山的情况,官府并不积极主动地寻求对山场的占有和经营。这种情况在晚清开始发生改变。随着山林国有化的推行和地籍整理运动,新的占山行为和山场争讼开始出现,地方进入重新构建山场产权秩序的阶段。

---

* 浙江大学历史学院教授。

① 本文所关注的"东南山区"即天目山—黄山山脉和仙霞岭—武夷山脉,"大体相当于今天的安徽南部、浙江、江西与福建"。这个区域范围的划定参照了陈弱水先生最近发表的《早期中国东南原住人群——以山越和姓氏为例》一文中的界定。正如他在文中所说的,这一地区早期(汉末至隋代)历史资料稀少,除了"山越",我们对其人口和社会文化结构的认识极为有限。唐代以后,特别是五代时期的吴越、闽的经营以及南宋定都临安带来的影响,使这一区域开发进程加速。参见陈弱水:《早期中国东南原住人群——以山越和姓氏为例》,《台大历史学报》第 63 期,2019 年 6 月,第 1—82 页。

② 参见杜正贞:《明清以前东南山林的定界与确权》,《浙江社会科学》2020 年第 6 期。

一、 山林国有化

晚清新政,清廷设立农工商局,并屡屡颁布各种诏令,振兴林业作为一种求治之道进入各级官员的视野。荒山造林和对山场、山林产权的确认,也开始成为一些地方官主动关注的事务。光绪年间,各地官员在劝民种树的各项规定中,都提出过产权保护的问题。例如《福州府程听彝太守劝民种树利益章程》第9条:"民间契管山场,听其自种。如无主官荒,有能开种各项树木者,准其呈县立案,以杜争端。"第10条:"有主荒地,自此次开种后,定以五年为限,勒令本主随时种植。如五年后尚未种植者,即以无主论,听凭他人开种管业,旧时地主不得出而阻挠。"①这个章程一方面承认了原来民间自发形成的、以契约管山的状态,另一方面也提出了"荒山官有"的理念,鼓励人们开垦荒山,以到县"立案"的方式获得林地产权。同样的章程在陕甘等地也被颁布。我们并不清楚它们在晚清的施行效果。但是,近代化过程中的国家并不满足于被动地等待民众申报、收取微薄的山税,山场被视为一种重要的资源,政府希望直接规模化经营或推动民间大力开发,这在多山地区开始成为一种趋势。

民国初建,无主荒地、荒山的国有化成为最早宣布的法令之一。民国元年(1912),农林部制定的林政方针里就说:"凡国内山林,除已属民有者由民间自营并责成地方官监督保护外,其余均定为国有,由部直接管理,仍仰各该管地方就近保护,严禁私伐。"②1914年11月《森林法》

---

① 《农学报》1902年第185期,第1—3页。
② 陈嵘:《历代森林史略及民国林政史料》,第65页。

颁布,确认无主森林均编为国有林。民国四年(1915)6月30日农商部颁布了《森林法施行细则》,其第1、2条规定,公有或私有森林之所有权之变更,均须于三个月内逐级上报政府。

> 第一条　公有或私有森林,自本细则施行之日起,六个月以内,应将该林地之位置、亩数及森林之种类,报由该管县知事,详由道尹转详地方行政长官,咨陈农商部备案。其森林区域涉及二县以上者,须分别报告之。
>
> 第二条　本细则实行后,公有或私有森林之所有权之变更,及营林之废止或新设,均须于三个月内,依前条之规定办理。①

这些法令都承认已经存在的、有确切证明(主要是契约证明)的私有山林,在此前提下,将无主山场、林地都划归国有。最关键的是,这在法律上改变了过去民众通过垦殖开发,纳粮升科,即占有山场,获得山场产权的做法。

森林的国有化和国家经营,一直是孙中山的经济主张之一,他在《建国大纲》中就说:"山林川泽之息,……皆为地方政府之所有,而用以经营地方人民之事业。"《民生主义》中也说:"我国讲到种全国的森林问题,归到结果,还为要靠国家经营。"②南京国民政府在森林国有化立法上更进一步。1931年5月《实业部管理国有林共有林暂行规则》停止了国有林、公有林的发放。1945年的《森林法》继承了北洋时期《森林法》确定国有林的基本方针,并且规定国家认为必要时,可以给予补偿

---

① 陈嵘:《历代森林史略及民国林政史料》,第68页。
② 同上书,第87页。

金的方式征收公有林和私有林为国有。根据这些法律,国民政府承认的森林私有,仅限于民国之前有契约登记的林地。对森林他项权利的确认,则限于承领执照等官方证书,承领荒山也不等于获得该荒山林地的完整产权,而只是获得经营权。直到1948年2月28日农林部修正公布《森林法施行细则》,才承诺荒山荒地造林完竣后,由地政机关依法发给土地所有权状。①

  中国近代的林权法律是一个由国家强制推行的制度,并且在制定过程中甚少考虑林区原有的习惯和民众利益。但这些制度对传统林区产生了一系列的影响。山本真对民国时期福建的林业政策及其影响进行过研究,他认为政府对无主地国有化立法,并致力于荒山调查和荒山造林,但事实上广大的旧官山(无主地)并没有实施调查和所有权登记,民国政府森林立法和政策在地方上的影响表现为"他们(指民众)在面临有关山林的纠纷时,尝试着援引政府提出的口号,将自己的主张正当化"②。我对民国浙江山林争讼的研究也发现,一方面,国家确认国有林的行为以及提倡开荒造林、鼓励承领荒山的法律、政策,激发了这些山区民众新的"占山"行为,从而对旧有的山场产权和经营秩序形成挑战。另一方面,国家加强对契税和山场确权的控制管理,也开启了山场产权凭证从私契到官方登记、官颁证书的转变过程。这两方面的变化,不仅是传统"管业"概念向近代产权概念演变过程中的一个例证,同时也展现出现代国家林政在不同的山区产权传统中的初步实践。③

---

 ① 参见《森林法施行细则》,《浙江省政府公报》1948年第3454期,第37页。
 ② 山本真:《对山林资源的传统式共同管理以及近代以来国家的控制与开发》,载杜正贞、佐藤仁史主编:《山林、山民与山村:中国东南山区的历史研究》,杭州:浙江大学出版社,2020年,第237页。
 ③ 参见杜正贞:《晚清民国山林所有权的获得与证明——浙江龙泉县与建德县的比较研究》,《近代史研究》2017年第4期。

二、民国地籍调查中的山场信息

  山场、山林国有化的前提是国家对相关资源、信息的掌握,尽管晚清以来历任政府都希望能一方面将无主荒山归入国有,另一方面对私有山场进行全面登记,但是它们并没有能力完成这项工作。浙南丽水县在清初登记的原额山是 6918.769 亩,雍正九年(1731)间有一次清丈,"溢额山十顷九十九亩二分五厘一毫",仅仅比清初的原额增加了不到 200 亩,同治十三年(1874)登记为 7118.020。这个数字一直保持到民国二十三年(1934)都没有变化。① 可见整个清代,丽水的山都没有得到过普遍的清丈和登记。

  中华民国建立之初,即以田赋清理为目的设立经界局,但除了个别县份自行开展土地调查之外,并没有全国性进行。这些地区之前没有山场的档案,即便有部分山场因为业主的报税升科而获得登记,但其面积和位置也绝少经过实地勘丈,因此山的管业以及诉讼纠纷中的确权在民国仍然几乎全凭契约,山产交易中匿契不税的情况也很普遍。据 20 世纪 20 年代浙江民商事习惯调查报告称:

> 遂昌县民间买卖山场先由卖主检出源流旧契,照其所载经界四至,订立卖契连同源流旧契付与买主管业。买主并不问其山地之字号、亩数及粮额。契上亦不载明前项字样,惟记载某某山场一处,以及东西南北界至,出卖于某某永远照契管业而已。倘遇山地

---

① 参见李盛唐:《丽水田赋之研究》,载萧铮主编:《民国二十年代中国大陆土地问题资料》,台北:成文出版社有限公司,1977 年,第 2152—2155 页。

毗连经界之讼争,如一造提出源流旧契及买契,所载界至与系争山场界至相符,彼造则俯首无词,并不主张以字号亩数及粮额为凭而加以攻击也。按前项习惯系遂昌县公署程、温会员所报告。据称遂昌山粮究系何年截止,年湮代远,无卷可稽详考。前清光绪年间,实征堂簿内则载有山额永不加赋之语,核诸全县民间户册仅有田地塘之粮额,亦无山粮之记载,故民间买卖山场向不以推收粮额及山地字号为凭也。又是项习惯不独遂昌一县为然,即旧处属十县亦一律相同云。①

1928 年,南京国民政府再次提出整理全国土地,浙江省随后公布《浙江省土地整理条例》,并以土地测量经费、仪器、人才均感困难,而以土地陈报作为先行工作开展。土地陈报以人民自行陈报、政府派人调查核实为工作方法,在 1929—1930 年进行。浙江省的土地陈报工作在当时就因为查核不力、错误百出并引发大量地方官民纠纷,而受到批评。此后浙江省政府虽然再开展土地查丈,但受条件限制,并未完成。② 福建省的情况更不理想,1935—1936 年福建开展土地陈报的 9 个县份中,有 6 个县所报面积比原有面积还少,而且平均每县减少数在 43%。③ 据统计至 1935 年,浙江省的户地测量仅杭州等 4 市县的全部和海宁等 13 县的部分得以完成,福建则仅在福州、厦门有部分进行。抗日战争胜利后,直至 1948 年,浙江省完成地籍测量的面积也仅占全省土地面积

---

① 《浙江民商事习惯调查报告会第二期报告》,第 4 页上—下,浙江省图书馆藏。
② 参见梁敬明、赵茜:《近代浙江土地调查述论》,《浙江大学学报》(人文社会科学版)2018 年第 5 期。
③ 参见苏宗文:《福建省办理土地陈报之经过》,载萧铮主编:《民国二十年代中国大陆土地问题资料》,第 20230 页。

的17.18%,福建省的这个比例则仅有1.6%。①

在这些地籍调查的工作中,山场的调查和测量更是极端薄弱的。民国十九年(1930)浙江省土地陈报时,丽水县的山额有巨大的增长,公有山额达到了124 656.300亩,私有山额为9601.551亩。但是,因为土地陈报运动主要依靠业主的自报,并没有进行丈量,所以这些山亩数字的准确性是一个疑问。李盛唐也直接质疑数据。② 20世纪30年代地政调查时,李盛唐从平均赋税负担的角度,提出应该对山征以赋税的建议。他说:

> 丽邑田赋之标的物,本为田、地、山、塘四种,后以山塘之税率与田地相同,乃并入田地内,山、塘此后即不科征。因之,山塘之所有权人不负纳税义务,然其纳税能力,并不亚于田地之所有权人,甚且过之,若不一律科征,殊乖租税负担普遍之原则;况丽邑山多田少,苟能使山、塘均分级科税,则财政上之收入,当可增加不少也。③

但是李盛唐并没有进一步说明,对山科征,山场的丈量和登记应该如何进行。黎定难在《永嘉田赋之研究》中倒是记录了永嘉山地的测亩法:

---

① 参见江伟涛:《南京国民政府时期的地籍测量及评估——兼论民国各项调查资料中的"土地数字"》,《中国历史地理论丛》2013年第2期。
② 参见李盛唐:《丽水田赋之研究》,载萧铮主编:《民国二十年代中国大陆土地问题资料》,第2182页。
③ 同上书,第2352页。

永嘉亩法,沿用旧工部尺,每弓五尺,积二百四十弓为一亩,原与定章相符,然此仅就田亩言之。至山亩则参差殊甚,据此次调查所得,旧习山地计粮,以一人登山鸣锣,其声浪所及之地,为承粮一亩标准,其面积约合田亩五十有余。盖永邑山多,昔时丈法幼稚,山地冈峦起伏,则无法丈量,不得不采此简易推算之法,且山地利薄,亩法虽不划一,仍无损也。①

换言之,即便到了民国时代,永嘉也并没用弓尺对山地进行测量,"喊山为亩"或"鸣锣为亩"的"简易推算"办法,是这些山林所谓"亩数"的计算方式。

在南宋以来山林已经有过地籍登记的地区,晚清民国以后的情况又是如何呢?现有的研究说明,民国的地籍整理政策对徽州地区契约档案中山产的表述产生了一些影响。汪柏树分析过土地陈报对徽州土地契约编号的改变。徽州契约对田、山的表述,是与鱼鳞图册系统相匹配的,明代以后有些契约甚至不写四至,而是注明四至依照经理或"四至悉照鳞册为凭"的字样。而民国土地陈报创造了新的编号,民国三十二年(1943)土地陈报工作结束后,一些契约放弃了原来的鱼鳞册号,而改用"第……段第……号"的新编号,有的则同时开列两套编号系统,并写明"倘有字号、税数讹错,照依陈报册改正"②。如果仔细考察这些土地陈报后表述改变的契约,我们就会发现,其中田土的土名、四至、税粮都没有变化,仅仅是新编了段号而已。徽州的土地陈报并没有重新调

---

① 黎定难:《永嘉田赋之研究》,载萧铮主编:《民国二十年代中国大陆土地问题资料》,第2409页。
② 汪柏树:《徽州土地买卖文契研究:以民国时期为中心》,北京:中国社会科学出版社,2014年,第50—60页。

查丈量,而只是将老鱼鳞册簿上的信息重新抄报、编号。

在南宋经界中表现抢眼的浙江台州,明代和清代雍正六年(1728)也都进行过清丈,但到了清代中后期,官府的地籍档案失考。特别是太平天国运动之后,"丘领户册散失甚多,鱼鳞图册所遗,更属无几,由是政府无典可稽,征户纳粮与推收之事,只得假手于庄书与催征粮役之流"①。"讼累迭起,其害不可胜言。"但是与浙南山区不同的是,黄岩部分地方士人有着强烈的清丈愿望。同治六年(1867),当时的黄岩知县曾发起清丈,没有成功。民国年间的清丈是由县民朱文劭、汤宗澄等发起并主导的。他们设立讲习所,培养丈量员、稽查员等专业人士,制定各种详细的规章制度,而且在清丈中根据实践情况及时调整。黄岩地方官民期待清丈以确定经界、明晰产权,"黄岩自开办清丈后,为解决田地上发生纠纷起见,于清丈分区组织评议会"。因此,相比于其他专为征赋而草草举行的地籍整理,黄岩的清丈不可谓不认真。但即便如此,历时十余年的清丈,仍然没有把黄岩的山包括在内。

陆开瑞的黄岩调查报告中特别开列了一节讨论"丈山问题",分析在黄岩这个山乡,为什么清丈不及山。大体原因有二:一是清丈的时间拖得太长,经费不敷支出;二是黄岩山场大都是石质荒山,不能开垦。"山粮甚微,有银无米,全县若大山场,仅征银一百六十余两,而山之丈量,实施困难,既须精密之仪器,又须高深之人才,所得结果,实不足尝试。"他特别说明:

> 山田山地已丈。黄岩各处,山中之平野,已开垦者,曰山田;为

---

① 陆开瑞:《黄岩清丈经过及其成绩观测》,载萧铮主编:《民国二十年代中国大陆土地问题资料》,第18787页。

人建筑房屋或其他使用者,曰山地,此次清丈,凡山中一切田地,及山民屋基,逐一丈绘入册,为数甚夥,山虽未丈,而山田山地之粮赋,增加已多,故山之精华已取,所余者,近躯壳尔。①

换言之,除了已开垦或建筑民居的山田、山地之外,其他山林、山场被认为对粮赋贡献太少,而不具有清丈的价值。

而且,有些人对于山场的清丈还有更多的忧虑:

查黄岩于雍正年间大丈时,山税亩积,多未丈量确实,人民照界历管,相安至今。一旦清丈,而无算确之亩分,划分山界,势必惹起人民争执,似不如他日收回旧册,按户清理,加绘区图,册列四至,所为查报之法,较为适宜于事实也。②

这段调查记录透露了黄岩历来的所谓山税亩积,其实是未经丈量的数字,这些"亩积"信息在实际的管业中并不起作用,民间的管业、交易仍然是以"山界""四至"为准的。

陆开瑞估计,如果按照田亩清丈的办法,对黄岩的所有山场进行清丈的话,需要的费用在三十万元以上,仅仅依靠县里额外起征县税每年四千五百元,需要六七十年的积累。如果退而求其次,"依照清初丈山办法,按区图编号,每号各绘立面山图,注明四界,其亩积以旧庄册为根据,务使与区图平面亩积,不相上下为准。照此清户造册,编粮完纳,以黄岩山场亩号,预经费亦需八万五千元"。但清初所谓的丈山也没有实

---

① 陆开瑞:《黄岩清丈经过及其成绩观测》,载萧铮主编:《民国二十年代中国大陆土地问题资料》,第19001页。
② 同上。

测,那些数字是按照更早的旧年档案用估算的办法"制造"出来的。正像陆开瑞所说:"吾国丈山,从未举办。"①

民国时期民众承买官山要求绘制山图、标注亩分,但是这些山图和亩分同样缺乏准确性。民国十七年(1928)建德县府办理方琦承买官产纠葛中,方琦申请承买官产时即绘有山图,山图中详细标明了每一块山的积步,并且用文字说明"此山坐落建德县东乡四保东至徐家塘南至眠羊里西至新塘边,北与黄山为界,计税三十四亩"。但他在给田赋征收主任的申请书中却透露说:"建邑山亩向无确定弓丈,兹图亩分系按鱼鳞登载,至其丈积则依普通田地二百四十号加倍计算。"所以,方琦并没有对承买之山进行丈量,山图中的所谓"积步"是从旧鱼鳞册上的税亩反推得到的。此后,县田赋征收处和省政府财政厅都对山图和其中标注的亩分提出了怀疑,要求重绘重丈。省财政厅也数次批驳绘图草率、欠标准:"详核地图所有剔除行路水坑既未标明而测线弓度亦未注及,殊嫌草率,应行发还,仰再重行绘具详图送核。"在财政厅的要求下,山图中的标注越来越细致,从最初仅标注每一块山的积步,到最后标注每一边的弓步并由此计算每一块山的积步和税亩。数次调整后,亩数并没有大的变化,后来纠纷中册书朱逊德就揭露说,按四至确定的山林面积实际远超出这个数字数倍。② 换言之,这些后续的报告也不是经过实地丈量的结果,而只是为了应付省财政厅的要求做了些纸上文章。但这套纸面上的操作,也说明在山场信息登记中,民国政府对界至标识精确性的要求在提高,其背后既是现代国家加强山林资源控制的努力,也

---

① 陆开瑞:《黄岩清丈经过及其成绩观测》,载萧铮主编:《民国二十年代中国大陆土地问题资料》,第19004页。
② 该案的所有资料均来自《建德县府办理方琦承买官产纠葛文卷》(1928—1930),卷宗号1808/7/14,浙江省建德县档案馆藏。

是现代科学对于国家治理的理念、方式和技术的改造。

三、土地陈报与山场争讼

类似的案例,还发生在下述浙西南的龙泉县民国十九年(1930)测丈张雨亭山产案中。龙泉西乡住溪村六十九岁的老人张雨亭,在民国十九年(1930)五月十二日向龙泉县法院起诉,状告当时的知县林桓。①

张雨亭的先人以农林起家,张雨亭六兄弟,他是老大,他们是龙泉西乡最大的山主之一。民国十六年(1927),六兄弟分为萱荣桂馥兰芳六房,其山产名义上分到了六房,但实际仍是合管,而且其中还有相当数量的祭产和学产。民国十九年(1930),浙江省土地陈报的运动如火如荼地推进,各级地方都承受巨大的压力。张雨亭的长子张省三时任本村村长,负责办理土地陈报,不想大祸临头。张雨亭的诉状这样描述事情的经过:

> 长子省三被村民举为村长,奉令办理土地陈报事,宜努力从事,并先将自己土地填报,自问可告无罪。至本年三月廿一日,龙泉县长林桓偕督促专员王承志,率带武装卫队及随从三十余人莅乡督促。民子省三先后接函报,预备招待,鸡黍延宾,款接维谨。在民舍停留二宿,至廿三早餐后,民父子均陪侍在侧,县长突出白郎林手枪,并令卫队持枪实弹迫令民之父子随之而行。情势严重,民父子尚不知就里,村人亦均莫名其妙,竟被胁迫至西远乡长安

---

① 关于该案的所有资料,除另外注释之外,全部来自《浙江省民政厅指令第九六四九号 为呈复查明张雨亭阻挠陈报及以多报少实在情形由(中华民国二十年六月廿六日)》,卷宗号10-1-170-1,龙泉市档案馆藏。

里,将民父子禁于旅馆中,越二宿,带至县政府软禁于密室,绝对不许人探问。始由县长表示,谓民陈报不实,命民加报山地二万亩,预交陈报费二千四百元,并须供献巨万之罚款,始准释放等语。一场冤狱至是始知,类似官员式绑票案发生。

伏查龙邑志书内载山亩,实该山一百三十三顷八十八亩三尺四毛九分,而民家所有山地对全县犹如太(泰)山一粟,命报二万亩究从何来?民愿禁而不敢遵。民父子在禁二十四日,时而县长将民唤至卧室大肆其威逼手段,时而亲至禁民房内迫问有无了局,日夜痛加恫吓。日则减民父子饮食,夜则令门岗更番开衾监视,复将房后门加钉。又言匪来使无逃生之路。种种威逼,惨无人道。噫,民系暮年老朽,民子省三亦文弱书生,何以堪命。言之,泪随声下。

迨至四月十五日,民父子在禁自向厨房自开伙食。讵县长及王专员令厨房不准开饭,至夜复将灯泡摘去,民父子至此昼绝饭食,夜坐黑暗地狱,又复横加胁迫,痛不欲生。十六日县长暨王专员声称奉省电,尔父子令从严究办。县长随将省电匆促一展,民子省三于惊骇惶恐之中仅睹及暂宽觅保数字,随请求遵电保释。不谓反大触其怒,勒令于数小时内必须缴纳洋一万八千元,如不遵限缴纳,即不利于父子性命,喝令带监执行,排列佩枪警察六名恐吓,令民父子魂魄俱裂。咦,民之对于二千四百元无力措缴,安能遽集此巨数?只有坐以待毙,其时亲属闻耗骇汗震惊,乃代为奔走四方告贷,于四月十七日下午,由吴一谔等措缴。收到后,又复缮就甘结,勒令民父子一仝画押,始准释放,处此强权之下,生死关头,不得不暂时饮泣屈从,以全生命,此为诉之事实。

张雨亭将县长和专员借土地陈报之名,横加勒索的恶行叙述得惊心动魄。县长对其父子陈报山场不实的指控,是整个事件的起因,张雨亭必须在这个起点上为自己辩护,所以他接着一一为自己所受的不白之冤陈述理由:

> 理由 据王专员与林县长勒款标题,一则谓因大地主之观望,不得不照罚则办理,一则谓民有锦源山亩陈报不实,全为罗致人罪之证据,又为吞没一万八千元之凭借。殊不思民父手虽置有薄产,已经六兄弟分析另居。民合得财产又分析二子,即逼勒之甘结及收条,民有六房名义,每房名下仅有土地数十亩,已无所谓大地主。况穷乡僻壤,瘠贫之区,又安有大地主之称。谓为观望,必指未经开办而言。民子省三,谬任村长,首先填报自己土地以为之倡,又安有观望之足言。若谓锦源山亩陈报不实。现在龙泉土地均未丈量,究不知何者为实,何者为不实。民遵厅令,暂凭习惯自知亩分填报,则有更正补报之可能,亦无犯法之可言。林县长暨王专员缮勒民父子画押之甘结内载,一则曰煽动违抗,再则曰煽乱阻挠,民子省三于办理土地陈报事宜于本年二月十日以前编号绘图编造总计表册送呈县政府,自问对于办理土地陈报一切手续及责任均已完备,何者为煽动违抗,何者为煽动阻扰?民人无罪而故入人罪,小民纵可易虐,如政体何?无科罚之罪,而恣意滥罚,勒出一万八千元之金钱,如法治何?

张家之所以受到最严厉的处分并被科以巨额罚款,是所谓"陈报不实",特别是对山场的陈报不实,林县长要求张家陈报二万亩的山。那么张家自己主动陈报的时候所报的数字是多少呢?据后来浙江省民政厅的调查报告,张家六房一开始自己主动所报八处山场,"核之林委员转饬各村委会查复张姓六房所陈报山场,仅温掉火烧石祭外垟(八亩)、三坑石富源新岱(十六亩)、牛厂(四分)、西溪垄(四亩)、中心坑(二亩九分)、桐板坑(即尹长坑二亩)、洪章(一亩五分)、野猪湖(三亩五分)等八处,所报面积共仅三十八亩三分"!

三十八亩三分与两万亩的差距不啻天壤。张雨亭的辩解理由,一是龙泉县志内载全县的山亩数字不过一百三十三顷八十八亩三尺四毛九分,"民家所有山地对全县犹如太山一粟,命报二万亩究从何来"。二是"现在龙泉土地均未丈量,究不知何者为实,何者为不实。民遵厅令,暂凭习惯自知亩分填报,则有更正补报之可能,亦无犯法之可言"。换言之,他也承认原来所报的山亩数字并不是确切的真实数字,但是究竟真实的数字是多少? 不仅张雨亭自己不知道,县政府也不知道。因为从未有过测丈,所谓"二万亩"也是县长专员的随口一说而已。

张雨亭不仅向龙泉法院提起诉讼,同时也以"违法逮捕"的罪名向浙江省民政厅函请将林桓撤职查办。① 此案引起极大反响,浙江省民政厅即委派专员前往龙泉,对张家的山场进行测丈。这应该是当地的山林第一次受到现代的丈量。测丈的结果是张姓六房"计共山场五十六处,土名九十三个,总面积为五万七千二百一十二亩八分九厘八毫"。这当然与张姓自己所报多寡相去悬殊,其中有些山场根本未报,而所报八处的面积与实丈面积相较亦少报一万九千二百余亩。

但是,测丈队的报告又说:"如前项山场确系完全为张姓六房所有,其为故意以多报少当无疑义。自应照章处罚。惟该县山场原系无粮官荒居多,现在张姓六房所陈报之山场既有如此广大,其取得权源为何? 有无侵占官产在内,尚不能不加以审究。"换言之,这些所谓张姓的山场

---

① 参见《浙江司法半月刊》第1卷第15号,"附录",第28页。

全凭张姓呈报指认,是否真的全为张姓所有,并没有证据。浙江省财政厅将检查这些山场权源的工作交由法院进行。浙江高等法院即转令龙泉县法院,请就近调取管业凭证依法认定。对于这些山价的认定,则命令各区区长召集村里长估计。

山林的具体数目,得自真正的实测,张雨亭也许可以接受,但因此而被指责为"故意以多报少",他是不能接受的。在催请民政厅重新调查测丈的呈状中,他说:

> 其时土地陈报事属创举,民间茫无适从。民等查阅《民政特刊》《问答》载:"处州之山多属岩山,名之曰石田,必经四五十年始有微量之收益,照习惯以上喝下应为亩,是否照准?"(答):"如丈量不易者,准照习惯丈算。"民等因暂照习惯亩分,先将此八处山场填报,借资提倡。讵知该八处山场才是报出,不日而林县长与王督促专员违法逮捕,酷勒诬指突然而来。则民等其余山场因此停顿,不敢妄事填报,再投落网。

这个辩诉可谓合情合理,一语点破了两个数字悬殊的关键,即民间在山林管业中重四至而轻亩分,因为难以丈量,所谓亩分只是一个虚数。国家为税收财政的目的,其地籍登记要求有面积数据,而用较为仔细的实丈方法获得的面积数字,自然与之前民间估算的产生差距。

在张家的再三要求下,民政厅重新组织人力对张姓山场查勘补测。这份补测报告说明了他们测丈的办法:"吊验该六房之分关与契载山名核对,嗣以契载四至,并省颁山图,向各山场所在邻右逐细查询,以二方面之事实状况,互相勘对,又查验各该山场上手老契,多方印证审查。"查勘队首先确认了所有五十八处山场,九十三个土名之取得权源,均属清楚,其中没有所谓的官产。

其次,补查报告还说明了因为契约本身不记载面积,而只有四至,以此为依据进行测丈,得到的数字是没有其他数据可以进行对照的。

> 又本县山场,向以土名片段四至为重,绝不记载亩分,全县同此习惯,不仅一地一姓为然,故张姓六房缴案之各山场契据,其卖主、中证代笔暨立契税验各年月,具各历历可考,独于亩分,则各契约均无登载。前次省测丈队到山丈量,系由张姓照契摘录山名四至,即行依其四至,插标施丈,其面积图、成果表所填亩分,实照四至范围内测丈所得者也。此次主任等到山施行补测者五处,一高潦坑以及茶坪(土名十四个),又三坑以及金鸡龙(土名八个),又乌律道堂前(土名四个),又石壁源(土名二个),又六车坑(土名二个),分测各房亩分界址,并补绘界线(各房亩分详载一览表),此外各山场经审查权源四至相符,未再加以补测,此本案办理之情形二也。

换言之,尽管这些山场已经被人们私占、开发、买卖了几百年,但这是这些山场第一次被认真地测量面积。然而,省测丈队辛苦测量形成的报告,所采用的表述规范和格式,与契约对山场的表述属于不同的系统,因此两者无法完全互证,这也是需要进行第二次复测的原因:

> 又张姓受买各该山场,其卖契所载之四至,均系依据界址形势俗称,详载于契,其字句冗长衍蔓,非目睹该山形状者,几不解所载是何意,且所载者,为本界内之地形俗名,至于界外为何姓所有,转在所轻,而省测丈队所绘之略图,则仅载与某姓为界,契载之衍蔓

字句,悉被删节,上年龙泉县法院以契核图,所以发生困难者,职此故也。此次主任等到山查勘,先于各山场分界之处,插立标木,记明四至,并向所在住户山佃详细查询,对于产权界址,均无异议,可见权源清楚,并无疑义,此办理本案情形三也。

省测丈队对于山场的表述由准确的测丈数据和相邻业主信息构成,而地方原有的山场契约则由土名四至确认山场,所以在复丈时仍然需要依靠"住户山佃"的指认。

根据《出差旅费日记表》,第二次查勘补测共耗时二十三天,工作人员包括测勘主任一员、助理四员、测夫二名,共耗费轿费、膳费、宿费等共三百二十八元九角。因为参与补测的人员更加熟悉当地山林管业的契约和实际情形,而且细究了这些数字差异产生的机制,所以第二次调查的结果否定了对张家故意以多报少的指控,并且确认"张姓六房所有山场,其取得权源,均尚正当,似无侵占官产情事,兹经查勘完竣,谨将所查山名房分权源亩分四至暨契价契税各节,汇填一览表;并将山图分房划线标签,备文呈复"。

民国二十三年(1934)一月张姓六房领回契约,这场直接造成龙泉县知县被罢免的山林官司才告结束。

这场官司是在土地陈报的大背景下发生的,它记录了地方的山主与省、县政府之间围绕山场确认、确权所展开的交锋,也让我们看到对山场两种不同的认知和确权方式。如前所述,一种是在长期的山场开发利用的历史中自然生长出来的契约秩序,以契约为基础的确权,又建立在当地人世世代代对山场及其相关的人群(如山主、山佃)的熟悉且具有相当共识的基础上,它们在技术上看起来不那么精确,但是以一种当地人可以接受的、低成本的乡土规则,维持了山场基本的产权秩序。

另一种是民国政府从现代国家财政需求出发,要求精确的山林面积和基于国家地籍登记的产权凭证。这两套制度的竞争和对接,是一个长期的过程,可能直到今天也都还未完成。

四、政区之界与山产之界

民国时期东南山区有一类山场争讼发生在政区界邻地带,与国家的政区勘界活动关系密切。

政区之界划本是国家因行政管辖的需要而设置的,谭其骧从浙江各地设县和政区的变化讨论地区开发过程,并涉及省界、地区界的形成,这奠定了历史地理学关于政区之界研究的基本方向。① 周振鹤以"山川形便,犬牙交错"总结中国传统时期政区划界的原则,强调统治的便利性和自然地理条件对政区划界的影响。② 历史地理学对于政区边界的讨论,主要的关注点在确定政区范围及其变化过程,其背后主要是地方政府的管辖权问题,所以对插花地、飞地等所谓"错壤"所引起的纠纷及其相应的调整,研究较多。③ 近几年来,学者们开始注意到政区界线和划界纠纷中自然区、文化区、行政区、经济区之间复杂的关系,以及地方社会民众能动性。④ 但是,这其中直接涉及确切的"界线"问题的

---

① 参见谭其骧:《浙江各地区的开发过程与省界、地区界的形成》,载复旦大学中国历史地理研究所编:《历史地理研究(1)》,上海:复旦大学出版社,1986年,第1—11页。

② 参见周振鹤:《中国历代行政区划的变迁》,北京:商务印书馆,1998年。

③ 参见冯贤亮:《明清中国地方政府的疆界管理——以苏南、浙西地域社会的讨论为中心》,载《历史地理》第21辑,上海:上海人民出版社,2006年,第92—108页;徐建平:《行政区域整理过程中的边界与插花地——以民国时期潼关划界为例》,载《历史地理》第24辑,2010年。

④ 参见张伟然:《归属、表达、调整:小尺度区域的政治命运——以"南湾事件"为例》,载《历史地理》第21辑,2006年。

仍然较少,这是因为在传统时期,政区之间的界线很多其实是示意性的,正如满志敏所言:"中国历史上境内的行政区域法定界线从来没有从法律意义上明确划分过。"①这也造成了在历史地理信息系统中复原历史时期县界变迁,成为今天历史地理学者面对的重大挑战。②

政区之界与本书探讨的田土产权之界,一属公一属私,似乎没有必然的关系,但其实不然。一方面,"对政区界线详细确定的需求往往是随着对土地或其他资源占有的需要而产生"③;另一方面,如前所述,最晚自宋代以来田土的确权往往以地籍登记、赋税档案为凭证,清代的人已经对州县疆界和赋税之间的关系有明确的认识:"疆域之宜分也,以经界之宜正也;经界之宜正,以地亩宜清而赋税宜均也。分疆域正经界而民之不田而粮、不粮而田者少矣。养民之务,孰急于此。……沾沾于四至八到亦末矣。"④加之产权诉讼也常常涉及地方政府的司法管辖权问题,所以政区之界与产权之界会发生密切的联系。特别是政区划界因为遵循"山川形便"的原则,在东南山区相当多的州县都以山岭作为政区疆域之界,这些山岭本来因为人迹罕至,很多属于无主之山,划界本不严密,也极少发生产权上的纠纷。但是,随着山区人口的增多和山地的开发,明清以后开始出现了对这些界山的争夺,政区之界和山产之界因此发生了交集。嘉靖年间,浙江淳安、昌化两县民人互争山界的例子就是一个典型的案例。

淳安、昌化两县在明代分属严州府和杭州府,均是山区县份。据嘉靖《淳安县志》记载该县四至都以山岭与邻县划界,其"北至杭州府

---

① 满志敏:《行政区划:范围与界线》,《江汉论坛》2006年第1期。
② 参见满志敏:《1542—2001年青浦县界变迁》,载《历史地理》第25辑,2011年。
③ 满志敏:《行政区划:范围与界线》,《江汉论坛》2006年第1期。
④ 康熙《永康县志》,卷一《疆域》,第3页上。

昌化县界,去昌化界一百五十九里,以审岭为界,自界至昌化七十五里"①。嘉靖元年(1522),先是昌化县的朱淳与章延寿谋争山利,相争讼未决,继而淳安县民以诉讼侵越淳界加入诉讼。据事后所立《淳昌二县界石记》:

> 我国初兵乱之后,人物鲜少,林木繁茂,峻峰崇岭,险阻难夷,率皆抛荒蓁芜,未有人以经理之者。既而批舆图载版籍,淳则有田税,昌邑则有山税,是后居民日众,生齿渐繁,芟夷开辟之者,淳之功居多焉。桐坑源头有田数百亩,山数千亩。淳昌之民兼理之,以山陇独石为界,各有分土定业,而无争讼之衅。②

据纠纷平息后淳安民众所立《乡民感德碑记》,山界纠纷的爆发很可能与徽商在此地的木材经营有关:"又桐之源乔木参天,茂林蔽日,歙商利其利,岁经营于其间,践踩田畴堨堰,民以为病,侯目击其事,命民偿其木值,悉遣去之。"③对于山田和山场木材之利的争夺,是两县民人争讼的根源。两县所争之山及山中开垦的田土,位于两县交界处,最晚在明代中期已经升科纳税。该案最后由两县知县亲自踏勘而定,两县定界的依据,文中说:"视山川之源委,按图籍之经界,自桐源山陇而下至独石为界,左则昌民经理之,右则淳民经理之。"两邑长官所依据的"版籍""图籍之经界",应该就是鱼鳞图册。严州府在南宋以来的经界中对部分山场就有登录。两邑县令即以此为基础进行会勘,订定仍以山陇独石为界,以平息纷争。这条界线既是两县的政区之界,也是争讼

---

① 嘉靖《淳安县志》(天一阁藏明嘉靖刻本),卷之一,《疆域》,第4页上。
② 同上书,卷之十五,《淳昌二县界石记》,第38页下—40页上。
③ 同上书,《乡民感德碑记》,卷十五,第40页上—下。

双方山场产权之界。

在某些存在地方州县界石标志的山岭,当地人也会以这些行政区划之界作为山产之界来使用。1946 年,浙江遂昌县与相邻汤溪县天宁寺因将军坑山场界址发生纠纷。汤溪天宁寺一方所出具的证据是"完山粮户册一本,内载有土名将军坑阴测一项(原文如此),有粮额六亩正,并无四至所载,亦无其他管业字样",而遂昌一方的证据是:"张砿金承管山约一纸,又宣平人陈品棠承拚该山柴薪约一纸,其四至内载有东至小将军坑,汤溪县界牌石为界。"据查勘所绘《将军坑略形图》,"小将军坑"是从山顶直流而下的一道山涧,山涧水直流下山脚的溪水中,溪中有一巨岩上刻有"金华府汤溪县处州府遂昌县山田界"的字样,不知何年所立。① 该案中两县对山场权属的划分也以县界石为准。对于政府来说,如果是民人的私山,主要涉及对山税的征收权利;如果是官荒山,在民国山林国有化的过程中则权利更为巨大。值得注意的是,该案还显示,民人之间订立的山契,除了以山坑这样的自然地形为界之外,也特别利用了两县的界石。但是明清时期州县的界线多是示意性的,几乎没有勘界画图,界线上立石标记的数量也很少。

南京国民政府在 1930 年颁布《省市县勘界条例》,开始推行政区厘正疆界的工作。关于这一过程,学界已有不少研究成果②,其中就涉及一些在政区勘界中发生的私人山场产权界址纠纷。如赵茜在论文中涉及的 20 世纪 20—30 年代浙江东阳东湖庄、永康柏岩庄争界案就是这类案件的典型。纠纷首先因两县民人之间界邻山场权属争执而起。在

---

① 参见《为奉令查勘本县螺岩乡第七保将军坑与汤溪界山场界址办理经过报告》,卷宗号 M29-531,第 27—28 页,遂昌县档案馆藏。
② 参见徐建平:《中国近现代行政区域划界研究》,上海:复旦大学出版社,2020 年;赵茜:《民国时期浙江省县际勘界研究(1927—1949)》,浙江大学博士论文,2020 年。

1921年,山场之争以划界订约暂时平息。这份议约上写明:

> 议定朝北山,自磨石屻起,由右迤逦转至超南山望曲岭为止,所有朝北山一带上至下赵、上卢等村屋后山峰,下至山脚为界,朝南山一带上至山顶下至山脚为界,以及中间开成熟地,概划归东湖庄胡姓永远管业樵采,由胡姓偿给黄姓洋二百七十元正,即日交付清楚。惟在上开山峡以内田亩仍由柏岩庄黄姓管业种植。旧例向山割青肥田,递年限小满后五日为止,但不得携出该山峡以外,并不得损及老干。所有该山峡以内各田应用灰柴,听黄姓于离田塍二丈以内之山采割,旧有灰炉仍归黄姓照旧使用,不得重新起造。如有田内沙污、石积等事,可由黄姓于田附近山旁堆置。①

这份议约不仅是对所争山场界至的划分,而且对山场中的各种资源的使用分配都有细致的条款规定。从中可以看出,虽然划定了边界,也明确了界内山场归东阳东湖庄人所有,但是在其中分布有不少属于永康柏岩庄人开垦、所有的山田,这些山田是属于永康人的,他们也拥有这些山田生产所需要的山内资源的使用权。概言之,这份议约以及所立界石所规定的是两庄两姓的山场权属之分,而不是两县界山之分。

然而,1930年办理土地陈报期间,两县勘划县界,又发生纠纷。两县政府一方面都认同产界和县界诚属两事,另一方面又都坚持以两庄山场权归属来划分县界,东阳方面认为1921年所划定的山界就是县界,而永康方面则认为应该以山田产权归属来划定两县的界至。两县

---

① 徐可标:《呈复查勘永康、东阳两县县界争执一案情形》,038-000-0014,浙江省档案馆藏。录文来自赵茜:《民国时期浙江省县际勘界研究(1927—1949)》,第124—125页。

都提出鱼鳞图册、粮册为凭据，争取县界的划分有利于己方，但又都相互攻击对方的籍册虚假不实。浙江省民政厅最后的勘界结果，并没有采用以产权归属划界的做法，而是以地形上的天然形势划分了县界，当然这样的结果就必然造成一些田土所在的空间与它们的地籍、所有人的户籍不同的所谓"错壤"或"插花地"问题。

概言之，政区以"山川形便"为划界原则之一，使得东南山区各县分相当数量的州县都以山为界。在传统时期，这些政区之界虽然存在，但大多数都是示意性的。政区之界的具体化、细化和山场开发、确权有密切的关系。同时，因为直到民国时期，田土确权在一定程度上都依赖赋役制度和地籍登记，所以政区之界和与此相关行政管辖权也就成为影响产权之界划定及纠纷解决中的重要因素。

综上所述，民国时期东南山场的产权争讼，并不是单纯的法律或诉讼问题。例如阶段性木材市场的繁荣带来山场资源竞争加剧常常引起产权争讼的暴发。除此之外，政府的山林国有化、地籍整理和政区勘界等一系列政策和行动，都在地方上引发了新的产权之争，也成为民众重新调整山场产权秩序的契机。这些政策的出台和推行是民国时期政府职能转型的一部分。从晚清到民国，传统王朝的地方治理模式急剧地向现代政府的管制模式转变。扩张政府职能、提升治理能力，既急需财政的支持，也需要更精确、全面的信息掌控，还需要对地方权力结构的重新调整。与产权相关的立法和司法实践都需要在此背景下做出思考，同时，关于法政纠缠的表现和影响也可以在地方社会经济的脉络下观察，在基层民众的确权实践中真正看到权力的毛细血管作用。

政法机关苏联法学专家对新中国初期法制的观察

唐仕春*

新中国建立初期,中国大规模借鉴苏联的社会主义建设经验,摸索中国的社会主义道路。苏联专家在这一历史进程中起了关键性作用。苏联专家问题是中苏关系史领域讨论的热点之一①,法学领域亦有学者

---

* 中国社会科学院近代史研究所研究员。
① 沈志华在《苏联专家在中国》一书中评述了来华苏联专家的研究状况(《苏联专家在中国》,北京:新华出版社,2009年,第4—5页,该书初版于2003年),现在该书本身也成为研究苏联专家问题不可不参考的重要著作。近年来中国学者从中苏关系史的角度对苏联专家问题展开研究,也有不少新成果刊行,如张柏春:《苏联技术向中国的转移 1949—1966》,济南:山东教育出版社,2004年;蒋龙:《北京航空学院的建立与苏联的援助》,《中国科技史料》2004年第1期,该文由其硕士改写;赵阳辉:《哈尔滨军事工程学院的筹建与苏联援助(1952—1953)》,《哈尔滨工业大学学报》(社会科学版)2006年第5期;赵阳辉:《苏联援助创办哈尔滨军事工程学院的历史研究(1952—1956)》,国防科技大学硕士论文,2005年;鲍鸥:《苏联专家与新清华的建设》,载关贵海、栾景和主编:《中俄关系的历史与现实》(第2辑),北京:社会科学文献出版社,2009年;韩晋芳:《技术教育转移个案:北京石油学院的建立》,载关贵海、栾景和主编:《中俄关系的历史与现实》(第2辑),北京:社会科学文献出版社,2009年。除了沈志华在《苏联专家在中国》一书中提及的关于苏联专家的外文论著外,还需补充的是 В. А. Куракин、А. С. Цветко、С. Л. Тихвинский、А. Верченко 等俄罗斯学者在论著中涉及来华苏联专家的研究。В. А. Куракин: Экономическая и научно-техническая помощь советского союза Китайской народной республике в социалистической индустриализации в период 1949-1960гг.（Диссертация На соискание учёной степени кандидата экономических наук.）; А. С. Цветко: Советско-китайские культурные связи. М. 1974г. ; С. Л. Тихвинский. Восприятие в Китае образа России. Москва: Наука, 2008.; А. Верченко: Участие советских специалистов в экономическом, научно-техническом и гуманитарном строительстве нового Китая（1949 - 60гг.）(«Проблемы Дальнего Востока», 2009, №5.）.

论及了来华苏联法学专家①。苏联法学专家苏达里可夫（Сударриков. Н. Г）、贝可夫（Быков Б. С）、鲁涅夫（Лунев. А. Е）等是政法委的首席顾问，他们自己以及苏联驻华大使馆不断将苏联法学专家在华工作情况向苏联外交部、司法部等机关报告。发回苏联的报告从苏方视角提供了认识中国法制建设的一条途径，本文即根据这些报告分析苏联专家对中国法制的观察和认知。

一、政法机关的苏联专家及其工作报告

本文主要讨论中央政法机关的苏联法学专家，他们的工作涉及政务院政治法律委员会、内务部、公安部、司法部、法制委员会、民族事务委员会，以及最高人民法院和最高人民检察院。1949年9月27日中国人民政治协商会议第一届全体会议通过的《中华人民共和国中央人民政府组织法》规定，政务院中设政治法律委员会、财政经济委员会、文化教育委员会、人民监察委员会，是中央人民政府的执行和管理机关。政治法律委员会领导和协调内务部、公安部、司法部、法制委员会、民族事务委员会的活动。委员会有权通过其管辖范围之内部委的决定和公布命令，检查完成情况，预先审查被相应部提交给政务委员会和中央人民政府审查的问题。法制委员会是准备法律草案的工作机关，它设在政务院之下，由政务院政治法律委员会直接领导展开工作。最高人民法院和最高人民检察院直接隶属于中央人民政府，不包括在任何一个委

---

① 参见何勤华、李秀清：《外国法与中国法——20世纪中国移植外国法反思》，北京：中国政法大学出版社，2003年；王志华：《苏联法影响中国法的几点思考》，《华东政法学院学报》2008年第1期；唐仕春：《建国初期来华苏联法学专家的群体考察》，《环球法律评论》2010年第5期。

员会之内。但是这些机关应该就一些问题咨询政治法律委员会,中央人民政府可以把最高人民检察院和最高人民法院提出的任何问题提交政治法律委员会审议。

1949年6月至8月,刘少奇率领中共代表团访苏,聘请了一批苏联专家来华工作。苏联法学专家自1949年下半年陆续来到中国。1949年陆续到达中国的苏联法学专家有5人,其中包括苏达里可夫、贝可夫等,他们来华后主要担任政法委员会的首席顾问等职。苏达里可夫在华工作时间为1949年8月—1953年6月,贝可夫在华工作时间为1949年8月31日—1952年8月。鲁涅夫1953年来华,接替已经回国的贝可夫和即将回国的苏达里可夫在政法委员会的首席顾问一职。鲁涅夫在华工作时间为1953年4月—1954年9月。①

1955年9月,叶甫盖涅夫(Евгеньев. В. В.)开始在全国人大常委会法案委员会任职。②

任职于司法部的有巴萨文(Басавин. И. А.)等。柯瓦连科(Коваленко Г. Е.)1954年—1957年在华工作,③柯尔金(Колдин В. Я.)1954年11月10日—1957年5月10日在华工作,④巴萨文1955年

---

① 1927年,17岁的鲁涅夫开始当工人,1936—1938年到全苏法律学院学习。毕业后到人民委员会所属苏联检查委员会工作一年,此后,在苏联军队军事法律学院当老师,并升至教学部和教研室负责人。

② 1938—1945年在司法和检察院机关工作,1945—1946年在苏共中央高级党校学习,1946—1949年在苏共中央社会科学院攻读副博士学位。论文答辩后在苏科院法学所工作,先后担任负责科研的副所长和《苏维埃国家与法》总编。

③ 1929年开始当会计员和农庄的庄员。1930年进入司法部门当过人民法院书记员、检察院侦查员。1932年成为红军战士,1935年当上了军事检察院军事侦查员。1938—1941年在红军的军事法律学院做学员。之后,任中央战线军事检察长助手,64军、57军等单位副军事检察长,第3军、11军等单位军事检察长。1948年至来华前为苏联最高法院委员。

④ 研究犯罪对策,1950年于莫斯科法律学院取得副博士学位,1970年于莫斯科大学获得博士学位。

7月27日—1957年6月2日在华工作,①柯勒马柯夫(Колмаков В. П.)1957年10月4日—1959年9月在华工作。②

任职于司法部的柯瓦连科和柯勒马柯夫还同时任职于最高人民法院。

上述苏联法学专家来华前的教育、工作经历如下:

1949年下半年,贝可夫来华时48岁,刚获得副博士学位。从1916年至1931年的15年里,他做过军队医院卫生员、机器制造厂工人、军人、警察,1931年之后成为莫斯科法律学院的大学生、研究生、教师。"二战"爆发后,主要在军事法庭工作。从1945年到1949年来华前为苏联武装力量军事法庭办公厅二部主任。其来华前的工作鉴定中领导认为贝可夫具有丰富司法工作经验,原则性强,热爱劳动,在集体中享有威信。

苏达里可夫来华时36岁,同贝可夫一样也刚获得副博士学位。1928年,15岁的苏达里可夫从一所农民青年中学毕业后当上了人民法院的书记员。在法律培训班短期进修后,他成了莫斯科地区法院秘书处的领导,之后成为该法院的审判员。1939年他当上了莫斯科法律学院系主任,接下来任苏联司法人民委员会秘书处主任、莫斯科法律学院院长、苏联司法部培训中心主任、苏联政府集体农庄事务委员会法律部主任,1949年来华前为莫斯科法律学院副教授、军事法律学院教师。

新中国建立初期来华苏联法学专家有35人,他们任职于重要的岗

---

① 幼年时当过牧童、伐木工人,后在地方从事工会工作并逐渐走上领导岗位。1934—1938年在列宁格勒法律学院读大学。从1938年起担任区检察长助手、列宁格勒地区法院院长、苏联司法部副部长、俄罗斯加盟共和国司法部长,1949年成为苏联最高法院委员。

② 研究犯罪对策,1951年获得副博士学位。

位,因而能对新中国法制建设产生重要的影响。从苏达里可夫和贝可夫等人的经历可以看出,苏联法学专家是一个年富力强的群体,他们中不少人工作经验丰富,有多年法律工作经历,学术造诣较高,这通常意味着他们对苏联的法律制度、法学教育与研究有一定了解,在传授苏联法制经验方面具有很强的能力。①

来华苏联法学专家参与了中国的法制建设工作,也不断地将他们观察到中国法制状况写成报告,发回苏联。目前,我在俄罗斯国家档案馆已经收集到有关来华苏联法学专家的报告9份,全部用俄文书写。(以下简称"苏联专家报告")

1."关于中华人民共和国司法机关的资料"。1950年1月31日,刚来华数月的苏达里可夫分别向苏联司法部长戈尔舍宁、联共(布)中央办公厅巴卡金、武装力量军事司法学院领导奇希克瓦泽教授呈送了"关于中华人民共和国司法机关的资料"。②

2."驻中华人民共和国苏联专家-顾问小组工作总结摘要(1949年12月至1950年4月期间)"。1950年10月9日,苏联外交部副部长葛罗米柯向苏联司法部长戈尔舍宁呈交"驻中华人民共和国苏联专家-顾问小组工作总结摘要(1949年12月至1950年4月期间)",该函称:"在此寄去驻中华人民共和国苏联专家顾问小组组长阿尔希波夫同志的总结报告摘要,请做出关于在中国苏联专家工作专业性结论,以及你们关于改善这项工作的可能性建议。"③

10月27日,苏联司法部副部长库德里亚夫采夫回复10月9日来

---

① 参见唐仕春:《建国初期来华苏联法学专家的群体考察》,《环球法律评论》2010年第5期。
② ГАРФ. ф. p-9492. оп. 1a. д. 598. л. 1-49.
③ ГАРФ. ф. p-9492. оп. 9. д. 30. л. 171-184.

函称:"为了给予在中国的苏联法学专家帮助,苏联司法部寄了一大批书,而且准备寄去新的一批——经由贝可夫同志转交的申请。"①复函又称:"苏联司法部没有关于在华苏联法学专家工作的意见。"②

3. "1950年中华人民共和国司法机关工作"。1951年3月6日,苏达里可夫、贝可夫向苏联司法部长戈尔舍宁呈送了"1950年中华人民共和国司法机关工作"总结,其中反映了苏联司法部系统去中国出差的苏联专家顾问所做工作。他们请戈尔舍宁指示送一份总结给联共(布)中央办公厅的洛普霍夫。

1951年4月4日,苏联外交部远东第一司司长通金向苏联司法部长戈尔舍宁呈送一封公文(苏达里可夫的报告)。这是苏联外交部远东第一司所收到的,它来自苏联驻中华人民共和国大使馆。③

4. "1951年上半年中华人民共和国司法机关工作与苏联专家对这些机关的帮助"。1951年8月5日,苏达里可夫、贝可夫向苏联司法部长戈尔舍宁呈送了关于在中华人民共和国出差的司法机关方面苏联专家顾问工作的简短摘要。在摘要中陈述了1951年上半年专家工作和司法机关状况。他们请戈尔舍宁把一个复印的摘要送联共布中央洛普霍夫。④

5. "在中华人民共和国政务院中央政法委工作的苏联专家1952年上半年概况"。1952年8月5日,苏达里可夫呈苏联司法部长戈尔舍宁:"向您呈上在中华人民共和国政务院中央政法委工作的苏联专家1952年上半年工作报告。请让洛普霍夫了解这些材料。"⑤

---

① ГАРФ. ф. р-9492. оп. 9. д. 30. л. 171-184.
② ГАРФ. ф. р-9492. оп. 9. д. 30. л. 171-184.
③ ГАРФ. ф. р-9492. оп. 1а. д. 664. л. 109-187.
④ ГАРФ. ф. р-9492. оп. 1а. д. 664. л. 175-187.
⑤ ГАРФ. ф. р-9492. оп. 1а. д. 715. л. 155-174.

6. "1952年中华人民共和国司法机关状况及苏联专家给予这些机关的帮助的报告"。1953年2月25日，苏达里可夫呈苏联司法部长戈尔舍宁："向您呈上有关中华人民共和国司法机关状况的报告，其中包含了1952年政法委苏联专家完成的工作。请让洛普霍夫或者其他现在研究这个问题的人了解报告内容。"①

7. "驻中华人民共和国苏联专家小组代理组长关于1952年驻华苏联专家工作总结摘要"。1953年5月20日，苏联外交部副部长葛罗米柯呈苏联司法部长戈尔舍宁称："向您呈上驻中华人民共和国苏联专家小组组长1952年总结摘要，部分内容涉及苏联司法部专家工作。请告知，您在上述总结方面的鉴定，以便转达驻中华人民共和国苏联专家小组组长。"1953年6月30日，苏联司法部副部长苏霍德烈夫致函苏联外交部副部长葛罗米柯："中华人民共和国苏联专家小组领导人总结中涉及法律专家部分内容，苏联司法部没有意见。"②

8. "政治法律委员会苏联专家工作总结"。1954年4月13日，苏联外交部副部长库兹涅佐夫呈苏联司法部长戈尔舍宁："呈上从苏联中驻中国大使馆收到的政治法律委员会的苏联专家鲁涅夫关于他1953年工作的总结。请做出总结方面的鉴定，告知司法部的意见，以便采取措施改善在华苏联专家工作。"4月19日，苏联司法部部务委员卡列夫致苏联外交部："根据苏联司法部的意见，政治法律委员会的苏联专家鲁涅夫关于他1953年工作的总结，没有意见。为了给我们在中华人民共和国专家以帮助，苏联司法部送给他们法律文献，派遣司法工作方面的专家。"③

---

① ГАРФ. ф. р-9492. оп. 1а. д. 758. л. 71.
② ГАРФ. ф. р-9492. оп. 1а. д. 758. л. 113-131.
③ ГАРФ. ф. р-9492. оп. 1а. д. 801. л. 21-40.

9."第三届全国司法工作者会议信息"。驻中华人民共和国科学与文化问题苏联专家小组组长阿·马尔采夫呈苏联司法部长戈尔舍宁、苏联共产党中央库里科夫、苏联外交部远东司司长库尔久科夫:"在此转发苏联专家叶甫盖涅夫关于1956年2月20日至3月7日在北京召开的第三届全国司法工作者会议工作信息。"报告包括"第三届全国司法工作者会议信息",天津市高级人民法院院长陈阜关于天津市司法活动的一些问题的讲话,以及湖北省宜昌地区中级人民法院院长在第三届司法工作者会议上的讲话。①

上述9份报告基本由政法委的首席顾问苏达里可夫、贝可夫、鲁涅夫等搜集资料并撰写。驻中华人民共和国科学与文化问题苏联专家小组组长提交给苏联驻中华人民共和国大使馆,苏联大使馆呈交外交部,外交部请司法部签署意见,司法部回复外交部,或者由苏联法学专家直接呈交司法部、联共(布)中央等。函电的字里行间透露出,将苏联专家的报告发回苏联主要有以下目的:向主管部门例行汇报工作,汇报收集的情报信息,寻求国内对在华工作的支持与帮助,为一些相关研究人员提供材料。

报告介绍了1949年至1953年政法委的部分工作,对在政法委当顾问的苏联法学专家工作进行了总结。第三届全国司法工作者会议工作信息则包含了不少1955年政法工作状况。这些报告是观察中华人民共和国建立到1955年中国法制的重要史料,尤其是苏联专家在政法机关的工作为解决苏联法如何影响中国法制建设问题提供了关键证据。

---

① ГАРФ. ф. р-9492. оп. 1а. д. 852. л. 113-155.

二、苏联专家对中国法制建设的观察视角

(一)比较视角

苏达里可夫在 1950 年 1 月的报告中,根据《中国人民政治协商会议共同纲领》向苏联国内介绍了中国的政法机关。他注意到中国政法机关的一些特殊之处。

《共同纲领》第 17 条规定,"废除国民党反动政府一切压迫人民的法律、法令和司法制度,制定保护人民的法律、法令,建立人民司法制度"。这意味着国民党统治下的有效法律没有任何一条可以使用。苏达里可夫指出,这区别于十月社会主义革命初期通过的法院 1 号令规定的制度。十月革命胜利后沙俄政府的法律并没有被全部废除,部分法律还是法院作出决定或判决时的依据,"地方法院审理案件以俄罗斯共和国的名义,在自己的决定和判决中根据被推翻政府的法律仅仅在这些法律没有被革命废除,不违背革命良心和革命的法制观念"①。苏联专家对中国没有法律作依据的司法活动充满了担忧。

1950 年 10 月的报告中指出,因为中国还没有颁布法典(刑法、民法、诉讼法、劳动法、土地法和其他法),没有通过诉讼法,没有制定指导司法活动的其他法律,在中国法院现在作出刑事案件和民事案件方面的判决和决定,依据"革命的良知,革命的法律意识,人民民主专政总政策精神"。苏联专家认为:"如果这种制度可以有效,那只是临时性的,在新的国家形成期间。"②制定、颁布法典在苏联专家心中占据重要地

---

① ГАРФ. ф. р-9492. оп. 1а. д. 598. л. 4-49.
② ГАРФ. ф. р-9492. оп. 9. д. 30. л. 171-184.

位,这是未来工作的方向。

苏达里可夫强调,检察署是中国特殊的国家机关,大体上是首次建立。在国民党的统治下没有这样的检察署。检察官制度完全是重新建立的,其组织结构有一些特点。

苏联专家认为法制委员会这个国家机关在中国建立、存在,与通常所理解的有些不一样。法制委员会通常是最高立法机关的组成部分或者是其下设机构,用来预先审查被其他机关制定的法律草案,提交国家最高立法机关批准的法律。在中国,"法制委员会是最高执行管理机关的组成部分,也就是政务院的组成部分,在地位上与各个部、中央机关是相当的,是常设现行工作机关,不仅对一些法律草案作出结论,而且直接准备和制定法律草案提交到中央人民政府或者政务院审查"①。

苏联专家在报告里比较了中苏法律制度、中共与国民党政府的法律制度,指出了中共政法机关的特殊性。

(二) 党派视角

苏联专家在报告里介绍、评论了中国政法机关主要领导人和法学家,如史良、沈钧儒、罗荣桓、蓝公武、李六如、陈瑾昆等。"苏联专家报告"指出,史良是民主同盟的活动家,曾经的上海律师,领导司法部。史良毕业于上海大学,出生于大家庭,去过美国、日本。抗日战争时期,在国民党统治下,史良积极参加政党运动,进行政治演说,为此两次被国民党政权逮捕。苏达里可夫指出:"暂时很难评论司法部长的政治面貌,不过她的一些议论令人瞩目,迫使戒备地对待他们的活动。""和我座谈部里工作问题,史良指出,法律制度是否建立在民主原则的基础

---

① ГАРФ. ф. р-9492. оп. 1а. д. 664. л. 109-150.

上,它的正面的经验,苏联法发展的经验一样在制定新中国大的法令时可以被利用。史良试图用在美国监狱中包含的人道条件的个人印象,来论证利用英美法律制度的理由。"①苏达里可夫明确反对史良的这些看法,并予以驳斥,详细解释了利用英美法律制度对建设中国新的民主司法事业的危险性。②

沈钧儒担任最高人民法院院长,是民盟副主席。在中国进步民主界,沈钧儒具有很大的知名度和权威性。苏达里可夫注意到:"最高人民法院17名委员中,职业大部分是律师,按照政治属性——无党派资产阶级民主人士。"③罗荣桓被任命为共和国总检察长。苏联专家认为,由于罗荣桓严峻的健康状况,最高人民检察署组织方面最初的一些措施是由两位副总检察长来完成的,共产党员李六如和无党派资产阶级民主人士蓝公武。苏联专家对最高人民检察署人事安排非常不满,在数个报告中都专门指出此点。④"1951年上半年中华人民共和国司法机关工作与苏联专家对这些机关的帮助"中指出:"按照我们的看法,副总检察长蓝公武没有促使加强检察院工作,正相反,妨碍了快速的解决问题,阻碍了加强检察院。"⑤苏联专家抱怨:"蓝公武经常发表演说反对苏联专家提出的建议。"⑥1953年苏联专家在"1952年中华人民共和国司法机关状况及苏联专家给予这些机关的帮助的报告"中称:"履行总检察长职责的资产阶级民主人士蓝公武几乎没有把任何注意力放在

---

① ГАРФ. ф. р-9492. оп. 1а. д. 598. л. 4-49.
② ГАРФ. ф. р-9492. оп. 1а. д. 598. л. 4-49.
③ ГАРФ. ф. р-9492. оп. 1а. д. 598. л. 4-49.
④ ГАРФ. ф. р-9492. оп. 1а. д. 664. л. 109-150.
⑤ ГАРФ. ф. р-9492. оп. 1а. д. 664. л. 175-187.
⑥ ГАРФ. ф. р-9492. оп. 1а. д. 664. л. 175-187.

检察院工作上。"①

"1951年上半年中华人民共和国司法机关工作与苏联专家对这些机关的帮助"中对陈瑾昆进行评论:"法制委员会的情况不完全正常,委员会的主任王明同志(共产党员)长期生病,也是资产阶级民主人士许德珩领导委员会,委员会成员,也包括委员会小组领导,也有许多资产阶级民主人士担任。陈担任委员会副主任,过去是地主,现在是共产党员。这个陈是典型的资产阶级法学家,讨论每一个问题的时候,持形式主义的立场,在所有的情形下都是把问题搞得复杂化。"②此时法制委员会中姓陈的副主任只有陈瑾昆,故该报告中的资产阶级法学家指的是陈瑾昆。"最近,由于委员会主任生病,委员会的活动变得不那么高效。无数的时间花在讨论陈提出的各种反对意见上。这个陈常常演讲,反对苏联专家提出的建议。"③

苏联专家观察体现了鲜明的党派意识,特别注意政法机关领导人的政治派别,流露出对民主人士的特别关注。

三、苏联专家为认识新中国法制建设进程提供了新材料

(一) 政法机关与1950年镇压反革命运动

苏联专家介绍了政法机关与1950年镇压反革命运动。1950年5月,苏联专家去华北和东北考察期间,见到了很多对反革命分子采取比

---

① ГАРФ. ф. р-9492. оп. 1а. д. 758. л. 71–112.
② ГАРФ. ф. р-9492. оп. 1а. д. 664. л. 175–187.
③ ГАРФ. ф. р-9492. оп. 1а. д. 664. л. 175–187.

较轻的刑事惩罚措施的事例。在他们提交给中华人民共和国领导机关（中共中央和政务院）的考察总结报告中，列举了相关事例。① 看到对反革命分子采取比较轻的刑事惩罚措施，比如 6 个月有期徒刑，或者更低，苏联专家表达了自己的困惑。一些地方司法工作人员和一些省法院领导解释道，在法院中，现在似乎已经没有大的反革命案件了，所有大的敌人已经被消灭或者跟蒋介石一起跑到台湾去了。苏联专家认为："当然，这些论断照我们的观点看来，明显是不正确的，况且在东北有超过 13 万过去的国民党分子和反动的国民党国家机关积极工作分子。"② 苏联专家分析了朝鲜战争与镇反的关联。1950 年 6 月底发生的朝鲜事件，在国内反革命分子那里激起了复辟反动制度的新希望，在各个战线敌对活动都在加强。10 月份全国治安行政工作会议上，公安部长罗瑞卿所作报告，列举了证明反革命活动急剧活跃的大量事实。他指出，比如，在中南地区，半年之内，约有 2700 名国家和党的机关工作人员被打死，在西南约有 2300 名工作人员被打死。1950 年 7 月，敌人在河南省实施了 200 起武装袭击，在广西省实施了 30 起袭击，在华南地区发生了 18 起铁路上的反革命破坏行为。③ 苏联专家引用了罗瑞卿的相关论述，这些论述在中方论著中很少被关注。

政府机关采取措施加强与国内的反革命作斗争，通过一系列十分重要的决定，把重要的新任务交给法院、检察院机关。苏联专家列举了

---

① ГАРФ. ф. р-9492. оп. 1а. д. 664. л. 109-150.
② ГАРФ. ф. р-9492. оп. 1а. д. 664. л. 109-150.
③ ГАРФ. ф. р-9492. оп. 1а. д. 664. л. 109-150. 苏联专家报告中写的是 10 月份全国司法工作者会议上罗瑞卿作报告。第一届全国司法会议于 1950 年 7 月 26 日至 8 月 11 日召开，此处报告的时间为 10 月，与会议时间不符。第一届全国司法会议上未见罗瑞卿作报告。10 月召开了全国治安行政工作会议，罗瑞卿作了报告。故苏联专家报告中记载的会议名称有误，不是司法会议，而是全国治安行政工作会议。

政府采取的措施包括:在全国广泛地开展建立地方自卫队工作;1950年7月14日,政务院通过在土地改革地区"建立人民法庭"法令,人民法庭审理阻止进行土改的刑事案件的同时,重新分配土地时产生的所有民事纠纷的审理也交法庭负责,法庭可采取一切刑罚措施,包括枪毙;①1950年7月23日,政务院与最高人民法院公布了"关于镇压反革命运动"的指示;1950年10月初,最高人民法院和检察院召开了各大行政区最高法院分院院长和这些区检察长,省与大城市法院院长和检察长会议。② 现在对镇压反革命运动的看法通常是这样的:1950年10月10日,中共中央发出《关于镇压反革命活动的指示》,镇压反革命运动从1950年12月起在全国范围内开展起来,1951年10月底,全国规模的群众性镇反运动基本结束。苏联专家列举了1950年10月之前镇压法革命运动的措施,在他们的认识里,镇压反革命运动开始的时间更早,而且1950年5月苏联专家的考察及其后的报告对镇压法革命运动有一定推动作用。

(二) 政法领域的"三反""五反"运动

苏联专家的报告中描述了政法领域"三反""五反"的情况。1951年年底,在党政机关工作人员中开展"反贪污、反浪费、反官僚主义"的"三反"运动。在"三反"运动中,揭发出资产阶级不法分子同国家机关中的贪污分子密切勾结、从事犯罪活动的严重情况,于是1952年年初

---

① 该法令指《人民法庭组织通则》。人民法庭的任务是运用司法程序,惩治危害人民与国家利益、阴谋暴乱、破坏社会治安的恶霸、土匪、特务、反革命分子及违抗土地改革法令的罪犯,以巩固人民民主专政,顺利地完成土地改革。此外,关于土地改革中划分阶级成分的争执及其他有关土地改革的案件,亦均由人民法庭受理。县(市)人民法庭及其分庭有权逮捕、拘禁并判决被告人死刑、徒刑、没收财产、劳役、当众悔过或宣告无罪。
② ГАРФ. ф. р-9492. оп. 1а. д. 664. л. 109–150.

在私营工商业者中开展"反行贿、反偷税漏税、反盗骗国家财产、反偷工减料、反盗窃国家经济情报"的"五反"运动。

国家开展"三反""五反"运动,摆在政法领导机关面前有两大任务:第一,清除法院和检察院机关本身有各种各样犯罪行为而被揭发的人。第二,在大量的"三反""五反"运动中显露出来的事实基础上,制定关于这些舞弊而应负责任的法令方案。法律草案通过之后,保障快速正确的贯彻。

苏联专家指出,司法机关被旧的国民党官僚污染,远远大于其他国家机关:"司法机关中全国平均有25—30%的旧法官、律师、公证员和其他官员。在中南,华东和西南其数量达到50—60%。其中特别负面的事实是,在新的民主机关里的旧的国民党司法人员不是在次要的技术岗位上,而是作为法官、合议庭庭长和院务委员。从人民解放军,党和国家机关到法院的新的工作人员经常是他们的下属。在中南1397个法官中超过600人是旧国民党官员,只有45人是新的党员干部。""1952年1月1日在岗工作的中央政法机关7360名工作人员中,有1674名做出各类违法行为和不道德过错,占22%。"[①]

审理"三反""五反"运动过程中被揭发的违法案件,最初打算委托给普通司法机关——人民法院,但是,根据苏联经验决定建立专门的法院——人民法庭。"三反""五反"运动最后阶段,在所有大的行政区,省、中心和边远地区的城市,人民法庭被建立起来。这些法庭审理企业主、商人和国家机关工作人员被揭发贪污和盗窃等非法行为案件。

人民法庭在侦查案件时广泛地吸收积极分子,有可能揭露企业主和商人犯罪活动的狡猾和复杂手段;公开审理案件有可能吸引广大人

---

① ГАРФ. ф. р-9492. оп. 1а. д. 715. л. 155-174.

民群众与敌对分子破坏活动作斗争;来自揭发被告人犯罪行为的企业、机关的工人和职员作为陪审员参加审理案件;侦查和审理案件的速度快。苏联专家认为:"建立法院的经验证明是正确的。'三反''五反'运动结束后这个经验得到研究。由人民法庭审判和侦查案件的新形式,具有快速、灵活和广泛的社会参与度,被建议向所有法院推广。"苏联专家指出,推广人民法庭工作经验到人民法院日常制度的合理性是因为,"在这些法院里还没有战胜旧的国民党法院具有的官僚主义工作方法。某些情况下在新司法机关里旧的国民党法官审判特别慢,采用形式主义,漠视人民陪审员的注意力,审理案件时不考虑人民群众的意见"①。

苏联专家报告指出:"占据1952年上半年中国国内政治生活中心的'三反''五反'运动是巩固人民民主政权非常重要的政治和组织措施,有可能制止民主资产阶级阵营的一部分反对分子。"②

苏联专家报告列举有关司法机关被旧的国民党官僚污染情况,以及对人民法庭的分析,均可推动对"三反""五反"运动的认识。

(三) 司法改革运动

苏联专家的报告中分析了司法改革运动。1952年8月至9月司法改革在全国开始,1953年1月至2月完成。苏联专家认为进行司法改革要推动下列主要的任务:第一,对国家司法机关工作中存在的不足开展广泛的、全国性的批判,巩固法院与居民的联系,彻底地清除司法活动中保留的旧的反动的形式和方法。第二,从司法工作者认识中清除对法院、法律的旧的资产阶级的观点,达到完全消灭还保留的国民党"六法全书"的影响。第三,清除司法机关首先是法院机关中的国民党

---

① ГАРФ. ф. р-9492. оп. 1а. д. 715. л. 155-174.
② ГАРФ. ф. р-9492. оп. 1а. д. 758. л. 71-112.

官员——法官、检察官、律师,他们大多数留在新的民主法院,判决案件的时候用"六法全书",官僚主义地对待居民,不尊重中央人民政府的政治路线。第四,用经过革命斗争与军队军事活动磨炼的党和国家工作人员新干部,以及劳动阶层中的人们,来巩固司法机关,首先是法院。第五,在深入研究1951—1952年各区设立的人民法庭工作经验的基础上进行土改,以及通过研究"三反""五反"运动进程中在1952年设立的人民法庭工作经验,寻找和推广法院、检察院和其他司法机关新的、民主的、人民明白易懂的形式和方法。

司法改革运动分为三个阶段。第一阶段(1952年8—9月),号召发挥广泛的人民主动精神批评司法工作中的不足。在法院、检察院工作人员中展开批评与自我批评,讨论司法机关每个工作人员的工作质量和意识形态观点。第二阶段(1952年10—11月),采取实践措施清除司法机关的旧国民党官员。第三阶段(1952年11月—1953年1月),深入研究苏联、中欧、东南欧人民民主国家司法检察机关的组织建设和工作经验。

据政法委员会下设司法改革委员会的统计,以1953年1月15日为准,总数24 923名法院工作人员中,为各种违法行为、政治错误而进行的司法改革过程,由于揭露过去的反对活动和其他原因而被免职的有5263人,占工作人员总数的21%。有300人因此而被追究刑事责任。仅仅华东在司法改革进程中的法院、检察院机关就有2112人被揭发,其中有1262人是曾经的国民党司法人员。[①]

来自人民解放军军人、司法运动中出现的积极分子、其他国家和党机关的工作人员作为新的比较被信任的干部被派去代替被揭发的法院

---

① ГАРФ. ф. р-9492. оп. 1а. д. 758. л. 71-112.

和检察院机关中国民党官员和其他反动分子。以 1953 年 1 月 15 日为准,5150 名新工作人员被派往中国法院和检察院机关。①

华东司法改革中(1952 年 11 月至 12 月),1712 名新工作人员被派往法院和检察院机关工作,其中有 626 名中国共产党党员,633 名新民主主义青年团成员。被派去工作的新人多数是出身于劳动阶层的居民。华东法院和检察院新工作人员中,出身于工人的有 541 人,出身于农民的有 52 人。有相当多的妇女被派去法院工作。在华东,仅仅 1952 年最后两三个月,被派去法院和检察院的就有 458 名妇女。②

司法改革成功地清除了大量政治上敌对的工作人员,用政治可信的新干部充实了法院。在 1953 年 4 月第二届司法工作者会议上,中华人民共和国司法部报告中指出,从法院的 22 492 名工作人员中清除了 5557 人,占 24.71%;司法工作者总数的 1.5%左右由于舞弊被起诉;华东司法工作中被辞退的总数的 34.27%是反动的资产阶级政党成员。这些材料显示,法院被中华人民共和国的异己分子严重腐化。根据中共中央和中央人民政府决定,大量的中共党员、新民主主义青年团员和劳动女性被派往法院。现在 36 550 名司法工作者中共产党员占 34.1%,新民主主义青年团员占 31.4%,女性占 19%,资产阶级民主党派党员占 0.58%。③ 苏联专家报告列举了有关司法改革运动的大量数据,很多内容我在中方文献还没发现。

(四) 中国培养司法干部和法学教育

苏联专家的报告中介绍了中国培养司法干部和法学教育的情况。

---

① ГАРФ. ф. р-9492. оп. 1а. д. 758. л. 71-112.
② ГАРФ. ф. р-9492. оп. 1а. д. 758. л. 71-112.
③ ГАРФ. ф. р-9492. оп. 1а. д. 801. л. 21-40.

培养司法干部是新中国建立后的急迫任务。为改善培养司法干部，1952年6月8日至10日司法部举行了大学法律系教授和教师会议。中国大学所有23个法律系的60名代表出席了会议。讨论法律教育的状况和改善措施是会议上最根本的问题。苏联专家对会议进行了详细介绍。

教授和教师们坦诚地讲了他们的困惑，比如，他们本身"也不能确信，也不知道是否需要高等法律教育，在未来中国将沿着社会主义道路发展，而社会主义无论是国家还是法律都将不需要"①。教师们没有投身法律科学和法学教育工作的兴趣，他们看不到未来自己运用知识的前景。教授和教师们说，法律系在大学里不具备权威性，申请的数目处于最后一名。由于知识水平差，到其他系学习不合适的那些学生成为法律系的大学生。

会议的参加者讲，一些法律系的大学生在自己的父母和熟人面前，隐瞒他们大学毕业以后将成为法律工作者，为自己专业的未来感到痛苦和羞耻。一些大学法律系的大学生学习会计或者其他一些专业，"以防法律系毕业之后无事可干"②。

法律系的领导在会上说，许多教授和教师在马克思列宁理论领域没有最基本的认识，不少人有意地曲解马克思列宁学说。一个广东的大学教授给大学生上名为"马克思关于国家学说"的课。在课上他把所有的注意力都放在国家消失问题上，宣称这是马克思主义国家理论最主要、最中心的问题。由于这些课程，一些大学生提交了从法律系离开的申请，他们不知道这个系毕业之后将从事什么工作。③

---

① ГАРФ. ф. р-9492. оп. 1а. д. 715. л. 155–174.
② ГАРФ. ф. р-9492. оп. 1а. д. 715. л. 155–174.
③ ГАРФ. ф. р-9492. оп. 1а. д. 715. л. 155–174.

法律教育在青年人中不受欢迎。有的地方响起议论,"在人民民主制度下不需要任何法律专业"。大学法律系学生数目一年比一年减少。1952年大学法律系学生招生数量为2000名的计划没有完成。1953年招生计划缩小一半,计划总共接收1000名。①

苏联专家指出,1952年6月,在北京为政法机关培养干部问题举行会议后,法律教育制度出现一些变化和改善。苏联专家报告介绍了中央政法干部学校。该校于1952年1月1日开学,类似的教学机构在所有的大行政区开始建立。政法学校在性质上是完全新的教学机构,1952年之前在中国没有这样的教学机构。学员通过非公开的方式,也就是不用提交申请,而是根据相应党和国家机关的许可证进入这些学校。学员大多数是由中共党员和共青团员组成,社会关系基本上是劳动阶级的代表。

1953年1月中央政法干部学校已经培养了第一批学员毕业生,1360人毕业,其中包括12名法律教育机关的教师。学校的毕业生都被派去县、省和中央机关担任工作,这些机关是人民政府、人民监察委员会、法院、检察院、公共安全机关、军事司法机关。② 苏联专家报告揭示了当时中国存在"在人民民主制度下不需要任何法律专业"的状况,中央政法干部学校及各级政法学校的建立从根本上改变了中国法学教育的性质。苏联专家报告观察到法学教育、培训的一些状况,在中方文献中比较少见,如1952年6月8日至10日司法部举行的大学法律系教授和教师会议。

---

① ГАРФ. ф. р-9492. оп. 9. д. 121. л. 34–74.
② ГАРФ. ф. р-9492. оп. 1а. д. 758. л. 71–112.

结 论

　　本文介绍了1950年至1956年有关来华苏联法学专家工作的9份俄文报告。通过报告初步探讨了苏联专家对中国法制建设的观察。由于目前中方相关文献尚难以搜集,这一部分俄文档案为观察中华人民共和国建立初期法制建设提供了不少线索。不仅如此,苏联专家以独特的眼光观察到中华人民共和国建立初期法制建设的各种面相,一些面相与我们旧有的印象一致,有的面相是过去很少提及的、模糊不清的,如对中国政法领导人的观察与评论等。从苏联专家的报告中我们也能看到,苏联专家与中国政法人在中国法制建设方面存在一些分歧,中国政法人并不完全接纳苏联的社会主义法制建设经验,这体现了中国政法人对法制建设的主体性与主动性,苏联法对中国法的影响存在一定限度。苏联专家的报告毕竟是一家之言,我们也期待发掘更多的资料来与之进行印证、比较,进一步推动对中华人民共和国建立初期法制建设的研究。

新史料、新视角
与法律史研究的拓展

文本、制式与字体
——1215 年大宪章正本文书缮写考略

陈志坚[*]

以原始文书（originals）为基础对 1215 年大宪章的考察并非始于晚近，相关研究最早可追溯至布莱克斯通爵士（William Blackstone）于 1759 年出版的《大宪章与森林宪章》一书。该书以大英博物馆藏 1215 年大宪章 Ci 本为基础，以严谨的专业校勘学方法核对了主教的开封验证函令（*litteras testimoniales patentes*）[①]，首次给出 1215 年大宪章的文本，首开以原始文书开展历史研究的先河。[②] 不仅如此，布莱克斯通的这种以文书（diplomatic）本身为目标，兼具人文主义古物研究与理性主义校勘传统的研究方法产生了深远影响。1810 年，成立不久的英国档案委员会（Record Commission）在编订《王国制定法大全》（*Statutes of the Realm*）时，就借鉴了上述思路，不过此番是以 L 本为基础，同时与 Ci 本、Cii 本和主教的验证函令校对，并于注释中标明四者之差异。[③] 即使是彼时如日中天的宪制史学派也不可避免地受到此种研究方法的影

---

[*] 首都师范大学历史学院教授。
[①] 为了防止大宪章正本文书内容被篡改，教皇的代理人潘道夫（Master Pandulf）于 1215 年大宪章刚刚颁布后不久就出具了一份验证文书，主要目的是提供一份权威的文本，详见后文论述。
[②] William Blackstone, *The Great Charter and Charter of the Forest*, Oxford: Oxford University Press, 1759, pp. 10-24.
[③] D. A. Carpenter, *Magna Carta*, UK: Penguin Books, 2015, pp. 33-34.

响，如斯塔布斯主教（William Stubbs）分别于 1868、1870 年出版的《约翰王大宪章》《宪章精选》两书中所载大宪章文本均以 Ci 本、Cii 本为基础校勘而出，并认为 Cii 是更优版本。① 到 1914 年麦克奇尼为纪念大宪章颁行 700 周年而写作时，学者已对四份正本文书文本及其来龙去脉有了更为清晰的掌握。②

20 世纪上半叶，当"辉格传统"即将被画上句号时，以原始文书为基础，以古文书学（diplomatic）与古文字学（paleography）为主要研究方法的实证研究日渐勃兴，这也直接反映在学者对 1215 年大宪章的相关研究中。自 20 世纪 20、30 年代起，福克斯（John C. Fox）、柯林斯（A. J. Collins）、普尔（R. L. Poole）、切尼（C. R. Cheney）、霍尔特（J. C. Holt）、戴维斯（G. R. C. Davis）、加尔布雷斯（V. H. Galbraith）相继发表一系列作品，就 1215 年大宪章签署日期及 6 月 10 日至 25 日这一关键时期所发生一系列事件的时序展开了激烈争论。③ 至 20 世纪末，虽未有定论，但学者对于其中几个关键时间点，如《男爵条例》（Articles of Barons）签订时间、正本文书缮写和制印时间以及最终和平达成的时间已有了越

---

① 其中，《约翰王大宪章》（*Magna Carta Regis Johannis*）一书并非公开出版物，而是牛津大学自印本，专用于内部教学，并无可堪援引的出版信息。关于后者请参见 William Stubbs, *Select Charters and Other Illustrations of English Constitutional History from the Earliest Time to the Reign of Edward the First*, Oxford: Oxford University Press, 1870, pp. 288-298。

② W. S. McKechnie, *Magna Carta: A Commentary on the Great Charter of King John*, Glasgow: James Maclehose and Sons, 1914, pp. 169-182.

③ John C. Fox, "The Originals of the Great Charter of 1215," *The English Historical Review*, Vol. 39, No. 155 (Jul. 1924), pp. 321-336; A. J. Collins, "The Documents of the Great Charter of 1215," *Proceedings of the British Academy*, xxxiv (1948), pp. 233-279; R. L. Poole, *From Domesday Book to Magna Carta, 1087-1216*, Oxford: Oxford University Press, 1951, pp. 473-474; C. R. Cheney, "The Eve of Magna Carta," *Bulletin of the John Rylands Library*, XXXVIII (1956), pp. 311-341; J. C. Holt, "The Making of Magna Carta," *The English Historical Review*, Vol. 72, No. 284 (Jul. 1957), pp. 401-422; G. R. C. Davis, *Magna Carta*, London: The British Library, 1963, pp. 9-21; V. H. Galbraith, "A Draft of Magna Carta (1215)," *Proceedings of the British Academy*, LIII (1967), pp. 345-360.

来越清晰的认识。① 21 世纪以来,学者的研究重心有向 1215 年大宪章正本文书缮写、颁行方面转变之趋势,如罗兰兹(I. W. Rowlands)基于国王发往格洛斯特郡(Gloucestershire)针对大宪章执行的开封特许证(letters patent)以及偶然载于王室文秘署特许状卷宗(patent rolls)背面的一份关于大宪章颁行的备忘录,对 1215 年大宪章的颁行过程及目的地进行估测。② 再如,文森特(Nicholas Vincent)在论及王室文秘署缮写与制印流程时谈到,在特殊情势下,王室文秘署并不排斥由受益人自行缮写的文书,且完全有聘请外援抄工的可能性。他还指出,1215 年大宪章的四份正本中,Ci 本与 Cii 本很有可能是由王室文秘署抄工缮写的,而 L 本与 S 本则可能是由主教缮写室抄工缮写的。③ 卡朋特(D. A. Carpenter)亦持同样观点,并进一步提出,大宪章在颁行时很可能并非依赖郡守路径,而是主教路径。④ 总之,21 世纪以来学者的研究虽然开启了一个全新的研究路径,但相关研究成果或失之于简,仅是一个初步的判断;或无意做整体性探讨,仅涉及问题的一个方面。笔者拟在前人研究的基础上,以古文书学与古文字学方法考察 1215 年大宪章四份正本文书的文本、制式与字体,以评估教会在其缮写、颁行过程中扮演的角色。

---

① D. A. Carpenter, *The Reign of Henry III*, London and Rio Grande: The Hambledon Press, 1996, pp. 1-16; D. A. Carpenter, *Magna Carta*, pp. 361-366; Nicholas Vincent, *Magna Carta: A Very Short Introduction*, Oxford: Oxford University Press, 2012, p. 72.

② I. W. Rowlands, "The Text and Distribution of the Writ for the Publication of Magna Carta, 1215," *The English Historical Review*, Vol. 124, No. 511 (Dec. 2009), pp. 1422-1431.

③ Nicholas Vincent, *Magna Carta: Origins and Legacy*, Oxford: Bodleian Library, 2015, pp. 195-196.

④ D. A. Carpenter, *Magna Carta*, pp. 373-379; Nicholas Vincent, D. A. Carpenter, "Who Did (and Did Not) Write Magna Carta," https://magnacarta.cmp.uea.ac.uk/read/feature_of_the_month/Jun_2015_3,2021 年 7 月 29 日访问。

一、四份存世正本及其原真性

1215年大宪章共有四份正本幸存下来,除此之外,大宪章还存在诸多"副本"(copies)、"草稿本"(drafts)等版本(versions)。首先需要明确的是,并不存在一个单独的,并作为其他正本源头的"母本"[①],而是同时存在一系列相对正式,且地位相同的"原本"(original),这些文书以固定的格式如实记录授受双方口头达成的一致意见,每一份文书均具同等效力。这些原本也即所谓"正本",或称"正式缮写本"(engrossments),其特点有三:其一,一般以颇具装饰功能的字体缮写,以体现其正式性。其二,以特定的方式在文书上制印(sealing),以彰显其原真性与权威性。如王室颁行的特许状中往往有"亲手给予"(data per manum)的格式语句,其意义就在于"以国王权威授权文书的最终缮写与制印"[②]。其三,正本文书中往往罗列若干见证人,以增强其法律效力。

在大宪章正本颁行之后,鉴于其权威性与重要性,人们往往会将大宪章正本抄录进入各种登记簿与文书汇编加以保存,比如修道院的契据册(cartularies)、主教座堂的登记簿(registers)、编年史(chronicles)、制定法汇编(statute books)等。[③] 这种后来再次抄录的版本就是所谓副本,当然这些副本可能来源于某一正本,也可能是彼此之间相互传抄,从而形成副本大量流传的状况。大宪章副本虽也是手写,但并无印章,

---

① Claire Breay, *Magna Carta: Manuscripts and Myths*, London: The British Library, 2002, p. 34; Nicholas Vincent, *Magna Carta: Origins and Legacy*, p. 198; D. A. Carpenter, *Magna Carta*, p. 9.

② D. A. Carpenter, *Magna Carta*, p. 10.

③ D. A. Carpenter, *Magna Carta*, p. 19.

而且在绝大多数情况下，其载体多为卷册，而非单页皮纸。不管怎样，是否携带印章是区分正本与副本的核心要件。草稿本则是指那些自身即是大宪章正式缮写之前的草稿，或者来源于此类草稿的副本。逐字逐句的校勘表明，草稿本对部分条款的描述要早于正本文本，如加尔布雷斯就于1967年在亨廷顿图书馆发现一份1215年大宪章的最终草稿，其内容已经无限接近大宪章正本，但仍有部分条款与正本文书有出入。①

1215年大宪章计有四份正本幸存下来，分别是 Ci 本、Cii 本、L 本与 S 本，它们在来源(provenance)、外观尺寸、制印方式与文本内容方面均存在一定差异。

首先，四份正本来源不同。17 世纪时，典狱长爱德华·德林爵士(Sir Edward Dering)在多佛尔城堡(Dover Castle)的案卷中发现 Ci 本，并将其呈送给罗伯特·科顿爵士(Sir Robert Cotton)。② 在1731年的一场大火中，该文书印章融成一团，文书整体受热皱缩，局部被烧穿，少量文字缺失。为保护这份岌岌可危的文书，一位叫约翰·潘恩(John Pine)的雕刻家以 Ci 本为基础摹刻了一份副本，并于1733年出版发行。19 世纪30年代，不当的修复方法却导致 Ci 绝大部分文字肉眼不可见。幸运的是，大英图书馆于2014年施行的"紫外线照射"又让 Ci 本更多的字迹得见天日。Cii 本的早期历史相对模糊，直到它于1629年被其最初持有者汉弗莱·怀姆斯(Humphrey Wyems)呈献给了科顿爵士。③ 科顿藏品进入大英博物馆后，其正式引证号为 Cotton Augustus ii. 106.，但

---

① V. H. Galbraith, "A Draft of Magna Carta (1215) ," pp. 347-352.
② W. S. McKechnie, *Magna Carta: A Commentary on the Great Charter of King John*, p. 165.
③ W. S. McKechnie, *Magna Carta: A Commentary on the Great Charter of King John*, pp. 166-167.

一般被称为 Cii 本。L 本来源较为清晰,其证据有五:其一,发现于林肯主教座堂档案库;其二,文书背面两处以正面文字同样字迹书写的 LIN-COLNIA 字样表明,该文书在缮写时其去向已定;①其三,L 本背书 I. j. 以及 XXXVa visa 字样是林肯主教参事会(Dean and Chapter)档案库常用编号方式;②其四,至迟在 14 世纪 30 年代,L 本就被抄进林肯主教座堂的契据册(Registrum);③其五,文秘署特许状卷宗背面偶然留下的关于 1215 年大宪章颁行列表之中曾提及,一份正本文书被交付给林肯主教。④ 英国档案委员会由此认为 L 本具有更高权威,并于 1810 年编纂《王国制定法大全》时,将其作为主要参考版本。⑤ S 本虽发现较晚(约 1814 年),但其来源也相对清楚,其证据有三:其一,发现于索尔兹伯里主教座堂档案库;其二,S 本背书文字为索尔兹伯里主教座堂档案库常用编号方式;⑥其三,至迟在 13 世纪末期,S 本就被抄录进索尔兹伯里主教座堂的《契据册 C》(*Liber Evidentiarum C*)。⑦

其次,四份正本在外观尺寸方面也呈现出较大差异。其中,Ci 本与 S 本为直式样式(portrait format),Cii 本为景观样式(landscape format),L

---

① Lincoln Cathedral Archives A1/1/45, Endorsement. 英国林肯郡档案馆(Lincolnshire Archives, UK)档案管理员西蒙娜·巴德利(Simone Baddeley)为笔者制作了该原始文书的扫描件(背面),谨致鸣谢。关于两次背书的 LINCOLNIA 一词意涵,参见 Nicholas Vincent, *Magna Carta: Origins and Legacy*, p. 198。

② Lincoln Cathedral Archives A1/1/45, endorsement; A. J. Collins, "The documents of the Great Charter of 1215," pp. 264-265.

③ A Copy of Magna Carta in Lincoln Registrum, Lincoln, Lincolnshire Archives, MSS. D&C/A1/6/fos. 5v.-7v.

④ TNA, C 66/14, membr. 23, dorse.

⑤ W. S. McKechnie, *Magna Carta: A Commentary on the Great Charter of King John*, p. 167.

⑥ Salisbury Cathedral Archives Press IV, C. 2: Royal Charters no. 39; A. J. Collins, "The Documents of the Great Charter of 1215," pp. 265-266.

⑦ A Copy of Magna Carta in Liber Evidentiarum C, Salisbury Cathedral Archives, FG/1/1, pp. 51-59.

本则为方形样式(square format)。① 1215 年大宪章全文约 3550 个拉丁单词,Ci 本与 S 本分别以 85 行(外加一行补注)和 76 行书写完成,Cii 本则以 51 行书写完成(外加一行补注),L 本则以 54 行书写完成。Ci 本、Cii 本、L 本、S 本的具体尺寸分别如下:310×505+49 mm;514×343 mm;451×454+55 mm;354×405+30 mm,其中加号后数字为底部皮纸折边(plica)宽度。②

再次,四份正本通过制印而非传说中的签字方式获得权威,但其制印方式也不尽相同。③ 12、13 世纪之交,以皮纸标签条或丝线绳悬挂火漆国玺印章(great seal)的双尾制印法(surdouble queue)是特许状常见制印方式。④ 在四份正本中,唯有 Ci 本仍悬有印章,其制印方式为标签双尾制印法,但该印章在 1731 年的大火中融成一团,其形制已无从判断。不过,时任大英博物馆科顿图书馆管理员的大卫·卡斯利(David Casley)曾有一则证言载于 1733 年潘恩摹刻本底部,他声称该文书在大火之前所悬挂的确是约翰王的印章。Cii 本虽无印章,但底部明显有曾经制印的痕迹,虽然底部折边已被裁掉,但在文书底部中央残留的一细长切口表明,Cii 本也曾以标签双尾制印法制印,中央切口右侧的两个小切口则是在保存过程中因装订所致。⑤ L 本虽无印章,但亦可发现曾

---

① Nicholas Vincent, *Magna Carta: Origins and Legacy*, p. 189.
② Claire Breay, *Magna Carta: Manuscripts and Myths*, pp. 37–38; Nicholas Vincent, *Magna Carta: Origins and Legacy*, pp. 206–213.
③ Joseph Martin Kronheim, ed., *Pictures of English History: From the Earliest Times to the Present Period*, London: George Routledge and Sons, 1868, XXIV: King John and Magna Carta.
④ Pierre Chaplais, *English Royal Documents: King John-Henry VI, 1199–1461*, Oxford: Oxford University Press, 1971, pp. 11–12; Claire Breay, *Magna Carta: Manuscripts and Myths*, pp. 38–39.
⑤ A. J. Collins, "The Documents of the Great Charter of 1215," p. 272; D. A. Carpenter, *Magna Carta*, p. 14.

经制印的痕迹,其底部不仅有折边,而且折边中央还残留有三个品字形排列的孔洞。这表明该文书曾以双尾丝线绳制印法制印。S 本虽无印章,但亦留有曾经制印的痕迹,其底部折边虽已被裁切,底部中央仍存横向排列的两个孔洞,表明该文书曾以双尾丝线绳制印法制印,但两孔洞并不完整,呈现明显撕裂痕迹,残留部分呈现一个大写字母 M 的样子。如前所述,是否有印章是鉴定文书真伪与区分正副本的核心要件,四份正本虽有明显的制印痕迹,但证据并不充分。

最后,由印章造成的证据短板在文本内容方面得到补足,其表现有三:其一,观察四份文书文本内容可知,四份文本分别由 4 名不同的抄工缮写,且并非来自同一"母本",故在连接词、大小写的使用,以及词序、时态、分节等方面存在诸多细微的不同。① 尽管如此,四份文书文本在意思表达上并无本质区别。其二,四份文书文本制式(*formulae*)与彼时通行的特许状格式虽有细微差异但大体相符,包含序言(*protocol*)、正文(*corpus*)与结尾(*eschatocol*)三大部分,序言中又包括祈祷(*invocatio*)、发方(*intitulatio*)与受方(*inscriptio*)三部分,正文中一般包含陈述(*narratio*)、旨意(*dispositio*)与制裁(*sanctio*)三部分,结尾中往往包含签署(*subscriptio*)、给予(*datum*)两部分。四份文书制式基本符合以上通用标准,尽管在"签署"部分缺少见证人罗列,但四份文书在"亲手给予"(*data per manum*)条款之前,均提到"见证人如上所述及其他很多"(*Testibus supradictis et multis aliis*)。其三,1215 年大宪章第 62 条中提道:"我们请包括坎特伯雷大主教兰顿在内的主教们制作了开封验证函令(*fecimus eis fieri litteras testimoniales patentes Domini Stephani Cantuariensis...*)。"

---

① W. S. McKechnie, *Magna Carta: A Commentary on the Great Charter of King John*, p. 166, note 1; D. A. Carpenter, *Magna Carta*, p. 12.

1215年大宪章颁布后不久,大主教兰顿、都柏林大主教以及其他七位主教和教皇的代理人潘道夫确实按照大宪章条款的要求出具了一份开封验证函令(*litteras testimoniales patentes*),该文书通常被称为"主教验证函令",其主要目的是提供一份1215年大宪章文本原文,以防止大宪章在缮写与颁行过程中被篡改。因此,如能将四份文书与该主教验证函令文本互相校对,则可准确判断四份文书的原真性。14世纪20年代之前,该文书一直存放于国王的档案库中,并于同一时间被抄录至财政署红皮书(The Red Book of the Exchequer)中,但后来其原本消失不见。笔者从英国国家档案馆(TNA)获得了抄录于财政署红皮书中的"主教验证函令"副本之扫描件①,并在前人工作的基础上将其与四份大宪章文书文本互校,其结果是:四份文书文本与主教的验证函令之间内容相符,当然也不可避免存在差异,但这些差异与四份正本之间的差异类似,均为细枝末节,影响不大。

　　除了主教的验证函令,三主教座堂所藏Ci本、L本与S本副本的发现也在一定程度上补足了证据链,证实了上述三份正本的来源,佐证了三份大宪章正本的权威性。Ci本副本发现于坎特伯雷大教堂的《契据册E》(*Register E*)②,L本副本被抄录在林肯主教座堂的《契据册》中③,S本副本则是被抄录在索尔兹伯里主教座堂的《契据

---

①　其文献号为:TNA, E164/2, fos. 234r.−236v. 英国国家档案馆(The National Archives)为笔者制作了该原始文书的扫描件,谨致鸣谢。

②　其文献号为:Canterbury, Cathedral Archives, Register E, fos. 56v.−59v. 英国伦敦国王学院(King's College London)卡朋特教授(D. A. Carpenter)向笔者提供了此原始文书的扫描件,谨致鸣谢。

③　其文献号为:Lincoln, Lincolnshire Archives, D&C/A/1/6, Registrum of Lincoln Cathedral, fos. 5v−7v. 英国林肯郡档案馆(Lincolnshire Archives, UK)档案管理员西蒙娜·巴德利(Simone Baddeley)为笔者制作了该原始文书的扫描件,谨致鸣谢。

册 C》①中。经校勘可知,三份正本文书的副本在内容、拼字法与措辞方面均来源于其各自的正本,甚至原封不动地保留了各正本中的舛误。这表明,这几份本正本文书至迟在被抄录进契据册之时(约 13 世纪末 14 世纪初)就已存在于上述各主教座堂档案库了。

另外,主教座堂抄录副本的举动,以及在副本文本标题中(或周边)添加的标注不仅体现了教会对于大宪章原始文本的重视,也在一定程度上表明了主教座堂对大宪章原始文本保护与利用的态度。例如,L 本副本的红色标题中提及"英格兰教会特权"(*lib[er]tatib[us] eccl[es]ie Anglicane*)②,Ci 本副本在文本顶部以红字标注"关于教会特权"(*De lib[er]tate ecc[lesia]stica*)③,S 本副本在红色标题中提到"特别是与教会特权相关"(*sp[eci]alit[er] de lib[er]tate ecc[lesi]e*)。更特别的是,S 本副本还在其红色标题中提到大宪章第 35 条中"关于统一度量衡"的内容,表现出索尔兹伯里主教座堂对当地市场运行状态的特别关注。④

不难发现,1215 年大宪章四份正本文书虽在来源、外观尺寸、制印方式与文本内容方面均存在一定差异,但经与"主教验证函令"与各主教座堂抄录的副本对比可发现,它们均是有效的正式缮写本文书,其原真性与权威性可堪信任。而各主教座堂契据册中的副本及其红字附注则充分证明了教会在保护、利用大宪章文本方面的积极态度。

---

① 其文献号为:Salisbury Cathedral Archives, FG/1/1, Liber Evidentiarum C, pp. 51-59. 英国索尔兹伯里主教座堂档案库(Salisbury Cathedral Archives, UK)档案保管员艾米丽·纳什(Emily Naish)为笔者制作了此原始文书的扫描件,并特意告知笔者这份文书的新引证号为 FG/1/1,谨致鸣谢。
② Lincoln, Lincolnshire Archives, D&C/A/1/6, Registrum of Lincoln Cathedral, f. 5v.
③ Canterbury, Cathedral Archives, Register E, f. 57r.
④ Salisbury Cathedral Archives, FG/1/1, Liber Evidentiarum C, p. 51.

二、Ci 本与 Cii 本字体

上文有述,1215 年大宪章四份幸存文书均是可堪信赖的正本,但不可否认的是,这四份文书在诸多方面确实存在相当大差异。特别是在缮写所用字体方面,这种差异表现得尤为突出,以致有学者提出,这四份正本中的一部分可能并非由王室文秘署抄工缮写。例如,文森特认为 Ci 本与 Cii 本属典型的王室文秘署字体,而 L 本与 S 本则极易让人联想到主教座堂缮写室风格。① 卡朋特也认为,Ci 本与 Cii 本最有可能是由王室文秘署抄工缮写,而 L 本与 S 本则不然。L 本的抄工很有可能是林肯主教的某位随行人员,而 S 本的抄工亦可能与索尔兹伯里主教座堂有密切联系。② 两位学者的观点绝非毫无根据。长期以来,大宪章研究者历来视 S 本为异类。因为其他三份正本明显同属带有速写特质的文书体(documentary script),而 S 本则不然,在很大程度上呈现出正式体(textura)或书体(book hand)的特征。即使是最直观的观察也不免有此感觉。

更值得注意的是,学者对王室文秘署文书缮写、制作流程及其相关惯例、历史背景的考察也在一定程度上为上述假说提供了一些证据:其一,查普赖斯(Pierre Chaplais)发现,在盎格鲁诺曼王朝,由受益人自行缮写文书,然后经国王同意后交由王室文秘署制印是常有之事;至金雀花王朝,随着王室行政机构的逐步完善,由受益人自行缮写的文书才呈现出减少之趋势。③ 其二,文森特甚至指出,这种操作在盎格鲁诺曼王朝是常态,而非特例,以致这一时期几乎没有太多由王室文秘署缮写的

---

① Nicholas Vincent, *Magna Carta: Origins and Legacy*, p. 196.
② D. A. Carpenter, *Magna Carta*, pp. 11–12.
③ Pierre Chaplais, *English Royal Documents: King John-Henry VI, 1199–1461*, p. 12.

文书幸存下来。1150年之后,王室文秘署才逐渐打开局面,承担起缮写文书的重任,但直到亨利二世统治末期,仍有相当大比例的文书并非由文秘署缮写。据统计,亨利二世统治期间内幸存正本特许状计504件。其中由王室文秘署缮写的有370件,134份为非王室文秘署缮写。① 其三,教会在自行缮写文书的活动中占据支配地位,在所有由受益人自行缮写的文书中,绝大多数由教会抄工缮写,其中,29份文书已被识别为特定修道院或主教座堂缮写室的作品。② 其四,受益人自行缮写的文书在外观、语言与制式方面有向王室文秘署靠拢之趋势。亨利一世统治时期,由坎特伯雷基督教堂自行缮写的文书仍在很大程度上呈现出独异之特征,如其字体为相对正式的书体,以古英语与拉丁语双语写就,用于制印的文件舌预留在文件左侧等。③ 及至亨利二世时期,受益人自行缮写的文书已在语言、制式上与文秘署缮写的文书趋同。④ 其五,在考察了王室文秘署架构、人员及其基本运作后,文森特还指出,在日常状态下文秘署仅以4—5名抄工维持基本运转,遇特殊情况,很有可能会依赖临时寻找的"外援抄工"。例如,在亨利二世统治时期,文秘署日常状态之下仅有4名抄工,而在其统治初期需求大增之时,抄工激增至15人。⑤

---

① Nicholas Vincent, "Scribes in the Chancery of Henry II, King of England, 1154-1189," in Xavier Hermand, Jean-François Nieus, Etienne Renard, eds., *Le scribe d'archives dans l'Occident médiéval: Formations, Carrières, Réseaux*, Turnhout and Belgium: Brepols, 2019, pp. 154-155, 159-160.
② Nicholas Vincent, "Scribes in the Chancery of Henry II, King of England, 1154-1189," p. 160.
③ Pierre Chaplais, *English Royal Documents: King John-Henry VI, 1199-1461*, p. 12.
④ Nicholas Vincent, "Scribes in the Chancery of Henry II, King of England, 1154-1189," p. 160.
⑤ Nicholas Vincent, "Scribes in the Chancery of Henry II, King of England, 1154-1189," p. 156.

不得不说,以上所述仅是直观的感觉与侧面的、间接的证据,均不足以准确判断抄工的字体。古文字学家特雷莎·韦伯(Teresa Webber)指出:"仅从形态上分析会冒着极大的风险。这是因为书写痕迹不像固态的物体,可以直观地加以对比,而是必须将其理解为运动的产物,每个书写动作均是独异的行为,尽管也会涉及重复动作。书写的结果取决于个体抄工的经验及其所接受的专业培训,以及可能影响其于特定场合表现的外部和其他个人因素。"① 由此可见,识别字体属于古文字学范畴,有其专门的理论与技能,唯有将这些技能与前述历史背景相结合,并辅以古文书学、语文学(philology)知识,才可能在一定程度上胜任这一任务。另据特雷莎的论述,识别字体须具备以下两方面的知识储备:其一,建立目标文书字体整体分析框架;其二,尽可能多地掌握目标字体样本,并不断观察、揣摩,以掌握目标字体的阶段性特征及其演变过程。②

另一位古文书学家毕肖普(T. A. M. Bishop)在其著作《王室抄工》(Scriptores Regis)中分析了 750 份文书正本,并识别出 48 位个体抄工,在此过程中,他总结出抄工识别的 7 条金律:其一,识别抄工的基本依据是一系列独特的、持续的,且不易被模仿、伪装的特征;其二,字体特征越明显越不堪作为证据,因为更容易被教授、习得与模仿;其三,缮写正本文书的抄工可能来自王室文秘署、受益人,或者第三方机构;其四,某种字体仅出现于特定受益人文书中,而未出现于其他文书中,此类文

---

① Teresa Webber, "Scribes at Court and the Writing of Magna Carta," Speech Delivered on The Magna Carta Conference hosted by the AHRC's Magna Carta Project, 17–19 June 2015, unpublished. 此文为未刊稿,系特雷莎·韦伯教授于 2015 年 6 月 18 日在英国艺术人文研究理事会(AHRC)所主办纪念大宪章颁行 800 周年学术会议上的发言稿。特雷莎·韦伯教授向笔者提供并授权笔者使用此未刊稿,谨致鸣谢。

② Teresa Webber, "Scribes at Court and the Writing of Magna Carta," Speech Delivered on The Magna Carta Conference hosted by the AHRC's Magna Carta Project, 17–19 June 2015, unpublished.

书系受益人抄工缮写;其五,某种字体仅出现于一组于某一特定地点颁行的文书之中,而未出现于其他文书中,此类文书系临时雇用抄工缮写;其六,某种字体大量出现于不同时间颁行,且有不同受益人与目的地的文书中,此类文书由王室文秘署抄工缮写;其七,排除掉一些变量,任何由 2 份或更多文书构成的组类如果共享数个独特特征,则可归给某个体(机构)抄工。[1]

此外,在古文字学与古文书学中,分析字体的依据主要有三:形(aspect)、势(ductus)与风格要素(elements of style)。"形"即字体的宏观外形、外貌,如字迹之粗细,工整抑或潦草,行间距、字间距大小,装饰豪华抑或一般,等等。[2] 除此之外,"形"还包括字体所依附文件的制式与物理外观,诸如纸张类型、印章颜色、制印方式、折叠方式等。"势"属于字体的中观特征,多与笔画、运笔相关,如笔画的方向与角度、间架结构、入笔出笔、笔顺及笔画数。[3] "风格要素"是指某种特定的样式与创新,虽有时可能与前两因素相重合,但侧重指某一机构、流派抄工的首创风格。[4]

(一) 英格兰文书字体整体分析框架

在中世纪英格兰,王室行政、司法领域的主流文书字体是王廷体

---

[1] T. A. M. Bishop, *Scriptores Regis: Facsimiles to Identify and Illustrate the Hands of Royal Scribes in Original Charters of Henry I, Stephen, and Henry II*, Oxford: Oxford University Press, 1961, pp. 1-4.

[2] Frank Coulson, Robert Babcock, eds., *The Oxford Handbook of Latin Palaeography*, Oxford: Oxford University Press, 2020, p. 671.

[3] Michelle P. Brown, *A Guide to Western Historical Scripts: From Antiquity to 1600*, London: The British Library, 1990, p. 3.

[4] M. B. Parkes, *Their Hands Before Our Eyes: A Closer Look at Scribes, The Lyell Lectures Delivered in the University of Oxford 1999*, London and New York: Routledge, 2017, pp. 149-155.

(court hand),它是一种广泛应用于英国王室中央各机构的一种官方事务性字体(official business hand)。王廷体源于9、10世纪流行的加洛林小写体,最初与书体差别不大,《末日审判书》的早期卷册使用的就是这种字体。① 12世纪初,王廷体有了新的发展,并于该世纪中期形成其基本特征,及至约翰王时期,王廷体已发展为一种与书体迥然不同的事务性字体,与书体相比不仅更自然流畅,更多圆弧,更少矫揉造作,而且书写更快。"王廷体"并非现代名词,彼时的王室文秘署抄工既已对这种字体心知肚明,并能准确区分二者,很可能是同时接受了两种字体的训练。例如,约1300年,一名叫Liber B的王室抄工在谈论两部财政署登记簿(registrum)时称,"一部以 textus 字体写就,另一部则使用 manus curiali 字体"②。前者为"正式体",或称"书体";后者即"王廷体"。

王廷体天生具备速写体特质,它是在文书量不断增长的情况下,抄工书写速度自然加快的结果。③ 12世纪初,王室各部门渐次从王廷中分离出来,从而有了将各种公文落实于笔端的强烈需求。抄工的书写量逐年递增,尤其在文秘署,其书写量甚至呈几何数字增长。④ 面对这一状况,抄工在字体正式性与速度之间,往往偏向于照顾后者,以高效完成书写任务为重。⑤ 即便如此,我们亦不能一刀切地将王室文书与速

---

① Charles Johnson and Hilary Jenkinson, *English Court Hand, A. D. 1066-1500, Part I: Text*, Oxford: Oxford University Press, 1915, pp. xiv, xx-xxi; L. C. Hector, *The Handwriting of English Documents*, London: Edward Arnold Publishers, 1958, pp. 51-52.

② Pierre Chaplais, *English Royal Documents: King John-Henry VI, 1199-1461*, p. 50.

③ T. A. M. Bishop, *Scriptores Regis: Facsimiles to Identify and Illustrate the Hands of Royal Scribes in Original Charters of Henry I, Stephen, and Henry II*, p. 6; Michael T. Clanchy, *From Memory to Written Record: England 1066-1307*, Malden, MA: John Wiley & Sons, 2013, p. 131.

④ Michael T. Clanchy, *From Memory to Written Record: England 1066-1307*, pp. 58-61.

⑤ Michael T. Clanchy, *From Memory to Written Record: England 1066-1307*, pp. 131-132.

写体等同起来,仍要作具体分析。例如,即使在王室文书这一大类中,不同部门亦在正式性与速度之间各有侧重。例如,文秘署颁行的特许状(charter)、开封特许状(letters patent)、密封函令(letters close)等文书旨在宣示王之权威,较为注重其正式性与仪式性,因而会从正式体中借鉴一些元素。① 即使在同一部门,要书写的文件类型不同,其字体外观也会有所差异。例如,同为王室文秘署文件,如是发出的正式公文,其字体一般较为工整且重装饰;如是用于登记备案的卷宗(enrollment),其字体则相对潦草。然而实质上,二者并无本质区别,其字母形态一致,书写方式基本一致,只不过登记卷宗倾向于用小字,且无意隐藏其速写特性。②

12 世纪中期,王廷体逐渐获得其基本特征,整体呈现出速写体特征,笔画得到很大程度的简化,少棱角而多弧线,但在必要时亦会强调文书的正式感与仪式感。值得注意的是,12 世纪中期之前的王廷体呈现出个性化与多样性的特征,风格并不统一,这是因为王廷体尚处于其萌芽阶段,抄工亦在不断摸索与试验,不同抄工可能会借鉴不同的风格要素以实现其核心目标——加快书写速度。③ 具体而言,这一时期的王廷体有如下特征:第一,细笔尖。王廷体注重书写的便捷性与速度,一般用细笔尖,而非宽笔尖。细笔尖更利于书写弧线笔画,左右回旋,配合左斜切(left oblique cut)笔头,又可做到尽量少提笔,少转换运笔角度,从而提高书写速度。第二,夸张的长字母。受到同时期欧洲大陆文书体的影响,早期王廷体以其夸张的下行笔画闻名于世,如字母 f、p、q、

---

① Pierre Chaplais, *English Royal Documents: King John-Henry VI, 1199-1461*, p. 50.
② L. C. Hector, *The Handwriting of English Documents*, pp. 52-53.
③ Teresa Webber, Marc H. Smith, "L'écriture des documents en Angleterre au XIIe siècle," *Bibliothèque de l'école des chartes*, 2007, tome 165, livraison 1, p. 139.

长 s 的竖笔画。这些字母中的竖笔画不仅有修长的躯干,还有夸张的头部与尾部。一般而言,它们的头部会向前(书写方向为前)弯曲,而底部会向后弯曲。① 第三,长尾且向左扫笔的 r。王廷体的字母 r 一般会下探到基础线之下,有长长的尾部,且向左扫笔,甚至在尾部会向上翻笔回旋。第四,圆笔画大写字母。王廷体的大写字母多由弧线组成,旨在提高书写速度与流畅度。但这种用细笔尖书写的大写字母明显缺乏厚重感与仪式感,抄工通常在大写字母内部增加装饰笔画以改善之。遇直线笔画,一般添加若干平行笔画;遇弧线笔画则增加若干弦笔画。第五,顶部分叉的字母 b、h、l。王廷体的 b、h、l 顶部有明显的分叉倾向,盖因细笔头写出的长字杆往往太过单薄,抄工遂从哥特正式体中引入顶部分叉的写法,以增强其厚重感与仪式感。第六,粗细笔画对照明显。粗重的笔画多见于竖笔画和斜笔画,如 d 的斜字杆。第七,连笔画。书写速度的加快自然形成笔画间与字母间的各种发丝线联结。最初是自然生发,时间久了就成为风格要素。②

(二) 约翰王统治时期王廷体的阶段性特征

12 世纪中后期,王廷体在继承前一阶段特征的基础上开始有了一些新发展,至约翰王统治时期达到一个高点。这一时期,书写速度不再是王廷体的重点,正式性取而代之成为抄工关注的焦点,重装饰的慢速书写逐渐成为主流。王室文秘署抄工开始引进教皇文秘署与法国克吕尼修道院的一些风格要素,以增强文书的仪式感。又因这些引进的风格要素来源相对稳定,故抄工在此一阶段的书写过程中,更多地呈现统

---

① Charles Johnson and Hilary Jenkinson, *English Court Hand, A. D. 1066-1500, Part I: Text*, p. xx.

② L. C. Hector, *The Handwriting of English Documents*, pp. 52-53.

一的风格,当抄工书写特许状等较高等级文书时则更是如此,这一点倒是颇有利于我们识别此一时期的王室文秘署字体。① 这一时期,王廷体已发展成为一种王室文秘署缮写高等级文书的日常字体,此时的抄工多训练有素,发展出较为成熟的笔势,指向精准,风格统一。②

为观察此一时期王廷体的特征,笔者共搜集到 56 份由约翰王颁行的王室特许状正本文书。根据毕肖普第六金律,其中至少有 55 份是由王室文秘署缮写的。③ 综合对这 55 份文书的分析,以及王廷体于此一时期的发展演变规律,笔者将约翰王统治时期王廷体的特征总结如下:第一,行距加大,字杆变长,可达基础竖笔画(minim)2—3 倍长。第二,"河狸尾笔画"。王廷体以细笔画为主,需要书写粗笔画时,抄工通常靠按压笔尖获得更多落墨的方式来实现,但这种方法无法精确控制落墨量,因此会在行笔中段形成肿胀的外形。这种两端收敛,中间肥大的笔画一般被称为"河狸尾笔画",多见于大写 S 的尾部、d 的斜字杆、小写

---

① Teresa Webber, Marc H. Smith, "L'écriture des documents en Angleterre au XIIe siècle," pp. 152-154.
② Benjamin Pohl, "An Original Charter of King John at Ushaw College, Co. Durham (Ushaw MS 66)," *Northern History*, Volume 56, 2019, p. 3; M. B. Parkes, *Their Hands Before Our Eyes: A Closer Look at Scribes, The Lyell Lectures Delivered in the University of Oxford 1999*, pp. 105-107.
③ 这 56 份特许状主要来源于"大宪章项目"(Magna Carta Project)网站的"约翰王特许状正本"(Original Charters of King John)专栏,该栏目汇集了 4 份约翰王统治期间颁布的特许状原件,参见 https://magnacartaresearch.org/read/original_charters,2021 年 7 月 29 日。其余 12 份为笔者自多方搜集,其中 3 份来自查尔斯·约翰逊与希拉里·詹金森所著《英国王廷体:1066—1500》一书的图版卷(第二卷),参见 Charles Johnson and Hilary Jenkinson, *English Court Hand, A. D. 1066-1500, Part II: Plates*, Oxford: Oxford University Press, 1915, plate IX。其余 9 份多来自图书馆与档案馆,其文献号分别如下:Olso, The Schøyen Collection, MS 610; Canterbury Cathedral Archives Chartae Antiquae C 109; Exeter Cathedral Library, Dean and Chapter Muniments 2080; Durham, Ushaw MS 66; Derbyshire Record Office, Matlock, D779/T1/2/3; Cambridge, Chirst's College Archives, Bourn Additional no. 3; London, British Library Add Ch 6014; Essex Record Office, D/DB T1437/1; Essex Record Office, D/DB T1437/2。

字母 g 的尾部以及一般缩略符号。① 第三,位于词尾的圆 s。王廷体于此一时期出现居于词尾的圆 s,词首与词中仍以长 s 为主。② 第四,教皇文秘署的影响。教皇文秘署的几种风格要素显然影响了王廷体,例如首行升高③,阿拉伯数字 8 形状一般的缩略标志(也即教皇结),蝌蚪一样的 us 缩略标志④,以及在 f 和长 s 顶部的环形笔画。第五,字母 m、n、i、h 末笔画拖曳。抄工在书写上述字母末笔画时,先向左下方延伸,然后调转笔头向右回旋,形成花笔(flourish)。⑤ 第六,圆笔画大写字母装饰效果增强,内部笔画变多、变粗。⑥ 第七,文书中各处可见斜字杆安色尔样式 d,其斜字杆异常粗重,且常常穿前字母而过,左上方多有逆时针起笔。⑦ 第八,平衡衬线,抄工书写 b、h、k、l 字母时,为平衡逆时针起笔的字杆,一般会在字杆左侧加一衬线。⑧ 第九,大写 M 呈现出安色尔大写体形态及速写体特征。

(三) Ci 本与 Cii 本字体分析评估

将上述约翰王统治时期王廷体的阶段性特征与 Ci 本和 Cii 本相对照,根据毕肖普第七金律,如果两份正本的风格要素能在数个方面与约翰

---

① Charles Johnson and Hilary Jenkinson, *English Court Hand, A. D. 1066-1500, Part I: Text*, p. 47; L. C. Hector, *The Handwriting of English Documents*, p. 53.
② Teresa Webber, Marc H. Smith, "L'écriture des documents en Angleterre au XIIe siècle," p. 153.
③ Pierre Chaplais, *English Royal Documents: King John-Henry VI, 1199-1461*, p. 51; Nicholas Vincent, *Magna Carta: Origins and Legacy*, p. 260.
④ Pierre Chaplais, *English Royal Documents: King John-Henry VI, 1199-1461*, pp. 50-51
⑤ Teresa Webber, Marc H. Smith, "L'écriture des documents en Angleterre au XIIe siècle," p. 153.
⑥ L. C. Hector, *The Handwriting of English Documents*, p. 52.
⑦ Benjamin Pohl, "An Original Charter of King John at Ushaw College, Co. Durham (Ushaw MS 66)," p. 3.
⑧ Teresa Webber, Marc H. Smith, "L'écriture des documents en Angleterre au XIIe siècle," pp. 161-162.

王统治时期王廷体阶段性特征相吻合,则可大致判定它们出自王室文秘署抄工之手。若吻合率低,则可能性降低;吻合率高,则可能性增强。

前文有述,在经历 1731 年的大火后,Ci 本字迹尚清晰可见,但 19 世纪 30 年代所进行的不当修复却导致其绝大部分字迹肉眼不可见。所幸的是,雕刻家约翰·潘恩于大火之后制作了 Ci 本的摹刻本。① 2014 年,大英图书馆以紫外线照射 Ci 本,更多的字迹被揭示出来。② 特雷莎将紫外线揭示出的 Ci 本字迹与潘恩的摹刻本对比后发现,潘恩基本上如实再现了 Ci 本的字迹,尽管在一些细部,如在刻画 m、n 等字母时,并没有精确地再现 Ci 本的速写体连笔画特征。③ 鉴于此,笔者在后文中将综合观察紫外线照射结果和潘恩摹刻本,并对照约翰王统治时期王廷体阶段性特征,以判断 Ci 本抄工的归属。

整体观之,Ci 本符合约翰王统治时期王廷体阶段性特征④,是兼具速写体特征与正式性的王廷体,详情如下:其版面整体呈速写体特性,兼具正式性,弧线多于棱角,字杆长,行距疏;⑤首行字母升高,内部重度装饰;⑥圆

---

① J. C. Holt, George Garnett, John Hudson, eds., *Magna Carta*, Cambridge: Cambridge University Press, 2015, p. 373; D. A. Carpenter, *Magna Carta*, p. 15.

② Christina Duffy, "Revealing the secrets of the burnt Magna Carta," 13 Mar 2015, https://www.bl.uk/magna-carta/articles/revealing-the-secrets-of-the-burnt-magna-carta, 2021 年 7 月 29 日访问。

③ Teresa Webber, "Scribes at Court and the Writing of Magna Carta," Speech Delivered on The Magna Carta Conference hosted by the AHRC's Magna Carta Project, 17–19 June 2015, unpublished.

④ 尽管经过紫外线照射,Ci 的局部字迹得以揭示,但仍未可得其全貌,故在描述 Ci 本具体特征时,笔者仍以潘恩摹刻本为基础进行标注。

⑤ Ci 本(潘恩摹刻本,以下省略)各行各处。

⑥ Ci 本第 1 行:如 *Johannes* 中的 J,该字母外有额外的轮廓画;*Gratia* 中的 G;*Rex* 中的 R;*Anglie*、*Aquitanie*、*Andegavie*、*Archiepiscopis*、*Abbatibus* 中的 A;*Dominus*、*Dux* 中的 D;*Hibernie* 中的 H;*Normannie* 中的 N;*Comes*、*Comitibus* 中的 C;*Episcopis* 中的 E;*Baronibus*、*Ballivis* 中的 B;*Justiciariis* 中的 J;*Forestariis*、*Fidelibus* 中的 F;*Vicecomitibus* 中的 V;*Prepositis* 中的 P;*Ministris* 中的 M;*Suis*、*Salutem* 中的 S 等。

笔画大写字母内部多见装饰笔画；①大写字母 S 尾部、d 斜字杆、小写字母 g 尾部，以及一般缩略符号多表现为"河狸尾笔画"；②各处可见"教皇结"缩略符号；③字母 d、b、h、k、l 多见逆时针起笔，后四字母字杆左侧有明显的平衡衬线；④字母 m、n、h、us 缩略标志的末笔画明显呈现拖曳笔画；⑤多见位于词尾的圆 s；⑥安色尔体的大写 M；⑦穿过前字母的斜字杆 d；⑧长字杆且向左扫笔的 r。⑨ 综上，Ci 本具备约翰王统治时期王廷体的基本特征，极有可能是由王室文秘署抄工缮写的。

整体观察 Cii 本可知，该正本基本符合约翰王统治时期王廷体的阶段性特征，二者相吻合的风格要素多达 10 种，故可基本判定，Cii 本极有可能是由王室文秘署抄工缮写的。详情如下：Cii 整体呈现速写体特质，兼具正式性。弧线笔画多于棱角，字杆长，行距疏；首行字母升高且

---

① Ci 本第 7 行 *Concessimus* 中的 C；第 12 行 *Et si dederimus* 中的 E；第 18 行 *Si quis mutuo* 中的 S；第 22 行 *Preterea volumus* 中的 P；第 26 行 *Recognitiones* 中的 R；第 31 行 *Nullus vicecomes* 中的 N；第 31 行 *Omnes* 中的 O；第 49 行 *Homines qui* 中的 H；第 64 行 *Walenses nobis* 中的 W；第 83 行 *Quare vlumus* 中的 Q 等。

② Ci 本第 2 行 *sancte* 中的 s 尾部；第 67 行 *sororibus* 中的 s 尾部；第 11 行 *debeat et ille* 中的 d 斜字杆；第 62 行 *aliqui de predictis* 中的 d 斜字杆；第 1 行 *Angegavie* 中的 g 尾部；第 85 行 *Regni* 中的 g 尾部；第 10 行 *rationabiles* 中的一般缩略符号；第 32 行 *nostris* 中的一般缩略符号等。

③ Ci 本第 1 行 *Aquitanie* 的缩略形式上方；第 39 行 *decetero* 缩略形式上方；第 73 行 *monstratum fuerit* 缩略形式上方等。

④ Ci 本第 72 行 *accedent* 中 d 斜字杆起笔；第 31 行 *Constabularius* 中的 b；第 62 行 *ad hoc* 中的 h；第 38 行 *kydelli* 中的 k；第 32 行 *laicum* 中的 l 等。

⑤ Ci 本第 12 行 *vendiderimus* 中的 m；第 81 行 *condonavimus* 中的 m；第 48 行 *Bolonie* 中的 n；第 83 行 *dublinensis* 中的 n；第 25 行 *hominibus* 中的 h；第 53 行 *Athyes* 中的 h；第 25 行 *et ad hec* 中的 h；第 72 行 *Baronibus* 中的 us 缩略标志等。

⑥ Ci 本第 12 行 *dederunys* 中的 s；第 28 行 *illis qui* 中的 s；第 69 行 *suos* 中的 s 等。

⑦ Ci 本第 29 行 *mercator* 中的 m；第 54 行 *martiny* 中的 m；第 55 行 *milites* 中的 m 等。

⑧ Ci 本第 63 行 *eisdem* 中的 d 等。

⑨ Ci 本第 16 行 *nostro* 中的 r；第 31 行 *nostre* 中的 r；第 48 行 *nostra* 中的 r 等。

大写字母重度装饰；①圆笔画大写字母重度装饰，内部笔画增多；②关键笔画多见粗重的"河狸尾笔画"；③各处可见"教皇结"；④偶见源自教皇文秘署风格的蝌蚪形状 us 缩略标志；⑤字母 d、b、h、k、l 明显呈现逆时针起笔，后四字母字杆左侧有平衡衬线；⑥字母 m、n、i 的末笔画拖曳并形成花笔；⑦多见位于词尾的圆 s，入笔时多见发丝线笔画，出笔时多见向上卷曲笔画；⑧安色尔体的大写 M；⑨穿过前字母的斜字杆 d；⑩长字杆

---

① Cii 本首行：如 *Johannes* 中的 J，该字母外有额外的轮廓画；*Gratia* 中的 G；*Rex* 中的 R；*Anglie、Aquitanie、Andegavie、Archiepiscopis、Abbatibus* 中的 A；*Dominus、Dux* 中的 D；*Hibernie* 中的 H；*Normannie* 中的 N；*Comes、Comitibus* 中的 C；*Episcopis* 中的 E；*Baronibus、Ballivis* 中的 B；*Justiciariis* 中的 J；*Forestariis、Fidelibus* 中的 F；*Vicecomitibus* 中的 V；*Prepositis* 中的 P；*Ministris* 中的 M；*Suis、Salutem* 中的 S 等。

② Cii 各处，如第 3 行 *Huberti* 中的 H 内部的横笔画已至 3 条；第 11 行 *Nec nos nec* 中的 N 内部笔画已至 4 条；第 17 行 *Recognitiones* 中的 R 内部竖笔画已至 2 条；第 22 行 *Nullus constabularius* 中的 N 内部笔画已至 5 条；第 24 行，*Omnes* 中 O 内部笔画已至 3 条；第 51 行 *Decimo* 中的 D 斜笔画 2 条，内部横笔画 2 条。

③ Cii 中"河狸尾笔画"主要表现在 d 的斜字杆、一般缩略符号与大写 S 的尾部，与其他笔画的粗细对照空前强烈，见文书各处，此处各举一例。第 11 行 *reddendum* 中连续出现三个的的斜字杆均为"河狸尾笔画"；第 14 行 *Londoniarum habeat omnes* 三词均有缩略，因此连续三个一般缩略符号；第 29 行 *Si quis* 中的 S 尾部呈现完美的河狸尾形态。

④ Cii 各处有教皇结，大部分的 *quod* 均写作 q、d 两字母与一个教皇结的组合，亦有其他缩略多使用教皇结的，此处仅列举三例：第 50 行 *quod Anglicana* 中的 *quod* 有教皇结；第 33 行 *quod decetero* 两词中均有教皇结；第 46 行 *noluerint* 中有教皇结。

⑤ Cii 中偶见蝌蚪一样的 us 缩略标志。第 32 行 *comitatus* 中的 us 缩略。

⑥ Cii 第 6 行 *libras* 中的 l 与 b；第 7 行 *consuetudines* 中的 d；第 8 行 *Et si dederimus vel* 中的 d 与 l；第 24 行 *de Medewaye* 中的两字母 d；第 24 行 *kidelli* 中的 k；第 39 行 *marchie* 中的 h 等。

⑦ Cii 第 3 行 *Mathei* 中的 M；第 37 行 *amerciamenta* 中的 m；第 39 行 *nostrum vel Ricardum Regem fratrem nostrum que nos in* 中两个 *nostrum* 中的 m 及末尾的 n；第 46 行 *predictum* 中的 m；第 51 行 *junii* 中的 i 等。

⑧ Cii 第 2 行 *Roffensis* 中的 s；第 6 行 *libras* 中的 s；第 14 行 *habeat omnes* 中的 s；第 17 行 *Nos vel si* 中第一个 s；第 39 行 *walenses* 与 *aliquis* 中的 s；第 20 行 *maneriis nostris. Si aliquis tenens* 中所有位于末尾的 s 等。

⑨ Cii 第 24 行 *de Medewaye* 中的 M；第 10 行 *mariti et maneat in domo mariti* 中两个 *mariti* 首字母；第 20 行 *maneriis nostris* 中的 m 等。

⑩ Cii 第 9 行 *eiusdem* 中 d 字杆穿过居于其前的长 s；第 32 行 *eiusdem* 中 d 字杆穿过居于其前的长 s；第 38 行 *eisdem* 中的 d 字杆穿过居于其前的长 s；第 39 行 *marchie. Idem* 中的 d 字杆穿过居于其前的 I；第 49 行 *eiusdem* 中的 d 字杆穿过居于其前的长 s 等。

且向左扫笔的 r;①大量出现的右回旋笔画,如 x、y 以及 us、rum、ue 缩略符号的末笔画。②

(四) 教会与 Ci 本颁行目的地评估

上文有述,Ci 本与 Cii 本的风格要素在多个方面均与约翰王时期王廷体阶段性特征相吻合,二者均极有可能由王室文秘署抄工缮写。但即便如此,也不能完全排除二者与教会的联系。从现有的证据看,教会至少深度参与了 Ci 本的颁行过程。其颁行的目的地并非之前学者一直认为的五港联盟(Cinque Portes),而是坎特伯雷主教座堂(Canterbury Cathedral)。

福克斯与霍尔特均曾指出,Ci 本最有可能的目的地是五港联盟,因为其发现地——多佛城堡——正是五港联盟之一。③ 然而,通过将坎特伯雷主教座堂《契据册 E》中所载大宪章副本(下文简称"E 副本")与 Ci 本文本互校可发现,E 副本中的两处特异拼写方式与两处抄录错误与 Ci 本密切相关。第一,第 52 条中的"动产"一词在 Cii 本、L 本与 S 本中均写作 *castellis*,在 Ci 本中则被误写作 *castallis*。而在 E 副本中,该词写作 *catallis*,很有可能来源于 Ci 本。但与 Ci 本相比,E 副本的抄工又漏掉了一个字母 s。导致这一错误的原因大概有二:其一,Ci 本中的

---

① Cii 第 37 行 *terre* 中的 r 等。
② Cii 第 42 行 *inter nos et* 中 *et* 缩略符号从 *nos* 末字母长 s 中延伸出来,连笔画明显;第 47 行 *omnibus* 中,上面的一般缩略符号与字母 b 之间的连笔画;第 49 行 *a Pascha* 中第一个 a 上部空间已被发丝线笔画封闭,这是后来两分部 a 的源起;第 42 行 *concedimus* 中的 d 为一笔写就;第 45 行 *emendatum* 中的 d 实为一笔写就;第 48 行 *Et si aliquid* 中的 d 为一笔写就;第 46 行 *viginti quinque* 中的 ue 缩略为右回旋笔画;第 47 行 *quinque baronibus* 中 qu 与 us 缩略均为右回旋笔画;第 24 行 *de Medewaye* 中的 y 末尾为右回旋等。
③ John C. Fox, "The Originals of the Great Charter of 1215," p. 322; J. C. Holt, George Garnett, John Hudson, eds., *Magna Carta*, p. 441; J. C. Holt, *Magna Carta and Medieval Government*, London and Ronceverte: The Hambledon Press, 1985, p. 263.

castallis 位于行末,且被断为两截,前行末仅留 *ca* 两字母,而后一行首为 *stallis*;其二,后行首的 *stallis* 中的 *st* 为啮合字母,容易被误看成 t。第二,第 63 条中的"兰尼米德"一词在 Ci 本与 E 副本中均写作 *Runingmed*,而在 Cii 与 L 本中,则分别写作 *Ronimed* 和 *Runimed*。第三,E 副本的第 37 条中 *custodiam* 之后遗漏了 19 个词(方括号中的文字):"... *non habebimus custodiam* [*heredis nec terre sue que est de feodo alterius occasione illius feodifirme vel socagii vel burgagiii nec habebimus custodiam*] *illius feodifirme*..."这大概是因为该条款中有两处 *custodiam*,极易看错。但观察四份正本可发现,只有 Ci 本中 *custodiam* 的相对位置最容易导致上述错误的发生。在 Ci 本中,第二个 *custodiam* 位于行首,若抄工写完第一个 *custodiam* 稍作休息,再回来时,极易将位于行首的第二个 *custodiam* 错看成第一个。第四,E 副本第 53 条中部分文字明显重复,仔细观察可发现,二者实为两段内容大致相同的文本,居于前者包含 3 处抄录错误,居于后者为正确版本。其中一处错误是抄工误将 de 写成 De,这一错误极有可能是由 Ci 本中第 53 条特殊补注模式所致。① 基于上述证据可判断,坎特伯雷主教座堂的 E 副本应是直接抄录自 Ci 本,又根据《契据册 E》中其他文件的年代可判断,该契据册制作于 13 世纪末期。这表明,至少在这一时间点前,Ci 本就已存在于坎特伯雷主教座堂档案室中了。综合其他史料,卡朋特甚至认为 Ci 在 1215 年大宪章颁行之时的最初目的地就是坎特伯雷主教座堂。② 这样一来,在幸存的四份大宪章正本中,至少有三份(Ci 本、L 本、S 本)在颁行时是以主教座堂为目的地的,这不免让人对大宪章的颁行方式产生疑问。

---

① D. A. Carpenter, *Magna Carta*, pp. 478-480.
② D. A. Carpenter, *Magna Carta*, p. 480.

关于1215年大宪章的颁行及其目的地问题,一直以来并无定论,直接证据暂告阙如,仅有的证据是一份约翰王于当年6月19日向各郡发出令状文件的草稿。约翰王在该文件中称,各郡守"可在我们的宪章中看到、听到和平已达成的消息",并责成各郡守"遵照执行,并确保宪章在公共场合被宣告"。① 正是该文件的存在导致一些历史学家认为大宪章是通过各郡守颁行的。例如,编年史家考格斯霍尔的拉尔夫（Ralph of Coggeshall）称："和平初定,各郡均获得加盖王玺的大宪章正本文书。"②但这不过是拉尔夫根据6月19日令状作出的推测,令状只是言明郡守可以"听到"和"看到"大宪章,并未明确大宪章的颁行机制,也未言明郡守会收到大宪章正本;与此同时,令状只言及要确保大宪章被宣告,但并未明确指出由郡守亲自宣告。不仅如此,学者迄今为止尚未发现一份颁给郡守的大宪章正本幸存件;而相应地,以教会主教座堂为目的地的大宪章正本原件却已有三份之多。因此有学者据此提出,此次大宪章颁行很有可能是通过教会系统进行的,系特殊情况下的特别措施。例如,罗兰兹和卡朋特均认为,很有可能是出于保护斗争成果的需要,教会与男爵们坚持要以教会系统颁行,从而使得大宪章正本不至于落入与国王一丘之貉的郡守手中。③ 细思量之,这种方式其实与6月19日令状并不违和,因为各郡守完全可以到邻近的主教座堂来"听""看"大宪章正本,并请求主教代为对外宣告。

近年来,一些新发现的证据使得后一种观点的说服力不断增强。其中最为关键的是一份载于文秘署特许状卷宗背面的备忘录,它透露

---

① D. A. Carpenter, *Magna Carta*, p. 374.
② London, British Library, Cotton MS Vespasian D X, f. 116r.; Josephus Stevenson, ed., *Raduphi de Coggeshall Chronicon Anglicanum*, London: Longman, 1875, p. 172.
③ I. W. Rowlands, "The Text and Distribution of the Writ for the Publication of Magna Carta, 1215," p. 1428; D. A. Carpenter, *Magna Carta*, pp. 374-376.

出 1215 年大宪章正本文书的份数及其大致去向："6 月 24 日,交付两份大宪章正本给林肯主教(Bishop of Lincoln),交付一份给伍斯特主教(Bishop of Worcester),交付另四份给大主教兰顿的特使迪勒姆的伊莱亚斯(Master Elias of Dereham);7 月 22 日,再交付六份给迪勒姆的伊莱亚斯。"① 由此可知,大宪章正本总数达到 13 份,受付者均为教会高层人员。除此之外,罗兰兹认为,数字 13 恰好与当时有主教在位的主教教区数量相对应。② 文森特则指出,受付数量最多(10 份)的迪勒姆的伊莱亚斯不仅是坎特伯雷大主教兰顿的特使,与英格兰诸位主教也保持着良好关系。③ 最后,同一时间成书的《邓斯特布尔编年史》(*The Annals of Dunstable Priory*)在谈到大宪章时称,它们"通过各位主教被保存在安全的地方"④。由此不难发现,教会亦深度参与了大宪章的颁行。

三、L 本与 S 本字体

前文有述,文森特与卡朋特均曾提出,L 本与 S 本极有可能并非王室文秘署抄工手笔,而是由相应主教座堂的抄工缮写。这一假说中其实包含两个子问题:其一,为何否定两版本的王室文秘署来源;其二,如何证明二者的主教座堂的归属。两位学者虽然在后一问题上提出了一些证据,但对前一问题却从未展开。在下文中,笔者将利用古文字学与古文书学知识,分析 L 本与 S 本字体并尝试判断其抄工的归属。

---

① London, National Archives at Kew, C 66/14, membr. 23 (dorse).
② I. W. Rowlands, "The Text and Distribution of the Writ for the Publication of Magna Carta, 1215," p. 1428.
③ D. A. Carpenter, *Magna Carta*, p. 376.
④ H. R. Luard, ed., *Annales Prioratus de Dunstaplia AD 1–1297*, in *Annales Monastici*, Vol. 3, London: Longmans, 1866, p. 43.

（一）L 本字体

从形、势与风格要素三方面观察可知，L 本极有可能不是出自王室文秘署抄工之手。首先，从形的角度看：第一，L 本整体以小字书写，长字杆，宽行距，抄工书写时使用细笔头，从容慎重，频频提笔以确保字体的工整与统一，字间距密实，横向上较为压迫，大多数字母呈直立态势。第二，L 本在很大程度上注重装饰，如首行字母升高、末行填充、描绘型大写字母等。首行升高主要指首行中的大写字母和有字杆的字母均被拉长至基础竖笔画的 4—5 倍，与此同时，大写字母内部笔画增加，文书首字母周围添加轮廓画。末行填充是一种装饰方式，如遇末行未能写满一行，则将剩余单词疏散分布于剩余空间之内，并以横线填充彼此之间的缝隙。第三，L 本所用小字在 12、13 世纪之交的字体光谱中属低等级速写体，常用来书写等级不高的文书，如王室各部门登记卷宗、主教缮写室文书，《男爵条例》所用就是这种小字。[①] 第四，抄工明显有改造此小字低等性的意图，在书写时刻意避免连笔画，频频提笔，对一些细节也尽心修饰，例如在处理 m 末笔画时会特意加上一个斜向上的小提笔，再如在 b、h、k、l 等字母的字杆顶部添加楔形衬线。第五，L 本行距慷慨，齐整直立，整体给人以庄重严肃之感，但除一头一尾外，L 本字体又显太过内敛，字里行间极其缺乏王廷体应有的速写体特质，笔画、字母之间亦缺乏王廷体应有的发丝线联结（hairline ties）。

其次，从势的角度看：第一，L 本属慢速书写，字体多直线而少弧线，多直立而少角度，不似王廷体整体稍向后倾（书写反方向为后），各笔画

[①] Teresa Webber, "Scribes at Court and the Writing of Magna Carta," Speech Delivered on The Magna Carta Conference hosted by the AHRC's Magna Carta Project, 17-19 June 2015, unpublished.

呈现出较大的角度,即便是 d 的斜字杆,也基本朝上而立,近乎竖直;第二,L 本抄工书写基础竖笔画时从容慎重,确保 i、m、n 个个独立,三字母位于词末时,未发现有王廷体特有拖曳笔画与右回旋花笔效果,非常注意修饰 m、n 的末笔画,会特异加上一个斜向上方的小提笔,如此处理已非常接近书体;第三,不似王廷体,L 本 b、h、k、l 等字母字杆顶部并无逆时针入笔,字杆左侧不是钩状平衡衬线,而是楔形衬线,像极了正式的书体或工整的教皇文书体。

再次,从风格要素方面来看:第一,L 本在 d 的斜字杆、一般缩略标志之上有"河狸尾笔画";第二,有位于词尾的圆 s;第三,正文中圆笔画大写字母与描绘型伦巴德大写字母混用,前者多见于一头一尾,后者多见于正文,个别大写字母甚至有两种写法,如大写字母 N 既有圆笔画大写体,又有伦巴德大写体,后者常见于书体与教皇文书;第四,全文无教皇结,无蝌蚪形状 us 缩略标志;第五,全文无王廷体特有长字杆左扫尾 r。

总之,L 本所用字体极不可能是文秘署抄工用于缮写最高等级特许状的字体,与王室登记卷宗字体也有一定距离。登记卷宗虽也用小字,但整体上仍属速写体,只不过与高等级特许状大字体相比,相对潦草,主要是快速书写所致。既然 L 本非王室文秘署抄工缮写,那么其抄工来源于何处? 文森特与卡朋特认为,L 本是由林肯主教座堂的抄工缮写的,该抄工是林肯主教团随行人员,临时被征用来书写 1215 年大宪章。二人提出此观点的依据有三:其一,王室用于维持日常运转的抄工数量(一般 4—5 名)不足以应付突发事件,而盎格鲁诺曼王朝又有受益人自行缮写特许状的传统,即使到金雀花王朝仍未绝迹。加之,3550 个单词的大宪章正本需要缮写十几份,其工作量已经到了需要临时寻找外援的程度。有学者计算,缮写一份大宪章要花费抄工至少 8 小时时间。①

---

① D. A. Carpenter, *Magna Carta*, p. 11.

其二，除 2 份约翰王分别于 1215 年 1 月、7 月颁给林肯主教的特许状外，两位学者未于幸存的约翰王特许状中发现类似的字体，经认真比较，发现这两份特许状所用字体与 L 本字体高度相似。① 其三，两位学者还找到 3 份林肯主教颁发的主教特许状，经对比后亦发现存在相似性。② 特雷莎从古文字学角度观察上述 5 份特许状，并与 L 本对比之后，虽对 3 份主教特许状仍存疑虑，但基本认可文森特与卡朋特的观点。③ 笔者从文森特教授处获得了上述 5 份特许状扫描件，观察之后也基本认可其观点，特别是当笔者发现 7 月份的那份特许状也同时混用圆笔画大写字母与伦巴德大写字母后，更坚定了这一想法。但笔者也有一些保留意见。例如，这 5 份特许状的字距整体上不如 L 本密集，但这一点情有可原，因为毕竟 L 本抄工要在 451×454 mm 的皮纸之上书写 3550 个单词，临时调整字距并非没有可能。再如，仔细比较这 5 份特许状与 L 本不难发现，约翰王颁发的"1 月、7 月特许状"与 L 本的相似程度更高，而 3 份主教特许状则与经典的王廷体更为接近。个中原因，笔者将在后文论述，此处不赘。

在下文中，笔者将增补一些侧面证据以佐证上述观点，同时提出几点疑问，并尝试作答。其一，上述案例符合前文所述毕肖普第四金律，也即某种字体仅出现于特定受益人文书中，而未出现于其他文书中，此

---

① 其文献号分别为：Lincoln, Lincolnshire Archives MSS. D. &C. Lincoln A1/1B/43-44. 英国东安格里亚大学（University of East Anglia）文森特教授向笔者提供了这两份特许状（1215 年 1 月与 7 月）扫描件，谨致鸣谢。

② 其文献号分别为：TNA, E326/3570（August 1217）；Westminster Abbey, Muniments 2578（September 1217）；Oxfrod, Bodleian dd. ch. ch. Oseney 938（October 1217）。英国东安格里亚大学文森特教授向笔者提供了此三份原始文书的照片，谨致鸣谢。

③ Teresa Webber, "Scribes at Court and the Writing of Magna Carta," Speech Delivered on The Magna Carta Conference hosted by the AHRC's Magna Carta Project, 17-19 June 2015, unpublished.

类文书系受益人抄工缮写。文森特与卡朋特未在发往其他目的地的文书中发现类似字体,且仅在以林肯为目的地的文书中发现类似字体,如约翰王于 1215 年 1 月、7 月颁给林肯主教的两份特许状。这表明,L 本确由受益人缮写。

其二,背书文字 LINCOLNIA。L 本背面有两处以大写形式书写的 LINCOLNIA,可从侧面印证上述观点。该两处 LINCOLNIA 与文书正面一样,亦是圆笔画大写体与伦巴德大写体混用。九个字母中,第一个 N 是伦巴德大写体,其他字母则是圆笔大写体。由此可断定,背书文字与正文系同一抄工书写。这也表明,抄工从书写的那一刻起即知道,这份文书的目的地是林肯,背书 LINCOLNIA 的目的是防止与其他抄工缮写的文书相混淆,好似志在必得要拿到自己缮写的文书。

其三,王室文秘署对主教缮写室的影响。L 本既然由林肯主教座堂的抄工书写,又如何解释 L 本与王廷体的相似性,及其与王廷体之间的距离呢?比如,L 本一头一尾在样式、大写字母、装饰风格等方面与王廷体书写的特许状确有很大程度的相似。另外,"河狸尾笔画""位于词尾且尾部斜向左下延伸的圆 s"等王廷体经典风格要素也可见于 L 本。这一点或可从王室文秘署与主教缮写室之间的关系中得到解答。主教缮写室的形成一般晚于王室文秘署,其初始阶段往往经验不足,仅可利用当地字体(一般为书体)。与此同时,主教缮写室最初并不着意区分书体与文件体,且多以书体缮写文书。① 文件事务体兴起之后,王室文秘署与教皇文秘署成为主教缮写室模仿的主要对象,因此主教缮写室文

---

① Teresa Webber, Marc H. Smith, "L'écriture des documents en Angleterre au XIIe siècle," p. 149.

书中不同程度地出现王廷体风格要素也就不足为奇了。① 据奇尼(C. R. Cheney)观察,英国主教缮写室字体自 12 世纪中期以来,受王室文秘署与教皇文秘署双重影响,其字体逐渐从书体转向文件事务体,字体逐渐从大变小。整体上呈现出双重面相,既有文件事务体的速写特征,又有书体直立向上的特点,但其速写特性仅体现在字母出笔入笔处,而不像王廷体那样满篇皆是。奇尼还指出,在两种影响因素中,作为王廷体强力推动者的王室文秘署的影响往往更大一些,这也是主教缮写室字体会在不同程度上类似王廷体的原因所在。例如,奇尼发现,主教缮写室的字体一般有如下特点:小字速写体,直立向上,更少浓重的粗细对照,与王廷体相比,更加内敛。② 最后,客观条件不同,模仿的结果也不同,仔细观察可发现,在模仿王室文秘署方面,林肯主教缮写室抄工算是成功的,特别是当文件字数较少而不必那么拥挤时,会更多地呈现出王廷体的风格要素。这可能与时任林肯主教的韦尔斯的休(Hugh of Wells)相关。此人在被任命为林肯主教之前曾于王室文秘署任职达十年之久,应该相当熟悉王廷体风格要素。从一份特许状中偶然留下的休的字迹可见,他本人所书即是王室文秘署字体。③ 另外,他本人赴任

---

① 王室文秘署对教会缮写室的影响,参见 Teresa Webber, Marc H. Smith, "L'écriture des documents en Angleterre au XIIe siècle," pp. 142, 144, 148。

② C. R. Cheney, *English Bishops' Chanceries, 1100-1250*, Manchester: Manchester University Press, 1950, pp. 51-54.

③ 在一份颁行于 1202 年 3 月 1 的特许状中,底部又有一行新增的小字,墨迹颜色与原特许状并不相同,但所用字体与原特许状是一种字体,皆是王廷体。小字内容转写如下,[ ]号中为缩略部分:*Et dat[a] postmod[um] per man[um] Hug[onis] de Well' archid[iacon]i Well' apud Porececestr', xxvi. die maii regni nostri octauo.* 其大意是,主教韦尔斯的休于国王统治的第 8 年 5 月 27 日在波切斯特重新亲手给予此特许状。可见,此特许状下方更新特许状的小字很有可能是主教韦尔斯的休的字迹。参见 Dublin, National Library of Ireland, Ormond Deeds D. 36;亦可参见 https://magnacartaresearch.org/read/original_charters/Notification_of_the_King_s_confirmation_to_Adam_of_Hereford_and_his_heirs_of_a_grant_made_by_William_Marshal_earl_of_Pembroke_,2021 年 7 月 29 日访问。

林肯主教之时,带走一二抄工也不是没有可能。因此,很有可能是这一因素加速了林肯主教缮写室模仿王室文秘署字体的进程。

其四,一点疑问。笔者也搜集到3份林肯主教颁发的特许状,与文森特和卡朋特注意到的3份主教特许状一起构成一个子类,也即主教颁发的行政性文书(actum),下面简称"主教文书"。① 相应地,王室于1215年1月、7月颁给林肯主教的特许状亦构成一个子类,下面简称"1月、7月特许状"。仔细对比"L本""1月、7月特许状""主教文书"可发现,三者虽高度相似,但并非没有差异。如果将三者与经典王廷体相对比可发现,反倒是低等级的"主教文书"与王廷体最为相似,前二者虽是最高等级文书,却也仅在一头一尾模仿王廷体,主体部分基本使用林肯主教座堂缮写室特有的小字书写。笔者以为,这可能与文书的权威性有关。王廷体并非由王室专享,而是在成熟之后不断向主教、贵族缮写室传播和渗透。主教缮写室以王廷体缮写发出的文书可能意在用这种来自王室的字体来增强其文书的权威性。而主教缮写室抄工缮写大宪章则属于受益人自行缮写王室特许状,缮写完成后仍要呈交王室文秘署制印,其权威性在很大程度上体现在印章上,而非字体上。因此,当主教缮写室以受益人身份缮写王室特许状时,不必一定要以王廷体缮写,当中留有不少自主空间。

(二)S本字体

对于S本的字体,学者观点出奇地一致,认为这是一种接近于书体的字体,并非由王室文秘署抄工缮写。例如,霍尔特认为S本"书卷气很重",克莱尔·布里(Claire Breay)指出,S本与其他三份大宪章正本

---

① David M. Smith, *The Administration of Hugh of Wells, Bishop of Lincoln, 1209-1235*, Ph. D. Dissertation, University of Nottingham, 1970, p. 37.

明显不同，不像是王室文秘署抄工手笔。赫克托（L. C. Hector）则评价道，S 本字体虽是书体，经改造之后用于文件缮写"还算过得去"。① 特雷莎则认为，S 本位于文书字体光谱中的一个极端，虽植入了文件体元素，但仍未脱去书体的典型特征，这样的字体多见于 12、13 世纪之交的主教缮写室。② 那么，到底如何判断 S 本字体及其抄工归属？

从形、势与风格要素三方面观察，S 本极有可能并非王室文秘署抄工手笔。首先，从形的角度看：第一，S 本以相对较宽的笔头书写，过程中需要不断转动笔头以调整笔画的粗细和书写方向，故属于慢速书写（calm writing）；第二，S 本字体棱角多于圆弧，少速写体特性，直观上更接近书体，并不属于文件体的大类；第三，整篇文书布局严整，字形统一，书写之前曾以金属笔施画精确的辅助格线（ruling）；第四，行间距不大，与每行字高相等，除大写字母外，字母高度大致相同，即使是像 b、d、f、h、l、长 s 有上升部的字母也不会高出基础线太多；第五，S 本极注重对起笔处衬线及字足部分修饰，前者多为楔形，后者多为蜂刺般粗细的斜向上的小提笔。

其次，从势的角度看：第一，该文书使用斜切笔尖以直笔笔法书写，字形直立收敛，腰线上的衬线对文本造成强大的水平压力，使得文本看起来沉稳干练，正式性得到极大增强；第二，文本中的衬线大概有两种，一种是应用于 b、d、h、l、k 等字母的开衩衬线，另一种是应用于 i、m、n、p、r、u 等字母的楔形衬线；第三，所有竖笔画底部均有特别的字足，其操作方法大致是以约 30 度角书写竖笔画，至底端时直接

---

① Claire Breay, *Magna Carta: Manuscripts and Myths*, p. 37; J. C. Holt, George Garnett, John Hudson, eds., *Magna Carta*, p. 374; L. C. Hector, *The Handwriting of English Documents*, London: Edward Arnold Publishers, 1958, p. 53.

② Teresa Webber, "Scribes at Court and the Writing of Magna Carta," Speech Delivered on The Magna Carta Conference hosted by the AHRC's Magna Carta Project, 17–19 June 2015, unpublished.

向斜上方提笔；第四，字母 g 呈早期哥特体特征，其第一笔为基础 c 笔画，第二笔为顶部小横，第三笔为 c 右侧笔画，第四笔为 c 右下角过渡笔画，第五笔为底部长尾笔画（自左向右），第六笔为发丝线斜笔画（自下而上）。

再次，从风格要素来看：第一，该文书字体主要字母、缩略符号和标点均为早期哥特体（early gothic）风格，而所有大写字母均采用王廷体样式的圆笔画大写体书写。偶现小写字母尺寸的大写 R，据古文字学家德罗莱兹（Albert Derolez）的观察，这是早期哥特体的特点之一。① 第二，et 的缩略符号为王廷体特色，但因为以宽笔头书写，故呈现出棱角分明的特点。第三，字母中的 v 与 w 为王廷体特色。第四，同时出现王廷体与早期哥特体两种形式的字母 a 与 d。第五，词尾的 s 同时使用长 s 与圆 s 两种风格，前者为早期哥特体，后者为王廷体。第六，d 斜字杆穿过前字母 a 的 ad，此为典型王廷体风格。第七，字母 e 如居于词尾，则其舌部形成蜂刺状笔画，直至斜上方。第八，首行有升高，大写字母内部亦有装饰笔画。第九，由弯背 d 与 e 啮合（biting）而成的 de。

总之，S 本字体是一个混合体，基本上是以早期哥特体为基底，并植入了部分王廷体特色元素而形成的。后者多出现在整个文书之中给人冲击力最强的部分——文书首行、大写字母、频繁出现的 et 缩略符号——这表明，尽管抄工不能完全以王廷体书写，但仍努力使得文件具有王室文书的大体样式。换言之，这是一种量力而行的模仿，抄工仅模仿王廷体最显眼的部分，其他部分则以自己拿手的字体书写。不管怎样，这份文书极不可能由王室文秘署抄工缮写。

---

① Albert Derolez, *The Palaeography of Gothic Manuscript Books from the Twelfth to the Early Sixteenth Century*, Cambridge: Cambridge University Press, 2003.

既然不是王室文秘署抄工的手笔,那么 S 本的抄工来自何处? 到目前为止,学者已有的探索思路是自然、明确且有效的,也即学者大多认可"由索尔兹伯里主教座堂抄工缮写"的假说,并努力从主教座堂的相关文件中寻找相关线索。文森特与卡朋特于索尔兹伯里主教座堂颁发的诸多特许状中找到一份受益人为主教参事会教长塞勒姆的亚当(Adam of Sarum)的特许状,并指出了其与 S 本的相似之处。① 部分古文字学家对这一观点表示认可,但包括特蕾莎在内的一些古文字学家仍存疑虑。笔者亦不认可这一识别结果,因为二者之间至少有两点不符:其一,L 本的长 s 立在基础线之上,而在亚当的特许状中,长 s 则极度延伸至基础线之下;其二,在字足的处理上,L 本有斜向上的小提笔,而亚当的特许状则是逐渐变细并向左扫笔。第七行中部,字母 d 的斜字杆穿过前字母 a 从而形成的一个啮合字母(biting),这大概是两位学者做出判断的主要依据之一,尽管 S 本中确实有此啮合字,但不得不说,这一样式在同时代文书中非常普遍,其书写不但没有独特性,还与 S 本中类似的样式稍有不同,因此不宜作为精确判断的依据。

1215 年大宪章颁行 800 周年之际,索尔兹伯里主教座堂档案保管员艾米丽·纳什(Emily Naish)于主教座堂的《契据册 C》中发现了一份大宪章副本。经检查,发现其确为 S 本副本,应于 13 世纪末被抄录进《契据册 C》中。② 这一发现更加确定了 S 本的起源问题,至少在这个时

---

① Nicholas Vincent, D. A. Carpenter, "Who Did (and Did Not) Write Magna Carta," https://magnacarta.cmp.uea.ac.uk/read/feature_of_the_month/Jun_2015_3,2021 年 7 月 29 日访问。

② 其文献号为:Salisbury Cathedral Archives, FG/1/1, Liber Evidentiarum C, pp. 51-59。英国索尔兹伯里主教座堂档案库档案保管员艾米丽·纳什为笔者制作了这份大宪章副本的扫描件,谨致鸣谢。将这一副本与 S 本互校可发现,这份副本完全保存了 S 本与 Ci 本、Cii 本、L 本以及主教的验证函令之间的差异,这足以证明该副本确实来源于 S 本,也可证明至迟在 12 世纪末时,S 本就已在索尔兹伯里主教座堂的档案库中了。

间点之前稍早一些时候,S本就已经存在于索尔兹伯里主教座堂了。在这一新发现的激励之下,古文字学家伊莱恩·特雷哈恩(Elaine Treharne)与安德鲁·普雷斯科特(Andrew Prescott)前往主教座堂检查了另一部被称作《圣奥斯蒙德》(Register of S. Osmund)的契据册,希望能从中发现与S本字迹相同的字体,以确定S本抄工的归属。该契据册主要抄录了奥斯蒙德担任主教期间主教座堂所获特许状,以及关于索尔兹伯里大教堂迁址的相关文件。另外,契据册的前半部分实际是一部仪令集(Consuetudinary),主要记载了即将用于新索尔兹伯里大教堂的教仪与教规。该文件编纂于13世纪初,与S本的缮写时间有相当大重叠的可能。

　　两位学者的确有所斩获,不仅发现了《圣奥斯蒙德》契据册抄录用字体的多样性,还确定了几个同时出现于S本与《圣奥斯蒙德》契据册的风格要素,极具启发性地论证了二者共享抄工的可能性。例如,两位学者选取了以下风格要素作为判定的标准。首先,两位学者在《圣奥斯蒙德》契据册第1页与第73页发现了两个ad啮合体,其中前面的a是扩大版的小写字母,而后面的d是斜字杆d,d的斜字杆穿过居于其前的大写a。其次,他们又在该契据册第111—113页集中发现了数个相似点:如扩大版的小写字母a(字母身体增高,特别是其头部高企);居于词尾的拖曳笔画圆s;圆笔画大写字母,特别是作为段落首字母的大写H、I、W;字母g;样式iis;倒置分号样式的标点符号;等等。①

　　不得不说,两位学者发现的这些相似点,确有一定说服力,在S本的抄工与《圣奥斯蒙德》契据册的某位抄工之间建立了某种联系,但其

---

① Elaine Treharne and Andrew Prescott, "The Origin and Context of the Salisbury Magna Carta," 2015年6月19日, https://texttechnologies.stanford.edu/news/origin-and-context-salisbury-magna-carta-0,2021年7月29日访问。

论证过程仍值得商榷。根据前述毕肖普第二金律,字体特征越明显越不堪作为证据,因为更容易被教授、习得与模仿。在整体特征为书体(或称早期哥特体)的 S 本中,其中最抢眼的莫过于那些与书体特征不相称的圆体大写字母、位于词尾的拖曳笔画圆 s、斜字杆穿过前字母 a 的 d 等王廷体特色风格要素,而这些风格要素极有可能是 S 本抄工为了使得该文书看起来更像王室文秘署文书而尽力模仿的结果。因此,这些风格要素在判定抄工归属的可靠程度方面多少会打一些折扣。笔者以为,作为补充,我们不妨寻找一些次级特征作为对比目标。特别是 S 本中书体特征较为明显部分所体现出的某些风格要素,它们可以不是书体的独异性特征,须是频繁出现的典型特征,但又不是早期哥特体的一般特征。如能在《圣奥斯蒙德》契据册中字体相对靠近 S 本"书体特征"的部分(或整个契据册各处)发现上述典型特征,则可增强两位作者识别结果的可靠性。

不仅如此,两位学者在选择比对物时,基本上将目标锁定在《圣奥斯蒙德》契据册中速写化程度较高,非常贴近王廷体的页面。两位学者自己也承认,第 111—113 页的字体比 S 本更具速写特性。在笔者看来,在这三页中,契据册抄工全文使用贴近王廷体的字体书写,不单单两位作者挑出的风格要素具有王廷体特征,很多其他元素亦是如此。这种做法的实质是拿 S 本中具有王廷体风格的要素与《圣奥斯蒙德》契据册中贴近王廷体书写的部分相对比。其实,两位作者也已发现,《圣奥斯蒙德》契据册中的字体极具多样性,并对最具正式性的仪令集部分字体做了分析。笔者认为,如能在《圣奥斯蒙德》契据册中找到与 S 本正式程度更为贴近的样本并加以分析,则更具说服力。

循着上述思路,笔者拟于此处增加两条路径:其一,于《圣奥斯蒙德》契据册中寻找相对具有书体特征,且在形与势方面与 S 本中书体特征较为贴近的文本区域,然后加以对比;其二,在 S 本中书体的部分寻找比较点,并与《圣奥斯蒙德》契据册对比。具体操作之时需要注意的是,根据毕肖普的第一、第二金律,不宜选取 S 本中最明显的独异性特征,而是从其书体面向中择取一些持续的,且不易被模仿、伪装的特征。

观察《圣奥斯蒙德》契据册,有两处有明显书体特征:其中一处即特雷哈恩与普雷斯科特提到的仪令集部分,该部分较之 S 本字体更具正式性,不宜选取;另一处位于第 121 页,其形与势均与 S 本较为贴近。① 该页面字母主体部分亦是以早期哥特体为基底,宽笔头书写,同时融入了部分速写体风格要素,其行距、字距、字体大小亦与 S 本较为相似。不仅如此,该页面还包括 S 本所具有的以下风格要素:第一,王廷体特有的圆笔大写字母,典型者如 S、W、R、T、P 等;第二,d 的斜字杆穿过前字母 a 的 ad 样式;第三,词尾为 s 时,有两种样式,一为早期哥特体样式,一为王廷体圆 s;第四,小写字母尺寸的大写字母 R;第五,阿拉伯数字 7 样式,且棱角分明的 et 缩略符号。除此之外,对比 S 本与《圣奥斯蒙德》契据册第 121 页还可发现,斜字杆的 d 如果不与其他字母啮合、交叉,则呈现出一种特别的短字杆样式,与基础字母一般大小,常常与 a 形成单词 ad。这种短字杆样式 d 在两份样本中皆有出现,且极为相似。另外,结合学者对教会契据册的研究可知,契据册的主要功用是抄录修道院或主教座堂拥有的重要特许状原件,反映了宗教机构整理、保护文件的意愿。值得注意的是,与后来出现的登记簿不同,契据册并非即时性更新的文件记录,因此抄写者使用字体往往与原始文件字体并不相同,前者一般是当下字体,而后者则是历史字体。《圣奥斯蒙德》契据册

---

① 其文献号为:Salisbury Cathedral Archives, FG/1/2, The Register of St Osmund, p. 121. 英国索尔兹伯里主教座堂档案库档案保管员艾米丽·纳什向笔者提供了《圣奥斯蒙德》契据册第 ii—iii、1、60—63、66—73、111—113、120—121 页的照片,谨致鸣谢。

中的字体与此规则相符,抄录的虽主要是 11 世纪的文书,但使用的是 13 世纪初(契据册编纂之时)的字体。综上大致可判断,S 本很有可能是由索尔兹伯里主教座堂缮写室某位抄工缮写的。

结　论

通过上述对 1215 年大宪章四份正本的考察可发现,它们虽在外观、制式与文本等方面存在诸多差异,但均是具有权威性的原始文书。通过古文字学与古文书学的考察可知,Ci 本与 Cii 本皆由王室文秘署抄工缮写,而 L 本与 S 本则不然,很可能是由来自主教座堂的"外援抄工"缮写的,他们或恰好在场,或被临时征召,以一种特别的方式参与了 1215 年大宪章缮写的过程。由此可见,主教及其代表团成员可能在更大范围内、更深程度上参与了大宪章的制定过程。他们不仅于国王与贵族之间居间协调,促成大宪章文本的形成,很可能还直接缮写了大宪章的部分正本文书,参与了后续的大宪章正本文书保护活动。不仅如此,Ci 本的目的地并非之前学者认为的五港联盟,而是坎特伯雷主教座堂。如此一来,教会在 1215 年大宪章颁行过程中所发挥的作用亦凸显出来。1215 年大宪章明显不是通过之前学者认为的郡守路径颁行,而是在主教的坚持下被发往 13 个主教座堂,教会在一定程度上主导了大宪章的颁行过程。由此不难看出,教会在 1215 年大宪章缮写、颁行过程中的参与程度可能远比我们想象的要深许多。

明确边界:清代地方档案研究的若干问题

吴佩林*

20世纪下半叶以来,学术界对有价值、数量较大的地方历史文献进行系统整理已成为共识,一批有代表性的整理成果相继面世,如《天津商会档案汇编》①《苏州商会档案选编》②《徽州千年契约文书》③《徽州文书》④《福建民间文书》⑤《清水江文书》⑥《石仓契

---

* 曲阜师范大学历史文化学院暨孔府档案研究中心教授,博士生导师。
① 天津市档案馆、天津社会科学历史研究所等合编:《天津商会档案汇编》(5辑共10卷),天津:天津人民出版社,1989—1998年。
② 华中师范大学历史研究所、苏州档案馆编:《苏州商会档案选编》(6辑共10册),武汉:华中师范大学出版社,1991、2004、2009、2009、2010、2011年(其中第1、2辑于2012再版后均改为两册);2017年在同一出版社出版了《苏州商会档案续编》(第1辑,共1册)。
③ 中国社会科学院历史研究所整理:《徽州千年契约文书》(全40册),石家庄:花山文艺出版社,1991年。
④ 刘伯山主编:《徽州文书》(6辑共60册),桂林:广西师范大学出版社,2005、2006、2009、2011、2015、2017年。
⑤ 陈支平编:《福建民间文书》(全6册),桂林:广西师范大学出版社,2007年。
⑥ 张应强、王宗勋主编:《清水江文书》(3辑共33册),桂林:广西师范大学出版社,2007、2009、2011年。此外,此地区已出版多种文书,参见唐立、杨有赓、武内房司主编:《贵州苗族林业契约文书汇编(1736—1950)》,共3卷(计858件),东京外国语大学国立亚非语言文化研究所,2001—2003年;张新民主编:《天柱文书》第1辑(22册,计7000余件),南京:江苏人民出版社,2014年;李斌主编:《贵州清水江文书·黎平文书》第1辑(22册,计8537件),贵阳:贵州民族出版社,2017年;高聪、谭洪沛主编:《贵州清水江流域土司契约文书·九南篇》(计429件),北京:民族出版社,2013年;高聪、谭洪沛主编:《贵州清水江流域土司契约文书·亮寨篇》(计358件),北京:民族出版社,2015年;陈金全、杜万华主编:《贵州文斗寨苗族契约法律文书汇编:姜元泽家藏契约文书》(计587件),北京:人民出版社,2008年;陈金全、梁聪主编:《贵州文斗寨苗族契约法律文书汇编:姜启贵等家藏契约文书》(计466件),北京:人民出版社,2015年;龙泽江:《九寨侗族保甲团练文书》,贵阳:贵州人民出版社,2016年;贵州省档案馆等编:《贵州清水江文书·黎平卷》(3辑共15册),贵阳:贵州人民出版社,2016、2017、2018年,贵州省档案馆等编:《贵州清水江文(转下页)

约》①《清至民国婺源县村落契约文书辑录》②《太行山文书精萃》③《徽州民间珍稀文献集成》④《湖北民间文书》⑤《土默特文书》⑥等。其中更有一批以"省"为标志的文献整理成果,如《湖湘文库》⑦《山东文献集成》⑧《台湾文献汇刊》⑨《海南地方志丛书》⑩《云南丛书》⑪《巴蜀全书》⑫等。此外,一些省级以下的地方历史文献丛书也在陆续出版,如温春来主编的《西樵历史文化文献丛书》自 2012 年以来,已由广西师范大学出版社出版了 127 种 224 册;广东省立中山图书馆、东莞市莞城图书馆合编的《东莞历史文献丛书》于 2017 年由广东人民出版社出版了 47

(接上页)书·三穗卷》(2 辑共 10 册),贵阳:贵州人民出版社,2016、2017 年;贵州省档案馆等编:《贵州清水江文书·剑河卷》第 1 辑(共 5 册)、《贵州清水江文书·天柱卷》(2 辑共 10 册)、《贵州清水江文书·岑巩卷》第 1 辑(共 5 册)、《贵州清水江文书·锦屏卷》第 1 辑(共 5 册),贵阳:贵州人民出版社,2017 年。

① 曹树基等主编:《石仓契约》(5 辑共 40 册),杭州:浙江大学出版社,2011、2012、2014、2015、2018 年。
② 黄志繁等主编:《清至民国婺源县村落契约文书辑录》(全 18 册),北京:商务印书馆,2014 年。
③ 康香阁主编:《太行山文书精萃》,北京:文物出版社,2017 年。
④ 王振忠主编:《徽州民间珍稀文献集成》(全 30 册),上海:复旦大学出版社,2018 年。
⑤ 张建民主编:《湖北民间文书》(全 10 册),武汉:武汉大学出版社,2018 年。
⑥ 储建中、储昱主编:《土默特文书》(全 19 册),桂林:广西师范大学出版社,2019 年。
⑦ 《湖湘文库》于 2006 年启动,于 2013 年完工,成书 702 册,其中甲编湖湘文献 442 册,乙编湖湘研究著作和文史资料汇编 259 种,《湖湘文库书目提要》1 册。参见夏剑钦:《敬畏学术,质量第一——〈湖湘文库〉编辑出版工作回顾》,《中国编辑》2014 年第 2 期。
⑧ 韩寓群主编:《山东文献集成》(4 辑共 200 册),济南:山东大学出版社,2011 年。
⑨ 陈支平主编:《台湾文献汇刊》(7 辑共 100 册),北京:九州出版社;厦门:厦门大学出版社,2004 年。
⑩ 海南地方文献丛书编纂委员会汇纂:《海南地方志丛书》(全 68 册),海口:海南出版社,2004 年。
⑪ 云南省文史研究馆整理:《云南丛书》(全 50 册),北京:中华书局,2011 年。
⑫ 《巴蜀全书》作为四川版的"四库全书",将汇总 2000 多年来四川经济社会发展的重要史料,萃集历代治蜀的成功经验和重要方略,对今天的兴川大计具有鉴往知来的资政价值。目前已出版包括"巴蜀文献精品集萃系列""巴蜀文献珍本善本系列""巴蜀文献联合目录系列"在内的文献 220 余种 260 余册。

册;谭剑锋主编的《遵义丛书》于2018年由上海古籍出版社、国家图书馆出版社联合出版了210册。

地方文献整理形成的"井喷"之势,与国家的文化发展和个人的研究需要密不可分。就国家层面而言,挖掘和保护我国丰厚的历史文化遗产,对提升我国文化软实力,推动中华优秀传统文化走向世界,最终实现文化自信、文化强国,具有重要意义。对研究者而言,随着研究的深入、视野的地方转向,以往通用的正史、政书、文集、笔记等传世文献已远不能满足需要,而那些提供了大量传世文献所未言的、细致入微、系统连贯、生动逼真的历史信息的地方文献则进入了他们的视野。然而对于绝大多数的研究者来说,很难做到亲自到各个地方去查阅所需的地方文献,况且有些作为文物保存的文献,由于年代久远,纸张脆化,也不一定被允许查阅。因此,整理并出版,使之化身千百以嘉惠学林乃人心所向,大势所趋。事实也证明,这些文献的整理与出版为政治史、经济史、法制史、社会史、教育史、文化史,以及地方基层社会的综合考察提供了多种素材,极大地推进了学术研究,也由此推出了一批具有地域特色、中国风格、中国气派的精品力作。

地方档案作为地方文献的一种,在历史研究中发挥着越来越重要的作用,但长期以来,对于何为档案、何为"地方"档案、地方档案在历史研究中的价值何在、如何看待"档案迷信""档案虚构"等诸多问题,学界仍然有些模糊不清。不仅如此,我们常常也会被追问为何有的出版物名为某某档案,而有的又被命名为某某文书,两者究竟有无区别。以下就这些问题略作梳理。

一、相关概念辨析

(一) 档案与文书各有所指

何谓档案？1987年制定的《中华人民共和国档案法》谓："是指过去和现在的国家机构、社会组织以及个人从事政治、军事、经济、科学、技术、文化、宗教等活动直接形成的对国家和社会有保存价值的各种文字、图表、声像等不同形式的历史记录。"①1996、2016年的档案法修正仍沿此说。冯惠玲教授在《档案学概论》中参照国家档案行业标准《档案工作基本术语》(DA/T1-2000)的档案定义，进一步表述为"档案是社会组织或个人在以往的社会实践活动中直接形成的具有清晰、确定的原始记录作用的固化信息"②。这类解释参考了联合国教科文组织和国外的一些定义，如法国《档案法》(1979年)规定："任何自然人或法人，任何国家机关或组织，任何私人机构或部门，在自身活动中产生或收到的文件整体，不管其形成日期、形式和制成材料，都是档案。"③上述定义明确了哪些材料可以称为档案，与我们现在所说的"文献"无本质区别，官方的、私人的，各种形式的信息记录都囊括在内。而事实上，档案一词的内涵和外延都经历了多次变化，这种界定并不能解决我们命名档案或文书的问题。

要解决这个问题，则需探寻"档案"一词的词源及其原初含义。爬

---

① 《中华人民共和国档案法》，http://www.law-lib.com/law/law_view.asp?id=95469，2021年1月29日访问。
② 冯惠玲、张辑哲主编：《档案学概论》，北京：中国人民大学出版社，2018年，第6页。
③ 《档案管理实用大全》编委会编：《档案管理实用大全》，北京：同心出版社，1996年，第37页。

梳历史，"档案"不像"文书"一词那样早在两汉时期就已存在，也并非在西学东渐过程中由英文单语"Archives"翻译而来，而是在清入关后实行"满汉同文"的过程中，在大量的满汉互译过程中逐渐产生的，是满汉文化融合的产物。①"满文"�"，音 Dangse，是一种记录在木质材料上的档案，汉译为"档子"②。何为档子？成书于康熙十四年（1675）的《钝翁类稿》谓："本朝用薄板五六寸，作满字其上，以代簿籍。每数片，辄用牛皮贯之，谓之档子。"③时隔32年，杨宾在《柳边纪略》中对档案的来源有了较为清晰的表述：

> 边外文字，多书于木，往来传递者曰"牌子"，以削木若牌故也。存贮年久者，曰"档案"，曰"档子"，以积累多，贯皮条挂壁若档故也。然今文字之书于纸者，亦呼为"牌子""档子"。犹之中土文字，汉以前载竹简，故曰简。以韦编贯，故曰编。今之人既书于纸，为卷为部，而犹呼之为编为简也。④

杨宾所说的"边"指的是"柳边"，也即宁古塔地区，"边外"指的就是现今的东北地区，清军入关前的领域。所以"边外文字"指的是满文文字，那些被称为"牌子"的木片就是满文木牌。由此可见"牌子""档子"是满族人特有的用法。"档"，古代有"横木框档"义。明《正字通·

---

① 参见丁海斌：《"文书""公文""文件""档案"四词生成、演变之文化形态研究》，《档案学通讯》2016年第2期；李荣忠：《满汉民族文化交流的结晶——"档案"词源新论》，《档案学研究》1994年第3期。
② 羽田亨编：《满和辞典》，台北：学海出版社，1998年，第81页。
③ 汪琬：《〈陕西提督李思忠墓志铭〉注》，载吴振棫《养吉斋丛录》卷23，童正伦点校，北京：中华书局，2005年，第293页。
④ 杨宾：《柳边纪略》卷3，北京：中华书局，1985年，第55页。

木部》曰:"档,俗谓横木框档。"所以,杨宾在《柳边纪略》中解释"档子"是因"积累多贯皮条挂壁若档故也"。由于木牌记事不便,也不利于传递,顺治帝革新政治时,于顺治二年(1645)颁布上谕,命令"不许复用木签",改用纸张,但"档子"的说法仍然沿用了下来,书写在纸质上的记录亦被称为"档子"。① "案",《说文解字》解释为"几属",即小桌一类的东西,后引申为案卷,它是元代以来照刷磨勘文卷制度的产物,清代大多是一案一卷。"柳文"的后半句"犹之中土之文字……"进一步说清了"简""编""卷""部"四者与"档案"的关系。编,顺次排列,即编列、编排、编印;卷,官府存档之文书;部,门类之意,古籍分经史子集等部。② 由此引申,把处理一桩事件的有关文件叫做一案,收存的官方文件通称为"案""卷案""案卷"。"档"字与"案"字连用,就是存入档架收贮起来的案卷,而把放置档案的架子称作档架,把一格称为一档。这种形式发展到后期就是我们通常所说的"立卷归档"。③

由上可知,判定是否为档案的基本要素有两个。一是官文书,包括诏令文书、上奏文书和官府往来文书。这里有三点需要注意:(1)官府往来文书不仅指衙门与衙门之间的行移往来,还包括普通百姓向衙门呈递的上行文书,如状、禀等;(2)民间文书如果是官文书的附件文书(比如告婚姻时提供的婚书、告田宅时所附的田契),虽然原本

---

① 参见张江珊:《"档案"词源研究再探》,《中国档案》2010 年第 1 期。
② 参见关静芬:《"档案"词源析——册档案卷》,《档案学研究》1996 年第 3 期。
③ "档案"一词的词源问题,学界特别是档案学界已有较多的探讨,可参考唐汝信:《杨宾与"档案"》,《档案学通讯》1984 年第 2 期;郭树银、杨继波:《"档案"一词考略》,《图书情报知识》1984 年第 4 期;雷荣广:《档案词源试析》,《四川档案》1985 年第 1 期;丁海斌、王爱华:《再谈"档案"词源问题》,《中国档案》2005 年第 3 期;李荣忠:《满汉民族文化交流的结晶——"档案"词源新论》,《档案学研究》1994 年第 3 期;侯传学:《档案名义考析》,《档案学研究》1994 年第 4 期;王爱华:《满汉文化融合与"档案"词源》,《清史研究》1997 年第 3 期;丁海斌、田丹:《清代文献中所见"档案"一词及相关问题研究》,《档案学研究》2013 年第 6 期。

不属于官文书,但因其进入了官府的案卷,也当属于档案的范畴;(3)文书的书写或处理者是官府的文书工作者。二是文书工作者需定期立卷归档。对于"立卷归档"这一要素,民国学者已有共识,傅振伦就言:"收到之公文,正在处理,尚未完结而未归档者,为公文。及办案结束归档储存者,方可称为档案也。"① 何鲁成认为,档案是已经办妥归档的机关文件及附件。② 由此可见,档案是文书,但文书却不一定是档案。进一步讲,那些形成于民间且没有上报官府的文书,不能称之为档案。同理,现在有些民间文书,如清水江文书,虽被档案馆、博物馆等公藏机构立卷保存,但因其不具备第一个要素,仍然不能被称为档案。

就山东曲阜孔府所藏相关历史资料,赵世瑜老师认为孔府扮演的角色既有官府的性质,也有私人大家族的身份,所以孔府留下的东西不都是官文书,称其为"孔府文献"比孔府档案更好。③ 其实孔府并非一般意义上的私人大家族,其建筑严格遵守了明代百官宅第营造制度,内部所设掌书、知印、书写、奏差是有品级的专门的文书工作人员,而且孔府也会对这些文书按"天地玄黄宇宙洪荒"八字定期立卷归档,④所以称"孔府档案"是妥当的。

(二) 地方档案的内涵古今不同

本处所称地方档案,是指国家中央层级之外的档案。"地方""中

---

① 傅振伦:《公文档案管理法》,贵阳:文通书局,1947年,第1—2页。
② 何鲁成编著:《档案管理与整理》,长沙:商务印书馆,1938年,第3页。
③ 赵世瑜:《何为档案与档案何为》,https://www.thepaper.cn/newsDetail_forward_5525033,2020年11月18日访问。
④ 吴佩林:《百年来〈孔府档案〉整理的艰难历程》,《齐鲁学刊》2020年第5期;吴伟伟、吴佩林:《明代孔府的文书执掌人员》,《历史档案》2023年第2期。

央"这一对概念,在国家官署层级的划分中并非中国本土经验,而是清廷在1906—1911年推行官制改革时效法日本、欧美,试图移植西方近代宪制,伴随宪制理论而引入的。在1906年官制改革前,清朝的官制体系以京城为界,分为内官(京官)与外官。对督抚的考核,因其常常兼有都察院、兵部官衔而被列入内官的京察,外官的"大计"考核只将司道府州县官员纳入。这样一来,直省虽管辖府厅州县地方,但直省本身并非地方层级。这与近代西方宪制以地方自治为基础的"地方"并不完全对等,即并非以地方之财做地方之事,选地方之才管地方之人。若照此标准,今天的中国各地,仍非西方政体语义中的"地方"。[①] 这一点在清末的官制改革制定与推行过程中就已被发现,当时人就称"司道以上各官,既与各国情形不同"[②]。

综上所论,清代省一级的档案不能被随意称为地方档案。不过,现存省级及地方层次的府衙、道台衙门档案少之又少,[③]我们能利用的地方档案更多的是州县一级的档案。

二、 清代地方档案的保存情况

清代府县的数量,在不同时期略有变化,大体而言,如表1所示,在1700、1800左右。各府县按清朝管理规定都有自己的行政档案,但存留至今的并不多。国家清史编纂委员会成立以来,对各地档案做了清查

[①] 参见关晓红:《从幕府到职官:清季外官制的转型与困扰》,北京:生活·读书·新知三联书店,2014年,第28—33、147—151、173—176页。

[②] 故宫博物院明清档案部编:《清末筹备立宪档案史料》上册,北京:中华书局,1979年,第503页。

[③] 如段自成、李景文主编:《清代河南巡抚衙门档案》,北京:中国社会科学出版社,2012年。

调研,公布了《全国各省、市、县档案馆、图书馆、博物馆馆藏清代档案要目》①《散失在境外清代档案文献调查报告》②。这些数据有助于我们明了清代地方档案保存的大致情况,但也存在数据不准、信息不全等问题。③ 也正是由于全国没有完整而准确的数据,一些地方在介绍其所藏档案时往往夸大其词,号称历时最长、数量最多、内容最系统,混淆了视听。因此核定现存清代地方档案的具体情况仍是以后要做的一项工作。

表 1　清代地方行政单元统计表

时期	府	直隶州	直隶厅	(散)州	(散)厅	县	合计
康熙	177	—	—	267	—	1261	1705
雍正	167	65	—	149	—	1282	1663
乾隆	187	67	—	154	—	1282	1690
嘉庆	182	67	22	147	74	1293	1785
光绪	185	72	45	145	75	1303	1825

注:此表根据瞿同祖《清代地方政府》(范忠信、晏锋译,北京:法律出版社,2003年,第9页)整理而成。

---

① http://www.qinghistory.cn/searchcontent/search.jsp,2010年6月26日访问。
② http://www.lsdag.com/nets/lsdag/page/article/Article_819_1.shtml?hv=,2020年5月23日访问。
③ 日本大阪经济法科大学伍跃教授就指出,《散失在境外清代档案文献调查报告》至少对日本的调查精度不高:收藏机构只列有国立国会图书馆和东洋文库两家,而且存在著录不具体、内容有遗漏、误将明代和民国时期形成的文献归入等问题。参见伍跃:《日本学界对明清档案的利用与研究》,载吴佩林主编:《地方档案与文献研究》第5辑,北京:国家图书馆出版社,2021年,第80—117页。

表2 目前关注度较高的清代地方档案情况一览表

名称	时间起止	历时时间	规模	档案现保存地
巴县档案	1670—1911（康熙九年）①	242年	114 865卷	四川省档案馆
南部档案	1656—1911（顺治十三年）	256年	18 186卷 84 010件	四川南充市档案馆
会理州档案	1753—1911（乾隆十八年）	159年	566卷	四川会理县档案馆
冕宁县档案	1692—1911（康熙三十一年）②	220年	401卷③	四川冕宁县档案馆
循化厅档案	1648—1911（顺治五年）	264年	约9102卷 70 000余件④	青海省档案馆
获鹿县档案	1706—1911（康熙四十五年）	206年	1909卷	河北省档案馆
淡新档案	1776—1895（乾隆四十一年）	120年	1139案 19 244件	台湾大学图书馆
宝坻档案	1724—1911（雍正二年）	188年	约41 839件（册）	中国历史第一档案馆
紫阳县档案	1829—1911（道光九年）	83年	约300卷	陕西省档案馆
孔府档案	1644—1911（顺治元年）	268年	6538卷	山东曲阜孔子博物馆

① 《巴县档案》的起始时间仍有争议。乾隆二十二年(1757)巴县县衙发生火灾，档案被毁，通常以此为起始时间。参见张仲仁：《一批宝贵的档案"开花结果"了》，《档案工作》1958年第4期；伍仕谦：《关于巴县档案》，《中国史研究动态》1979年第4期。但从四川省档案馆保存的胶片来看，最早的时间是康熙九年(1670)（见《巴县档案》6-1-1，康熙九年正月十二日），有事实为证，本处以此说为准。

② 还有些档案没有标明具体日期，开始的时间有可能早于康熙三十一年(1692)。

③ 据中国政法大学张京凯介绍，在中国政法大学介入整理前，档案顺序已没有按房保存，他们在整理时将同属于一个事件或一个案件的档案进行归类汇总，由此形成"案"。包括现在无法分类的残缺件，涉及9313案，26 766件档案。

④ 李守良：《清代甘肃循化厅档案的保存、整理与研究》，载吴佩林等：《清代地方档案的保存、整理与研究》，北京：中国社会科学出版社，2023年。

上表所列是目前关注度比较高的十种档案,据此可知:(一)就历时时间而言,《孔府档案》保存的起止时间最长,贯穿整个清代;在州县衙门档案中历时最长的是甘肃的《循化厅档案》,而不是我们之前说的四川《南部档案》。(二)就数量而言,《巴县档案》最多,达 114 865 卷,其次是《孔府档案》《南部档案》,分别为 6538 卷、18 186 卷 84 010 件。(三)"件"的数量大多不清楚。保存于公藏机构的档案,由于早期的整理只做到了案卷级,后期也极少有将档案统计到"件"上的,所以,不少档案的具体数量仍是未知数。①

在目前发现的清代州县衙门档案的省份中,四川是一个非常特别的地方,不仅档案保存地区多,如巴县、南部县、冕宁县、会理县,而且各地档案数量也不少,其他省份难以比肩。这可能源于以下因素:(一)战争少。比如抗日战争时期,有的地方为防止战后落入敌方,对档案进行了集中销毁,直接造成了档案的毁灭。而国民政府迁都重庆后,四川处于抗战大后方,日本军队未能大规模进入这一地区,与同时期的其他地区的档案相比,很少遭受兵燹之灾。(二)纸质好。四川盛产夹江纸一类的宣纸,纸质好,少虫蛀,寿命长,为档案的长期保存提供了可能。(三)地理位置偏。四川省位于中国西南腹地,交通不便,开放程度较低,很少像沿海地区那样,出现一些档案散失海外的情况。(四)经济发展较慢,工业化程度较低。这样一来,档案保存的原生态遭受的破坏小。事实上,我们今天看到的一些档案,并不是档案管理部门有意保存下来的,而多是"阴差阳错"的"意外发现"。比如:《会理档案》是 1984 年四五月间会理县人民政府在机关内修建职工宿舍,在拆除旧房的过

---

① 参见吴佩林:《明清地方档案的整理与出版亟待规范》,《光明日报》2020 年 2 月 17 日,第 14 版。

程中,拆房人员在旧县府二堂旁的小四合院的平房望板上发现的;①《巴县档案》是1953年在重庆巴县樵坪乡的一间破旧的关帝庙发现的;《南部档案》是1960年在四川省南部县公安局一间堆放杂物的库房里发现的。

三、 清代地方档案的史料价值

任何一种史料都有其价值,而地方档案又有着与其他史料诸多不同的价值。

首先,它提供了较为系统的新史料。历史研究,首要的,除了史料,还是史料。如果没有新史料的挖掘,历史学这门学科就会成为无源之水、无本之木。新史料是推动学术发展的重要源泉。王国维曾言:"古来新学问起,大都由于新发见。有孔子壁中书出,而后有汉以来古文家之学;有赵宋古器出,而后有宋以来古器物、古文字之学。"②也正是如此,20世纪殷墟甲骨、秦汉简牍、敦煌遗书、明清档册、徽州文书五大发现,催生了享誉世界的甲骨学、简牍学、敦煌学、明清档案学、徽学。

"一时代之学术,必有新材料与新问题。取用此材料,以研求问题,则为此时代学术之新潮流。治学之士,得预于此潮流者,谓之预流(借用佛教初果之名)。其未得预者,谓之未入流。"③清代地方档案,随着20世纪末以来的发现与开放,研究者已意识到,无论是数量还是系统

---

① 参见《会理县档案馆馆藏历史档案情况》,https://www.mala.cn/thread-1805145-1-1.html,2020年5月2日访问。
② 王国维:《最近二三十年中中国新发现之学问》,《学衡》1925年第45期。
③ 陈寅恪:《陈垣敦煌劫余录序》,载氏著:《金明馆丛稿二编》,北京:生活·读书·新知三联书店,2001年,第266页。

性、完整性,总体上要优于出土文献、民间文书,相关研究也被认为是"预流之学问"。

其次,它提供了可信度较高的史料。总体而言,原始档案是"无意"的史料,①其可信度较之正史、族谱、日记一类的文献要高。正史多是政治权力与意识形态的宣示,它不一定是历史事实的真实记录。陈寅恪就曾说过"清代官书未必尽可信赖",因为实录"悉经改易"②,而官书"多所讳饰"③。族谱由于它"攀富""攀贵""隐恶扬善""为亲者讳"的特征,所记往往失于真实。日记的随意性较大,记什么、不记什么常常受制于作者一时的心情或出于给外人看的目的,有些地方会隐晦、回避,④不一定是内心真实的记录。⑤

张伟仁先生认为档案总体而言算得上是可靠的资料,无论是中央档案,还是地方档案,它的目的不是为了留给后人看,被篡改的可能性有,但很小。清朝的官吏任期较短,新任官员上任后通常也不会花时间修改以前的档案。⑥ 基于这种实际情况,档案的价值为其他史料难以比拟。著名历史学家郑天挺就言:"历史档案在史料中不容忽视,应该把它放在研究中的最高地位,就是说,离开了历史档案无法研究历史。""历史档案是原始资料的原始资料,应该占最高地位。"⑦档案学专家韦

---

① 参见马克·布洛赫:《历史学家的技艺》,张和声、程郁译,上海:上海社会科学院出版社,2019年。
② 陈寅恪:《柳如是别传》(下),上海:上海古籍出版社,1980年,第882、891页。
③ 陈寅恪:《顺宗实录与续玄怪录》,载氏著:《金明馆丛稿二编》,上海:上海古籍出版社,1980年,第74页。
④ 参见王东杰:《一个女学生日记中的情感世界(1931—1934)》,《近代中国妇女史研究》2007年第15期。
⑤ 参见鲁迅:《孔另境编〈当代文人尺牍钞〉序》,载氏著:《且介亭杂文二集》,北京:人民文学出版社,2006年,第209、210页。
⑥ 参见张伟仁:《张伟仁先生谈法史研究》,载李贵连主编:《近代法研究》第1辑,北京:北京大学出版社,2007年,第300—309页。
⑦ 郑天挺:《清史研究和档案》,《历史档案》1981年第1期。

庆远也言:"不参考利用明清时期的各类历史档案,而能进行科学的高质量的明清史研究,实在是难以想像的事。"①

再次,它蕴含了丰富的历史细节。罗志田教授曾言:"档案特别是基层档案的运用在近代史研究中就极为不足,造成我们史学言说中乡、镇、县层次的论述迄今非常薄弱。"②言外之意,地方档案在研究地方社会有着特别的功用。因为一般的传世文献对地方社会着墨甚少,无法解决这一问题。而内阁大库档案、方志、碑刻、族谱一类的文献也大体如此。内阁大库档案中奏议、红本等记载的多是朝廷"要事";地方志和碑刻受体例、内容的限制,往往举其大要而简于叙事,缺乏深度的记述致使细里不明,因果不彰;族谱一类的文献通常也不能反映出族际之间及家族以外的社会实际。而地方档案则大不一样,其材料的"翔实性",内容的"丰富性",隐含信息的"无穷性",往往在"山重水复疑无路"时给我们带来"柳暗花明又一村"的转机,其丰富的信息量也会使研究者体会到"横看成岭侧成峰,远近高低各不同"的惬意与魅力。比如一件完整的诉讼档案记录了从开始到结束的整个过程,在这个过程中,我们能看到当事人的年龄、住地、家庭人员、邻居、经济状态、社会组成等众多信息,也能看到县官、衙役、代书、讼师、家族、乡约、保甲等各种力量对此案的态度。不仅如此,由于普通百姓所告大多为琐事,通过档案我们大致能了解乡村社会百姓的日常生活。③

最后,它能解决或回应一系列问题。地方档案的功用,总体而言,如清代史学家章学诚对地方志的评价那样,在于"补史之缺,参史之错,

---

① 韦庆远:《明清史研究与明清档案》,《历史档案》1981 年第 2 期。
② 罗志田:《史料扩充仍值得进一步提倡》,《北京日报》2018 年 9 月 3 日,第 16 版。
③ 参见吴佩林:《利用州县档案拓展法制史研究》,《光明日报》2013 年 6 月 1 日,第 11 版。

详史之略,续史之无"①,只是程度各有不同而已。对于地方档案,其功用还在于:

第一,它是重建地方历史弥足珍贵的史料。史料之"五大发现"说明一个时代有一个时代的学术。同样,一个区域也有一个区域的学术。地方档案记录的主要是一地的衙门体制与各房职掌、经济运营与各种契约规制、军事与驿务管理、朝廷与地方外交、刑民诉讼与地方治理、科举改革与学堂教育、庙宇等公共设施的培修与新建、礼俗教化与地方祭祀等多方面的具体情况。这些是全面了解地方历史的重要资料。②

第二,它不仅能完成对基层社会、下层民众的历史书写,而且还能对应历史上一些重要制度,让我们对相关问题有更深入的认知。比如朝廷对于州县官的任命,籍贯回避是一个重要的制度,但是在明洪武七年(1374)至清乾隆二十一年(1756)期间,山东曲阜推行的却是世职知县制度,它用曲阜本地孔氏后裔"宰此邑"③,即便朝代更迭,仍"世其职守"④。

第三,利用地方档案进行研究,常会遇到一般的传世文献少人问津、典章制度束之高阁、缺少与一些重大命题对话等问题,但也不尽然。比如对《孔府档案》进行研究,"二十五史"是案头必备文献,内容上能

---

① 章学诚:《章学诚遗书》外编,北京:文物出版社,1985 年影印本,第 619 页。
② 参见吴佩林:《地方文献整理与研究的若干问题——以清代地方档案的整理与研究为中心》,《西华师范大学学报》(哲学社会科学版)2011 年第 6 期。
③ 《孔府档案》79,顺治元年十月;《孔府散档》照片第 4、5 袋,中国社会科学院近代史研究所存。
④ 孔继汾:《阙里文献考》卷九《世系考第一之九》,载吴佩林主编:《明清祀孔文献辑刊》第 33 册,扬州:广陵书社,2018 年,第 176 页。曲阜县管理县事东昌府通判加四级孔胤淳在康熙《曲阜县志》"重修曲阜县志后序"中也言:"天下皆越藩而握王符,而曲邑以世职特闻,岂非优重阙里哉。"(明崇祯八年刻清康熙十二年增修本)

与一些国家重大事件、儒学重大问题对话。一些边疆地区的档案,也是与"新清史"对话的重要史料。

第四,它能为当前的国家治理提供历史借鉴。"郡县治则天下治",地方的稳定与发展对整个国家的稳定和社会发展具有重大意义。地方档案中保存有大量的吏治整顿、衙门审判、财政收支、基层治理、家族规范、宗教管理、邮驿建设、边疆治理、疫情处理、宣传教化等方方面面的史料,系统挖掘那些发挥着实际效用的地方治理经验,不仅有助于我们真实而全面地还原历史面貌,而且也能为当下国家治理体系和治理能力现代化建设提供历史借鉴。

四、清代地方档案的研究路径

用档案进行研究,至少有以下三种路径:

(一) 档案保存、流转与整理研究

如前所述,现在留存下来的清代地方档案不多,那些未能保存下来的档案是如何遗失的,现存的档案是如何保存下来的,期间经过哪些流转,后人又是如何归档整理的,等等,这些问题都值得研究。而这些问题往往是一个时代的反映,借此可以管窥一个时代的观念与变迁。刘铮云在史语所成立七十周年之际,就史语所所藏内阁大库档案的整理情况写有专文。该文从内阁大库的流出、档案整理的经过、现阶段的整理、档案的内容等几个方面做了梳理,[①]是可资借鉴的范本。

---

① 参见刘铮云:《旧档案、新材料——"中央研究院"历史语言研究所藏内阁大库档案情况》,载氏著:《档案中的历史:清代政治与社会》,北京:北京师范大学出版社,2017年,第420—441页。

（二）档案文书学研究

对档案展开文书学的研究是我们有效利用档案的前提。每一次文书的新发现，都会引起新一轮文书学的研究，如20世纪20、30年代对内阁大库的文书研究，①80年代以来对清代地方档案的文书研究，都有不少新成果发表。②

目前的相关研究成果侧重于文书机构、文种、程序结构和特定用语，尚未形成体系。如何对地方档案展开深入的文书学研究？日本古文书学的做法值得借鉴。日本学者小岛浩之认为可以从文书书体、文体、授受人和机构、开头语、本文、结束语、署名等方面展开"样式研究"；从文书的物质形态包括纸张、用墨、用笔等方面展开"形态研究"；从文书的完成、传达、受理、管理的过程以及机能、效力等方面去展开"机能研究"。③ 除此

---

① 参见金梁：《内阁大库档案访求记》，《东方杂志》第20卷第4号，1923年；徐中舒：《再述内阁大库档案之由来及其整理》，《"中央研究院"历史语言研究所集刊》第三本第四分，1933年；王梅庄：《整理内阁大库杂乱档案记》，单士元：《清代档案释名发凡》，方甦生：《清代档案分类问题》，单士魁：《清代题本制度考》，均载《文献论丛》（国立北平故宫博物院十一周年纪念），1936年。

② 参见刘文杰：《历史文书用语辞典》（民、清、民国部分），成都：四川人民出版社，1988年；雷荣广、姚乐野：《清代文书纲要》，成都：四川大学出版社，1990年；张我德、杨若荷、裴燕生编著：《清代文书》，北京：中国人民大学出版社，1996年；李荣忠：《四川清代档案工作》，《档案学通讯》1989年第1期；裴燕生：《清代地方衙门的文书立卷方式》，《档案学通讯》2004年第4期；滋贺秀三：《"淡新档案"中的诉讼文书类型》，林乾译，《松辽学刊》2001年第1期；吴佩林、李晋：《清代文书"预印空白"制度考》，《档案学通讯》2014年第3期；唐泽靖彦：《清代的诉状及其制作者》，牛杰译，《北大法律评论》第10卷第1辑，2009年；吴铮强、杜正贞、张凯：《龙泉司法档案晚清诉状格式研究》，《文史》2011年第4期；吴佩林、曹婷：《清代州县衙门的画行制度》，《档案学研究》2017年第5期；吴佩林：《清代中后期州县衙门"叙供"的文书制作》，《历史研究》2017年第5期；吴佩林：《论清代州县衙门诉讼文书的多样性与复杂性——以〈南部档案〉中的"票"为中心》，《北大法律评论》第20卷第1辑，2019年；吴佩林、吴伟伟：《明代孔府档案中的"手本"》，《档案学通讯》2020年第2期。

③ 小岛浩之：《中国古文书学に関する覺書（上）》，《東京経済学部資料室年報》2，2012年3月。

之外,我们还有一个重要的工作要做,即增强"问题意识",从文书形态、运作机制的变迁及文书行移的角度,呈现出政治体制在实际运作过程中的演进,并进一步加深对政治制度和政务运行实态的认识。这样的研究能让"死"的文书制度"活"起来,从而避免落入就文书谈文书的窠臼。总而言之,档案文书的研究还有广阔的开拓空间。

(三) 利用档案开展专题研究

档案内容的丰富性、涉及领域的广泛性决定了档案研究的跨学科性。举凡政治、法律、经济、社会、宗教,都能在档案中找到可研究的素材。研究者要做的就是借由这些史料展开系统、深入、全面的专题研究。至于研究水平的高低,取决于史料与议题的结合程度,[①]更与研究者的功力密不可分,滴水穿石,需要长期积累。已有专题研究成果方面,可供参考的范文有很多,不再一一赘述。

五、 地方档案研究困境的纾解之道

(一) 老老实实蹲档案馆

子曰:"夏礼,吾能言之,杞,不足征也;殷礼,吾能言之,宋,不足征也。文献不足故也。足,则吾能征之矣。"[②]文献是研究的基础,文献不足则难以阐明事理。在我看来,华南学派所倡导的历史人类学,以及大家耳熟能详的"进村找庙、庙中寻碑、碑外访人"的研究方法,除了获得"现场感"外,很大程度上是在弥补文献的不足。而地方档案,虽史料浩

[①] 参见邓小南:《永远的挑战:略谈历史研究中的材料与议题》,载氏著:《朗润学史丛稿》,北京:中华书局,2010年,第506—514页。
[②] 杜道生注译:《论语新注新译·八佾篇第三》,北京:中华书局,2011年,第17页。

繁,但也主题零散,非经一定时日不能理出头绪。因此,利用档案展开的研究,其"田野"的核心在"档案馆",而不是其他。研究者只有老老实实埋首故纸堆,爬梳史料,不断考证、归纳和演绎,假以时日,方能有所获。遗憾的是,现在潜心档案馆的学者并不多。

(二) 注意档案的时空范围

如前所述,基于各种各样的原因,保存下来的地方档案不仅数量少,而且时间分布不均匀,绝大部分档案的保存时间集中在晚清(见表3)。在这种情况下,我们要注意的是,不能将晚清等同于整个清代。不仅如此,一个地区的档案记录的主要还是该地区的情况,"橘生淮南则为橘,生于淮北则为枳",空间变了,看似相同的事物,其背后的机理可能完全不一样,不可简单类比。进而言之,如果档案记录的时间局限在晚清,我们就不能苛求它能解决明代的问题;如果一地的档案记录的是生活琐事,我们也不可苛求它能解决一些重大问题。

表3 清代各朝保存的《南部档案》《巴县档案》数量统计表

档案名称	顺治	康熙	雍正	乾隆	嘉庆	道光	咸丰	同治	光绪	宣统	合计
《南部档案》	1	1	12	71	95	400	308	670	13 033	3479	18 070
《巴县档案》	—	—	—	4070	8930	21 787	10 395	16 980	46 164	4740	113 066

注:《南部档案》的数据依据南充市档案馆第三次档案整理统计得出;《巴县档案》依据四川省档案馆现存纸质目录卷首页"分类索引"统计而成。

(三) 注意案卷内容的完整度

由于当时归档人员的疏忽、后期档案遗失等原因,一个案卷里的档案保存不一定完整,也会出现一个案情归到几个案卷的情况。在这种情况下,我们首先是按逻辑排列出档案顺序,再进行研究。对于不完整的档案,我们在立论时就不能想当然地把它当成全部。譬如,某一卷诉讼档案如果没有堂审记录,我们就不能贸然得出以"批词"完案的结论。不仅如此,有些档案记载的内容前后可能会不一致,比如道光二十一年(1841)巴县发生的"妇人刘彭氏殴伤伊女刘寺(寿)姑身死一案",刘茂芳向巴县县衙的报状称,刘彭氏系因邻里纠纷不顺心,回家后将五岁的女儿寿姑"砍伤头颅毙命"。刑仵验尸和县衙初审也持此论。但县衙门上报府、省级衙门时却将刘寿姑死因写成"被树根尖戳死"。① 所以,仅凭某一部分就断然下结论是很危险的做法。

(四) 注意多种史料的综合利用

我们倡导将档案与其他文献置于同一平台进行交流,立足扎实的文献资料,鼓励跨学科研究,并致力于拓展相关研究领域的科际整合。具体而言,涉及三个层面:一是同一主题,不同史料记载的角度和详细程度不一样;二是同一事件,档案记录的是一套,而其他文献的记录可能是另外一套;三是对某一事件,档案不是什么都有记录(比如诉讼档案只是记录了司法程序中的部分情节,许多隐藏在档案背后的如刑讯逼供、衙役敲诈一类的情况就很难通过档案的记载来获得)。因此,我们强调对地方档案资料的利用,绝不意味着忽略对其他文献的阅读与利用,只有将档案与一般的传世文献,甚至包括族谱、碑刻、文学资料、田野调查资料等结合起来综合考察,才有可能更准确地认识所要研究的对象,得出的结论才有可能更接近历史的真实,而不至于失之偏颇。

---

① 参见《巴县档案》6-8-2026,道光二十一年十月至十一月。

(五) 理性看待档案的虚构问题

档案的可信度高,并不意味着档案不存在虚构。我们更不能因为档案存在虚构就贬低档案的价值,甚至弃而不用。史实有多面,史料有多种,记述不一,均是反映历史真相的一面。即使有心作伪,其有心亦为历史真相。其实,虚构中有大量的"现实"的话语与权力分析可以开展,只要我们处理得当,借此揭示出虚构的社会理由及其背后所蕴含的社会机制,在"不真实"中找到"真实",就能让这些文献获得更深层次意义的"再生"。① 因此,我们在使用档案的时候,要尽量去探究它的形成受什么样的利益驱使,而不是一味执着于档案文献的绝对客观和权威性。② "尽信档不如无档"就是这个道理。在这方面,美国历史学家娜塔莉·泽蒙·戴维斯《档案中的虚构:16世纪法国的赦罪故事及故事的讲述者》一书可资借鉴,她通过重建语境的办法,对16世纪的大量"赦免状"进行批判性分析,从而探寻了彼时法国的世情百态。③

(六) 重史料也要重思想

随着地方档案的不断发现和刊布,以及研究成果的增多,学界对"区域史"与"整体史(总体史)"、"区域史"与"地方史"、"个案"与"共性"、"碎片"与"碎片化"等一系列问题也有一些理论上的反思。针对

---

① 参见张侃:《田野工作、历史文献与史学研究》,《光明日报》2007年8月31日,第9版。
② 访谈陈利(上),https://www.sohu.com/a/242064299_187268,2020年5月30日访问。
③ Natalie Zemon Davis, *Fiction in the Archives: Pardon and Their Tellers in Sixteenth-Century France*, Stanford: Stanford University Press, 1987. 中译本为娜塔莉·泽蒙·戴维斯:《档案中的虚构:16世纪法国的赦罪故事及故事的讲述者》,饶佳荣、陈瑶等译,北京:北京大学出版社,2015年。

目前的困境,有研究者认为围绕长时段、全局性、本质性的问题展开,着眼历史主流,重视规律总结、理论概括和整体史研究是解决之道。① 其实早在十年前,华南学派对此就已有认识。他们强调,区域史研究从一开始就与单纯的地方史研究不同,它所关注的问题不是地方的特色、地方的特殊性,而是在中国历史上乃至人类历史上带有普遍性的、规律性的问题。② 客观而言,这些思考说起来容易,要做到很难。因为档案不是我们想看就能看到的,对某一问题不是我们想解决就能得到解决的,更不用说要去做多地比较、上下贯通、大数据分析、重建中国和人类的历史叙事等一系列的奢望。但无论如何,历史学者要在新的历史背景下借由海量史料筑起新的学术建构,即如何"出思想"。出思想与否,可能会成为新的学术时代衡量史学研究成果优劣高低更重要的尺度。③

结　语

史料之于研究者,犹如食材之于厨师。同样的食材,由于烹饪者技艺的不同,做出来的菜品当然不可能一样。同样,每一种食材,各有其优长,也有其局限,不可能什么菜都可以做得出来。史料亦然。利用清代地方档案成为"预流之学问",是 20 世纪 20 年代以来史料扩充与学

---

① 参见高翔:《推动新时代中国史学繁荣发展》,载周群主编:《清代研究发展与趋势(2019)》,北京:社会科学文献出版社,2019 年,第 1—2 页;杨冬权:《切忌用碎片的史料解构整体的历史》,《历史研究》2019 年第 6 期;马瑞映:《整体性研究:反对后现代主义史学》,《历史研究》2019 年第 6 期。

② 参见史克祖:《追求历史学与其他社会科学的结合——区域社会史研究学者四人谈》,《首都师范大学学报》(社会科学版)1999 年第 6 期。

③ 参见陈春声:《新一代史学家应更关注"出思想"》,《史学月刊》2016 年第 6 期。

术转型使然。① 事实也证明,利用它进行的一系列研究,极大地推动了历史研究的广度和深度,为构建中国特色历史学学科体系、学术体系、话语体系做出了积极的贡献。但同时,我们也要意识到,清代地方档案作为一种史料,无论是概念的内涵与外延、现存数量、史料价值,还是涉及的时间、空间、论域,都有其自身的边界,不要寄希望通过它去解决所有的问题。这也是目前学界特别是法史学界对这一问题展开持续不断讨论的原因所在。② 简而言之,今后的研究,一方面,需注意这一文献在时间、空间、内容完整度等方面的局限性,不可赋予超越其边界的使命;另一方面,需展开扎实的实证研究,充分挖掘它在历史研究中的独特性与重要性,进而发挥它在现代国家治理中的历史借鉴作用。

---

① 参见葛兆光:《预流的学问:重返学术史看陈寅恪的意义》,《文史哲》2015年第5期。
② 参见李启成:《"差等"还是"齐一"——浅谈中国法律史研究资料之价值》,《河南大学学报》(社会科学版)2012年第3期;翟桂范:《法律史资料无价值差等——客观看待地方司法档案》,《中国社会科学报》2012年12月10日,第4版;尤陈俊:《司法档案研究不能以偏概全》,《中国社会科学报》2015年1月19日,第2版;谢晶:《史料中的问题与问题中的史料:法律史研究中司法档案运用方法刍议》,《师大法学》第1辑,2017年;尤陈俊:《批评与正名:司法档案之于中国法律史研究的学术价值》,《四川大学学报》(哲学社会科学版)2020年第1期;孙家红:《略谈地方司法档案与法史研究》,https://kfda.qfnu.edu.cn/info/1139/1298.htm,2020年6月12日访问。

冤案何以产生：清代的司法档案与审转制度

史志强*

雍正末年，湖北麻城县村民涂如松妻子失踪，涂如松被控杀妻，案件审理历时六年，数易判决，两任县官因此去职，前后二十余名官员参与会审。就在涂如松等人的有罪判决已经得到核准，要被执行斩刑的时候，涂妻忽被发现尚在人间，最终涂沉冤昭雪，此间数十名大小官吏生员曾被问罪，督抚也被调回北京述职，在湖北官场演化为一场政治风波，被称为"湖北第一奇案，虽穷乡避壤黄童白叟无不知之"①。

我们不禁要问为什么会发生这种类似"马丁·盖尔归来"的离奇冤案？被建构出来的涂如松杀妻案又是如何通过各级官员复审的？众所周知，清代的刑事案件处理采用逐层审转复核制，②被判处徒、流、死罪的"命盗重案"要经过上级官员的复核才能结案。尤以死刑案件的复核最为复杂，州县作出拟判后要经过从地方到中央的逐层复核，最后还需要皇帝核准。清代严密繁复的司法程序无疑体现了"慎刑"的思想和追

---

* 华东政法大学法律学院特聘副研究员。
① 《朱批奏折》，雍正十三年十月初二日署理湖北巡抚吴应棻奏，档案号：04-01-30-0357-001，中国第一历史档案馆藏。
② 参见郑秦：《清代司法审判制度研究》，长沙：湖南教育出版社，1988年，第149—155页。日本学者将之概括为"必要的复审"，参见滋贺秀三：《清代中国の法と裁判》，東京：創文社，1984年，第23—24页。

求个案正义的理念。①而且这种审转机制实际上对司法文书也有比较严格的控制。尽管清代幕学著作中的相当一部分内容都是关于如何"剪裁"文书、铸成铁案,②但是不少学者已经指出由于这些文件要进入审转体系之中,作为"高度人工制造的产物"的司法文书,如果过度添油加醋很容易被上级驳回,③因此幕友们的"剪裁"更多是使案情与"所欲适用的制定法条文或解释之间,有更多的连接点,是一个将案情格式化的过程"④。

那么在如此严格的程序之下,这一虚构的杀人案件,又为何会在府至刑部的多级复审之下畅通无阻?一方面,由于审转中各级官员产生的司法文书很少保存下来,因而对于文书制作的具体技术及其审转过程的研究仍然付之阙如。⑤而另一方面,清代的冤案又层出不穷,那么复杂精致的审转体系以及对于司法文书的严格规定究竟实效如何,冤案的产生究竟是由于个别官员的问题还是存在制度上的因素仍然有待进一步探讨。

笔者有幸发现了与涂如松案相关的私人著述、奏折、族谱、方志等多种类型的材料。经过细致的文本分析,比较基层各级官员拟判,我们

---

① 参见徐忠明:《清代司法的理念、制度与冤狱成因》,《中国法律评论》2015年第2期,第100—101页。这一点清人就已经认识到,如清末《考察司法制度报告书》中提道:"我国旧制最繁……原虑案有冤抑,故多设审级以备平反。"(汪庆祺编:《各省审判厅判牍》,李启成点校,北京:北京大学出版社,2007年,第465页。)此外,《清经世文编》等文献中也有很多类似的表述。

② 高浣月:《清代刑名幕友研究》,北京:中国政法大学出版社,2000年,第78—81页。

③ 闫召华:《口供何以中心——"罪从供定"传统及其文化解读》,《法制与社会发展》2011年第5期,第97—110页。

④ 王志强:《清代司法中的法律推理》,载柳立言主编:《中国史新论——法律史分册》,台北:联经出版事业公司,2008年,第292页。

⑤ 目前使用较多的司法档案就是刑科题本和以淡新档案为代表的州县档案。前者作为最终裁决,对于此前审转过程只有非常精简的概括,无从了解审转过程中各级官员的具体审理过程和司法文书;后者基本都是州县自理案件,对审转制度体现较少。我们

可以看到审转过程中各级官员层层相护,被虚构的涂如松杀妻的过程在审转过程中逐步加工、完善,直至天衣无缝。笔者认为这一冤案的发生并非偶然,而与审转体系的制度设计有关,因为司法责任以及上下级官员之间存在共谋,所谓亲提亲讯的逐层递解往往变成流于形式的书面审查。

一、涂如松杀妻案与《自警录》

关于涂如松杀妻案①,笔者有幸在北京大学图书馆发现了汤应求所编《自警录》这一珍贵史料。汤应求在雍正年间曾任麻城县令,后因该案一度被革职判刑。真相大白后,他将审转过程中相关文书汇编成《自警录》一书②,汤在自序中称"辑麻城卷案汇编成帙",希望"公余之暇,时加翻阅"以为"官箴"。然而此书后来流传不广,道光年间汤应求的灵川同乡阳耀祖在桂林"遍求不得",所幸在广东名幕朱枟处找到抄本,于是重新刊刻。笔者所据《自警录》北大藏本即为道光八年(1828)阳耀祖重刻本。根据嘉庆《大清一统志》以及嘉庆《广西通志》中的记载,汤应求所著书为《警心录》,而嘉庆《广西通志》③的艺文志里收录了汤应求所著《警心录》中的两篇序言,经笔者核对,它们与《自警录》中序言基

---

① 关于本案,学界此前多依据袁枚《书麻城狱》一文及方志材料讨论清代的刑讯逼供问题。例如蒋铁初:《中国古代刑讯的目的与代价分析》,《法制与社会发展》2014年第3期,第84页;郑小悠:《清代的案与刑》,太原:山西人民出版社,2019年,第3—28页。
② 道光八年刻本,藏于北京大学图书馆,中国社科院法学所图书馆亦有收藏。笔者曾于香港中文大学主办的第三届中国文化研究青年学者论坛报告本文,承香港中文大学历史系卜永坚教授点评。后卜教授将这一史料转录为文字稿在网络上公开,参见 http://www.history.cuhk.edu.hk/proj/zijinglu.html。
③ 嘉庆《广西通志》卷207,广西师范大学历史系中国历史文献研究室点校,南宁:广西人民出版社,1998年,第5455—5457页。

本一致,可能是在文献传抄过程中出现了鲁鱼亥豕之误。当然这里需要指出的就是《自警录》为档案文书的汇编整理,不能等同于档案本身。所幸笔者又从第一历史档案馆所藏雍正乾隆朝奏折中找到本案相关材料十余件,均为案件后期的官方文书,信息详实,与《自警录》中所收文书可以互相印证,可见《自警录》较为可靠。

关于本案,清代著名文人袁枚曾著有《书麻城狱》。该文先是作为文学作品被多部清代文集收录,流传颇广,后来也被清人胡文炳所辑案例汇编《折狱龟鉴补》①收录,进入司法知识体系之中。那么袁枚是如何获知本案,又与本案有何联系呢?《自警录》一书收录了最终发现涂如松妻子藏身之处并为汤应求等人昭雪沉冤的新任麻城县令陈鼎所撰的序言。陈鼎是浙江海宁人,该书由海宁乡贤也是陈鼎岳父祝宏作序。《海昌祝氏重修宗谱》中收录了祝宏宗族中另一位族人祝德麟写给袁枚

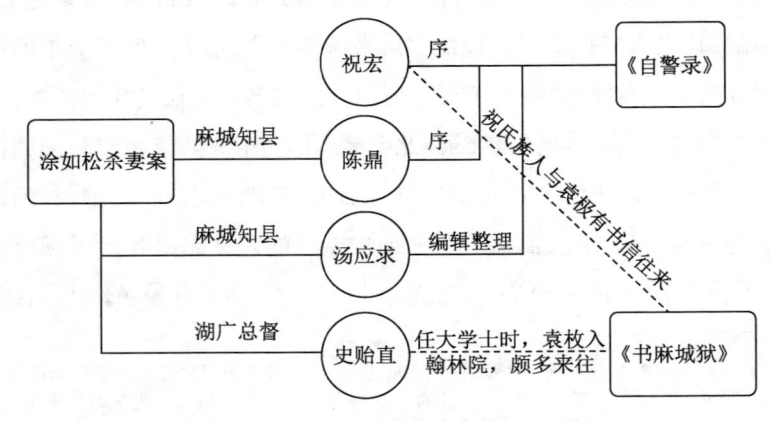

图1 《书麻城狱》与《自警录》形成过程

---

① 参见胡文炳编:《〈折狱龟鉴补〉译注》,陈重业等译注,北京:北京大学出版社,第299—304页。

的信件,①或许陈鼎和祝宏是袁枚写作《书麻城狱》的消息来源之一。本案最终真相大白时,任湖广总督的史贻直也与袁枚交好,袁枚中进士入翰林院后,时任大学士的史贻直是他的老师,二人颇多来往,袁枚也可能是从史贻直处听说此案的。

二、第一奇案:涂如松杀妻案的前前后后

本案发生于湖北麻城县,②雍正八年(1730),涂如松夫妇新婚已一年有余。正月十三日妻子涂杨氏回娘家省亲,二十四日兄长杨五荣送其回涂家。当日夜间,涂如松声称杨氏失踪,邀集邻居到处找寻,半夜还去杨五荣家询问。如松连续找了几天,一无所获。正月二十九日如松报官悬赏查找。杨五荣则控告涂如松杀害了自己的妹妹。由于没有找到杨氏尸体,加之涂如松之母频繁上诉,所以涂如松终被释放。不久之后,县令杨思溥因此案迁延日久被参去职。雍正八年(1730)十月十七日,试用知县汤应求至麻城县履任,他认为此事是生员杨同范唆使杨五荣诬告。为了找到杨氏,汤应求开出高价悬赏。

雍正九年(1731)五月二十四日,麻城县亭川乡沙井区保正刘兆唐报告昨日牌头赵巨年说赵家河沙滩流浪狗扒出仰面尸体,"周身并无皮

---

① 参见祝志琦、祝赐埕等重辑:《海昌祝氏重修宗谱》卷14,光绪七年海宁祝氏清淑堂刊本,东洋文库藏,第61—62页。
② 关于麻城县的历史,参见罗威廉:《红雨:一个中国县域七个世纪的暴力史》,李里峰等译,北京:中国人民大学出版社,2014年。据民国《麻城县志前编》卷1《疆域》,这里地处湖北东部山区,清代属湖北省武汉黄德道黄州府,境内山峦起伏,土匪依险盘踞,此地风俗"尚气、好斗、健讼,惑风水,溺佛老,崇淫祀"。清代地方府州县根据冲繁疲难四个标准划分官缺的紧要与否,麻城县为繁难。参见《清史稿》卷67《地理十四》,北京:中华书局,1976年,第2174页。

肉,止有一手背尚有皮包骨,腰上有朽烂两点白布"。但是汤应求因为狂风大雨,没有及时带领仵作验明,二十七日才到沙滩查验。汤应求在查验后的通详中对尸体的描述却成了"周身并无皮肉,止有破烂布衫一件,破蓝白布里夹袄一件,蓝面白里夹被一床",关于尸体的描述有所变化,①而且汤应求去验尸也延迟了两天。② 随后杨五荣借尸上控,认为这是杨氏的尸体。对此黄州府批示应按照《洗冤录》通过滴骨的方法确定是否是杨氏的骸骨。而汤应求随后上文表示仵作、甲邻都承认尸体还有发辫应当是男尸,为了让杨五荣心服口服,汤应求也请求黄州府同意开棺将尸骨和涂杨氏之母进行滴血验亲。③ 黄州府进一步向臬司提出既然杨五荣不服汤应求的检验,建议另外委员进行滴血验亲。不久汤应求就因未能按期审结去职。九月间,巡抚否决了滴血验亲的办法,还批示广济知县高人杰和麻城知县一同检验,确定是否男女,如果不是女尸,则追究杨氏下落,"如系杨氏尸骸,即令广济县带回各犯,究明致死实情,按拟招解"④。

十月二十四日,广济知县高人杰没有等新任麻城知县李作室就直接前往检验,最终结论是女尸。随后天平就倒向了杨五荣的一侧,高人杰、李作室先是通禀了检验结论,随后他们作出拟判认为涂如松杀妻埋尸,前任县令汤应求疏于检验。对于此拟判,护理黄州府的蕲州知州蒋嘉年指出疑点颇多,先后驳回四次。在督抚的指示下,蒋嘉年重新检

---

① 关于通详与保正的通报有所不符的情况,汤应求解释说是他去检验时已是如此,他只是如实上报。但是他也承认未在通详中声明自己检验的结果和保正报告有所不同是自己的疏忽之处。
② 清人就指出及时勘验的重要性。"每见州县等官初入仕途,不谙检验之法,遇有人命,不即往验……以致伤仵参差,案情混淆,详驳覆验,罪有出入,官被参揭,莫不因此而起。"参见田文镜:《钦颁州县事宜》,同治戊首夏江苏书局重刊本,第15—16页。
③ 参见《自警录》卷1,第9—12页。
④ 同上书,第16页。

验,推翻了高、李的结论,依旧认定为男尸。随后黄冈县知县畅于熊、蕲水县知县汪歙被指派负责此案,二人指出汤应求没有分辨骸骨性别,而且"改换报呈",应该去职。几方各执己见,争论不休之际,雍正十二年(1734)五月二十三日,放置于赵家河边的原检尸棺被洪水冲失无踪,仅存骸骨八块,以致无从比验。畅、汪一方面指出汤应求对于尸检报告有改换之处,另一方面也认为案情颇多可疑之处。此时皇帝有旨:"汤应求着革去职衔,其玩视人命等情,该督究审定拟具奏。"畅于熊、汪歙二人因为参革了汤应求,不便继续审问,于是咸宁知县邹允焕与黄陂知县黄奭中受命负责此案。雍正十二年(1734)十月,邹、黄作出拟判认定涂如松杀妻。同年十二月,此案审转至署理巡抚杨馝处,最终上奏皇帝。

新任麻城县令陈鼎在雍正十二年(1734)四月到任。陈鼎到任后求雨不得,有人告诉他是县内有冤情所致,于是陈鼎开始派人密访。雍正十三年(1735)七月初七日,皇帝下谕旨将一直在幕后为涂如松筹划布局的蔡灿着即处斩,汤应求、涂如松等拟绞监候并秋后处决。命悬一线之际,陈鼎在杨五荣家找到了杨氏。杨氏供称雍正八年(1730)正月二十四日,他与涂如松争吵后就去寻找与自己有奸情的冯大。杨五荣寻访无踪就误以为涂杨氏被杀,所以指控涂如松。杨五荣后来知道真相,但因为已经指控了谋杀不好撤回,就将涂杨氏送到堂兄杨同范那里。雍正十二年(1734)七月杨同范之妻刘氏听说此案已经完结就将她送回杨五荣家。

此后,由于牵涉到案件此前的审转过程,湖广总督臣迈柱对这一结果无法接受,百般掩饰,与履新不久的湖北巡抚吴应棻发生冲突。直至乾隆帝下令二人去职回京,派史贻直处理此案,才最终水落石出。

三、虚实之间：司法过程中的文本技艺

涂杨氏依然健在，被罗织的冤案却历经五任官员审理，最终审转至刑部并上报皇帝得以批准。那么如此繁复的审转程序下，为什么对涂如松杀妻的指控能够畅通无阻，还得到了皇帝的许可？让我们来看涂如松杀妻的这一叙述是如何被罗织和构建的。由于案情复杂，为了便于比较，笔者将文书的内容按照时间顺序分为案发—埋尸—事后三个部分。这里需要说明的是，除了正式的拟判之外，笔者将州县官勘察命案的通详也加入了比较。清代的命盗案件，州县官在勘验后需要报告上司衙门，先进行通禀，再进行通详。① 通禀的内容较为简单，通详则较为详细，包括具体的勘验结果以及讯供内容。② 尽管不是拟判，但是通详在清代刑事司法实践中仍然有重要意义。清人已经指出"验报命案，例重初详"③，命案的首次通详往往决定了案件之后的走向。乾隆年间河南巡抚雅尔图就曾经指出实践中经常出现"全凭事主呈报"而具详的情况，如此一来，罪犯到案后，州县官会"拘泥前报，逼取供招，承审者以为供与案符，自然情真罪当"，岂料"原报"并非确实，审拟自然也就谬之千里。④ 由此也可见通详往往就影响了案件的走向。因此，此处通详虽

---

① 通详是清代的一种公文体例，低级衙门所申报的事与几个上级衙门有关，要把同一内容同时向有关各衙门用详文申报，但不能越过直接上级。参见张我德等编著：《清代文书》，北京：中国人民大学出版社，1996 年，第 143 页。

② 参见那思陆：《清代州县衙门审判制度》，北京：中国政法大学出版社，2006 年，第 81—84 页。

③ 《清高宗实录》卷 550，乾隆二十二年十一月壬寅。

④ 雅尔图：《为通饬详慎盗案以免冤纵事》，《檄示》卷 1，乾隆六年刊雅公心政录本，载杨一凡、刘笃才主编：《中国古代地方法律文献》乙编第 11 册，北京：世界图书出版公司，2009 年，第 55 页。

非正式的判决,却也是审转过程中值得重视与分析的一个环节。

首先是案发部分,初次会审的广济县令高人杰和新任麻城县令李作室调查审理后先是将此案梗概通详上级。通详中他们指出:

> 雍正八年正月二十四日,(涂杨氏)自母家拜节而归,其姑①许氏责其违限归迟,杨氏即回言唐突,如松怒其不逊,因而相殴,将纺线车打伤杨氏小腹,适中胎孕,旋即殒命。②

而随后在雍正十年(1732)七月作出的拟判中,高、李二人写道:

> 雍正八年正月十二日,回母家拜节,因值雨阻,至本月二十四日氏兄杨五荣伴送而归。是日如松外出,其姑许氏责其违限归迟,杨氏辄回言抵触。如松至晚归家,许氏告知其情。如松向氏规责,许氏又争嚷骂詈,如松将右手批其左颊,即将纺线车举手向前殴打。如松夺取回击,致伤杨氏不致命右后肋。氏又回身扭结,如松忿激将氏推开,随取纺线车打去,适中杨氏致命小腹,因有四月身孕被殴伤胎,旋即殒命。时方昏夜,其邻人皆不知殴毙之情。③

比较高、李二人的通详与拟判,首先出现的变化是关于杨氏晚归的说明,拟判中"因值雨阻"一语使得杨氏归迟也有了正当化的理由,更显杨氏无辜。其次,对于双方互相殴打过程的描述,在通详中概述为"如松怒其不逊,因而相殴"。而在正式的审拟中杀人过程已经得到了非常

---

① 古时妻称夫的母亲为姑。——笔者注
② 《自警录》卷1,第19页。
③ 同上书,第22页。

详细的描述,包括争吵的过程、打伤的部位和致命的理由。此外,前任主审麻城县令汤应求曾经质疑两点:第一,"如松所居之地比邻数十户,非深山独居可比,若欲匿尸岂无人见";第二,"且许氏青年守志,止此一子,其视媳不啻亲生,子即凶横,伊母岂肯坐视不救"。① 高人杰等也在文书中为此做了辩护,他们指出时值晚上,邻居都不知道这一情况。而涂如松正巧打中怀孕的杨氏小腹,也解释了为何夫妻争执会升级为杀人事件,强调了其中的偶然因素。

而后来负责此案的咸宁县令邹允焕和黄陂县令黄奭中二人所拟判决最终审转至皇帝,这一拟判中又增加了大量细节。我们先看邹、黄二人审拟中对于案发之前的描述:

> 有县民杨五荣之妹杨氏先适王廷亮之子,尚未成婚,前夫忽故,转嫁涂如松为妻。于雍正八年正月十三日杨氏归宁拜节。延至二十四日五荣送妹至于中途,因妹足痛难行,即于伊戚李明机借驴乘骑,至早饭后始行送归。时如松外出,松母许氏卧病在床,于五荣归后斥责杨氏归迟,杨氏回言不逊。及如松晚归,许氏告知不逊情由。②

这里最重要的是"时如松外出,松母许氏卧病在床"。此前的审拟中一直没有明言五荣到底有没有将妹妹送到如松家里。如果杨氏没有回家,而是路上被人拐逃,那么如松杀妻也就成了无稽之谈。而在涂如松最早的诉状中,也有说明虽然杨五荣口称送妹子来家,但是涂母许氏

---

① 《自警录》卷1,第2页。
② 同上书,第25—26页。

并未见到杨氏。① 后来诉讼中当时护理黄州府事的蒋嘉年也曾指出,关于杨氏是否曾经到家,涂如松几次说法不一,"其情弊早已欲盖弥彰"②。最终在邹允焕等人的判拟中,明确了杨氏已经回家这一事实,当时涂如松母亲在家可为见证,对涂如松诉状以及蒋嘉年的质疑也算是一个回应。此外,一开始还介绍了"涂杨氏先适王廷亮之子,尚未成婚前夫忽故,转嫁涂如松为妻"。此前的判决中也未曾提到这点,这里写出来使得整个案卷的内容更加丰富,让人感觉他们的审理比以往更加认真细致。此前判决中虽然提到归迟的理由是因值雨阻,却语焉不详。邹、黄则指出因为足痛难行而归迟,并非前文所称的下雨,出现以上改变的原因我们无从知晓。不过此前的审拟只是呈报给护理府事的蒋嘉年,而此次蒋已经不再护理府事,所以这种改动自然也就无人可知了。但是效果是一样的,就是合理化涂杨氏的归迟行为,使其在情理上占据优势。此前只是说杨氏回来后许氏"责其违限归迟",这里又增加"许氏卧病在床",面对卧病在床的婆婆,涂杨氏的出言不逊似乎更加难以容忍。

邹、黄的拟判顺利进入了审转程序,其中府和臬司并无异议,最后经由巡抚杨馝具题。巡抚的题本中,对案发过程描述如下:

> 蔡灿惯行包讼,有县民涂如松之妻杨氏于雍正八年正月十二日归宁拜节。延至二十四日氏兄杨五荣始送妹归家。涂如松之母许氏患病在床,责其归迟,杨氏回言不逊。③

---

① 涂如松的诉状并未得见,但在高人杰等人发给上级的详文中有引述。参见《自警录》卷1,第19页。
② 《自警录》卷1,第31页。
③ 《自警录》卷3,第40页。当时署理湖北巡抚的应为杨馝,书中错写为杨必番。

刑部主要负责案件的法律审而非事实审，可能是由于题本有一定的格式，所以杨秘的题本语言更为简练，内容也省略很多。例如杨氏回家归迟的原因从最初的下雨演变为足痛，题本中则省略了这一部分。杨氏回家时涂如松在外这一信息本来都有所强调，到题本中则用"如松晚归"来交代，简明扼要，省了很多无谓的笔墨。清代的官箴书中就指出："多一情节，则多一疑窦，多一人证，则多一拖累。"① 刑部既然只是书面审，那么省略细节自然就少了可以指摘之处。尽管省略了很多情节，但题本中仍然有所侧重，涂如松之母卧病在床这一点仍然保留，这也可以解释夫妻打架的原因以及为何母亲没有阻拦。由于蔡灿被定为主谋，最后比照"光棍为首"例判处斩立决，涂如松也才是绞监候，所以巡抚的题本中首先就塑造了"蔡灿惯行包讼"的形象。生员唆讼是古代社会所严格禁止的。宋朝就出台了"告不干己事法"来抑制生员等人的助讼活动，这一规定又被明清所沿袭。② 因此巡抚的题本尽管言简意赅，但还是先铺陈了蔡灿的形象。

接下来我们看杀人的过程。首先是邹、黄的判拟中：

> 许氏告知不逊情由，如松进房向杨氏训斥。杨氏不服，执持纺线车之木心向打。如松夺过车心，杨氏转身走避，如松即将车心殴其右后肋。杨氏哭骂，复转夺车心。如松又用车心一戳，伤及杨氏小腹，杨氏原有四月身孕，被殴伤胎，当即倒地，移时殒命。如松惧罪，往唤族叔涂方木到家商议。③

---

① 汪辉祖：《佐治药言》，知不足斋丛书本，第9页。
② 参见霍存福：《宋明清"告不干己事法"及其对生员助讼的影响》，《华东政法大学学报》2008年第1期。
③ 《自警录》卷3，第26页。

与此前的杀人过程相比,这次虽然篇幅增加有限,但是却有了更加细致合理的书写。最重要的变化是凶器不再是纺线车,而变成了纺线车的木心。此前凶器被认为是纺线车,实际上纺线车体积巨大,对于孕妇杨氏来说,举起来很困难。而新的审拟改为纺线车的木心就合理很多。① 涂氏夫妻打斗之处的叙述,此前是"许氏告知其情",现在变成"许氏告知不逊情由",首先给杨氏之前的行为染上了负面色彩。打斗过程也更加曲折、细节化。另外删去了致命、不致命之类的主观说法,这一做法在后来巡抚的题本中得以沿用。邹、黄二人去掉了"时方昏夜,其邻人皆不知殴毙之情"这一句。蒋嘉年已经离任,对蒋质疑的回应也就可有可无了。

而巡抚的题本中则写道:

> 如松晚归训戒,杨氏不服,辄持旧纺线车心殴打,如松夺过车心,赶殴杨氏右后肋,杨氏转身抓夺车心,涂如松又用车心一戳,伤及杨氏小肚,杨氏被殴伤胎,移时殒命。②

题本尽管文字简略,但对于杀人过程着墨颇多,有详有略,提到了杀人工具是纺线车心,受伤部位是右后肋,致死原因是伤及小肚伤胎。题本中先是强调了"旧"纺线车,说明这个设备是涂家原有的,放之有年,杨氏顺手拿起,较为自然。另外没有再强调是"木心"而是直接说纺线车心,当时的纺线车皆为木制,不需特别说明材质。其次是说如松"赶殴"杨氏,增加了一个"赶"字,充分说明涂如松的主观犯意。而且

---

① 中国古代纺线车有多种,最小的纺线车体积也比较大,很难举起打人。参见陈维稷主编:《中国纺织科学技术史(古代部分)》,北京:科学出版社,1984年,第174—186页。
② 《自警录》卷3,第40页。

既然是"赶",说明是一个如松追逐杨氏的过程,邹、黄拟判中提到的"杨氏转身走避"一句已经是不言自明。

然后就是埋尸的过程,高、李的详文中颇为简略,本文的分析从高、李二人的初次审拟开始,据载:

> 如松即商之族叔涂方,即为设谋,邀集蔡秉乾、蔡三、蔡五,如松又自邀李四至家,各许给稻谷钱文,将尸抬至门首三升田菜园内,私自埋藏。方木又主令如松捏称杨氏不见,邀约邻人戴九思、涂大美、涂新,是夜寻至杨五荣家,云氏不知所往。五荣闻信随至如松家并各处寻觅不获。①

与详文相比,这里已经提到了协助埋尸和寻找的各个人名,还提到了"许给稻谷钱文",首次的埋尸地点也确定为"门首三升田菜园内"。这次拟判进入审转程序之后,在当时护理黄州府事的蒋嘉年亲自讯问之下,许多案犯纷纷翻供。而且蒋指出本案此前构建的犯罪情节中不合逻辑之处。首先,"蔡秉乾称伊年老眼瞎,蔡三供伊脚素跛,昏夜之际何能抬尸"。其次,杀人之后涂如松央求近邻一同去杨五荣家寻人,这些近邻族人一定知道杨氏已死,既然如此,抬尸掩埋的时候为什么不找他们,反而"央痛痒无关远隔之异姓蔡秉乾等四人扛埋"。再次,蔡三、蔡五和涂如松等所交不深,为什么会答应抬尸,如果是为了钱,但是所得又很有限。② 面对这样的质疑,高、李表示"遵照指驳之处,提集各犯证再加逐一研究",后来他们指出"秉乾、蔡三虽一盲一跛,原非笃疾,当

---

① 《自警录》卷1,第22—23页。
② 参见《护理黄州府蕲州知府蒋嘉年初次驳牌》《护理黄州府蒋嘉年二次驳牌》《护理黄州府蒋嘉年三次驳牌》《护理黄州府蒋嘉年四次驳牌》,载《自警录》卷1,第29—34页。

其抬尸之时,其目尚明,其足能步"。而在邹允焕他们的判决中,埋尸的过程则变成:

> 如松惧罪,往唤族叔涂方木到家商议。方木为之设策,教令将尸抬埋藏匿,假意至五荣家寻人,为图赖地步。如松遂将尸用篾折包缚,方木往唤蔡三、蔡五、蔡秉乾,如松往唤李四至家,浼其抬尸,许以钱谷,俱各允从。蔡秉乾因眼力不济,荷锄同蔡五先往刨土。蔡三、李四用松木抬尸出门,行不多远,撞着赵当儿,询问所抬何物,方木答系木料。讵蔡三足跛失跌,方木为其接抬,前至赵家河沙滩掩埋而归。如松先于抬尸之后假言杨氏走失,邀同邻人戴九思、涂大美、涂新等乘夜赶至五荣家寻觅,如松称被伊母打骂而出,五荣亦即出如松家前后遍寻不获。①

延续高、李通详中所指出的问题,邹允焕等人做了详细的说明。蔡秉乾因为视力不好,只是荷锄刨土,而跛脚的蔡三还跌了一跤。与此前相比,涂方木给如松出谋划策更加具体,整个过程都是出于方木的授意。而且首次埋尸的地点也从如松家"门首三升菜园"而变成发现尸体的赵家河滩。这无疑也是因为蒋嘉年曾经质疑涂如松等人为什么当初只埋到了自己家附近。

再就是赵当儿作证问题。高、李的通详中提道:

> 岂期有赵碧山之子名当儿者,于二十四日夜撞遇如松请人扛尸,窥知其情节,送信与五荣。五荣情关骨肉,一闻此信,于二月初

---

① 《自警录》卷3,第26页。

一日即扭当儿送官。而如松叔侄奸计百端,又买贿赵碧山,嘱令伊子改供,反噬五荣等贿嘱并令豪强挟制碧山。①

他们的拟判中则写道:

> 有赵当儿于二十四日夜曾路遇秉乾等抬尸经过,如松许以钱文嘱令勿泄,当儿索钱一千文,如松不与。赵当儿遂将打死抬埋情由告知杨五荣并五荣之堂叔生员杨同范,同居之妻父告给武生刘存鲁并五荣之堂叔杨在佑等。因当儿不知埋藏处所,正在究问。而如松恐事败露,急图掩饰,即赴县具禀求查。又听信涂方木主唆,于词内捏称"杨五荣止到堂屋内,口称送妹来家,蚁母未见媳妇进来"等语,并欲逃走之咎亦诿卸于母家,而自立身于无过之地。②

判决中称赵当儿曾经有勒索涂如松的情节,这样此后当儿因为金钱更改口供似乎也顺理成章。这里一并提到了随后联名上控的杨同范、刘存鲁等人,更显此后的上控并非串联的结果。

而在邹、黄的判词中:

> 如松遂将尸用篾折包缚……蔡三、李四用松木抬尸出门,行不多远,撞着赵当儿,询问所抬何物,答系木料……次日,赵当儿知为打死抬埋,往向如松查问。如松许钱不给。赵当儿即于二十八日向黄孔文说知。黄孔文引送赵当儿往向杨同范、邹存鲁等告称:杨

---

① 《自警录》卷1,第19页。
② 同上书,第23页。

氏系如松打死,蔡秉乾等扛抬,情愿作证。①

这里又增加了黄孔文一人。赵当儿先是告知黄孔文,由黄孔文引送至杨同范处。赵当儿与杨同范并不熟悉,很难想象作为小混混的赵当儿出于义愤跑去告知杨同范真相。而黄孔文这人很有可能与双方都比较熟悉,较之此前赵当儿直接告知杨同范,新的判词更加合情合理。通详中说是杨五荣将赵当儿送官,邹、黄的判词中则写明是情愿作证,这也是为了上下文一致。邹、黄增加了如松"将尸用篾折包缚"这一句,正好与之后赵当儿"询问所抬何物,答系木料"这一描述相对应。而在此前高、李的拟判中赵当儿是直接遇见了"抬尸"。各自的判拟自成一体。

巡抚杨鉽的题本中则是:

涂如松惧罪,听伊族叔涂方木主持,唤令蔡三、蔡五、蔡秉乾、李四将尸抬埋藏匿。途遇赵当儿,询问所抬何物,涂方木答系木料。抬至赵家河沙滩掩埋而归。涂如松诡至杨五荣家寻觅杨氏,杨五荣亦同至涂如松家,前后遍寻无迹。次日赵当儿以打死杨氏抬埋往问涂如松。如松许钱未给,赵当儿随向杨同范、刘存鲁等称系涂如松打死,情愿作证。当经杨五荣控县,涂如松亦央朱公文作词具禀,涂方木又令其托生员蔡灿照料,并许银二十两。蔡灿应允,嘱令赵当儿之父赵碧山教子捏供为杨同范等买嘱出证,有杨五荣之邻右喻其远等为其不平,具呈辩白。②

---

① 《自警录》卷3,第26页。
② 同上书,第40页。

比较这部分内容，主要是巡抚利用刑部只是书面审的特点，去掉了可能会带来麻烦的具体描述，以免显得枝蔓或者被指摘。比如删去了关于蔡秉乾、蔡三身体状况的描述，还有"如松诡言跳塘，车干塘水，又无踪迹"等细节。

最后，三个版本的判决书写风格有很大不同。在巡抚的题本中，提到人名不再使用简称，而是全部使用全称。此前审拟中提到涂如松均为如松，而杨甑的判决中则始终称呼为涂如松，并未省略姓氏。相对于高、李所做的第一次审拟中的"回母家""回言抵触""旋即"，邹、黄在判决中将之替换为"归宁""回言不逊""移时"等更为文雅的词，这些替换在题本中继续保留。此外，题本中的指代也更为明确，高、李常用的"其姑许氏"，邹、黄改为"松母许氏"，题本干脆写成了"涂如松之母"。这些都说明文本书写渐趋正式。

四、琉璃屏碎：司法责任问题

本案有两个值得注意的问题：一是冤案的始作俑者——首先捏造出涂如松杀妻的县官高人杰、李作室在初审拟判被黄州府四次驳回后，四次坚持己见，那么高、李为何不在首次驳回后就推倒重来采纳汤应求的结论，而是仍然坚持己见，将涂如松杀妻的过程修饰得更加妥帖？二是本案疑窦众多，为什么黄州府乃至湖北省却始终是委员会审而没有亲自审问，尤其是黄州府四次"提犯亲讯"四次驳回高、李的审拟却没有直接改判，而涂如松杀妻的过程正是在几次委员重审的过程中被逐渐建构、修饰、完善的。

笔者以为这两个问题都与清代的司法责任制度有关。清代各级官员的司法责任涵盖勘验、侦讯、审理、执行等司法程序中的各个阶段,官员的行为受到全面的规定和限制,一有任何过失即会受到惩处。所以汪辉祖说县官们"动辄得咎","自朝至暮"无事"不担处分",官位"如琉璃屏,触手便碎"。高、李在初审被驳之后坚持己见,不断完善涂如松杀妻的结论,主要就是为了规避司法责任。《大清律例》"官司出入人罪"条规定,"凡官司故出入人罪,全出全入者,以全罪论"。因此高、李的初审判决如果被推翻,那么他们面临的将是严厉的制裁。难怪他们收到四次驳牌,仍然坚持己见。正是由于这种法官责任制度的存在,所以州县官的判决一旦作出再被上司驳回的时候,为了避免仕途受到影响乃至受到刑罚,州县官就有动机继续坚持乃至修饰完善自己的结论,而不是根本性地检讨此前的判决。清代名宦凌燽在就任江西期间对这一问题也有深入的分析:

> 近阅各属招解一切狱情率多疏略任意,虽以出入生死之重,不难指虚作实饰有为无,明明情理难凭而曲为文致,明明供情足据而漫不推求,使曲直淆于两歧,是非介于疑似。反复批阅,□无以定,不得不逐为指驳。而玩易纵事者,方且始终回护,如宜春袁诗一之案、弋阳傅教化之案,尤其明征,其他固执不回,屡驳屡更,愈展愈伪,更难悉举。俱现在委员另审,果有不符,势难曲庇。①

正如凌燽所指出的一样,基层官员为了掩盖自己在审判处理以及文书制作上的疏漏,当上司有批驳时,就"固执不回,屡驳屡更,愈展愈伪"。所以他要求基层官员一定要求真务实,"不得回护初招,亦不得游

---

① 凌燽:《详鞫案情以重刑谳通檄》,《西江视臬纪事》卷3,乾隆八年剑山书屋刻本,第17页。

移迁就"。如果不在程序、动机等方面厘清司法责任的限度,那么恐怕很难从根本上改变这一现象。

正是为了规避审转过程中的责任,上级官员对于疑难案件经常避免亲自审讯,而是往往委派下级官员会审,推卸责任。本案前后几任麻城知县都因本案去职,上级官员始终遥控指挥,一直避免亲自审讯,而是指派其他知县来审理此案。《清朝通典》中就有记载:"外省督抚每遇应行审拟之案,动辄委员查讯,最为恶习。"① 还有一种情况就是上控案件往往批交原审官员。乾隆帝曾在上谕中指出:"近年来民闲词讼经州县审断复赴上司衙门控告者,该督抚司道往往仍批交原审之府州县审办,在该府州县心存回护断不肯自翻前案。"② 在《刑案汇览》中,也不难找到这样的例子。③ 针对这一问题,嘉庆年间,《吏部处分则例》根据皇帝谕旨特地新增"人命重案知府早为亲讯"一条。④

传统中国经常会运用连坐这样的共同责任制度来治理国家,强化统治。在司法体系中也是如此,清代在推行逐层审转时,对于官员的问责也有着类似于连坐的处罚。⑤ 审转链条上的各级官员,一旦出现错案,都须承担责任。州县官在审理案件时,如果"漏取紧要口供""刑逼妄供""失入失出",审转的上司没有及时察觉驳回,那么也会因此负连带责任。正是因为这种连带责任的存在,当已经审转的案件出现问题的时候,就会产生官官相隐的情况,官员为了保住官位,为自己之前的判断辩护。这也

---

① 《清朝通典》卷 85,北京:商务印书馆,1935 年,第 2692 页。
② 同上书,第 2653 页。
③ 参见祝庆祺等编:《上司并未亲提应即随案附参》,《刑案汇览》,北京:法律出版社,2007 年,第 2340 页。
④ 参见光绪《钦定吏部处分则例》卷 47。
⑤ 参见光绪《钦定吏部处分则例》卷 48。Geoffey MacCormark, *Traditional Chinese Penal Law*, Edinburgh: Edinburgh University Press, 1990, p. 91.

是为何本案后半期矛盾的焦点反而是汤应求、高人杰之争,而身为湖广总督的迈柱也一再坚持高人杰等人的判断没有错误。举例来说陈鼎通报抓获杨氏之后,总督批"虽据麻邑详报拿获杨氏,真伪未确",并要求将案犯到解省审理。而巡抚则认为"杨氏已获",上奏皇帝请求将相关案犯暂停处决。① 如果不是新任巡抚吴应棻此前没有为此案背书,即使涂杨氏重现人间,本案恐怕依然会像迈柱等人坚持的那样,杨氏被说成是随便找来的妓女,而非本人。涂如松杀妻案在逐层审转到皇帝之后,参与复审的官员都成为拴在一根绳子上的蚂蚱,休戚与共,一旦案情出现变动则都会受到牵连。因此在陈鼎发现杨氏尚在人间之后,此前的官员骑虎难下,只能将错就错。本案得以昭雪实际上也是偶然的,如果知县陈鼎或者时任湖北巡抚的吴应棻也参与了此案的审转,如果吴应棻和总督迈柱没有矛盾,或许他们也会与其他官员一样糊弄了事,而也不会暗中察访,反复奏陈。正如包世臣所指出:"案至两司,则承审官已为被告。"②清代通过连带机制,追究审转程序相关责任人的法律责任,起到了加强监督的作用,但同时一荣俱荣,一损俱损,如果被追究范围缺乏合理的界定,则难以避免出现上下级间相互回护与逃避责任的现象。

五、 一种推论:事实认定与审转制度的内生问题

事实认定和法律适用是司法的两大主题。本案的难点就在于事实

---

① 参见《自警录》卷4,第3页。
② 包世臣:《书三案始末论》,载氏著:《齐民四术》,潘靖瀚点校,北京:中华书局,2001年,第274页。

认定环节。赵家河边发现的骸骨究竟是否涂杨氏,成为本案的关键。雍正九年(1731),湖北巡抚就要求查明骸骨性别,并且明示如果是女性应就是涂杨氏的尸骸。① 此后一系列的纷争其实都是围绕尸骸的身份展开,本案中州县官先后指出根据《洗冤录》所载几种分辨骸骨性别的办法:滴血验亲、脚骨、尾蛆骨、颅骨等。② 然而滴血验亲最终并未进行,前后几任官员围绕骸骨的性别争议良久。可惜翻检当时官方法医鉴定的手册——《律例馆校正洗冤录》,从骸骨判断性别乃至鉴别身份无异于缘木求鱼。《洗冤录》所载男女尸骨的区别见表1。③

表1 《律例馆校正洗冤录》载男女尸骨区别

	男	女
骨色	骨白	骨黑
骷髅骨	男子自项及耳并脑后共八片	妇人只六片
脑后	脑后横一缝当正直下至发际别有一直缝	脑后横一缝当正直下无缝
左右肋骨	男子各十二条	女子各十四条
髀骨	男子左右手腕及左右臁朋骨边皆有髀骨	妇人无髀骨
缀脊处	男子者其缀脊处凹,两边皆有尖瓣,如棱角,周布九窍	妇人者其缀脊处平直,周布六窍,大小便处各一窍

表中关于男女尸骨的结论很多都受传统中医的人身观念和天地阴阳观念的影响。④ 根据现代法医学的研究,这些结论显然都是错误的。

---

① 参见《自警录》卷1,第16页。
② 分别见于《自警录》卷1,第12—13、30页;卷2,第18、30—32页。
③ 据《律例馆校正洗冤录》卷1(乾隆九年序,东京大学东洋文化研究所藏)整理。
④ 参见茆巍:《清代司法检验制度中的洗冤与检骨》,《中国社会科学》2013年第7期。也可参考黄瑞亭、陈新山主编:《〈洗冤集录〉今释》,北京:军事医学科学出版社,2008年,第101—104页。

可以说囿于古代的科技水平有限,通过刑事司法的技术手段来获取真相是较为困难的。苏力通过对《窦娥冤》的研究指出:"司法上适用的证据标准从来都不是一个认识论的标准,而是社会建构的具有时代性的地方性的常规标准。"在传统社会有限的司法资源和技术能力条件下,司法体制采取了与之相匹配的证据标准。正是因为从法官到技术上发现事实的能力较为有限,于是就会运用法律的各类规则"减少判决对于事实的需求",也就是"减少判决的信息费用,减少为发现、搜集事实而必须耗费的有限资源"。① 于是传统社会的司法制度设计,不仅允许一定程度的刑讯、实施了一种适合于当时条件(但可能无法像今天一样能够排除合理怀疑)的证据标准,而且还制定了一套重刑案件自动启动复审程序且审级繁多的审转制度。

回顾本案,直到案件被各级官员修饰完善,尸体作为唯一的罪证也被大水冲走的时候,本案才进入审转的第二审级之中,并且顺利通过逐层复审。那么,上级官员的复审为什么在尸体被冲走之后就没有发挥实效呢?涂如松杀妻的这一判决又是如何通过逐层审转的?笔者以为这与审转制度中司法责任的制度设计有关,这一制度对于上级官员复核案情的激励不足。经济学家在曾经对古代连坐保甲制度开展研究,他们强调这种共同责任作为信息成本的分担机制,实行连坐只是因为要激励获取信息成本较低的一方实施监督职责。② 参照张维迎等人的研究,审转体系中的共同责任可以认为是"基于行为的连带责任"。而在审转体系中,显然存在中央和地方之间明显的信息不对称。为了激

---

① 参见苏力:《窦娥的悲剧——传统司法中的证据问题》,《中国社会科学》2005 年第 2 期。
② 参见张维迎、邓峰:《信息、激励与连带责任:对中国古代连坐保甲制度的法和经济学解释》,《中国社会科学》2003 年第 3 期。

励官员更加积极地获取有效信息,不徇私舞弊,因此对审转制度中的各级官员实施共同责任制度。然而审转中的共同责任却并非如普通"连坐"一样,所有人受到相同的处罚,而是职级越高,处罚越轻。如《吏部处分则例》中"不能审出实情"条规定:"斩绞人犯未经审出实情者,承审官降一级调用,审转官降一级留任,臬司罚俸一年,督抚罚俸六个月。军流人犯未经审出实情者,承审官罚俸一年,审转官罚俸六个月,臬司罚俸三个月,督抚罚俸一个月。徒杖人犯未经审出实情者,承审官罚俸六个月,审转官罚俸三个月,臬司罚俸一个月,督抚免议。"① 其他"承问失入""承问失出"等条类似。级别越高,管辖范围越广,复审的案件也就更多更复杂,但是面临的处罚强度却有所降低,这样一来上级官员就很难产生足够的驱动力认真复审。例如一起谋杀案中,当事人供称臬司和巡抚两次过堂都没有亲自审理,只是要求他重复此前的供述。② 这样的例子被记载下来的显然只是冰山一角,类似的情况应该比比皆是。清代的官员事务繁忙,对每一个案件都认真亲提亲讯恐怕较难。正如清人万维翰所言:"万事胚胎,皆在州县,至于府司院皆已定局面,只须核其情节,斟酌律例,补苴渗漏而已。"③ 因此当争议的焦点尸骸被洪水冲走之后,本案彻底变成了一个仅有口供而没有证据的案件。所以一旦司法文书被各级官员修饰得天衣无缝之后,本案也就顺利得以审转。

笔者认为之所以出现上级疏于核查而直接"据详率转"的现象,除了审判责任未能给予上级官员足够激励之外,还在于审转制度中,上下

---

① 光绪《钦定吏部处分则例》卷48。
② 参见《例案全集》卷31《秋审翻招》,康熙六十一年刻本,第34页。转引自王志强:《论清代刑案诸证一致的证据标准——以同治四年郑庆年案为例》,《法学研究》2019年第6期,第200页。
③ 万维翰:《幕学举要》,载刘俊文主编:《官箴书集成》第4册,合肥:黄山书社,1997年,第732页。

级官员之间存在着正式以及非正式的信息沟通机制,下级官员会在作出拟判前征求上司意见,从而使得上级官员的意见早已体现在下级官员的审拟之中,这一方面造成了上司先入为主的看法,另一方面也让上司失去了认真复审的动机。例如本案中雍正九年(1731)间高、李的拟判尚未作出之际,湖北巡抚就批示:"委广济令高人杰会同检明男女尸骸。如非女尸,即速究杨氏下落,通详报夺。如系杨氏尸骸,即令广济县带回各犯,究明致死实情,按拟招解。仍令先将检明尸伤,填格通报。"①后来巡抚也有批示:"如系女尸,则当日男衣夹被明系妆点,其为杨氏尸骸无疑。"②显然在巡抚看来只要尸骸的性别是女性,那么就是杨氏的尸骸。在巡抚的这种影响之下,下层官员心领神会,再加上《洗冤录》对于男女骨骸的错误记载,也就埋下了冤案的种子。除了这种显现在文书之上的上下级勾连,笔者认为上下级官员之间还有隐藏在司法文书之下的"共谋"。尽管上下级官员的这种"共谋"很难留下书面的记载,但是笔者仍然发现了一些证据,例如《稀见清知府文档》中的几封道光三十年(1850)的信函。基层官员因为断案存在疑虑,就通过知府请示了臬司的幕友。其中两封引用如下:

  致臬宪幕庭陈 六月二十六日
    兰卿先生大人阁下,本月初十日曾布一函,并将普定潘易庆戏杀案稿仍呈左右,谅已早邀青照。第为日已久未蒙掷下,诚恐限期过迟,更烦费手,明知阁下案牍纷繁,曷敢琐琐奉渎。惟弟等素承不弃,实赖俯赐指南,并将专函再坚,务祈重劳神,即将前稿复核指

---

① 《自警录》卷1,第16页。
② 《自警录》卷2,第9页。

示，抑或已与廉访商酌妥叶，即可仍照原稿缮发之处亦祈示知，以便遵办。（后略）①

复枭幕陈　七月初六日

兰卿先生大人阁下顷奉还云承示潘易庆之案，顿开茅塞，感纫之至，现已饬县照缮矣。（后略）②

我们可以看到，面对复杂案情，知县向知府求助，而知府又求助于枭司的幕友，而幕友的意见最终成为知县定案的根据。可想而知，在这种情况下，知府面对知县的拟判，自然不可能推翻，毕竟这体现了枭司幕府的意见。另外一笔材料中，在安平府给永宁州的信里提道："徒犯杨老四等一案具以聆悉，既经阁下研讯核解，谅无格议，现在弟已饬房缮册照转，以免往返疏虞，此复。"③知府认为既然州县官已经讯问过了，就没有询问的必要，就直接照转。转而不审，所谓的逐层审转复核也就徒有虚名了。又如官箴中也有这样的记载："该府又据详率转，似此府县通同，真以上司供其侮玩矣。"④墨子刻曾指出传统社会的责任体制削弱了官员的独立性，使得他们更加依赖于上级，让他们在处理公务时更加关注直接上级的反应。⑤ 正是因为上下级官员在审转机制背后通过非正式信息沟通机制进行的一系列活动，使得初审判决中实际上已经体现了上级官员的意见，本来是多重审级的审转制度未能实现上下级

---

① 《稀见清知府文档》第 2 册，全国图书馆文献缩微复制中心，2004 年，第 669—670 页。

② 同上书，第 699 页。

③ 《稀见清知府文档》第 1 册，第 357 页。

④ 赵申乔：《驳县府混详抗覆檄》，《赵恭毅公自治官书类集》卷 10，怀策堂刻本，第 9 页。

⑤ Thomas Metzger, *Legal, Normative and Communication Aspects*, Cambridge：Harvard University Press, 1973, p. 327.

之间的制约作用。

此外,上下级之间互相袒护包庇的现象也不罕见。例如永宁州将案犯审理后审转至府,安顺府发现尚缺人证,于是给永宁州回信,信中提道:"弟叨在同舟,稍可迁就,断不格外刁难,且尊处之案,代为修饰者不少,此案既难修饰,又不能率转,倘提解之限再逾,幸勿以弟不为弥缝也。"① 由此可见,当审转案件到达知府这一层的时候,知府因为担心"率转"之后被上司驳回,就会"代为修饰"或者"弥缝"。当既无法审转又不好修饰的时候,就只好退回。由于已成积习,上级官员认为要解释一番,以免州县官认为是故意不替他们修饰。而在另外一件案件中,黎平府对臬司和巡抚就更加坦诚,其属下差役在抓捕过程中案犯意图自杀最终受伤,因为担心案犯伤情恶化牵连差役,黎平府就计划将详报修改为案犯带病入监。由于上司曾经交代"倘有疑难案件,务须据实禀闻",所以黎平府特意写信汇报此事。② 公文的汇报对象和写信的汇报对象是一致的,先在私信中和上司取得默契,然后再正式通过公文的方式禀报。乾隆年间,地方官就因为发现初审的问题而得到乾隆帝的嘉奖,从中也可以看出上下回护的问题已经较为严重,否则这种职责所在的事情不可能得到嘉奖。乾隆帝指出:"委员查审事件……与原审官素相交好,曲为袒徇、颠倒是非者,颇不乏人。即平日漠无关涉,而狃于官官相护之见,意持两端,希冀调停了事者,更比比而是,最为吏治民生之害。"③

滋贺秀三将清代刑事司法体系归纳为"作为行政的一环"。④ 他强

---

① 《稀见清知府文档》第 1 册,第 216—217 页。
② 参见《稀见清知府文档》第 3 册,第 1328 页。
③ 《清高宗实录》卷 858,乾隆三十五年五月辛巳。
④ 参见滋贺秀三:《清代中国の法と裁判》,第 245—247 页。

调清代与西方司法体制相比,通过一套彼此监督、环环控制的方法,削弱了各级官员在审转制度中的独立性。① 笔者进一步认为由于司法责任制度的存在,清代司法体系不仅仅是命令与服从这样的单向状态,而是存在着更为复杂的面相。"法官听讼断狱须负一定之法律责任,此中国法治史上之一大特色也。"②这种司法责任制度使得基层官员的初审被上司驳回之后可能倾向于坚持己见,也使得高层官员在处理审转案件时,发现错误也不直接改判,而是发回重审或者交由其他基层官员再审,以避免直接改判导致自己需要负责。而司法责任制度中"连坐"机制也导致上下级官员互相包庇。为了避免被上司驳回,审转体系的各级官员之间存在着正式或非正式的沟通机制,基层官员可能会在作出拟判之前就征求上级意见,以避免受到惩罚,从而使得逐层审转的制度流于形式。

结　语

韦伯指出,现代官僚制运行的基础就是书写档案。③ 本文将文本生成和制度环境结合起来,把司法档案的生成置于审转制度的大背景下加以考察,笔者认为司法档案是在审转过程中经过不断地加工、完善而

---

① 瞿同祖也指出州县官除了一部分自理的民事案件之外,其司法活动始终处于上级官僚的审查与监督之中,权力受到相当的限制。参见瞿同祖:《清代地方政府》,北京:法律出版社,2003年,第193—195页。

② 张金鉴:《中国法制史概要》,台北:正中书局,1974年,第102页。

③ Max Weber, *Economy and Society: An Outline of Interpretive Sociology*, Berkeley: University of California Press, 1978, p.957.

层累生成的结果。① 这种对于文书的加工与修饰,大多数情况下或许是此前研究所强调的对于文书的文字完善和风格统一,而本案则揭示了这种文书的修改有时也可能是无中生有的锻造冤案。那么严密复杂的逐层审转复核制之下,这样的冤案何以产生呢？笔者认为司法档案的生成是"表",而"里"则根植于清代刑事司法制度之中。清代在司法资源有限的情况下实施了要求相对较低的证明责任,而且在审转制度中引入了错案追究机制。各层官员为了避免受到处分,或倾向于坚持自己之前的错误判断,或逃避亲自审理。而错案追究机制所规定的惩罚则是基层重、上层轻,使得复核官员并没有足够的激励去纠正错误,本来多重审级、多次复核的机制最终却很难真正发挥作用。另外,司法责任制度也导致了上下级官员之间的共谋问题。上下级之间的信息沟通使得当案件进入审转程序时,上级官员的意见已经融入判决之中。当然笔者也无意全盘否定审转制度的意义,清代刑事司法体系中的各级官员并不仅仅是处于严密控制之下的一个整体,正如本文所展示的,其中包含着更加复杂多元的面相。审转制度所暴露出的对于文书的窜改、上下级官员的回护包庇、为了规避责任而频繁发回重审之类的现象,实际上在当代司法实践中也时有发生。如何确保司法监督机制的有效运转,界定错案责任的边界与主体,在司法资源有限的情况下设计更为有效的复核机制,这些清代留下的课题,也是当代司法改革的镜鉴与参照。

---

① 张伟仁教授也曾指出:"档案内容多经剪裁,许多实情皆已略去,所以要想凭档案去看司法的'真相',几乎是缘木求鱼。"张伟仁:《学习法史三十年》,载《清华法学》第4辑,北京:清华大学出版社,2004年,第285页。

清末上海华界的暴力与死亡
——以《李超琼日记》和《申报》为素材

徐忠明*

翻阅上海研究的诸多论著,或可获得以下初步印象:偏重1843年开埠之后的政治、经济、社会和文化的方方面面;作为近代中国城市建设典范的租界,可谓研究的重中之重。① 而被人们称为"魔都"的上海,正是以"十里洋场"(租界)为中心的社会文化空间。由法律史研究来看,大致也反映了这一特色。租界的会审公廨,乃学者比较钟爱的领域,②而华界的司法实践则尚未受到应有的关注。③ 之所以出现这种情形,或许是因为,清末上海华界的司法实践,仍然笼罩在固有司法制

---

* 中山大学法学院教授、博士生导师,华东政法大学"经天"荣誉教授。

① 这一方面的论著堪称宏富,不能枚举。不过,若翻阅一下熊月之先生主编的15卷本《上海通史》(上海:上海人民出版社,1999年),即可印证笔者的上述判断。对20世纪上海研究的概括,参见梁元生:《从〈上海通志〉到〈上海通史〉——一个城市的史学史》,载氏著:《晚清上海:一个城市的历史记忆》,桂林:广西师范大学出版社,2010年,第1—20页。

② 参见郭泰纳夫:《上海会审公堂与工部局》,朱华译,上海:上海书店出版社,2016年(原著出版于1925年);Thomas B. Stephens, *Order and Discipline in China: The Shanghai Mixed Court 1911-1927*, Seattle: University of Washington Press, 1992;洪佳期:《上海公共租界会审公廨研究》,华东政法大学博士论文,2005年;杨湘钧:《帝国之鞭与寡头之链:上海会审公廨权力关系变迁研究》,北京:北京大学出版社,2006年。关于上海的通史,一般也会介绍会审公廨。比如库寿龄:《上海史》第2卷,朱华译,上海:上海书店出版社,2020年(原著出版于1923年),第24—46页;熊月之主编:《上海通史》第3卷《晚清政治》(熊月之、袁燮铭著),第144—157页。

③ 参见王立民:《上海法制史》(第二版),上海:上海人民出版社,2019年。该书涉及范围极广——从古代到当代,从租界到华界,遗憾的是,其对清代上海华界的司法实践基本没有讨论。

度的框架中,变化不明显,特色不耀眼。不过,由于中外条约规定和清末政法改革的影响,还是出现了某些变化,并且影响了华界的司法实践。

本文的旨趣,是以《李超琼日记》(以下简称《日记》)和《申报》记载的司法案件为素材,考察当时的暴力与死亡。这里的暴力,是指犯罪、刑讯和惩罚,可概括为"暴力犯罪"与"暴力司法",本文将以这对概念作为分析框架;所谓的死亡,则包括他杀、自杀、路毙(病死、饿死)、瘐毙、事故和死刑,大多属于"横死"而非"善终"。读者可能要问,这里的自杀、病毙和饿死,似乎与法律或司法无关。但也不要忘记,自杀、病毙和饿死,皆有可能引起诉讼;即便没有引起诉讼,但因报官验尸与家属具结的制度约束,这类死亡也被纳入州县政府管理的范围,从而成为准法律、准司法的问题。

接着,对本文运用的基本资料略作说明。根据《日记》记载,光绪三十三年(1907)正月初十日,李超琼从江苏(驻苏州)布政使陈伯平那里得知,自己将被调署上海知县;十四日藩司悬牌告示这一任命;二月十三日巳刻,正式接上海知县印。① 另据《日记》记载,李超琼于宣统元年(1909)闰二月十一日逝世。② 换成公元纪年,李超琼任上海知县的实际时间是,自1907年3月26日泊1909年4月1日,共2年有余。另外,鉴于本文主要利用《申报》的专栏《上海县案》刊登的诉讼案件和死亡事件,而该栏目在1908年2月5日停刊,因此其与李超琼任上海知县的重叠时间,仅约10个月。若扣除一个月封印期,则《日记》与《申报》所载的诉讼案件和死亡事件的重叠时间,仅约9个月而已。

---

① 参见苏州工业园区管理中心编:《李超琼日记》(光绪三十一年—宣统元年闰二月),苏州:古吴轩出版社,2017年,第578、580、585页。
② 同上书,第752页。

必须指出,其一,这并不意味着封印期间不审案件,没有死亡事件,①而《申报》也照样刊登这类新闻;其二,《申报》虽然专设《上海县案》栏目,但在其他版面也会报道诉讼案件和死亡事件,只不过不那么集中罢了;其三,如果以"李超琼"或"李大令"来检索《申报》刊登的相关信息,我们仍能找到很多上海县处理的司法案件和死亡事件;其四,鉴于公务繁杂、讼案频发,上海县还聘请了帮审委员,他们也审理了不少案件。总之,对于《上海县案》之外的其他资料,若有必要,笔者将会适当采择。

一、 清末上海县与知县李超琼

在人类历史上,暴力是一种普遍的社会现象,然而它们发生的概率和方式,却受到了社会语境的深刻影响。民风彪悍之地与人情柔弱之区,发生暴力的概率、实施暴力的手段以及运用暴力的程度,都会存在明显差异。在面对纠纷和冲突时,不同群体的解决之道也会存在明显差异。所谓"君子动口不动手""秀才遇到兵,有理说不清",都或多或少说明了这种差异的存在。至于如何控制暴力,每个社会皆有常规与特殊两种控制机制,但是,操作控制机制的相关人员的性情和信念各不相同,从而会影响控制手段的具体运用,进而影响控制手段的实施效果。中国历史上的酷吏与循吏,堪称典型例证。前者推崇暴力杀戮,后者重视道德教化。为了考察清末上海县的暴力与死亡,必须做点"知人

---

① 在清代法律制度上,封印期间不放告,即不受理词讼案件,然而命盗案件则会照常受理,各类死亡事件也会照常处理,比如验尸;另外,升堂问案工作仍然进行,只是不如"开印"上班时期频繁而已。

论世"的铺垫。

(一) 清末上海县的特性

今人对于"上海"的认知,应该与清人完全不同。现在的上海,差不多是清代松江府和直隶太仓州的辖区。清代的上海,只不过是松江府下辖的川沙、柘林两厅,华亭、娄、奉贤、金山、上海、南汇、青浦七县之一而已。① 另据《(同治)上海县志》卷一《疆域》记载:宋熙宁七年(1074),设上海镇。元至元二十九年(1292),设上海县。明初的上海为松江府属县;嘉靖二十一年(1542)废止,万历元年(1573)复置。上海设县之后的辖区曾有三次变化:"一分于青浦,再分于南汇,三分于川沙。今所存者,惟高昌乡十之九,长人乡十之三,计保十二,图二百一十四而已。"②可见,嘉庆朝之后上海县的面积不大,仅约558平方公里。③

虽说上海县辖区不大,但其所处长江三角洲出海口的地理位置却很重要。史称:"一郡之要害在上海,上海之要害在黄浦,黄浦之要害在吴淞所,吴淞所之要害在李家口,守李家口以拒贼上游,守黄浦口以遏贼横冲。"④这一特殊位置,不但有"拒贼"的军事意义,而且有港口贸易的经济意义。学者认为,早在"南宋末年,上海已是'海舶辐辏,商贩积

---

① 参见博润修、姚光发纂:《上海府县志》,载《中国地方志集成》,南京:江苏古籍出版社,1991年影印版,第38—39页。另据学者考证,自嘉庆十五年(1810)至清末,松江府下辖一厅七县,仅有川沙厅而无柘林厅。参见傅林祥、林涓、任玉雪、王卫东:《中国行政区划通史·清代卷》,周振鹤主编,上海:复旦大学出版社,2013年,第266—267页。
② 应宝时等修,俞樾、方宗诚纂:《(同治)上海县志》,载《天一阁藏历代方志汇刊》第52册,北京:国家图书馆出版社,2017年影印版,第119页。
③ 参见邹依仁:《旧上海人口变迁的研究》,上海:上海人民出版社,1980年,第92页。
④ 应宝时等修,俞樾、方宗诚纂:《(同治)上海县志》,载《天一阁藏历代方志汇刊》第52册,第128—129页。

聚'之区"①。这应该是宋代将市舶提举司及榷货场设在上海镇的原因。② 明初以降,由于"法令严明,沿海通番之家,悉皆诛窜,从此良民无敢私自出海"③。可是,这并不意味着当地经济和内河贸易也随之衰弱了。随着清代"海禁"政策的解除,海外贸易又活跃了起来,史称"唯富商大贾北贩辽左,南通闽粤,百货萃集"④。清人叶梦珠《阅世编》也说:"往来海舶俱入黄浦编号,海外百货俱集。"⑤贸易不仅造成了人口流动,而且导致了更多冲突。

1842年的吴淞之战,中国守军败北,英军由黄浦江进入上海城。1843年,根据《南京条约》(1842年签订)的规定,上海开埠,成为"五口通商"(广州、福州、厦门、宁波和上海)之一。尾随英国人,法国人和美国人接踵而至,设领事馆、划租界、建会审公廨等等;欧洲其他国家的各色人等,也纷纷进入上海。由此,上海渐渐地形成了"华洋胥萃"的局面。⑥ 上海人口结构愈来愈复杂的原因,不只是西方人的到来,更有上海开埠之后闻风而动,涌入上海"找商机""讨生活"的广东人、福建人、宁波人等等。⑦ 特别是1853年太平天国攻克南京之后,因逃难而避居

---

① 熊月之主编:《上海通史》第5卷《晚清社会》(周武、吴桂龙著),第3页。
② 参见应宝时等修,俞樾、方宗诚纂:《(同治)上海县志》,载《天一阁藏历代方志汇刊》第52册,第120页。
③ 方岳贡修,陈继儒纂:《(崇祯)松江府志》卷十九,载上海市地方志办公室编:《上海府县旧志丛书》,《松江府卷》(二),上海:上海古籍出版社,2011年,第386页。
④ 宋如林修;孙星衍等纂:《(嘉庆)松江府志》,载上海市地方志办公室编:《上海府县旧志丛书》,《松江府卷》(六),第46页。
⑤ 叶梦珠:《阅世编》,来新夏点校,北京:中华书局,2007年,第92页。
⑥ 详尽讨论,参见兰宁、库寿龄《上海史》第1卷,朱华译,上海:上海人民出版社,2020年(原著出版于1921年),第245—299、331—337页;库寿龄:《上海史》第2卷,第7—98页;熊月之主编:《上海通史》第3卷《晚清政治》,第1—228页。
⑦ 参见熊月之主编:《上海通史》第5卷《晚清社会》(周武、吴桂龙著),第50—54页;梁元生:《上海开埠后广东帮与宁波帮的竞争》,载氏著:《晚清上海:一个城市的历史记忆》,第21—35页。

上海的外地人蜂拥而至,使得上海人口暴增,可谓人满为患,租界尤然。① 根据学者的最新估计:清咸丰二年(1852),上海华界人口约54万,租界极少;同治四年(1865),华界人口变化甚微,公共租界约9.3万,法租界约5.6万;宣统元年(1909),华界约67万;次年,公共租界约50万,法租界约11万。② 从而又形成了"五方杂处"、帮派林立(地域性族群和黑社会组织)、乞丐遍地的局面。因此,无论华界抑或租界,都产生了非常严峻的治安和秩序危机。经由开埠以来半个多世纪的发展,及至笔者将要讨论的清末,上海县已经成为近代中国经济、社会和文化的引领者,可谓生机勃勃,但也成为"纸醉金迷"的冒险乐园、"藏污纳垢"的犯罪渊薮。

生存环境不同,人们的性情也会很不一样,所谓"一方水土养一方人"是也。当时在华的英国人兰宁在《上海史》中写道,广东人和上海人,不但所说的两种语言差别很大,而且天性也截然不同。广东人好勇斗狠,上海人温文尔雅;粤人是激进派,吴人是稳健派。③ 这一概括曾被研究上海人性格的学者所认同。④ 上海人是否果真性情"温文尔雅",行事"稳健",则不好说。比如《(同治)上海县志》卷十四《名宦·曹煜》载曰:"邑治滨海,数乡素尚气势,好嚣讼,动牵数十人,绵历岁月,不破产不已。"曹煜莅任上海知县,时在嘉靖四年(1525),与本文讨论的清末相距300余年,社会会变,风气亦然。因此,这条资料不一定能够证明清末上海延续了明代中期的风气。可是我们也没有证据表明,上海人

---

① 参见熊月之主编:《上海通史》第5卷《晚清社会》(周武、吴桂龙著),第59—71页。
② 参见上海通志编纂委员会编:《上海通志》第1册,上海:上海社会科学院出版社,2005年,第664页。
③ 参见兰宁:《上海史》第1卷,第271—272页。
④ 参见熊月之主编:《上海通史》第5卷《晚清社会》(周武、吴桂龙著),第51页;熊月之:《上海租界与文化融合》,《学术月刊》2002年第5期。

已经由"尚气势,好嚣讼"变得"温文尔雅"。这里的"文雅"和"稳健",或许仅仅是与广东人相比,上海人不那么"犷悍"①罢了。必须指出,方志对于人情民风的概括,往往是一种印象或感觉,未必十分准确可靠。比如,志书既说广府人"气浮""犷悍",转而又说其"质柔",②这完全是自相矛盾的说法,然而方志作者似乎并不介意。不过,诚如一个外国亲历者所评论,租界内外发生的一些纠纷,多数是由福建帮和广东帮引起。③ 姑且撇开地域社会的"文化性格"不谈,无论如何,数量众多、良莠不齐的外来族群涌入上海,势必导致更多的纠纷、冲突和暴力,④这应该是不可否认的事实。

光绪三十三年(1907)二月十三日,李超琼接上海知县印。十五日视察监狱,此乃清代牧令上任伊始的例行功课。对此,李超琼在《日记》中作了详细的记载:

> 比归,即查点监狱内外人犯,共百余名,即待质、自新二所亦五六十人,似羁累之众,疑可矜恤者也。然地为五方杂处,华洋胥萃,

---

① 参见阮元修、陈昌齐等纂:《(道光)广东通志》(三),载《中国地方志集成·省志辑》,南京:凤凰出版社,2010年影印版,第161页。
② 参见戴璟修、张岳纂:《(嘉靖)广东通志初稿》卷之十八,载北京图书馆古籍出版社编辑组:《北京图书馆古籍珍本丛刊》38"史部·地理类",北京:书目文献出版社,1996年,第332页。
③ 转见熊月之主编:《上海通史》第5卷《晚清社会》(周武、吴桂龙著),第51—52页。
④ 由于没有华界的司法统计数据,这里暂不讨论。在英租界,四个法庭审理的案件总数是:1863年,386件;1864年,1411件。参见库寿龄:《上海史》第2卷,第24页。我们尚不清楚,其中究竟有多少是暴力犯罪案件,但对于一个数万人的社区来说,案件总量已经不少。到1905—1906年,英美公共租界的审案数据是:①斗殴案件,1905年约505件,1906年约739件。②殴伤案件,1905年约40件,1906年约74件。③盗劫案件,1905年约23件,1906年约95件。参见《领袖比总领事照会江督文(历陈公廨废去刑讯之害)》,《申报》1907年5月25日。这些都是严格意义上涉及暴力的案件,1905年的总数是568件,1906年的总数是908件。尽管只有一年之隔,但涨幅却非常明显,累计增加了340件。

作奸犯科之徒,视他邑十倍、百倍之不翅,则又有不可轻释者在焉。甫察视讫,即奉本道札,提顾蝠生、陈金富二犯,会同千总周君绑赴市曹处斩,盖二人皆于租界节次持刀吓劫之犯也。其时,观者之众,自县门至小北门,皆人山人海,万头攒动,争来观焉,特未知匪类亦因以知警否也。①

这条日记,可资印证上述概括。特别是"作奸犯科之徒,视他邑十倍、百倍之不翅"一句,更非泛泛而言,而是一种切实感受,因为李超琼已有近20年的知县经历。若以其历任诸县为例稍作比较,或可加深这种印象。光绪二十一年(1895),李超琼回任元和知县,照例"点验狱囚及在押人犯之羁自新所饭歇者,为数实繁,且呼冤者比比,异矣"②。光

---

① 《日记》(光绪三十一年三月—宣统元年二月),第585—586页。
② 苏州工业园区档案管理中心编:《李超琼日记》(元和—阳湖—元和),南京:江苏人民出版社2012年版,第207页。关于元和县狱的羁犯情况,值得略作解释。其一,元和县狱羁押的人犯是否一直如此之多,不无疑问。因为在光绪十五年(1889),李超琼初任元和知县,在点视监狱时只写了"清理监狱"四字,没有丝毫的感慨和议论。然而在点卯书役时,则说"书役之多,数倍溧阳。思其所以为生之道,不免为吾民惕惕"。(同书,第4页)比较两者的心态和语气,出入甚大,从中我们可以体会出如果羁犯多,李超琼不可能不置一词。其二,李超琼卸任元和知县时,如果羁押人犯也是这么多,在回任时就不可能对此感到惊讶。据此,元和羁犯之所以多,极有可能是前任积压所致,而非一贯如此。实际上,由于前后任官员在勤政程度、司法能力以及治理手段上的不同,出现治理效果的差异,实属常见之事,不足为怪。例如,聂亦峰初任新会知县,经由一番"痛惩",社会风气和诉讼状况皆有好转;但三年之后回任新会知县,却发现两者又回到原来状况,即"不惟故智复萌,抑且变本加厉"是也(参见聂亦峰:《聂亦峰先生为宰公牍》,梁文生、李雅旺校注,南昌:江西人民出版社,2012年,第176、210页)。其三,从李超琼到任之后第一次"放告日"收呈情况来看,初任元和县是三纸,南汇县是二十余纸[参见《日记》(元和—阳湖—元和),第5页;《日记》(光绪三十一年三月—宣统元年二月),第469页],两者悬殊,这说明元和县日常诉讼并不多。再比较一下其他县到任第一次"放告日"的收呈数据,也可稍资佐证。溧阳县是二纸,阳湖县是五纸,吴县是四纸[参见苏州工业园区档案管理中心编:《李超琼日记》(辽左—苏州—溧阳),南京:江苏人民出版社,2015年,第303页;《日记》(元和—阳湖—元和),第209页;苏州工业园区档案管理中心编:《李超琼日记》(光绪二十四年四月—光绪三十一年(转下页)

绪二十四年(1898),调署江阴知县不久,"即莅内外监及待质公所,点视狱囚并收押人证。内监则曹惠明等五犯,外监则李炳洪等十四犯,公所则计苟郎等十三人"①。光绪二十八年(1902),出膺无锡知县,同样"点视监狱,狱囚仅四人,自新所羁犯亦如之,待质所则二人而已"②。光绪三十一年(1905),调署南汇知县之后,随即"清理监狱,计内外监及待质东西二所、省悟所羁囚将及百人,亦可异也"③。与江阴和无锡相比,南汇和元和羁押的人犯多了很多,以致李超琼感到很惊讶。南汇之所以羁押了很多案犯,其原因不外乎:(1)南汇向称"健讼"④;(2)前任积压案件⑤;

(接上页)二月),第317页]。其四,元和书役比溧阳多,则意味着该县的诉讼案件也可能比溧阳多,人犯数量亦然,但不至于多到让他感到"异矣"的程度。与此相关,上海县"胥役之数倍于南汇"。[《日记》(光绪三十一年三月—宣统元年二月),第586页]按照同样逻辑,上海县的狱讼和人犯远多于南汇县,就不难解释了。其五,李超琼之所以对"书役之多"感到深切担忧,是因为他们经常敲诈勒索纳税和诉讼的小民。由此,我们还可发现某些具有"循吏"品格的牧令如李超琼,虽然对书役危害已有清醒的认知,却又无能为力,难以按照自己的意图革除书役,充其量也只能尽量控制他们的危害程度而已。其六,所谓"呼冤者比比",则多少暗示了李超琼前任听讼断狱的能力明显不足,否则就不至于出现这种情况。这里还隐含了一个有趣的问题,即地方志关于"好讼"风气的描述是否真实可靠。比如,李超琼任职过的溧阳、江阴、吴、南汇及上海等县,均有"好讼""健讼""喜讼"之名,但就"放告日"收呈数量而言,相差极大。这多少意味着,对"好讼"与否,方志作者并无统一标准,大多是感性的印象描述,或是"人云亦云"的重复描述;更有甚者,某些爱民勤政的官员,一见百姓诉讼,就说他们"好讼";某些老于官场、见怪不怪的官员,即使见到百姓时常诉讼,也会以平常心对待。这个问题比较复杂,笔者拟予专门讨论,此处不赘。

① 《日记》(光绪二十四年四月—光绪三十一年二月),第3页。
② 同上书,第254页。
③ 《日记》(光绪三十一年三月—宣统元年二月),第467页。
④ 参见严伟修,秦锡田等纂:《江苏省南汇县续志》,台北:成文出版社有限公司,1983年,第480页。
⑤ 李超琼说:"日间,核前任积案各卷,不下数十起,为之目眩。"参见《日记》(光绪三十一年三月—宣统元年二月),第468页。不消说,案卷积压多,足以说明羁押人犯亦多。实际上,上海县狱之所以羁押人犯特别多,亦极有可能与前任积压有关。根据《申报》报道:"上海县王少谷大令念祖,去腊经沪道瑞观察以该令'办事忠厚,人地不宜'等词,禀请省宪,与南汇县李大令超琼对调。兹悉十五日已奉苏藩牌示,准予互调。"参见《上海县与南汇县对调》,《申报》1907年3月1日,第4版。

(3)比邻上海,民情风气相近①。总之,与周边诸县相比,清末上海县的诉讼率和犯罪率,皆有明显增长,可以成为考察暴力与死亡的样本。

一方面,由于李超琼没有交代这些人犯,究竟是因词讼抑或是因命盗而被羁押,哪些是犯人,哪些是证人,故而笔者难以判断他们之中到底哪些属于暴力犯罪。对此,只能留待下文再作具体考察。另一方面,上面征引的这条日记,还让我们感受到了上海县域之内持刀抢劫的暴力犯罪恐怕是少数,以及国家以"斩刑"回应这类犯罪的暴力手段。更可措意的是,李超琼对国家实施的意在"杀一儆百"的公开暴力,能否取得震慑"观众"的效果似乎没有信心。在理论上,学者对"以暴制暴"的有效性仍有争论;在经验上,采取"以暴制暴"政策的有效性也没有被证实。这不是本节要讨论的问题,姑且按下不表。

(二) 李超琼的为政风格

查考李超琼履任过的各县方志,对其人品和事迹殊少记述,惟《(民国)上海县续志》记述略详:(1)在县署宅门东增建待质所和自新所;(2)拨五厫漕仓废基地,募捐修建楼屋七楹,作为救火联合会聚会之所,另建警钟楼;(3)在新码头筹建电话局;(4)拨山川坛基地,建筑校舍;(5)邀集城乡绅董集议筹资,挑浚蒲肇全河淤泥;(6)募捐重修城隍庙的大殿、寝宫、旗杆及墙壁。② 对其生平,仅"李超琼,字紫璈,合江举人,在任病故",以及"宣统元年三月,知县李超琼卒于官,贫无以殓,邑人士赙之,并拨公地十亩,变价代完欠解正款。李历宰八邑,皆得民心"③等寥

---

① 根据史料记载:"雍正三年,分上海浦东地长人乡,为南汇县治。"参见金福曾等修,张文虎等纂:《江苏省南汇县志》,台北:成文出版社有限公司,1970年,第61页。
② 参见吴馨等修,姚文枬等纂:《江苏省上海县续志》卷二、卷五、卷十一、卷十二,台北:成文出版社有限公司,1975年,第151、420、711、751页。
③ 同上书,卷十四、卷三十,第1779、806页。

寥数语。

至于为何不见重大事件的记载,这或许是因为,在制度表达上,清代知县确实享有综理一县之事的广泛权力;但实际上,对稍微重要一点的政事,他们并没有决策权,而必须详报上司衙门,等候督抚的审核和批准;甚至,督抚也没有决断权,而必须题奏皇帝。据此,对具有20余年知县经历的李超琼没有重大政绩可述之事,倒也不必感到奇怪。

不过,李超琼的人品和政绩,还是得到了官方的认可和表彰。比如"早起入城。先谒护理抚篆黄公子寿,甚蒙奖许。谓,于民事尽心者,惟予与金坛陈君授甫与丹阳葛君江村之实力振荒,南汇袁君海观之有才而勤于其职,皆为不易得"①。又如"夜得马小沅书,言制府南皮张公闻人言余江南第一好官"②。再如"中丞笑谓余'近访之阳湖士民,于子称颂弗衰,谓至今无继美者',余谢不敏而已"③。这些都是上司对李超琼的私下称许,当然也夹杂着民间的赞誉。至于大计考语,则是上司对牧令良窳的正式评价,更可措意。日记也提到了数例:"见藩署抄条,大计案内,以余名列入'卓异',考语为'明敏勤能,殚心民事'。令人内愧无已。"④"陈筱帅加考以'才明守洁,体用兼赅'八字,读之滋愧矣。"⑤"夜得台司檄,始知客冬大计,余列'卓异'之选,考语为'慈惠及民,循声卓著'八字。阅之,惟滋愧悚惭,不能当也。"⑥由此,还获得了各种嘉奖。(1)"于报张见抚部陆所奉举核属员一折,余名亦在传旨嘉奖之列,不禁

---

① 《日记》(辽左—苏州—溧阳),第436页。
② 《日记》(元和—阳湖—元和),第262页。
③ 《日记》(光绪三十一年—宣统元年闰二月),第452页。
④ 《日记》(元和—阳湖—元和),第138页。
⑤ 《日记》(光绪三十一年—宣统元年闰二月),第640页。
⑥ 同上书,第683页。

悚愧无既。"①(2)"于邸钞见抚部陈公甄别属员贤否一折,为余加考以'宅心仁恕,办事明决'八字,自顾实不足以当此。"(3)"又见二十九年海运保案,以余在署吴县任内,于省局例应获奖,请在任以直隶州知州候补。"②由考语可知,李超琼为政风格的突出特点,可以"爱民""勤政""廉能"来概括。

在其他公共话语中,记述稍称完整者,乃徐世昌所辑《晚晴簃诗汇》:

> 李超琼,字紫璈,一字惕夫,合江人,同治癸酉举人,官长洲知县,有《石船居古今体诗剩稿》《诗话》。紫璈,西蜀隽才,久令吴中,以卫民生、惩薄俗为治,造就人材甚多。其诗工力深稳,亦饶风致,不为同时诸家宗派所掩。《剩稿》二十卷,一官一集,固晚季之英流也。③

这段文字,对李超琼的履历、为官特色与诗才,都作出了言简意赅的概括。不过,对其"官长洲知县"则记述有误。至于"致误"原因,可能与以下"事实"相关。例如《李超琼年谱》记有"二月,上游以公(李超琼)调权长洲县事"④。光绪三十三年(1907)之后的日记,更是反复提及。例如:"省门信来,知日昨酉刻,藩辕牌示,以长洲县知县苏品仁过班道员,奏保开缺,以余调补。""夜初,得调补长洲县缺札抄粘奏稿。"

---

① 《日记》(光绪三十一年—宣统元年闰二月),第500页;另见中华书局编:《德宗景皇帝清实录》第59册,北京:中华书局,1987年,第326页。
② 同上书,第551页;另见中华书局编:《德宗景皇帝清实录》第59册,第441页。
③ 徐世昌辑:《晚晴簃诗汇》第4册,北京:中国书店,1989年影印版,第223页。
④ 《日记》(光绪三十一年—宣统元年闰二月),第776页。

"薄暮,得苏友电,知藩司挂牌,檄余赴长洲调任。""日间得省钞,藩辕牌示,饬余赴长洲调任,而以赵豹文大令(梦泰)由青浦移署上海,青浦则委陈定远权之,而现署长洲之宗嘉弥(能述)遂以投闲也。"①另外,《申报》还进行了跟踪报道。② 可见,调补长洲已经是板上钉钉的事情。然而,李超琼调署长洲之事,最终还是因上海士绅李平书等人以及上海道台蔡乃煌之挽留而未果。③ 蔡乃煌之所以挽留李超琼,恐怕和自己刚刚新任上海道台有关。④ 不难想象,如果道台自己是新手,知县同样是新手,办起事来"诸多掣肘",就在所不免了。综上足证,李超琼确实获得过调署长洲知县之缺,不过并未实际履任。因此,《晚晴簃诗汇》以"官长洲知县"来概括李超琼的为官生涯,无论如何都是一种误导性的说法。

---

① 《日记》(光绪三十一年—宣统元年闰二月),第611、640、662页。
② 参见《申报》报道,1908年3月14日《县令调缺》:"初十日苏藩牌示云:署上海县李超琼业经准补长洲县,应即饬赴新任,遗缺以现署青浦县赵梦泰调署。递遗青浦县缺,以陈定远署理。"1908年3月18日《迎接新令》:"新任上海县,现任青浦县赵豹文大令梦泰将次履新。本县李大令昨饬令差人等,定于十八日赴青恭迎。"1908年3月19日《清理讼案》:"本县李大令,昨因交卸在即,传谕各差役将未经提到及讯未断结各人证,赶速提解讯结,毋任违延。"1908年3月20日《迎接新官》:"本县书差人等昨日乘舟至青浦,迎接新任上海县赵豹文大令来沪履新。"
③ 光绪三十四年(1908)二月十八日:"乃闻李平书诸绅竟以公函留余。"四月初三日:抚部院陈伯帅"谓余上海士绅及蔡观察咸欲汝留任彼间,意甚诚挚"。参见《日记》(光绪三十一年—宣统元年闰二月),第666、675页。另见《申报》1908年5月14日《上海县续行留任》:"沪道蔡观察以上海县李令禀准留任,业已数月,深恐遽易生手,诸多掣肘,因复禀请督抚再留数月,已奉批准。"1908年5月19日《县令再留半年》:"沪道蔡观察续留上海县李紫璈大令缓赴长洲本任,已志前报。兹悉观察原禀请再留任半年,督抚两院现均批准。故新任赵豹文大令有调署吴县之说。"1908年5月21日《苏藩牌示补署知县(苏州)》:"苏藩于十九日牌示云:现署上海县知县李超琼,留署一年,所遗长洲县缺,即饬赵梦泰调署。"
④ 据史料记载:"蔡乃煌,字伯浩,潘禺人,光绪辛卯举人。"其到任上海道台的时间,是在光绪三十四年(1908)。参见吴馨等修,姚文枬等纂:《江苏省上海县续志》卷十四,第795页。另据1908年正月29日上谕:"江苏苏松太道员缺,着蔡乃煌补授。钦此。"参见《申报》光绪三十四年正月三十日(1908年3月2日)的报道。

在友朋心目中，李超琼堪称模范官员。程德全在《李紫璈大令年谱序》中盛赞"其视民如家人父子，置一身毁誉于度外，非必有特绝可异之行。而慈祥恺悌，息息以民心为心，遂令暴者以慑，懦者以立，仁气之煽，如病得苏。《书》曰'如保赤子，诚心求之'，君有之矣"。因此，"所至民尊爱之，无贤不孝，皆曰'李侯真慈父母也'"①。汀江瀚也称许李超琼"君之为政，不阿长吏，不欺细民，惟日孳孳，以闾阎之休戚为休戚"②。不约而同的是，两人都将李超琼视为"循吏"。程说："言吴中循吏者，必首称君，历八县皆然。"汀说："如君之治行卓卓如此，列诸《清史循吏传》中，殆不数觏。然立传与否，与君固无增损，八县士民之讴歌，较史传可信多多矣。"③另一序作者杨葆光也认同这一看法："南汇钱君瑞瑸、朱君祥黼等议为公刻《年谱》，使公生平行谊流传不朽，且以备史馆《循吏传》之采择。"④在帝制中国的政治话语和史传话语中，作为官僚之典范的循吏，他们的基本特征是"爱民""教化"和"勤政"。⑤ 上引两序和官方表达，虽然没有明确列示李超琼这一方面的事迹，但这些概括叙述却完全符合"循吏"的标准定义。

李超琼既是循吏，亦是清官。程德全称其"身后萧条，逋负之状惨哉，盖不忍闻"。原因则是："君处膏不润，其卒也，几无以为殓。公私亏耗至巨，上海士大夫呼号奔走，天下人皆谈之"。"吴之民出其财而理之得无累，于是叹遗爱之入人也远。"⑥汀江瀚也说："及君之卒，几无以

---

① 《日记》(光绪三十一年—宣统元年闰二月)，第754页。
② 汀江瀚：《序》，收入同上书，第754页。
③ 同上书，第754、755页。
④ 杨葆光：《续李公紫璈年谱序》，收入同上书，第755页。
⑤ 参见余英时：《士与中国文化》，上海：上海人民出版社，1987年，第151—157页；徐忠明：《情感、循吏与明清时期司法实践》，上海：上海三联书店，2009年，第73—86页。
⑥ 《日记》(光绪三十一年—宣统元年闰二月)，第754页。

为殆,公私亏累至十余万金,八县之士民为之奔走呼号,集赀以偿。在君当日,特自尽其职耳,何尝有几微要结斯民之意? 而斯民之报之,自不容已。民情之向背,不大可见乎?"①所谓"处膏不润"是指,李超琼为官的诸县,均非贫瘠之地,而多数是富裕之区,何至"公私亏累"多达10万之巨! 根本原因之一,是李超琼"不沾润"以自肥,而是"以地方之钱,办地方之事,犹仅所谓例用"。也就是说,他将"地方之钱"用于捕盗悬赏、审理案件、矜恤囚犯、兴建工程、地方慈善、抚恤穷民、赈济灾黎、掩埋路毙、作育人才、奖励农耕、救死扶伤等等,而非中饱私囊。②

当然,这里的"不沾润",亦非一钱不要,而是不在征税时贪贿以自肥,不在听审时贪赃以枉法,不在赈济时克扣公款以自充宦囊。但也不必讳言,对于赋税盈余的惯例收入,李超琼恐怕也照拿不误。否则,不但无法筹措上面列举的各项经费,而且其他支出诸如师爷脩金、各种捐摊、官场应酬(累计起来也是一笔巨额资金),也没法着落了。实际上,即便养家糊口,亦非知县的区区俸禄和养廉银所能应付,只要翻检一下日记所载一笔笔寄给亲友的银子,即可明白。因此,前引文字以"公私亏累"来表达,可谓准确到位。更何况,养廉银往往被用作行政经费和抵扣捐摊,③基本上到不了牧令之手。

---

① 《日记》(光绪三十一年—宣统元年闰二月),第754—755页。
② 参见《自订年谱》(李超琼51岁之后的内容,为杨古醖补订),载《日记》(光绪三十一年—宣统元年闰二月),第777页。
③ 鉴于李超琼历任八县,不便一一讨论,仅以上海县为例。学者指出:一个四字缺的七品上海知县,每年可以受领的俸禄是俸银45两,养廉银1500两。但实际上,这笔俸禄并非上海知县个人所能享用。因为在清代,吝啬的皇帝照例不给地方衙门固定的办公经费。州县牧令在上缴皇帝摊派的定额赋税以后,必须在当地另行征收陋规,才能维持日常开支。参见熊月之主编:《上海通史》第3卷《晚清政治》(熊月之、袁燮铭著),第368页。就此而言,清官廉吏并非不拿"陋规"收入,而是不要"额外"规费。

导致"亏累"的另一原因,应该是李超琼不善理财,①以致入不敷出,积渐而至10万之巨的亏空。这么说,无损于李超琼的"廉吏"声誉。因为归根结底,是清帝国的行政制度和财政制度的设计极不合理。在低税制和小政府的前提下,州县政府几乎没有足够的法定行政经费和办事人员,但牧令却必须包办一县之政。如果经费无着,牧令必须自行借贷;如果人手短缺,牧令必须自行募雇;遇到应急公务,还得随时凑集经费与人手。在这种情况下,贪官墨吏得以伺机敛财,而清官廉吏则往往束手待毙。对此,李超琼自己也非常清楚:"自顾一赤贫之士,作令二十余年乃竟至此(笔者按:累计已逾七万金焉)。他人得官一二任,遂以致富,同寅辈之腰缠巨万者,不胜偻指,数区区独若是。"②这又说明,如果李超琼精于理财,即使在敛财上"不为已甚"之事,也不至于亏累10万金之巨。

关于李超琼之死,即隐含了一个"束手待毙"的故事。李超琼之子李挺,在丧期阅读乃父日记之后时,写了一条简短的"谨注",解释了李超琼的死因。文曰:

> 先君平居,每至夜十钟鸣后就寝,未寝前则写日记,数十年未尝或辍。此日晚餐后,清理案牍讫,至上房教七妹淑循读,且为之讲说。更后归寝室书此。其时,适表兄徐子峨在旁,与渠畅谭至数

---

① 例如,光绪二十一年(1895)九月初八日:"综核元和、阳湖两邑征解之款,钱谷事宜,名目孔多,不特数目非所能记,即名目亦多不解。前人谓知县必于一县无一不知矣,岂易哉!抱愧多矣。"《日记》(元和—阳湖—元和),第265—266页。又如,光绪三十一年(1905)闰四月初七日:"余以绌于理财,作令二十余年,而困累日增,以无人襄理之故。得濂公力,既解奏销之围,故拟以全权假之,冀有以善吾后也,然滋愧也。"《日记》(光绪三十一年—宣统元年闰二月),第525页。

② 《日记》(光绪三十一年—宣统元年闰二月),第525页。

刻之久，始脱衣上床。表兄遂出。先君忽按铃叫人，奴子均睡，惟陈循闻之。至，则先君云心慌，命即叫子峨表兄与从弟廷徽。俾徽弟闻声而来，先君已不能言，但以手指茶杯，饮之，问所苦，则足伸目瞑，已弃不孝等而长逝矣！①

这条"谨注"给读者留下了"如常就寝，突然长逝"的印象。可是，前引《(民国)上海县续志》则说"在任病故"。《申报》也说"病故沪任，沪民开会追悼"②。但是，细思本条"谨注"和之前日记，李超琼近期没有生病或身体不适的迹象。那么，李超琼究竟是死于什么原因呢？按照官方说法，乃是"仰药自尽"，这种出现在江宁、苏州藩司会详督抚公文中的死因叙述，似不至于弄错；而其原因，则是"亏累"。③

笔者以为，与"突然长逝"和"病故"相比，因"巨额亏空"而导致"仰药自尽"的说法，显得比较合理。请看《宁苏藩司会详督抚文(重申征银解银前议)》的陈述：

> 州县向来征解钱粮，皆由各钱庄交兑；近来钱商知其亏累，拒不往来。各该员私债无可挪，则渐侵及公款，虽不敢亏短正项，而奏提平余及规复之款，则欠解累累；即正项亦多不能如期报解，以致司库并受其累。其交代迟久未清者计数十员，有守提者、有参追者，而延欠如故。近者，李超琼仰药自尽矣，宋康恒、宗能述变产填亏矣，王元之涕泣求归矣，袁国钧力求回籍卖产矣，李宣龚甘冒严

---

① 《日记》(光绪三十一年—宣统元年闰二月)，第752页。
② 《本埠新闻·弥补廉吏垫款之说帖》，《申报》1911年3月11日，第2张第2版。
③ 参见《宁苏藩司会详督抚文(重申征银解银前议)》，《申报》1909年5月2日，第1张第4版。

谴、不肯到任矣。此皆江苏州县之魁杰,而竟致其或死或贫去。问心何以自安?夫欠款无偿,则忍泪下追逋之檄;积亏偶解,则含凄收鬻产之金。①

放在上述"变产填亏""涕泣求归""回籍卖产""甘冒严谴、不肯到任"诸种情形之中来作分析,对李超琼"仰药自尽"就不会感到惊讶了。因为10万两巨款亏空,不是变卖家产赔补得了的。更何况,李超琼不仅是"寒士"出身,而且是"廉洁"官员,并无多少家产可供变卖。当然,并不是说"仰药自尽"即可一死了之,从而逃避弥补亏累的责任。在清帝国的财政制度及其实践中,即使亏空之官本人死了,仍要对其子孙追索求偿,除非皇帝开恩免追。对这种累及子孙的事情,颇让清代官员感到焦虑。② 就此而言,李超琼之所以选择自杀,或许是他想引起官方和社会的震动。毕竟,皇帝是爱面子的,同僚也不无同病相怜之感、兔死狐悲之哀,李超琼治下的士民是有同情心的,诚所谓"廉吏不可为,此古者伤心之言也"③。有清一代,亏累公款的官员比比皆是,为什么李超琼的亏累之事引起了这么大的动静,其中不无对"爱民如子""廉洁奉公"的官员有个交代的深意存焉。

细考《日记》可知,在初任元和知县时,财政危机已经非常严重,原因是"元和在三县中缺最瘠,支持既逾五年,赔累以数万金计"④。于是

---

① 《宁苏藩司会详督抚文(重申征银解银前议)》,《申报》1909年5月2日,第1张第4版。
② 参见邱捷:《晚清官场镜像:杜凤治日记研究》,北京:社会科学文献出版社,2021年,第367—373页。
③ 《日记》(光绪三十一年—宣统元年闰二月),第754页。
④ 同上书,第767页。

就"向'存义公'借银万两,以为署用,窘状益迫,人皆不我信"①。越到后来,财政危机也越窘迫。例如"以作令二十年,负累日甚"②。又如"年关既近,经济支绌之状叠出不已,令人闷损"③。日记最后一次提到亏累的是宣统元年(1909)正月初八日:"余独坐无俚,益形愁闷,以连日综机,财政亏累之巨至不可言,令人无策支拄,不寐已五夕矣,徒唤奈何而已。"④此时,离李超琼逝世仅 62 天。

写到这里,我们甚至可以说,无论"突然长逝""病故"抑或"仰药自尽",压垮李超琼的最后一根稻草,是"巨额亏累"!白天忙于公务、夜间不能入寐的李超琼,已经身心俱疲,长此以往,安得善终!一个官民交口称誉的"江南第一好官",就这样离开了人世。

作为仁恕爱民、肩负一县平安的牧令,在下乡咨访民情、坐堂听审案件时,李超琼固然不忘教化和劝谕;但是,对游手好闲者、诱赌嗜赌者、怙恶不悛者、劫掠乡村者,同样也会采取严刑峻法的暴力手段,冀以实现"讼简刑清""盗贼敛迹"的社会理想。凡此,在《自订年谱》和《日记》中颇有记述,下文将会有所涉及,暂不赘述。

二、清末上海县的暴力与惩罚

什么是"暴力"?这个问题极为复杂。首先是暴力之分类。一记耳光是暴力,一场战争也是暴力;肢体冲撞是暴力,刀枪攻击也是暴力。有些暴力是非法的犯罪行为,有些暴力则是合法的国家惩罚;有些暴力

---

① 《日记》(元和—阳湖—元和),第 17 页。
② 《日记》(光绪三十一年—宣统元年闰二月),第 520 页。
③ 同上书,第 573 页。
④ 同上书,第 741 页。

是政治性的,有些暴力则是私人性的。有些暴力公然实施,比如斗殴和抢劫;有些暴力则鬼鬼祟祟,比如强奸、绑架和谋杀。同样是肢体冲撞,有些具有道德意蕴,如强奸即有"耻辱"的观念因素;有些则缺乏道德内涵,如打架斗殴。① 同样是暴力杀人,有些显得阴毒残忍,比如支解人、采生折割人;②有些则显示了英雄气概,侠客的快意恩仇,死者亲友复仇的杀人,如此等等,不一而足。③ 其次是分类之标准。上述例证表明以什么标准来划分暴力,难以统一。又由于不同的暴力之间存在"交叉"现象,也因此,根据不同标准,可以作出不同分类。例如杀人,既可归入犯罪,亦可归入刑罚;既可以是国家之间因战争而杀人,亦可以是个人之间因仇恨而杀人;既可以用暴力手段杀人,亦可以用药物杀人或是运用威逼手段迫使被威逼者自杀。④ 对这些复杂问题,本文不拟展开讨论。

从文化类型的直观感觉来说,以狩猎为谋生之道的草原民族,似乎更具有争竞杀伐的暴力偏好,或在武士支配的社会,一言不合,动辄刀剑相向;至于"决斗",更是一种仪式化的、美学化的暴力。而以农耕为谋生之道及文士支配的中华民族,则显得性情平和、谦逊涵容,不只以"君子动口不动手"甚或"唾面自干"来自嘲自解。然而《水浒传》的读者,则可能另有感受,即中国人颇有"喋血嗜杀"的倾向,特别是李逵、武松等所谓好汉。中国历史上的很多皇帝尤其是秦始皇、朱元璋,更是以

---

① 关于"强奸"与普通肢体打击的论辩,参见米歇尔·福柯:《权力的眼睛——福柯访谈录》,严锋译,上海:上海人民出版社,2021年,第64—72页。
② 参见田涛、郑秦点校:《大清律例》,北京:法律出版社,1999年,第426—429页。
③ 参见柯林斯:《暴力:一种微观社会学理论》,刘冉译,北京:北京大学出版社,2016年,第1页。另见约翰·基恩:《暴力与民主》,易承志等译,北京:中央编译出版社,2014年,第19—28页。
④ 参见田涛、郑秦点校:《大清律例》,第438—441页。

严刑峻法为治国手段的典型;汉武帝和武则天,为了强化皇帝的权威,大肆任用酷吏,还创造了名目繁多的酷刑;即使被誉为盛世的康乾时代,也是一个血腥时代,为了实现"思想控制"而制造的文字狱,便是显著例证。这意味着,人们是否实施暴力,不仅与文化类型有关,而且与个人性情有关。更为重要的是,人们是否实施暴力,还与实施这种行为的社会政治背景和具体情境密不可分。①

萧公权认为:"中国乡村的居民虽然以性好'和平'而著称,可是一旦基本的利益发生危机,或是个人的情绪被激发起来,他们仍然会为任何一种想像得到的事情——从即将收获的农作物被偷盗到干旱时期灌溉的利用;从微不足道的人身侮辱到对个别家庭或家族声望的损害——进行争执与斗争。"②在争执与斗争过程中,除了"语言暴力",肢体暴力、武器暴力与集体暴力(比如我国台湾、华南、华东地区常见的家族之间、村落之间的械斗),也会相伴发生;当然,诉讼仍然是人们求助官府解决这类冲突的途径。可见,传统中国人的争斗意识和暴力倾向,并不是人们想象的那么弱;或者说,他们并不是一贯"性好和平"而反对争斗和暴力。只是,为什么进行斗争,为什么实施暴力,要看他们面对的是哪些事情,处在何种情境之中。③ 这里的"事情",亦不过是"情境"的一个构成要素而已。

在更为一般的意义上来讲,帝制中国堪称是一个"暴力弥散"的社

---

① 柯林斯甚至说:"没有暴力的个体,只有暴力的情境。"柯林斯:《暴力:一种微观社会学理论》,第2页。
② 萧公权:《调争解纷——帝制时代中国社会的和解》,载刘梦溪主编:《中国现代学术经典·萧公权卷》,石家庄:河北教育出版社,1999年,第858页。
③ 德国学者狄德满对华北地区暴力的背景因素、派系斗争、盗匪以及教门暴力等等,作过全面的考察。参见狄德满:《华北的暴力和恐怖——义和团运动前夕基督教传播和社会冲突》,崔华杰译,南京:江苏人民出版社,2011年,第16—152页。

会。《说文解字》在解释"父"的字义时指出:"父,矩也,家长率教者,从手举杖。"这就告诉我们,教化固然是"治家"的先务,可推行"教化"的手段,除了和颜悦色、情意绵绵、循循善诱、苦口婆心的言传身教和道德感化外,还有"笞杖"。可以说教化的后盾,就是暴力。如果教化是无处不在的,那么暴力也同样是随处可见的;而没有了暴力,教化就会落空。如果"家国同构"之说尚有道理,那么作为家教手段的笞杖,同样可以作为治理国家的手段,一如《吕氏春秋·荡兵》"教笞不可废于家,刑罚不可捐于国"①之所谓也。可见,中国人不啻容忍暴力,甚至依赖暴力、鼓励暴力。② 一旦失去暴力的依托,父母(尊长)将不知道该如何去管教不听话、做错事的孩子,官员也将不知如何管教辖区内刁顽和犯罪的子民。

就笔者阅读清末史料的感受而言,从19世纪中期到20世纪初期的晚清中国,暴力犯罪可以说是层见叠出,大江南北随处可见,较之以往明显多了起来。例如,据《李星沅日记》记载,"蜀中民情浮动,轻生重利",甚且匪徒聚党横行;一旦官府饬差会拿,敢于持械拒捕,或执无辜老幼抵御,所谓"尔若拿我,我先杀他",而地方官员则"投鼠忌器,遂亦望而却步",以致"盗风如虎,陈牍如山"。③ 刘大鹏在《退想斋日记》中也反复提到,山西省太原县一带出现"寻衅行凶""盗贼蜂起"的情形。④ 有鉴于此,面对暴力犯罪,国家的回应力度似乎也在加强。比如《李星

---

① 引文及其相关解释,参见钱锺书:《管锥编》第1册,北京:中华书局,1986年,第285页。
② 在民间被视为法律之神明的包公,即有鲜明的酷吏形象。参见徐忠明:《包公故事:一个考察中国法律文化的视角》,北京:中国政法大学出版社,2002年,第413—439页。
③ 袁英光、童浩整理:《李星沅日记》(上册),北京:中华书局,1987年,第226—227页。
④ 参见刘大鹏遗著:《退想斋日记》,乔志强标注,北京:北京师范大学出版社,2020年,第105—108页。

沅日记》记载，江苏省昭文县"金德顺、季萃萃等案内从犯哄署纠打殴毙眼线，复传单聚众拒捕，一等金德顺、季端之厥罪惟均，已恭请王命先行正法，余照光棍为从拟绞五名，拟流十五名。又王四麻子聚众殴打业户三十六家，谋拿复谋拒捕，王四麻子听从张荣主使，依律拟绞，余拟流十七名。海滨刁民玩法，不得不为重办，而其情则可怜也"①。其中，即使"可怜"也要"重办"，即意味着对该案的惩罚力度超越了律例规定；至于"恭请王命"，无疑具有便宜处置和加重处罚的双重意思。② 当时在广州的英国传教士格雷写道："1870 年，我们曾在南海知县的衙门庭院里看到 35 名男性犯人从监狱中被带出来接受行刑前的审问。"③虽说我们尚不知道这些人犯的具体罪名，又包含了几个案件，但同时处决 35 名死刑犯，无论如何都是一件令人震惊的事情。④ 另外，广东省南海县知县杜凤治在《望凫行馆宦粤日记》中写道："予自莅南海，奉臬宪、府宪

---

① 袁英光、童浩整理：《李星沅日记》（下册），第 669 页。
② 参见铃木秀光：《恭请王命考——清代死刑判决的"权宜"与"定例"》，吕文利、袁野译，《内蒙古师范大学学报》2009 年第 4 期。
③ 约翰·亨利·格雷：《广州七天》，李国庆、邓赛译，广州：南方出版传媒、广东人民出版社，2019 年，第 211 页。
④ 必须解释以下三点：(1)在通常情况下，州县处决人犯，乃是有一件就处决一件，不准为了贪图方便而将案件积少成多，然后一起处决。只是，在走审转程序时，外州县的死刑案件，必须将案犯和案卷解送到省城进行复审，这些囚犯将被关押在南海县和番禺县的监狱。一旦督抚作出"就地正法"或"恭请王命"的死刑判决，或是转详刑部复审、经由皇帝批准的死刑裁判，则以"钉封"文书下达督抚，然后逐级转达南海和番禺两县的知县。无论"就地正法""恭请王命"抑或朝廷批准的死刑案件，都由他们负责执行。故而，南海和番禺执行的死刑，并非只是两县自己审理的案件，还包括了外州县的案件，这就是杜凤治所谓"通省皆有"的意思。因此，南海县和番禺县负责执行的死刑犯数量多，就可以理解了。(2)在走审转程序时，外知县的死刑案件也非全要解送省城，有时出于押送人犯的安全考虑，有时因为相关州县与省城相距路途弯远，有时鉴于押送囚犯经费方面的考虑，也存在不解送省城复审的情形；还有就是，省里复审之后，将人犯解回原审州县，等待最终的审断结果。对这些案件，在执行死刑时，就在当地进行。(3)还有一种情况则是，如果需要在案发当地执行死刑，冀以达到"杀一儆百"之目的，南海或番禺知县就会负责押送人犯到案发当地执行。在这种场合，案发当地的州县牧令必须予以配合。关于清代死刑案件的审理与执行，情况颇为复杂，笔者拟另文讨论，此不赘述。

发办审定斩决之犯,通省皆有,约以千计。如此严刑,闻者骇然而犯者仍接踵,瞖不畏死,口称十八年后又一少年好汉。民情强悍,嗜利轻死,究与江浙等省不同也。"①另据该日记记载,杜凤治于同治十年(1871)三月初六日接南海知县印,②到写这条日记的同治十二年(1873)十一月十九日,相隔不足三年,而处决斩犯却数以千计,每年至少要处决300余人。这还只是通过审转程序被判处死刑的人犯,如果将州县自行处决、瘐毙以及秋审死刑等罪犯,也一并计算,数量更为可观。这意味着,当时的暴力犯罪已经非常严峻。

上面已经交代,本文系以《日记》记述和《申报》报道的司法案件为基本素材,因此在考察暴力问题时也将仅仅关注:(1)某种行为是否具有"暴力"因素,(2)这种行为是否存在"法律"依据。若然,则将它们纳入本文的讨论范围。这意味着,本文的研究对象是作为犯罪的暴力与作为惩罚的暴力。为了便于分析,笔者以《日记》为基本线索,整理李超琼和帮审委员洪希甫审理的案件,同时辅之以《申报》报道的案件。

(一) 数据分析

李超琼任上海知县期间,究竟审理过多少案件,已经没法考证。原因之一,日记没有记录收案件数,③由表1可知。原因之二,即使记录收案件数,亦不一定能够准确反映实际的审案件数,因为状词并不等于案

---

① 杜凤治:《望凫行馆宦粤日记》,载桑兵主编:《清代稿钞本》第13册,广州:广东人民出版社,2007年影印版,第233页。
② 参见同上书,第166页。
③ 光绪三十三年(1907)三月二十八日"收讼牒三十余纸",八月初三日"收讼牒新词仅一纸,为向所少有,不禁自慰"。然而诉讼率是否下降了,则不可知。因为羁押人犯的数量,与前引李超琼上任之时相比,似乎没有什么变化。比如,同年十一月十四日"所羁押人犯至一百五六十名之多"。参见《日记》(光绪三十一年—宣统元年闰二月),第594、618、641页。

件数量,状词或准或驳,难有一定之规;状词之中另有催呈和禀词或投词,它们之间的比例也难以判断。原因之三,日记没有记录结案的件数,很多案件往往有头无尾。原因之四,如果与《申报》报道作一比较,即可发现很多案件在《日记》中没有出现。不过梳理一下《日记》记述的审案情况,我们还是能够得到一个大致印象,对于考察和分析发生在上海县华界的暴力犯罪和惩罚,仍有一定参考价值。

表1 《日记》所见上海知县司法总览

时间	李审（次）	帮审（次）	审案数量（件）		案件类型			刑讯	死刑
光绪三十三年二月	8	3	35	不详	杂案	盗案2人		—	斩决2人
光绪三十三年三月	15	4	60	不详	命案3件	盗案5件	秋审11人	—	
光绪三十三年四月	18	1	35	不详	谋杀1件	盗案2件	轮奸犯3人	1	斩决1人
光绪三十三年五月	8	7	30	不详	谋杀1件	车祸2件	观审案1次	—	正法4人
光绪三十三年六月	13	4	62	不详	谋杀1件	盗案1件	伤害1件	1	—
光绪三十三年七月	13	2	88	不详	命案2件	盗案1件	群殴1件		
光绪三十三年八月	10		58	不详	命案1件	车祸1件			
光绪三十三年九月	5	2	24	不详	命案2件	—		1	
光绪三十三年十月	5	2	33	不详	命案2件	美领事署观审案1件		—	绞决2人

清末上海华界的暴力与死亡

续表

时间	李审（次）	帮审（次）	审案数量（件）		案件类型			刑讯	死刑
光绪三十三年十一月	1	1	8	不详	谋杀1件	诱拐1件	伤害1件	—	—
光绪三十三年十二月	3	—	21	—	械斗1件	抢劫3件	杀伤3件	—	斩决5人
光绪三十四年一月	5	2	10	—	命案2件	枭匪1件	盗案1件	3	—
光绪三十四年二月	9	2	45	不详	命案1件	抢劫1件	—	1	判死1人
光绪三十四年三月	9	4	39	不详	命案2件	盗案1件	秋审7人	—	绞决2人
光绪三十四年四月	6	—	56		命案1件	盗案1件	诈骗1件	2	—
光绪三十四年五月	9	1	53	不详	车祸1件	盗案2件			
光绪三十四年六月	5	1	39	—	命案3件	伤害1件	车祸1件		正法3人
光绪三十四年七月	7	2	41	不详	抢劫2件	奸拐1件	—	2	
光绪三十四年八月	14	4	35	不详	命案3件	车祸2件	英廨观审1件		
光绪三十四年九月	9	2	53	不详	杀人1件	殴伤1件	车祸1件		
光绪三十四年十月	4	1	18	不详	—	盗案1件			
光绪三十四年十一月	3	—	20	—	命案1件	车祸1件	—		绞决1人

续表

时间	李审（次）	帮审（次）	审案数量（件）	案件类型			刑讯	死刑
光绪三十四年十二月	14	1	54	不详	车祸1件	盗案1件	英廨观审1件	—
宣统元年一月	6	—	13	不详	拐卖1件	伤害1件	—	1
宣统元年二月	7	3	39	不详	杀人1件		—	
宣统元年闰二月	3	—	6	不详	—			
总计	211	50	975	不详	103		12	21

本表说明：（1）"时间"是从光绪三十三年（1907）二月十三日李超琼接上海知县印起，一直到宣统元年（1909）闰二月十一日去世，共约25个月。为了避免表格过长，笔者将每月审理或发生的案件算在一起列示。（2）"李审"是李超琼审理案件的次数，"帮审"是帮审委员审理案件的次数。《日记》提到的帮审委员，即洪希甫和李元甫，洪为前任王少谷所聘，李则系李超琼自己新聘。①（3）除了个别情况下一天审理案件

---

① 根据《日记》光绪三十三年二月十八日记载："夜，始由洪希甫大令代讯数案，仍沿少谷所禀，请其帮审也。"同年七月三十日"午后，招元甫帮讯杂案"。此"元甫"者，即李元甫。参见《日记》（光绪三十一年三月—宣统元年闰二月），第586、617、644页。又据《申报》1907年4月8日报道："前晚，帮审委员洪希甫明府提讯庄家泾抢米匪徒。"同年9月10日《杀人放火案仍未讯结》报道："源盛皮箱店小主张毛毛于砍毙蔡福生一案，始终狡赖。前日，经本县新委襄谳李明府复讯，仍一味刁诿，跪链一时之久，判还押再审。"上海县聘请的帮审委员，除了洪希甫和李元甫，可能还有沈明府和王明府。例如《申报》1907年5月14日报道，王振源到县禀控其子炳章忤逆，"奉帮审沈明府讯究"。同月18日报道，湖北人徐文炳在浦东贩私盐被巡船拘获送县，"奉帮审王明府讯之"。不过，沈和王在《日记》中都没有出现过。其中，洪希甫出现的概率最高，其次是李元甫，沈和王各出现过一次。综上，我们或可推测，洪和李是正式聘用的帮审委员，而沈和王则极有可能是临时请来的帮审委员。另外在《申报》中，李超琼审案往往称李大令或大令，而帮审委员则称某明府或明府，这是规律，极易区分。

两次,通常都是一天审案一次;因此,审案次数大致可以反映上海知县李超琼的司法工作的强度。① 如果将"验尸"也纳入准司法范畴,上海知县的司法工作强度就更大了。(4)"审案数量"标示的数字,是指《日记》记录的审案数量。其中,有不少记录说"七八起"或"十余起"等,笔者在统计时只取小数,若"七八起"则仅计"七起",若"十余起"则仅计"十起"。至于"不详",是指《日记》只笼统说"数案""讯案""讯盗"或"杂案"等。如果把这两项加起来,实际审案数量势必更多。更须指出的是,所谓讯案一起,并非审结一案。因为一个案件往往要经多次审理才能了结,有时还会延宕很久。故而,究竟审理了多少案件,仍不清楚。(5)"案件类型"也是大致概括,因为《日记》通常并不交代某案审理之后的最后定性,而仅仅是根据报案时提及的犯罪情形进行的概括。(6)《日记》很少提及刑讯之事,这与《申报》不同(下详)。之所以不记述刑讯,或许是漏记,或许与清末法律改革"禁止刑讯"亦有一定关系;②更有可能是,在李超琼看来,此乃家常便饭,不值一记。有时李超琼还会特别解释是否刑讯之事,比如"申酉间讯案十余起于东华厅,以在花衣期,概未用刑也"③。所谓"花衣期",是指六月二十八日刚好是光绪皇帝的万寿节④,因不便刑讯而特别解释。

---

① 清代州县政府出现帮审委员,是一个值得注意的现象。如同皇帝之有刑部、督抚之有臬司、知府之有谳局(可以视为明代的推官,康熙六年废除),与牧令之有审案委员,都是专职审案。因此,其制度设计的原因,可以视同一律而无二致。也就是说,它们都是基于案件的数量,而非基于司法权与行政权的职能分化。设置审案委员的州县,均为事务繁忙、案件繁多的地方,比如晚清广东省南海县就有审案委员。参见杜凤治:《望凫行馆宦粤日记》,载桑兵主编:《清代稿钞本》第13册,第594—595页。

② 宣统元年(1909)正月二十八日,李超琼在日记中愤愤不平地写道:"返署,即升堂讯案,退已更初矣。惩痞棍之刃伤平民、放枪拒警察者三,其情状之恶,实不可贷。此时欲停刑讯,不知部臣果何所见也。"《日记》(光绪三十一年三月—宣统元年闰二月),第744页。

③ 同上书,第612页。

④ 参见吉辰:《清代的花衣期制度——以万寿节为中心》,《史学月刊》2016年第4期。

上述说明告诉我们,该日记对当时上海县华界发生的暴力犯罪与暴力司法,只是很不全面的记述。① 但即便如此,在 25 个月内还是发生了至少命案 29 起、车祸 10 起、抢劫 6 起,以及伤害、轮奸、群殴等 10 起,共 55 起。而以 55÷25≈2 计算,平均每月已有 2 起暴力犯罪,每年约 26 起,数量颇为可观。在"盗案"中,亦有可能存在暴力因素。而且日记使用的"盗案"一词,涵义比较模糊,可以将强盗(抢劫)和窃盗皆纳入"盗案"范畴。这样一来,暴力犯罪的总量就更多了。

　　比较一下每年的秋审案件。根据郑秦考证:"乾隆朝 60 年(1736—1795)全国死刑案件每年约 3000 件,而清朝最后的咸同光宣 60 年(1851—1911)每年一般仅 1000 件。"② 笔者在表 1 中整理的两个秋审数据,第一个是 11 人,第二个是 7 人。如果我们以沈家本《秋审人数》提供的"案件与人犯"的数据来折算——每个秋审案件平均只有 1 人略多而已,③ 那么第一个数据 11 人可折算为 9 件,第二个数据 7 人可折算为 5 件。再以全国约 1500 个州县来计算,则分别是 1500×9 = 13 500 件,1500×5 = 7500 件。可见,清末上海县华界审转的秋审案件,远远高于全国的约 1000 件。郑秦还说:"咸丰五年,安徽仅 2 件、江苏 25 件,同治六年安徽仅 1 件、甘肃 0 件。"④ 同治十二年(1873),广东秋审人犯 13 名;⑤ 光绪

---

　　① 实际上,亦非仅为发生在华界的案件,仍有一些是发生在租界或是会审公堂移解上海知县审理的案件。对此,《申报》颇多报道。例如 1907 年 4 月 8 日《上海县案》报道:"去年郑子明羽党小炳泉、王正邦,将同党顾烂头戳毙,经英探将小炳泉、王正邦拘获收押。前日英廨将二犯解县,当由李大令讯。"又如 1907 年 4 月 16 日《上海县案》报道:"凶犯顾福生、陈金富业已正法,李大令又移文英廨,将同党王和尚解县提审。"这个问题涉及中外条约的具体规定,包括案件性质和两造身份等等,这里不便展开讨论。
　　② 郑秦:《清代司法审判制度研究》,长沙:湖南教育出版社,1988 年,第 191 页。
　　③ 参见沈家本撰,韩延龙、刘海年、沈厚铎等整理:《沈家本未刻书集纂补编》(上卷),北京:中国社会科学出版社,2018 年,第 53—54 页。
　　④ 郑秦:《清代司法审判制度研究》,第 92 页。
　　⑤ 参见杜凤治:《望凫行馆宦粤日记》,载桑兵主编:《清代稿钞本》第 14 册,第 523 页。

十八年(1892),江苏秋审案件27起,人犯33名;十九年(1893),秋审案件40起,人犯48名;二十三年(1897),秋审案件46起,人犯49名;二十四年(1898),秋审案件37起,人犯45名。① 如果平均到各州县,上海县的数量同样惊人。当然,秋审案件多,并不表明死刑案件一定也多。因为地方官员可以规避秋审程序,采取各种方式处决人犯。② 在两年中上海县处决了21名人犯,每年10名,无论如何也不算少。前引广东省每年约处决300名,平均每个州县也不过是$300 \div 83 \approx 3.6$人。③ 比较而言,上海县的死刑案件仍很突出。关于死刑,第三节再作进一步讨论。

现在,笔者再来考察一下《申报》报道的案件。总体而言,《申报》几乎每天都有各种案件的报道,不仅有上海县,而且有英租界、美租界(公共租界)和法租界。本文以《上海县案》栏目为讨论的基础,其他栏目涉及的案件原则上不予讨论。根据《日记》记载,李超琼开始审案的时间,是接印后的第三天(光绪三十三年二月十六日,即公历1907年3月29日),即"申酉间讯案六七起,退已也矣"④。而在《申报》中则不晚于27日。该报28日报道:"开枪拒捕匪犯陈金富、顾福生两犯,李大令谕将二犯解道过勘。昨日道宪亲提讯鞫,陈顺供不讳,顾略一抵赖,喝掌颊五十下,姑供帮拒属实。观察判发县收。"⑤其中"昨日"乃27日,则李知县"解道过勘"不会晚于此日。但该报27日报道的审案者,却是原上海知县王少谷,而非李超琼。为稳妥起见,本文从29日开始统计李超琼的审案情

---

① 参见《日记》(元和—阳湖—元和),第109、152、349、410页。
② 参见郑秦:《清代司法审判制度研究》,第92页;另见邱捷:《晚清官场镜像——杜凤治日记研究》,第240—247页。
③ 除却直隶厅、直隶州,清代广东省共有州县83个。参见白钢主编:《中国政治制度通史》第十卷"清代"(郭松义、李新达、杨珍著),北京:人民出版社,1996年,第176页。
④ 《日记》(光绪三十一年三月—宣统元年闰二月),第586页。
⑤ 《上海县案》,《申报》1907年3月28日,第18版。

况。具体时间跨度是,自1907年3月29日至1908年2月5日。因此,表格第一行和末一行的案件很少,前者是两天,后者仅一天。(见表2)

表2 《申报·上海县案》所见暴力犯罪总览

时间	李审（件）	帮审（件）	审案数量（件）	暴力犯罪类型与审案次数			刑讯	死刑
1907年3月	13	2	15	殴打1件	抢劫1件		1	—
1907年4月	59	9	68	人命5次	抢劫21次	伤害10次	14	2人①
1907年5月	68	16	84	人命4次	抢劫22次	伤害13次	17	1人②
1907年6月	49	15	64	人命6次	抢劫4次	伤害7次	6	—
1907年7月	43	19	62	人命2次	抢劫8次	伤害11次	5	3人③
1907年8月	66	2	68	人命4次	—	伤害8次		—
1907年9月	74	2	76	人命6次	抢劫4次	伤害11次	6	—
1907年10月	47	17	64	人命5次	抢劫5次	伤害8次		—
1907年11月	38	16	54	人命6次	抢劫3次	伤害5次	6	—
1907年12月	23	20	43	人命3次	抢劫2次	—	4	—
1908年1月	25	11	36	—	抢劫1次	伤害1次	1	—
1908年2月	5	—	5			伤害1次		—
总计	510	129	639	188			65	6

扣除1907年3月和1908年2月,在10个完整的月份内,④上海县共审

---

① 参见《上海县案》,《申报》1907年4月16日,第19版。
② 参见《凶犯正法》,《申报》1907年5月18日,第19版。
③ 参见《处决枪毙西捕人犯》,《申报》1907年7月3日,第18版。
④ 在通常情况下,封印期一个月(12月19或20或21日—1月19或20或21日)以及开印后一个月,州县牧令较少审理案件,因为前者乃节假期,后者则要安排时间晋府、晋省拜诣上司。这种"拜诣"具有多种功能,比如联络私人感情、交流官场信息与汇报政务等等。在征税困难的州县,上忙和下忙两次征税工作,也会耽误牧令的审案时间,所以各月审案情况会有一些差异。

理案件619件,平均每天约审理2个案件;撇开帮审委员不算,李超琼审理了492件,足见其司法工作之繁重。这并不是说,上海县华界实际发生的暴力犯罪及其诉讼案件就这么多。此乃因为,(1)上述数据仅为《申报·上海县案》报道的审案数量;(2)该栏目报道显然不够全面,从其他栏目报道的案件即可知晓;(3)通读该栏目可知,其所报道的绝大多数案件均非简单案件;(4)一个案件通常要经过多次审理才能了结,一次审结的案件极少;(5)如果将"验尸"也算在内,李超琼的司法工作强度也就可想而知了。

必须说明,一是表1与表2中的"李审"和"帮审"两栏的意思完全不同,表1中是指审案次数,而表2中则是指审案数量。二是在案件类型中,表1是指实际发生的案件,而表2则包括经过多次审理的案件,特别是"人命"一栏。也就是说,由于《申报》很多案件属于跟踪报道,同一案件会作多次报道,这就难免重复统计。① 因此,审案数量与案发

---

① 鉴别重复案件的办法倒也不难:(1)将《日记》记录的案件与《申报》报道的相关案件进行比较,通过求同存异之法,即可得出一个相对精确的数据;(2)对《申报》跟踪报道的案件进行核实,同样可以剔除重复;(3)全面检索《申报》对某些案件的专题报道。比如,对于陈金富、顾福生开枪拒捕一案的审理和处决,见于《申报》1907年3月28日和4月16日报道。对于陈金富、顾福生同案犯王和尚的审理与处决,见于《申报》1907年4月16日、5月2日以及5月18日《凶犯正法》报道。顾烂头被砍毙一案,见于《申报》1907年4月8日及16日报道。伤毙多命的凶犯大刀徐关胜一案,见于《申报》1907年4月27日和5月2日、20日、30日、31日以及10月1日、10月11日、11月26日,可谓连篇累牍。徐文晋控告施荣福谋害长兄仲伯一案,见于《申报》1907年7月13日、7月24日及9月24日报道。张毛毛杀人纵火灭迹一案,见于《申报》1907年6月5日《命案可疑》、6月6日《杀友纵火详记》直到《六志县讯杀人放火案》,另见9月20日、10月11日、11月14日及12月6日《上海县案》连续报道,累计不下10次。郑阿坡被杀一案,虽不见于《上海县案》报道,却可见于《申报》1907年7月3日《研讯无头命案》、7月4日《初志县讯无头命案》、7月5日《二志县讯无头命案》、7月7日《续拘无头命案人犯》、7月10日《三志县讯无头命案》、7月11日《严缉无头命案要犯》、7月20日《严缉无头命案人犯》、8月11日《严缉分尸案要犯》、8月18日《押妇病故》等等。人命案件固然具有"吸引眼球"的功能,极易引起报纸关注,因而报道也多。在《申报》中,其他暴力犯罪的报道也不少。例如轮奸金田氏一案,见于《申报》1907年6月5日、5月11日、5月15日《上海县案》。杨思桥夜劫案,见于《申报》(转下页)

数量就会存在明显差距,亦即实际发生的案件明显少于审理的案件数量。就此而言,从案发数量特别是人命案件数量来讲,表1比较可信。三是对于刑讯的记录,表1极少而表2则比较多,表2要比表1更接近真相。四是关于死刑的数量,表1要比表2来得靠谱,原因在于《申报·上海县案》的报道不全面,有些案件被分散在其他栏目,而《日记》遗漏的可能性则小些。不过上述比较仅有相对意义,表1数据也未必真实可靠、没有重复或遗漏。

(二) 个案深描

数据分析可以为我们提供一个综观清末上海县华界暴力犯罪与死刑的大致轮廓,①但由于缺乏细节方面的叙述和解释,这一轮廓不免有些模糊不清,读过之后就不可能留下多少印象。据此,仍有必要运用《日记》和《申报》的相关资料,作进一步的解释和分析,冀以充实数据的抽象概括,从而加深我们的具体印象。

首先,暴力犯罪。在各种暴力犯罪中,杀人无疑是最严重的一种。李超琼走马上任上海知县不久,就遇到了一起杀人弃尸的凶案。《日记》光绪三十三年(1907)三月十一日载曰:

> 蚤起,肩舆出大北门,至新闸大王庙,假救生轮船,行三十六里,于虞姬墩南岸登岸,陆行又七八里,抵江桥东长华浜,相验被人

(接上页)1907年5月16日、5月30日及11月29日《上海县案》。北新泾陆小园违禁赛会殴辱局员一案,见于《申报》1907年9月23日、9月29日、10月8日、10月21日及10月27日《上海县案》。通过这种方法,即可剔除重复的案件。这类例子很多,没法枚举。而且笔者亦已作过说明,本文以《日记》为基本线索,而辅之以《申报》的相关报道,故而这项工作继续下去的意义不是很大,就不再徒费时间、笔墨和篇幅了。

① 《日记》极少提到其他刑种,《申报》略有涉及,下文再予讨论。

谋杀、弃尸水中之许松泉。则五伤均在头项,既深且重,并以巨石束其腰而沉诸水,可谓惨毒矣。盖许为竹器生理,前月二十二有不知姓名人骗之出,历旬余未归,其子荣春兄弟三人遍布零丁帖,经张姓叟于浜口水面拾获松泉所遗手折,始于此打捞而得其尸焉。其母子、姑妇六七人,于茇验之时恸哭不已,余亦为下泪,所恨凶手尚无主名,如何而始足以惩此凶残耶?①

这一描述可谓要言不烦。一方面,"头项"乃是人体的要害部位,如果遭到打击,极易致命;突出"既深且重"之"五伤",则揭示了凶犯杀人手段之残忍;至于"巨石束腰沉水",则又点明凶犯具有"灭迹"意图。另一方面,亲人"恸哭不已"和"余亦下泪",更渲染了"惨毒"的暴力杀人引起的情感反应。可以设想,被害人的亲属将会化悲痛为力量。因为之前"荣春兄弟三人遍布零丁帖"②寻找"失踪"的父亲,即预示着之后他们必将采取行动,督促县官缉捕凶犯。李超琼之"下泪",固然是他在特殊情境中的情感反应,但也必将发挥缉捕凶犯、惩办"凶残"的作用。对本案,《申报》作了跟踪报道。③ 光绪三十三年(1907)九月十二日,发生了一起类似案件:"抵新桥,相验被杀之沈桂生尸身,伤至六处之多,既深且重,右腹洞穿肠流出者如栲栳,为状至惨。尸兄指为曹阿四及弟杏林所为,谓由桂生濒死所指,此辈皆流氓耳。何仇何怨,而剚刃若是

---

① 《日记》(光绪三十一年三月—宣统元年闰二月),第590页。
② 许氏兄弟招贴悬赏洋银40元,参见《请验命案》,《申报》1907年4月23日,第19版。
③ 除了《请验命案》,还有《申报》1907年4月29日、6月1日、6月6日及6月29日《上海县案》的报道。这些报道对案情的叙述日趋详明,可以参考。有趣的是,这个案件还引起了一件民事诉讼。参见4月29日:"竹器店主许松泉被人谋毙、抛尸入河一案,经张炳卿在河捞得死者。经折告知尸子许荣春,遂获父尸报县往验。当时尸棚搭在张之田内,践损麦苗,张之寄于张应宗遂向尸子索赔,致被扭县喊控。现奉李大令讯,将应宗戒责四十下,交炳乡领回,并饬地保张振山速缉正凶解究。"

之毒,可骇可恨。验讫,由尸母、尸妻呈结自殓乃返。"① 十一月十九日"午后,渡浦东,相验一无名男子,为人剚刃以死,虽只二伤,下手颇毒狠"②。

杀人之残忍惨烈,无过于支解被害人。对此,《日记》亦有记述。例一,是光绪三十三年(1907)四月二十五日发生的张毛毛砍毙蔡福生一案:

> 蚤间,出城。相验蔡福生为张毛毛戕杀之尸,伤至二十处之多,既深且重,并有支解行迹,供证凿凿,竟毫不承认……申初,升堂讯案于张毛毛,仍集证环质,无一可以躲避,而仍茹刑不吐,狡亦甚矣。③

与上一案件相比,凶犯在被害人身上连砍"既深且重"的 20 多刀,手段亦很凶残。更可措意的则是"支解行迹"这一特殊情节。根据《大清律例》卷 26 "杀一家三人"条及其附例规定,这种"恶状昭著"的暴力犯罪,若是"支解活人",则凌迟处死;若是杀死之后再予支解,则以故杀论处;若是原有支解意图,杀死之后再予支解,则"以支解论,具奏请定夺"。④ 只是到了案发之时,凌迟、枭首、戮尸三项酷刑已被删除。⑤ 但废除酷刑,并不意味着"支解杀人"或"杀人支解"本身的残暴性、恶劣性有所减轻。

---

① 《日记》(光绪三十一年三月—宣统元年闰二月),第 628 页。
② 同上书,第 642 页。
③ 同上书,第 600 页;另见《申报》1907 年 6 月 5 日《命案可疑》及其之后,同年 9 月 20 日《上海县案》及其之后的连续报道。
④ 参见田涛、郑秦点校:《大清律例》,第 426—427 页。
⑤ 参见沈家本:《寄簃文存》卷三"死刑惟一说",载氏著:《历代刑法考》(四),北京:中华书局,1985 年,第 2101 页。

例二,是同年五月初九日发生的一件恶性杀人案件:

> 酉正,复渡浦,于陶家宅西丛冢旁,相验一无名男尸,则手足与头颈皆斫去,惟胸以下至于阴阳两道尚耳,肚腹亦横劙一刀,肠流于外。察视刀口,皮肉皆不卷缩,其为死后支解可知。用蓝花布棉被裹而藏之,加以石灰,纳之皮箱中,弃于草内。有陶李氏者,晨间芸棉见之,其旁尚有竹扁担及草绳也。该氏初疑盗所遗弃之物,欲以自利,裂锁视之,始为惊怛,以告地甲来报者。审视该尸皮色,私系作苦佣工一流。距该地四里余,亦于丛冢间遗有麻袋及花鞋一双,血迹斑然,显系一事,无如残骸尚未能得也。①

从李超琼的描述来看,本案不啻具有非常明显的"毁尸灭迹"意图,而且支解手段堪称残忍。如果仅为"毁尸灭迹",凶手只要砍去被害人的头颈和手足,然后分别抛弃,足以达到目的,根本没有"肚腹横劙一刀"的必要,从而产生"肠流于外"这种令人作呕的视觉效果。同月十三日写道:"至法租界辅元分堂,验由菜市街仁昌里门外水沟中检获之左右手二只。察其肢骼,为浦东尸段之二手无疑。惟已馈腐,皮色较异耳。"②该案又见于二十三日的记述:"升堂讯案,月之九日所验浦东尸段,有郑、胡二人出控,指为郑阿波为陈姓父子所谋害者,皆潮州人也。核以各证据,似不为无因,陈女桂香供认,与阿波通奸不讳,然谋杀支解皆不承认,遂姑予收押,须再确查也。"③至此,我们大致已经知道,这是一起通奸引发的杀人凶案。虽然《日记》没有详尽记载,但《申报》却作

---

① 《日记》(光绪三十一年三月—宣统元年闰二月),第602页。
② 同上书,第603页。
③ 同上书,第605页。

了持续报道。①

在父权中心主义的帝制中国,鉴于"天下无不是的父母""养不教父之过""棍棒里面出孝子""父要子亡,子不得不亡"等教条,以及律例维护父母教令子女的权威,②导致家庭暴力非常普遍,可谓见怪不怪。请看《日记》以下三个案件:

> 饭后,至杨树浦桥西,相验女孩名福来者之尸,则为陈阿小养女,凌虐至毙者,情状最惨,可谓忍心害理之极矣。③
>
> 遂出西门,于宁波谊园,相验许金氏养媳刘林妹尸身。死以十三,即于十四移棺该所。十六,林妹之母刘李氏乃及闻知,因而成讼。及开棺,则殓无衾无衣,并无全履,两腕犹有绳絷痕,伤亦甚多且重,以十龄稚女虐待至死,惨矣。④
>
> 既出,茌同孚路相验,以民人王学森殴毙其八岁稚子关大也。其妻张及其父所供,似学森有病风魔之状,然非戾气所聚,何以至此?长民者良用自愧。⑤

前面两例的女孩,一个是养女,一个是养媳,多半是贫苦家庭出身。⑥从小来到没有情感基础的陌生家庭,其寄人篱下的境遇已够悲

---

① 参见《申报》1907年7月3日《研讯无头命案》及其之后的系列报道。
② 参见瞿同祖:《中国法律与中国社会》,北京:商务印书馆,2010年,第5—30页;魏道明:《清代家族内的罪与罚》,北京:社会科学文献出版社,2021年,第22—34页。
③ 《日记》(光绪三十一年三月—宣统元年闰二月),光绪三十三年九月二十四日条日记,第630页;另见《上海县案》,《申报》1907年12月19日,第3张第4版。
④ 同上书,光绪三十四年四月二十日,第678页。
⑤ 同上书,光绪三十三年十月十八日,第635页。
⑥ 参见郭松义:《伦理与生活——清代的婚姻关系》,北京:商务印书馆,2000年,第259页。

惨,一旦遭遇生性刻薄的养父母或公婆,其生存惨状,就可想而知了。①对她们被"凌虐至毙"的情状,李超琼用了一个"惨"字;而对其养父母的行为,则以"忍心害理"来指控。在修辞上,说某种行为"忍心害理",就是在指责某人"禽兽不如"。第三例被殴毙者虽然是亲生子,而打死该男孩者乃患有风魔之病的父亲,殴毙似乎事出意外;但是,从家人将其活活殴毙来看,日常境遇好不到哪里去。李超琼谓"戾气所聚",亦非无理。何况,说其风魔之病,难保不是"卸罪"的托词。

光绪三十四年(1908)八月初七日,李超琼记录了一起"斫毙"少年的案件:

> 辰间出城。先于仁济医馆相验一季姓少年之尸,则为山东人王长春挟忿斫毙者。其伤在头面,共十七处,齿亦斫落者五,然皆为西人纫补,几弥其迹,亦可怪也。②
>
> 归,即于华厅提讯初五夜惨杀季玉春之王长春及其伙孙玉发。王、孙皆季受伤倒地后为巡士查见,询据供指以向索洋五元诱杀于路,且指出王、孙住址,旋即毙命,按址拿获,讯亦承认索洋、相詈不讳,而不承谋杀。然季伤均在头面,至十九刀之多,其惨毒下手如此,宜乎? 其狡赖也。③

在字义上,"斫"系"用刀斧砍"④的意思。想象一下,两个成年人为"挟忿"或"索洋五元",拿刀在一个少年"头面"上连砍17次或19

---

① 参见郭松义:《伦理与生活——清代的婚姻关系》,第284—311页。
② 《日记》(光绪三十一年三月—宣统元年闰二月),第701页。
③ 同上书,光绪三十四年八月初十日,第702页。
④ 《现代汉语词典》,北京:商务印书馆,1985年,第1528页。

次,会有什么后果?"斫落"牙齿五颗,又会出现什么状况?若非用力猛砍,怎么可能!再考虑到"诱杀"情节,蓄意杀人即系板上钉钉的事实。故而这一"斫",不啻致少年毙命,而且使其血肉模糊、面目全非、惨不忍睹。这就难怪洋人要做"纫补"手术,否则让其亲友如何直视!

伤害之罪虽说轻于杀人,但是,这绝不意味着伤害手段要缓和些;有时,伤害行为的结果也会与杀人一样,即导致被害人死亡。两者之间的差异,更多是体现在犯罪的意图上,诚如胡宗绮所说:"犯罪意图的层级是确定犯罪等级的关键性区分因素。"① 比如,光绪三十三年(1907)六月二十日,在闵行发生了一起恶性伤害案件。请看《日记》记载:"顾丹泉率闵行陈弁至,并挈被殴、挖双眼之李姓者来,则盐枭逼凶所为也。"② 在食盐专卖制度下,盐枭可谓明清时期的一股残贼凶暴、难以对付的犯罪帮派,《日记》多有记述。③

抢劫意在"得财",因而被归入"盗"的范畴,属于"盗"之一种。④ 但是,抢劫往往伴随伤人或杀人的暴力行为,恶性程度也很突出。以下两例或有典型意义。

午后,审案三起。前获抢布之犯范阿毛等三名俱已得供,而事主今始传到验讯,被戮有刃伤八处者。陈杏泉一名,竟以伤后致

---

① 胡宗绮:《意欲何为? 清代以来刑事法律中的意图谱系》,景风华译,桂林:广西师范大学出版社,2020年,第88页。
② 《日记》(光绪三十一年三月—宣统元年闰二月),第611页;另见《上海县案》,《申报》1907年10月11日,第20版。
③ 盐枭杀人和剿办盐枭的例子,参见同上书,第604、654页。
④ 在《大清律例》中,从犯罪方式来看,"盗"可分三种,即强盗、白昼抢夺和窃盗。参见田涛、郑秦点校:《大清律例》,第377—384、388—394页。

病，因以身死，情甚可怜，恶尤可恶，遂拟悉予骈诛，不能为姑贷也。①

申初，至虹口相验。则昨日四钟之顷，匪徒叶莚忡于云南（路）抢攫余周氏金饰，当铺喊捕，先为章泰福截拿，叶匪戮其左颈项而仆。有顾咸庆者，见而协追至浙江路，叶匪又戮其左膀，再戮左乳上，一伤深至透膜，然咸庆犹不之舍也。躧迹狂呼，至偷鸡桥畔，叶匪跌仆，始为印捕所获。顾既见之，亦即倒地，比抬入医院，少选则死矣。其义勇亦可敬哉！验伤悉符。顾有老母、寡妻、孤子环哭以诉，为之心恻。归即提讯画供，从速禀办。灯后，手草一稿，为咸庆请恤，拟以银圆二十枚助之，乞本道及英廨寅僚共为攸助，以奖舍生殉义之士，冀可风示懦俗云尔。②

两案结果一样，都是一伤一死。鉴于情节严重、影响恶劣，李超琼对两案罪犯都采取了可称之为"从快从重"的处置，迅速作出死刑判决。前一案件，从二月初四日"得供"，到六月初九日即予"绞决"。李超琼说："辰巳间会营监刑，绞决抢犯范阿毛等三名于南门外市曹。既毕，诣邑庙行礼，返署排衙，则已午正矣。"③三名罪犯同时处以绞刑，不无加重意味。至于"邑庙行礼，返署排衙"，则有秽驱魔之意，亦是各地通例。

后一案件更快，六月十一日案发，十二日审讯，十八日即予处决。李超琼写道："归即会营监刑，押叶莚忡至南门外市曹处决。部章改

---

① 《日记》（光绪三十一年三月—宣统元年闰二月），光绪三十四年二月初四日，第611页。
② 同上书，光绪三十四年六月十二日，第690页。
③ 同上书，第689页。

斩为绞,余以该犯白昼抢攫、杀人于市,藐法已极,仍斩之,借以示警而已。实则处绞尤为该犯所苦,情状尤不堪,彼改定刑律者,乌足知之? 比行香,排衙入。"①这条日记可措意者三:一是定罪量刑的依据,极可能是"凡白昼抢夺杀人者,照窃盗拒捕杀人例,拟斩立决"条例。② 二是清末修律,为了落实"死刑唯一"原则,已将斩刑改为绞刑,前案范阿毛等三犯即被处以绞刑。然而,李超琼为了"杀一儆百"而仍执行斩决,这反映了基层法律实践者与高层法律改革者在刑罚功能上的认知差异,还反映了州县官员总有机会或可能规避律例规定,作出自己想要的决策。三是从审讯到执行,相隔仅5天,可谓迅雷不及掩耳。若由审转程序来看,上海县乃松江府属县,因此上海县初审完毕,必须将人犯和案卷解送松江府复审;由于江苏省的按察司、布政司和巡抚驻苏州,松江府复审之后,必须将人犯、案件移解苏州,听候臬司和巡抚的复审;又因两江总督驻江宁(南京),还应该把司法文书移送总督"批示";至于题奏皇帝的死刑案件,可由巡抚领衔。③ 无论如何,倘若按照常规司法程序,要在5天之内完成上述复杂的往返流程,几不可能。即便"就地正法",督抚批准也不可少。因盗财而杀人,可否"就地正法"似有争议。例如"比进城,遂诣道辕白事,乃兵备不以余欲将谋财害命之裘炳春一犯请(就)地正法为然,虽举经办数案告之,仍以命案应归例拟与盗案异为言,不知谋财而至杀人,固即盗也,杀越人于货,不待教而诛,又何畏忌之有? 然宪司所见若此,亦

---

① 《日记》(光绪三十一年三月—宣统元年闰二月),光绪三十四年六月十八日,第692页。
② 参见田涛、郑秦点校:《大清律例》,第389页。
③ 参见熊月之主编:《上海通史》第3卷《晚清政治》(熊月之、袁燮铭著),第394—396页。

听之而已"①。据此看来,如此快速处决抢劫杀人之叶莲忡,必非常规操作。由此,我们亦可理解,刑罚之重固然可以起到威慑作用;实施刑罚之快,同样是出于威慑作用的考量。在一定程度上,从快惩罚的威慑作用,要比从重来得更为有效。因为惩罚拖得久了,案件会被人们淡忘,从重的威慑作用,也会渐渐"流失"在社会记忆中。相对而言,从快就不同了,它将告诉人们,只要犯罪,就会受到惩罚,从而使"天网恢恢疏而不漏"的效果得以彰显出来。

包含暴力因素的犯罪或案件,在《日记》和《申报》中还有很多,诸如个体打斗、群体械斗;强奸和频繁发生的诱拐案件,也难免有暴力因素。但是,上举各例已足以证明,在清末上海县,暴力犯罪并非鲜见,而是常见现象。据此,没有必要继续例示和分析。

其次,暴力司法。既然民间社会的暴力犯罪时有发生,那么"以暴制暴"势必成为国家回应和治理暴力犯罪的基本手段。问题只是,在不同国家,在不同时代,回应策略各有不同而已。近代以降的西方国家,除了废除刑讯逼供和肉体惩罚,死刑也在不断减少乃至彻底废除。因此,惩罚策略随之改变,肉刑和死刑留下的空隙,逐渐为监禁制度所取代。② 当然,其间亦有反复。晚清中国,由于受到西方列强的影响,正处于法律变革的转型期。③ 但是,由于社会动荡,以致暴力犯罪不降反增——至少本文考察的清末上海县是如此。故而在司法实践中,为了

---

① 《日记》(光绪三十一年三月—宣统元年闰二月),光绪三十四年九月二十七日,第716页。

② 参见米歇尔·福柯:《规训与惩罚:监狱的诞生》,刘北成、杨远婴译,北京:生活·读书·新知三联书店,2003年;福柯:《惩罚的社会》,陈雪杰译,上海:上海人民出版社,2018年;福柯:《刑事理论与刑事制度》,陈雪杰译,上海:上海人民出版社,2019年。

③ 关于清末修律运动时期的惩罚与监狱的考察,参见冯客:《近代中国的犯罪、惩罚与监狱》,徐有威等译,南京:江苏人民出版社,2008年,第27—55页。

打击暴力犯罪,刑讯逼供和死刑判决仍被频繁使用。顺便说明,下面仅考察刑讯问题。而对死刑问题,笔者拟在第三节与死亡问题一起讨论,暂不涉及。

严格来说,刑讯并非刑罚,不能归入暴力惩罚范畴。但是,它对考察清代司法实践中的暴力问题仍有价值,可谓暴力司法的一个环节,故而一并讨论。先来看看《日记》所见李超琼"刑讯"的记述,除了上文已经征引的"申初,升堂讯案于张毛毛,仍集证环质,无一可以躲避,而仍茹刑不吐,狡亦甚矣"以外,另有11条"刑讯"的记录:

> 午后,讯案甚久,至暮乃退。滑贼王嘉堂窃张协揆子妇寓中巨赃,狡滑翻供,因自鞭之,乃及吐实。①

> 申酉间讯案三起,痛惩巨棍大刀关胜,以其刁滑狡供。②

> 午后,讯案五起。甫退,聂榕卿司马来,以瑞方伯札发盗犯方德胜等四名下县,饬与司马会讯。当共晚食,即提李德胜一名,再四研诘,狡不承认。然该左额有刀伤,眼线蓝姓指为行劫时事主拒伤,又缉获时该犯身有两枪藏匿,立经搜出,则其为匪类可知。然刑讯至二时之久,供仍含糊,可谓狡矣。姑分别收押,以待复讯。③

> 申刻,聂榕卿来,复会鞫诸盗方得胜,即张四喜一名,供认伙劫高邮三多当不讳,当以草供,令其指画。其唐桂林一名则始终狡抵,虽重惩之,亦不能折。④

---

① 《日记》(光绪三十一年三月—宣统元年闰二月),第608页。
② 同上书,第635页。
③ 同上书,第655页。
④ 同上书,第656页。

酉刻,聂榕卿来,复会鞫唐桂林、李德胜两盗,刑久之,终呼枉不承。①

上年十月十六,所验妇女自戕一案,始获周文煦、钱得成二犯,供悉狡避,而情节甚离奇,亦重惩之。余非乐肆其酷,实痛薄俗之凶恶,为不可纵也。②

以前夕狱囚聚哄,提讯重惩者十一名。徐关胜、张方锦二犯尤黠,处之亦倍。③

夜,提讯戮毙辛因因、枪毙金应春两命之凶犯徐关胜,即混名"大刀关胜"者。以案情既确,翻供再(四)。逾年在狱,又有诡谋,自褪镣铐,实死有余辜之贼。因立重处之,不欲使其再为民害也。④

惟租界拦路抢夺之唐合兴一犯,赃证凿凿,同案三犯均已供认,而犯茹刑不吐,几以跽链毙命,直至未正乃已。⑤

辰起即升堂,理讼案十一起,比退,则钟鸣十二后也。唐合兴一犯跽链逾三时,而不吐一实语,赃证凿凿,狡赖如此,俟实停刑讯,此辈皆法网所不及,中国其危哉!⑥

升堂理民讼,有拐人子女至五口者,重惩之,均入之狱,虽犯时忌所不恤也。⑦

上引刑讯记录共 12 条,涉及 7 个案件。概括各案刑讯的原因,一是

---

① 《日记》(光绪三十一年三月—宣统元年闰二月),第 656 页。
② 同上书,第 661 页。
③ 同上书,第 680 页。
④ 同上。笔者按:(1)标点有改动;(2)括号"四"为笔者所加,否则文意不顺。
⑤ 同上书,第 695 页。
⑥ 同上书,第 696 页。
⑦ 同上书,第 743 页。

案情重大,包括人命、抢劫、诱拐人口、伙盗以及盗窃巨款;①二是拒不承认、狡赖和翻供;②三是"无口供不定案"证据原则;③四是审案时限;④五是李超琼的个人态度。⑤ 比较有趣的一条则是,在审理王嘉堂盗窃巨款案,李超琼居然"自鞭之",实乃少有之事,可发一哂。

自1907年3月29日至1908年2月5日,《申报·上海县案》共报道了李超琼和帮审委员(洪大令、李大令、王大令、沈大令)审理的639个案件。这些案件包括民事、行政和刑事三种类型,同时涉及刑讯、戒

---

① 杀人和抢劫可判死刑,上面已经提及,不赘。诱拐人口、三犯窃盗且赃款50两以上者,亦有死刑。参见田涛、郑秦点校:《大清律例》,第406、392页。
② 在清代司法实践中,人犯翻供是最令承审官员头痛的事情。例如,经由屡次审讯,某犯若已招供,案件即可进入审转程序;但是在解送前,承审官员往往还要再审一次,以便取得人犯"顺供",这时才可放心解送上司。有时,人犯在上司衙门复审时又翻供了,案件就被退回重审;如果原审衙门与上司衙门相距不远,承审官员可到上司衙门自行复审。如此往返,不只费时费力,抑且耗费银子;甚至,上司会对原审官员产生能力不够、办案草率之类的负面印象。细读省内秋审程序的史料,似乎亦有"顺供"功能在焉。即便死刑"顶封"文书已经下达,在执行前,负责监刑的官员也会"顺供"一次,以免临刑喊冤。在笔者看来,这也可以视为一种翻供。一旦死囚喊冤,即要停止执行,并且重新予以复核,以免冤枉无辜。由被告人角度来看,翻供,或许是一种"多活一天算一天"的拖延策略;或许是一种等待脱罪机会的权宜策略,因为州县牧令经常更换,一旦遇到旧官去任、新官到任的情形,被告人就会翻供或有机会逃脱罪责。
③ 据《大清律例》卷36"老幼不拷讯"条规定,八议之人,年70以上、15以下和废疾,不得拷讯。若如口供,"皆据众证定罪"。参见田涛、郑秦点校:《大清律例》,第573页。这意味着,不在上述范围之内的其他各色人等,即便已有"众证"可据,仍要被告人的口供,否则不能定罪。而这就形成了"无口供不定案"或是"以供定罪"原则。同时,拷讯就有了合法性。面对"呼枉不承""狡不承认""刁滑狡供"和"狡滑翻供"等情形,除了"刑讯逼供",就没有办法取得口供了。随之而来的是,案件也没有办法及时了结。至于遭遇"茹刑不吐"的人犯,承审官员恐怕就只能徒唤无奈了。而这,即李超琼哀叹"此辈皆法网所不及,中国其危哉"之原因。宣统元年(1909)正月二十八日,李超琼写道:"返署,即升堂讯案,退已更初矣。惩痞棍之刃伤平民、放枪拒警察者三,其情状之恶,实不可贷。此时欲停刑讯,不知部臣果何所见也。"参见《日记》(光绪三十一年三月—宣统元年闰二月),第744页。
④ 参见田涛、郑秦点校:《大清律例》,第553—554页。
⑤ 李超琼的态度,从上引"余非乐肆其酷,实病薄俗之凶恶,为不可纵也"和"不欲使其再为民害也"等话语中,即可知晓。换言之,刑讯是为了获得口供,进而作出定案判决;而定案判决,既是为了"为民除害",也是为了挽救日趋窳败的恶薄世风,即"实痛薄俗之凶恶"者是也。

责、比责和刑罚四种暴力形式,共 149 次,约占 23%。不消说,这个比例仅仅是《申报》报道的,至于没有报道的,只能存而不论了。①(见表3)

表3 《申报·上海县案》所见暴力司法总览　　单位:次

暴力形式	承审	杀人	抢劫	伤害	诱拐	勒索	欺诈	盗窃	犯奸	忤逆	鸦片	行政	其他
刑讯	李审	9	11	4	3	2	4	1	1	1	—	—	9
	帮审	3	15	4	1	1	1	3	1	—	—	—	1
比责	李审	—										8	
戒责	李审		1				1					1	1
	帮审												1
刑罚	李审	—	6	6	4	—	2	14	1	1	3	3	6
	帮审	—	2	4			1	2	2	1	—		4

本表的说明与解释:第一,为避免栏目过于繁琐,仅对同类案件较多或审理次数较多的罪名予以例示,以清眉目;而对偶一出现的暴力犯罪、钱债纠纷及难以归类的案件,则都归入"其他"栏目。第二,有些栏目只是粗略概括,将"斗殴"归入"伤害",将"强奸""通奸""姘居"归入"犯奸",将违禁吸食鸦片和售卖鸦片笼统归入"鸦片";所谓"行政"案件,是指衙役和地保等人因公务失错(人犯逃走、物品被盗等等)而受到

---

① 比如,前引光绪三十三年六月初六日《日记》所载"滑贼王嘉堂窃张协揆子妇寓中巨赃"一案,当天(即1907年7月15日)《申报·公子失窃》也有报道:"鄂督张协揆之第七子媳,日前来沪就医,假寓西门外崇庆里。初二日被贼窃去饰箱一只,值价甚巨。当即饬丁报,由总工程局移请县局缉拿在案。昨日,探捕见王嘉堂携金钏等物在小东门内某银楼交兑,以其形迹可疑,即往拘获。该窃遂又改名马庆福,当即解赴县署请究。"这条报道完全没有提及李超琼"自鞭之"(刑讯)的事情。反之,同年12月16日《申报·上海县案》续有报道:"窃贼马庆福,即王介堂,提案比责二百板,判还押,速将所窃张公馆各赃缴案。"但当天《日记》却没有记录。这意味着,《日记》与《申报》所见的案件并不一致。这种互有出入的情形,使得我们可以推断,实际刑讯的次数肯定要比《日记》记述和《申报》登载的多。

的处罚,所谓"比责"和"戒责"①是也。第三,表3"刑讯""比责""戒责""刑罚"例示的"李审""帮审"及其右侧数据,是指李超琼和帮审委员实施上述四种责罚的数据;至于"李审""帮审"右侧数据,是指在审理各种案件时他们各自实施刑讯逼供的数据。第四,有些责罚很难分清究竟是刑讯抑或是刑罚。比如"徐如文向马殿奎索讨借洋,被马父殴伤多处,经太阳庙巡局解县讯验,判马责五百板,押候伤痊再讯"②。鉴于原被两造尚未质证,不知道马殿奎之父究竟是否认供,认供是否属实,因此"责五百板"的性质不好判断。单从行文来看,似乎马父殴伤了徐如文,姑且不说其他,先打一顿再说。再如,船户李有仁、李有章和帮工王广仁轮奸金田氏一案,李超琼"以李等所为甚于剧盗,判有仁与王各鞭背五百下,有仁笞一千板,王笞五百板;有章从实供认,鞭背三百下,免笞;一并钉镣,押候照例严办"③。李超琼的责罚理由具有双重性:一是他们的轮奸行为"甚于剧盗",因此三人都要惩罚;二是除李有章"从实供认"外,其他两人拒不认供,故而惩罚还要加重。整体而言,这种惩罚,既不像是刑讯逼供,也不像是刑罚制裁;既像是刑讯,又像是泄愤。第五,撇开杀人和抢劫被判死刑的案件不说,无论刑讯抑或刑罚,乃至比责和戒责,李超琼所使用的刑具(笞、板、鞭、链),除笞或板外,鞭和链

---

① 就上述案件来看,所谓"比责",是指上海县知县李超琼设置一个拘拿逃犯和追回失窃物品的期限,要求衙役、地保等人按时完成交办的工作,如果届时仍未完成任务,就会受到板子的责打。在清代官场,比责之法被广泛运用。比如,衙役不能按时完成征税定额、侦破案件、拘捕人犯、传唤诉讼两造到官听审等等;乡村社会负责交税的粮户不能按时交税,地保或里甲不能按时完成官府交办的工作,同样可以予以比责督促。至于"戒责",是指用板子责罚相关人员,以引起他们对公务的重视,避免公务失错事情的再次发生。这类惩罚几乎没有什么法律限制,打多打少地方官员可以随意而为。在这个意义上,我们可以说,比责和戒责反映了帝制时代"暴力弥散性"特点。
② 《上海县案》,1907年7月16日,第19版。
③ 《上海县案》,1907年6月5日,第20版。

已经超出律例许可的范围;①更为严重的是,责罚数量与律例规定毫无关系,少者三板②(这是唯一例证),多者数以千计。③ 在表3"刑罚"一栏中,除了责板之后枷号示众或进改过所,未见任何其他刑罚。

这就使笔者产生了以下疑惑:其一,数以千计的责板或鞭背是如何执行的。板或鞭再细小,千板或千鞭打下来,还体有完肤吗? 难道是《申报》的胡编乱造? 为取悦读者而进行虚构夸张的渲染,一次两次固然可以蒙混过去;可是日就月将,有谁会信! 如此责打,公堂之上,岂不成了哀号震天、血肉狼藉的屠宰场!④ 其二,李超琼是上海县知县,而且会阅读《申报》,而《申报》又在上海出版,难道他就这么听任《申报》为了吸引读者眼球,随意夸大事实,污蔑自己滥用酷刑?⑤ 我们有理由相信,在一定程度上,《申报》报道的司法暴力反映了清代司法实

---

① 这里的"笞""板"应该是一回事,只是用法不同而已,据《大清律例》卷2"五刑图"的解释"笞者……今以竹板折责"可知。参见田涛、郑秦点校:《大清律例》,第62页。
② 例如"发交二十八保五图看管示众之枷犯陈阿二,弃枷脱逃,由地保包锡卿将看伙郑德全解案。讯供犯因患痧,小的开枷医治,故被乘隙逃逸。判责三板,勒缉到案"。《申报》1907年6月25日《上海县案》。
③ 最多一次是1600板,参见《上海县案》,《申报》1907年7月22日,第19版;还有1500板和1200板,参见《上海县案》,《申报》1907年4月26日、27日,第19版,等等。它们既可用于刑讯,也可用于刑罚。鞭背最多的是1000下,参见《上海县案》,《申报》1907年5月30日,第20版。至于"跪铁链""批颊"之类的刑讯手段,也经常被使用,参见《上海县案》,《申报》1907年5月8日、4月12日,第19版。就刑罚而言,责板之后往往是枷号示众数月,或者是"发押改过局",参见《上海县案》,《申报》1907年4月16日、8月30日,第19、20版。
④ 相关讨论参见徐忠明、杜金:《明清刑讯的文学想象:一个新文化史的考察》,载氏著:《传播与阅读:明清法律知识史》,北京:北京大学出版社,2012年,第338—407页。
⑤ 光绪十八年(1892)六月二十六日记有:"阅《申报》,以王周氏一案致谤,为之一笑……题之曰'逼醮命妇',登诸报端。盖二十四日所刊者也。因其言之颠倒黑白,故详志之。"对《申报》的这条报道之不满,溢于言表。光绪二十年(1894)四月初一日记有:"于《申报》中见本月十三日邸钞……"此时,李超琼在元和县知县任上,已经阅读《申报》;到了《申报》出版地的上海县任知县,阅读《申报》更是理所当然的事情。参见《日记》(元和一阳湖—元和),第130、199页。

践的真情实况。① 其三,如果《申报》报道为真,那么中国法律史学界关于清代中国"依法裁判"的话题,有必要重新考虑。虽说表 3"刑罚"栏目列示的 51 个暴力司法案件未必准确,但其中没有一例能够与律例扯上关系,就不能不引起注意了。其四,阅读进入审转程序的命盗案件的司法档案,固然可以看到刑部官员在事实与律例上的刻板较真,但是绕过或规避审转程序的命盗案件,由于处在地方官员的掌控之中,怎么处置也就有了不小的回旋空间。② 退一步说,由于刑部基本是书面审理,写进文书的事实与律例,同样是由地方官员操纵,写什么与怎么写,里面大有乾坤。还有一点亦很关键,刑部书吏和司官可谓最早接触审转案件的相关人员,而他们却非常看重每年各省"解送"的秋审经费。如果秋审"部费"不到,他们就会"挑剔"驳案;若部费及时并且足额,则会放宽驳案标准,至少不会故意找茬。③ 其五,李超琼是一个具有循吏风

---

① 在陈天锡抢婚案中,鉴于欧临昌赴省城向臬司衙门上控,又交不出幕后唆使的讼师,结果被责板。杜凤治说:"何故妄控,情殊可恶,责小板三百枷号,俟讼棍交出,再行释放。"参见杜凤治:《望凫行馆宦粤日记》,载桑兵主编:《清代稿钞本》第 17 册,第 185—186 页。其中,责板三百,亦非为律例所许可。

② 例如,同治十二年(1873)二月十六日,广东南海县知县杜凤治说:"佛山鹰嘴沙明火抢掳女孩两口之犯,师爷言照例掳掠人口办绞监候,俟部覆,归秋审办理。本府与予回两院及臬台,拟重办,照抢劫外办案从重,师爷不肯。予自将案情、口供芟改通详,面禀署臬台,过堂时恐口供与详文不同,故先回明。"参见杜凤治:《望凫行馆宦粤日记》,载桑兵主编:《清代稿钞本》第 14 册,第 469 页。就本案而言,杜凤治规避审转程序、从重惩办的想法,从案发当时即已产生。参见同上书,第 301 页。

③ 例如,同治十一年(1872)四月初十日记有,署臬司钟谦钧传言南海、番禺知县:"秋审经费月底册籍进去,恐费不进去,被挑饬,烦两县先垫。外县有解、有不解,将不解者查出上禀,为严催等语。"杜凤治嘲笑钟臬台说:"何其畏部中帖写也。即不寄去,伊要我银,断不敢驳,且亦实不能驳。"这笔秋审经费,实际上是装入相关京官的私人腰包,而非用于秋审事宜。杜凤治说:"秋审经费今已议定,向章每年五千,今定每年三竿,上半年解半,下半年解半。户部、刑部皆有,功司梦臣归总,交伊分与二部广东司之经承(每处本六百,今改为七百),内有对牌寄出,以对牌为凭。收到银后,两牌相对,将此牌收内,将那一半牌寄出。予以臬台屡问,允先解二千金,冬间再解一千金,与番禺对垫。"参见杜凤治:《望凫行馆宦粤日记》,载桑兵主编:《清代稿钞本》第 14 册,第 81 页;同上书,第 13 册,第 319—320 页。

格的知县,但在刑讯与惩罚之时,我们似乎感觉不到孔子"仁者爱人"、孟子"恻隐之心",以及"哀矜折狱"的品质。① 这是否意味着,面对现实社会严峻的暴力犯罪,循吏信奉的"动之以情、晓之以理"的劝谕说服原则,根本就不可能奏效,唯有严刑峻法才能起到威慑作用? 与此同时,对于人性良善的假设也不成立,只能回到"人是苦虫,不打不招"的认知上来,并不得不与"酷吏"共舞?

综上所述,《日记》和《申报》呈现的是一幅"以暴制暴"的司法图像。

三、 清末上海县的死亡与死刑

颜渊之死,或许是孔门师徒谈论生死问题的一个契机。至少《论语·先进》的编排,会让读者产生这种印象。笔者拟以子路与孔子的一则对话,展开本节的讨论。文曰:

季路问事鬼神。子曰:"未能事人,焉能事鬼?"
曰:"敢问死。"曰:"未知生,焉知死?"②

孔子之言,表达了中国人对生死问题的基本态度。只有"活着",才是首要问题。若不理解"生"的意义,对"死"的终极追问,也就没有了落脚点。但问题是,若不追问"死"的终极意义,又怎么能够领悟"生"

---

① 相关讨论,参见徐忠明:《清代中国的爱民情感与司法理念》,《现代哲学》2012年第1期;徐忠明:《哀矜与读律:清代中国听审的核心概念》,《吉林大学社会科学学报》2012年第1期。
② 杨伯峻:《论语译注》,北京:中华书局,1980年,第113页。

的价值。司马迁曾说:"人固有一死,或重于泰山,或轻于鸿毛。"①这句名言表达了"生死意义"的关联性或相互性。唯有在"生死"辩证结构中,才能深刻理解"不可杀人"和"杀人者死"的法律意义。②

这种思想信念或意识形态,固然会对日常生活、道德规范、法律制度以及司法实践产生深刻影响;但是,一旦回到现实生活中来,我们即可发现,无论是源于人性的邪恶暴虐,还是出于政治统治的实际考量,私人之间的杀人和复仇,与国家的规训和惩罚,可谓如影随形,相伴而存。尽管"生是人之大欲",然则迫于生存压力和精神疾病,人们也会选择死亡,作为一种解脱的无奈手段。换言之,无论是因物质匮乏,抑或是因精神磨难,一旦到了"生无可恋"的窘境,选择"一死了之",即可达到"一了百了"之目的。

死亡是一个极其复杂的问题,亦是一个极难研究的问题。言其"复杂",是因为它涉及死亡的原因、信仰、仪式、象征及其物质载体等等,必须进行多学科交叉研究,才能有所体认和了悟。至于"极难",则是因为研究这一问题的资料颇为鲜见;如果是大人物,那还算好,史料相对较多,记述亦较详尽,但也不免有所隐讳和虚饰;如果是小人物,由于他们缺乏自我表达能力,以致他们的身影消失在了历史迷雾之中,从而我们根本难以知晓他们死亡的种种情形,诸如年龄、性别、身份、原因以及他们的生死观念等等。③ 就笔者的阅读范围而言,学界对传统中国的死亡问题的关注和研究,基本不出战争、灾荒、疫病以及丧葬礼仪。因为这

---

① 班固:《汉书》(第9册),北京:中华书局,1962年,第2732页。
② 详尽讨论,参见徐忠明:《古典中国的死刑:一个思想史与文化史的考察》,载氏著:《案例、故事与明清时期的司法文化》,北京:法律出版社,2005年,第394—405页。
③ 关于研究死亡问题的思路和方法,参见米歇尔·沃维尔:《死亡文化史:用插图诠释1300年以来死亡文化的历史》,高凌瀚、蔡锦涛译,北京:中国人民大学出版社,2004年,第2—19页。

些事件导致了大规模的人口死亡,史料也会予以相应记述。可是在日常生活中,对具体个人的死亡,我们几乎无从知晓,研究也就无从措手。有鉴于此,本节的讨论只能算是一点初步尝试,若能起到抛砖引玉的作用,笔者就心满意足了。

在《日记》中,李超琼一笔笔记录了发生在清末上海县(包括租界)的死亡事件。虽说《日记》记录的死亡事件可能会有遗漏,或是因公务出差不在上海而未能记录;①但是从其一天天、一笔笔耐心仔细的记录来看,遗漏失记的数量应该不多。也就是说,《日记》所载"非常死亡"事件,应该比较可靠。所谓"非常死亡",是指他杀、自杀、死刑、瘐毙、病死、饿死、溺死、路毙、车祸、事故(如塌房等)与其他原因不明的死亡。比较而言,正常死亡和在家病死的人员,一般不在记录范围之内。(见表4)

表4 《日记》所见死亡的事件和人数总览

时间	他杀	自杀	死刑	瘐毙	病死	饿死	溺死	路毙	车祸	事故	其他
光绪三十三年二月	—	2	2	—	—	1	1	—	—	—	1
光绪三十三年三月	4	5	—	—	—	—	—	2	—	31	2
光绪三十三年四月	1	5	1	—	3	—	—	—	—	—	3

① 例如,光绪三十三年(1907)二月三十日"蚤起,乘火车赴苏州"。三月初一日"抵沪,夜灯已上矣"。又如同年八月十七日"蚤起,出城,至火车站登车赴苏";十九日"六点逾半,遂以归署"。再如九月二十九日赴苏州,三十日"五钟初始抵沪"。又如,光绪三十四年(1908)七月十六日"赴金陵",十八日回署。参见《日记》(光绪三十一年—宣统元年闰二月),第588、623—624、631、697—698页。

续表

时间	他杀	自杀	死刑	瘐毙	病死	饿死	溺死	路毙	车祸	事故	其他
光绪三十三年五月	3	2	4	—	—	—	—	—	2	3	2
光绪三十三年六月	7	3	—	—	—	—	—	—	—	—	—
光绪三十三年七月	2	1	—	—	3	—	—	—	—	—	2
光绪三十三年八月	1	1	—	—	—	—	—	—	1	—	2
光绪三十三年九月	2	2	—	—	1	—	—	—	—	—	2
光绪三十三年十月	1	4	2	—	3	—	—	—	—	1	2
光绪三十三年十一月	1	2	—	1	2	—	—	—	—	6	4
光绪三十三年十二月	3	1	5	—	1	1	—	—	1	—	—
光绪三十四年一月	2	2	—	1	—	—	2	—	—	1	1
光绪三十四年二月	1	2	1	1	2	1	—	—	—	2	—
光绪三十四年三月	5	1	2	—	3	1	—	—	—	—	1
光绪三十四年四月	1	—	—	—	2	1	—	—	—	1	5

续表

时间	他杀	自杀	死刑	瘐毙	病死	饿死	溺死	路毙	车祸	事故	其他
光绪三十四年五月	—	3	—	—	2	—	1	2	—	1	2
光绪三十四年六月	3	1	3	—	—	—	—	1	3	—	3
光绪三十四年七月	1	5	—	1	—	1	—	—	1	—	1
光绪三十四年八月	2	1	—	—	4	—	—	3	2	1	1
光绪三十四年九月	3	2	—	—	1	—	—	1	1	3	2
光绪三十四年十月	4	5	—	—	4	—	—	—	—	—	—
光绪三十四年十一月	1	4	1	—	3	—	—	1	—	1	—
光绪三十四年十二月	1	1	—	—	2	—	1	—	1	—	2
宣统元年一月	1	4	—	—	2	1	—	—	—	—	—
宣统元年二月	1	2	—	—	1	—	—	1	—	—	2
宣统元年闰二月	—	1	—	—	1	—	—	1	—	—	—
总计:300	46	62	21	4	40	7	5	12	12	51	40
300=100%	15.3%	20.6%	7%	1.3%	13.3%	2.3%	1.7%	4%	4%	17%	13.3%

本表说明：(1) 表4所列案件乃《日记》所见李超琼介入验尸的全部案例，包括华界和租界，个别洋人杀死华人的案例亦在其中。因为众所周知的治外法权，这类案件不归中国司法管辖，而由洋人自行审理。但因死者是华人，上海知县有权参与尸检工作。① (2) 在人口学的意义上来讲，这些死亡案件样本太少，或许并无多大价值；但是，从死亡研究的微观社会学视角来看，它们仍能告诉我们一些以往不太受人关注的问题。比如谁死了？因何而死？死在何处？尸体如何处置？等等。这些问题，不啻涉及死者身份、死亡原因和环境、死亡与法律（暴力犯罪、验尸、瘐毙、死刑以及社会治理）之间的复杂关系，颇有研究价值。(3) 如果以25个月（光绪三十三年二月和宣统元年闰二月合计一个月）来计算，差不多每隔2天即有1人死于非命。读者可能会说，病死应该归入"正常死亡"之列。这话有理，然而这些病死案例颇为特殊，或死在公共场所，或未经检验，死因并不清楚，不予处理极易产生纷争甚至诉讼；有些死于"急痧"，可以归入"时疫"范畴，与正常病死仍有一箭之隔，地方政府也有必要予以管控，以免造成疫情扩散。② (4) 自杀人数特别显眼，占全部死亡人数的20.6%，平均每月约2.5人。其中，服毒29人③，

---

① 例如光绪三十三年（1907）七月十六日："申刻出城，于虹口医院相验潘姓溺毙尸身。潘佣于新记洋行，其行中写字，洋人掯三月雇赀未给，且由潘垫买食物，洋元十（合三十元）。昨夜向索，遂为两洋人推之水中，其凌蔑华人、轻视生命，虽蝼蚁不如，可恶已极！潘母、妻环而哭诉，惟慰以移领事察究而已，既无治外法权，遂不能庇吾民命，可耻亦可悲也。"又如光绪三十四年（1908）正月十四日："酉初出城，茌验英籍洋人海利枪毙民人李趋生之尸于仁济医馆。事在去腊九日，已及月余，以枪子洞穿左肋。医言肋骨之断者，肺亦受伤，宜乎终不可救也。初照会英官，请会验，而卒未至，故饬仵验明填格移究，慰谕尸父李阿宝，以静听核办而已。"参见《日记》（光绪三十一年—宣统元年闰二月），第615、656页。

② 参见《日记》（光绪三十一年—宣统元年闰二月），第712页。

③ 参见同上书，第586、591、594、596、600、603、607、608、633、634、640、653、656、670、681、693、696、697、699、702、702、714、719、720、724、726、734、735、747页。

自缢14人①,投水3人②,还有一些零星或只说"自尽"的案件。至于自杀原因,则是贫病交加、口角争执、羞愧以及畏罪。③ 从身份看,几乎均为李超琼所谓的"下流社会"成员。④ 在性别上,女性16人,与人们通常的刻板印象(自杀以女性为较多)存在明显不同。⑤ 总体而言,除了《日记》明确没有提及死者身份的案例,表4所列几乎都是社会底层群体,诸如伙计、佣工、小工、婢女、妓女、乞丐、囚犯以及收容在"流栖所"的贫病娇之人,甚至还有一个女孩自杀。⑥ 也就是说,稍有身价之人都没有出现在《日记》之中。这似乎意味着,底层群体不只是暴力犯罪的主体,而且是非正常死亡的主体。进而我们可以推论,暴力司法之所以那么严重,在某种程度上,是因为暴力对象绝大多数是社会底层人员,他们的尊严很难获得高高在上的帝国官员起码的尊重。在诉状中,那些没

---

① 参见《日记》(光绪三十一年—宣统元年闰二月),第587、592、598、614、622、646、649、653、682、718、722、727页。

② 参见同上书,第603、696、710页。

③ 同上书,下面略举数例,以为佐证。第一种是贫穷,如"穷极无聊""服毒馑妇""相验服鸦片致毙之尸,皆寓旅肆中者。殆浮荡久而致困穷,无以自存。""一男尸毙于客寓,则穷困轻生者。"(第592、603、639、744页)第二种是争执,如"人妾而与嫡妻忿争,自寻短见";相验"一服毒老妇尸身,则因忿争所致";"李毛氏新婚浃月,以细故口角而自尽"。(第598、640、744页)第三种是羞愧,如"淫妓羞愧服毒死也";相验中和客栈伙计被人疑为窃贼,"羞愧自尽"。(第608、649页)第四种是畏罪,如"拐犯畏罪自尽"。(第595页)

④ 同上书,第740页。

⑤ 此即"妇女急赖,短见轻生"或"妇女轻生"或"妇女轻生之习"之谓也。参见毛昌善修、陈兰彬纂:《广东省吴川县志》,台北:成文出版社有限公司,1967年影印版,第50页;李文琰修、何天祥纂:《(乾隆)庆远府志》卷九,收入《中国地方志集成》,《广西府县志》辑21,南京:凤凰出版社,2014年,第270页;郭汝诚修、冯奉初等纂:《广东省顺德县志(一)》,台北:成文出版社有限公司,1974年影印版,第307页;孙家铎修、熊松之纂:《(同治)高安县志》卷之十五,收入《中国地方志集成》,《江西府县志》辑38,南京:江苏古籍出版社,1996年影印版,第377页;瑞麟、戴肇辰等修,史澄等纂:《广东省广州府志(一)》,台北:成文出版社有限公司,1966年影印版,第280页。这种情形,不惟广东为然,北方亦有这种现象。

⑥ 光绪三十四年(1908)十一月初九日:"午后,出城,相验一自缢幼女。"《日记》(光绪三十一年—宣统元年闰二月),第727页。

有功名的两造,往往自称"草民""蚁民",而在官员眼里,他们则是"苦虫""贱民"。这种身份结构,使得承审官员在公堂上撒签打人,就非常自然了,而不大会产生"物伤其类"的感受;孔子"哀矜折狱"的教诲,也会被承审官员所遗忘。相反,若对具有功名的士绅,地方官员即便打一嘴巴,皆有可能引起严重的政治后果,自己也将面临被控告和被查办的风险。(5)表4所列病死、饿死和路毙,它们背后的原因并无二致,均可归于"贫穷"。但是,这三种死因亦隐含着非常严峻的社会道德问题,值得关注。例如《日记》光绪三十三年(1907)四月十三日:"辰间,出城。于法租界相验一幼孩,仅五岁,为收养者薄视,致病死而又弃之于野,不为掩藏,可谓无仁心者也。"①同年九月初三日:"巳刻,出城,至香粉巷相验。旅客病剧,肆主举而委之于途,以致毙命,人心之忍毒浇薄乃至于此,可悲矣。"②十一月初六日:"乘舟渡浦东,相验崇明小工金荣之尸。虽死于病,而垂毙为其乡人委弃道侧,其凉薄亦可恶也。"③光绪三十四年(1908)八月初八日:"辰间出西门。驱车至罗家湾东,于果育堂义冢相验一无名男尸。并无伤痕,确有病形,其以木扉、布被抬至该地弃之。殆因病送出,中途见其已死,遂弃之欤?既无尸亲出认,姑饬董保访查,为之棺殓,浮厝召人而已。"④对这四名死者的处置,都反映出社会道德情感的极度冷漠;与此同时,又蕴涵着民众之所以将"将死之人"委弃道路的另一动机,假如他们"热心帮助"死者,很有可能带来意想不到的后果,比如因"卷入"命案而给自己带来无穷的麻烦。而其原因在于,清代中国的司法实践告诉他们,撇开差役骚扰、勒索不说,即便仅仅出庭作证,轻者耽误时间,

---

① 《日记》(光绪三十一年—宣统元年闰二月),第598页。
② 同上书,第626页。
③ 同上书,第639页。
④ 同上书,第702页。

影响劳作和生意,重者还有可能带来牢狱之灾,甚至被关押、被刑讯。① 这就涉及制度设计存在的不足,比如刑讯证人固然是为了迅速侦破案件、缉拿凶犯、伸张正义,可无辜的证人遭受的无妄之灾,却没有被纳入考虑的范围,以至民众避之若浼,采取"事不关己,高高挂起""多一事不如少一事"的生存策略,才是最为安全的选择。就此而言,像李超琼那样,仅仅谴责"人心忍毒""世风浇薄",根本就不可能解决问题。

另有三个问题值得展开讨论。

第一,命案与死刑。由表4可知,在25个月内至少有46人死于"他杀"案件,而被执行死刑的人犯共21名,但两者不存在包含关系,即前者不一定涵盖后者。原因在于,那些已经被执行死刑的人犯,有些可能是前任遗留的案件;另有很多杀人案件,及至李超琼去世尚未审结,我们无从知晓这些案件的结果将会如何;有些经由死刑审转程序的案件,是否会在苏州被执行;有些案件,是否会因人犯瘐毙而销案。对这些问题,笔者只能存而不论。不过仅就46人死于"他杀"而言,就会给读者留下深刻印象,因为几乎每个月即有2人死于"他杀",可见问题之严重。另据学者统计,乾隆年间,江苏省平均每年的死刑案件约198起。② 江苏省约63个普通州县,③我们可以得出,平均每年每个州县约3个死刑案件,即198÷63≈3。再以当时死刑案件最多的四川省为例来做比较,该省平均每年死刑案件约248起,④四川省约129个普通州县,平均

---

① 例如,嘉善人蔡阿大在上海被杀案的关键证人金掌全,就吃尽了刑讯苦头。参见《上海县案》,《申报》1907年8月18日、22日、30日,第19、20版的连续报道。
② 参见江桥:《乾隆朝民人死刑案件的初步统计与分析》,《满学研究》1996年第3期。
③ 参见白钢主编:《中国政治制度通史》第十卷"清代"(郭松义、李新达、杨珍著),第169页。
④ 参见江桥:《乾隆朝民人死刑案件的初步统计与分析》。

每个州县约 2 个死刑案件,①即 248÷129≈2。不必讳言,这一比较没有考虑区域差异、时代差异、人口多寡以及每起案件的死亡人数,特别是这些发生在上海县的命案,是否会以死刑案件进入审转程序,进而成为刑部复审以及皇帝核准死刑的案件,②史阙有间,笔者尚不确定,因此结论免不了粗糙,从而使比较的意义也受到了一定限制。③ 但是,它或多或少仍能说明,上海县人命案件应该远远多于平均数;即使以实际判处死刑的案件来说,每年 10 件,也已远远高于乾隆年间的平均数。④ 另一

---

① 参见白钢主编:《中国政治制度通史》第十卷"清代"(郭松义、李新达、杨珍著),第 175 页。
② 据《康熙起居注》康熙四十七年(1708)正月二十二日庚午记载:"覆请刑部所题'臣等伏见皇上自御极以来,旰食宵衣,无时不以民生廑念,而慎重刑狱,尤无刻不以民命为心,故外而各督抚之奏狱,内而三法司之会审必详加核拟。或命九卿、科、道参定折衷,而又时颁特旨,停秋审之期,俾各省重囚延岁月之命。及每岁朝审勾决之日,圣心尤加恻侧,反复裁酌,多所宽免。凡人命强盗覆奏,止诛首恶,为从者多免死减等落落,共计一万七千一百余人。仰见皇上仁民爱物之心,包含遍覆之德,如乾坤之长养万物,如父母之保护赤子,哀矜恻怛委曲生全。'"参见徐尚定标点:《康熙起居注》第 7 册,上海:东方出版社,2014 年,第 303 页。道光皇帝也说,自己对四川省的秋审人犯往往不予勾决。参见张集馨:《道咸宦海见闻录》,杜春和、张秀清点校,北京:中华书局,1981 年,第 88 页。
③ 张集馨《自订年谱》记有:"据吴甄甫前辈说漳州一属,自道光十年起至二十一年止,缉凶之案,共九千余起。前此案皆项凶,自缉凶之说行,而解犯至省转少,每年秋审起数转觉无多。"最终能否缉获凶犯,固然是一回事,但是这么多案件到了秋审程序,却变成了"无多"。这意味着,很多案件被地方官员私下吃掉了。参见张集馨:《道咸宦海见闻录》,第 62 页。光绪元年(1875)二月十一日,杜凤治在日记中说:"秋审犯罗定无有,两属惟东安有一名。"同月十八日则说:"张明府任上,去年十一月至封印前止,共报抢案五十余起,为从古未有之事。予到任时,查赓任一年报抢案百余起。予三年每年最多八十余起。"参见杜凤治:《望凫行馆宦粤日记》,载桑兵主编:《清代稿钞本》第 16 册,第 479、492 页。笔者不禁要问:罗定州发生了这么多抢劫案件,但在秋审时却没有相关人犯。在这么多抢劫案件中,难道没有一件符合秋审标准吗?个中原因又是什么?颇值得我们深思和追问。
④ 值得一提的是,实际上,即使进入秋审程序的死刑案件,很多不一定被勾决。例如光绪三十三年(1907)三月二十六日载曰:"辰间,点解秋审人犯十一名,以囚车内之,附轮径送苏州。"十月二十七日:"适署中以顶封至来告,遂先辞归。盖秋审案中抢孀逼醮之唐少泉、曹五宝二犯,皆奉勾决。"再如光绪三十四年(1908)三月二十六日:"辰间,点解秋审人犯七名赴省,札黄浦司计巡检德柔护送,由火车以往。"十一月二十三日:"辰间,会营周监之千总提监顾禾尚,绑赴南关外市曹处绞。该犯于三十一年因妒奸谋杀其表弟江二之案,今岁秋审勾决者也。"参见《日记》(光绪三十一年三月—宣统元年闰二月),第 593、637、673、733 页。第一次没有被皇帝勾决,并不意味着案犯就可以活命,其结果很难预测。

方面,发生在上海县的死刑案件,并非全都在上海执行。实际上,有不少案件是在苏州执行的。比如《日记》光绪十年(1884)十一月十七日:"午初,于门外见绑赴市曹之逆犯二名。一为海门厅施姓,年甫十九岁。一为上海县之金姓。皆致毙其父者。"①又如《日记》光绪十八年(1892)正月十二日:"归,赴北市决囚至七名之多,则上海盗五、奉贤盗二也。"②这意味着,上海县死刑案件可能多于表4例示的数据。必须特别指出,要对清代中国死刑进行精确的数据统计,几不可能。这是因为,朝廷核准的死刑案件,不过是其中的一部分,被以恭请王命、就地正法、杖毙处死等方式的人犯亦颇不少;更有甚者,乃州县牧令滥施酷刑,不遵循基本的司法程序,将人犯直接处死。比如《日记》就记述了一条四川省合江县知县李镜清专擅滥杀的材料:李某到任"不及十浃月,而杀人至二百有奇。既不取供,亦不禀报,恒以一语牴牾,遂嗔其顶撞,立予斩决等情。中丞为咋舌者久之,谓吾蜀僻远,牧令威权视他省督抚为重也"③。如此滥杀,固不多见,但规避审转程序杀人之事,则并不鲜见。④诚所谓"天高皇帝远",只要震慑住两造家人,不被他们控告;或者地方官员集体合作,采取"欺上不瞒下"策略,这等擅刑滥杀也会遮掩过去。综上所述,上海县每年经由秋审和就地正法之类的方式处决约10名罪犯,这个数量虽然不如广东省南海县等抢劫案、杀人案较多的州县,但已经超过全国死刑的平均值,这一估算应无问题。

---

① 《日记》(辽左—苏州—溧阳),第198页。
② 《日记》(元和—阳湖—元和),第101页。
③ 《日记》(光绪三十一年三月—宣统元年闰二月),第719页。
④ 比如,对罗定州戴大全伤母致毙一案,杜凤治就采取"将戴大全当堂严办致毙,亦不详报"这种规避审转程序的策略。之后不久,杜凤治下令"将戴大全收入站笼,扛往大街示众"。三天之后发现,"戴大全昨似死而未绝气,今日方绝。戴启扬、亚妹仔、容昌具结领尸,埋葬完案"。参见杜凤治:《望凫行馆宦粤日记》,载桑兵主编:《清代稿钞本》第17册,第57、77、85页。

第二，表4列示的瘐毙人数共4人,但实质仅2人,可谓不多。其中一人是西牢瘐毙的窃犯,李超琼只是参与验尸而已;①另一囚犯毛凤翔"送堂医治,疑由此交保也。不知因病发堂,调治乃循向章,而该犯则于是是日病毙矣"②。据此,严格说来也不能归入"瘐毙"。不过,从"疑"可见,李超琼实际上并不清楚该犯从发病到医治的情形,亦可谓疏忽。所谓"向章",是指国家监狱管理的制度规定。③ 不过在监狱管理实践中,违背律例规定的事件时有发生,甚至非常严重,以致瘐毙之事已经成为清代监狱管理的痼疾。对此,帝国官员早已见怪不怪。自从方苞《狱中杂记》关于"康熙五十一年三月,余在刑部狱,见死而由窦出者,日四三人"④一说流行,我们对清代瘐毙之多感到非常震惊。即以1天瘐毙3人来估算,一个职司全国刑名并对地方官员题奏案件百般挑剌的刑部,它自己所设置的监狱,居然每年会有上千囚犯瘐毙,这就更令人震惊了。郭松义指出:"笔者曾有机会翻阅过清代2000多个刑事案件,据初步统计,每10—15个长期在监犯人中,约有1—2人未等刑满或在押未判,就以病故呈报死亡的。"⑤这一囚犯人数与死亡(瘐毙)之间的比例,不能算低。若照这个数据进行比较,上海县每年瘐毙的人犯,约在10人之谱。我们知道,李超琼上任时曾清点过羁押人犯,当时有150—160人;⑥9个月后,他再次"周视各号,所羁押人犯至一百五六十名之多"⑦。由于我们不知道上海县监所羁押的人犯是否属于长期,故

---

① 参见《日记》(光绪三十一年三月—宣统元年闰二月),第658页。
② 同上书,第696页。
③ 具体规定,参见田涛、郑秦点校:《大清律例》,第570—573页。
④ 方苞:《狱中杂记》,载《方苞全集》第9册,上海:复旦大学出版社,2018年,第583页。
⑤ 郭松义:《清宣统年间北京城内人口死亡情况的分析》,《中国人口科学》2002年第3期。
⑥ 参见《日记》(光绪三十一年三月—宣统元年闰二月),第585页。
⑦ 同上书,第641页。

此不拟讨论。另据张集馨记述,四川"通省瘐毙者,每年不下一二千人"①。这个数据可谓大而化之,笔者取中间数 1500 人来计算,则 1500÷129≈11.6,每个州县平均约 12 人。杜凤治说,光绪三年(1877)十一月,广东省南海县"羁所三处押犯五六百名"②,足见人犯之多;同治十一年(1872)正月,杜凤治说当年"天气寒冷已极,本监羁共瘐毙十二人"③。一个冬天,就瘐毙了 12 名人犯,可见瘐毙之多。再据《李超琼日记》记载,光绪十六年(1890)、十七年(1891)、十八年(1892)和十九年(1893),江苏省长洲县的瘐毙人犯,分别是 12 名、4 名、1 名和 5 名,④不同年份相去甚远。4 年共瘐毙 22 人,平均每年 5.5 人,长洲县的瘐毙人数亦不算少。而瘐毙多的根本原因,则是对人犯缺乏基本的人道关怀;或是即便某些官员心存恻隐,但也没有足够经费,修建监房宽敞、通风透光的羁押场所,提供必要的卫生条件及囚犯衣粮,等等。所有这些,恰恰又是因为州县极度匮乏,有赖牧令捐资维持。⑤ 李超琼说:"羁押人犯至一百五六十之多,舍宇湫隘,有同地狱,为之恻然。"⑥如果对照方苞《狱中杂记》的描述,作为首善之区的京师、作为全国司法"领导"和"模范"的刑部监狱,已经如此之恶劣,那么地方衙门的狱政之坏,就可想而知了。诚如孟子所说"徒法不能以自行"⑦,狱政之良窳,不啻与狱政制

---

① 张集馨:《道咸宦海见闻录》,第 96 页。
② 参见杜凤治:《望凫行馆宦粤日记》,载桑兵主编:《清代稿钞本》第 18 册,第 609 页。
③ 参见杜凤治:《望凫行馆宦粤日记》,载桑兵主编:《清代稿钞本》第 13 册,第 562 页。
④ 参见《日记》(元和—阳湖—元和),第 24、29、32、33、34、36、44、45、53、57、59、69、71、91、105、146、153、160、173 页。
⑤ 参见杜凤治:《望凫行馆宦粤日记》,载桑兵主编:《清代稿钞本》第 18 册,第 609 页。
⑥ 《日记》(光绪三十一年三月—宣统元年闰二月),第 641 页。
⑦ 杨伯峻:《孟子译注》,北京:中华书局,1960 年,第 162 页。

度和狱政经费有关,而且与负责管理的官员个人亦有密切关系。例如同治十年(1871)五月二十九日,杜凤治在日记中写道:"无论南海,即在外县,既押得,往往忘之,此人无出期矣。以一人观之,乃知如此者殆不少也。"①足见该官员的漫不经心。同治七年(1868)七月初八日,杜凤治在日记中写道:"宋西堂在清远作事大乱,一日死监犯廿余名,照例系三水验,亦照旧章行文用印,不亲到也。宋被臬台委员彻查,非刑是真,而且放去之犯,亦报痩毙。"②这条材料,至少讲了四层意思:一是宋西堂痩毙人犯极多,以致臬台派遣委员彻查,很有可能会被追责;二是关于相邻州县之间互有检验痩毙囚犯的制度,即清远县痩毙由三水县知县负责检验,而这也是全国通行之例;③三是所谓"不亲到也",则意味着广东邻县相验的旧章,在实践中比较马虎;④四是"放去之犯,亦报痩毙"说明,以详报痩毙之法来释放囚犯,其中不免腐败之事,比如得贿放人。比较而言,李超琼治下的上海县,痩毙人犯应该说不算多,甚至可以说很少,这似乎与他的"恻隐之心"有些关系。

19世纪来华的传教士英国人格雷在《南海监房:晚清的人间地狱》中写道:

> 监房里不仅有关未被处决囚犯的牢房,还有6个主牢房,每个

---

① 杜凤治:《望凫行馆宦粤日记》,载桑兵主编:《清代稿钞本》第13册,第246页。
② 杜凤治:《望凫行馆宦粤日记》,载桑兵主编:《清代稿钞本》第11册,第82页。
③ 这也是元和县知县李超琼为什么会记述长洲县痩毙的原因。在日记中,杜凤治还记录了这类事情。参见杜凤治:《望凫行馆宦粤日记》,载桑兵主编:《清代稿钞本》第11册,第171、215页。
④ 在《李超琼日记》中,一般都是"亲到"检验。例如光绪十三年(1887)八月初二日:"申刻,金坛陈绶甫大令来,相验痩毙之犯张公兴。"光绪三十三年(1907)十一月十五日:"宝山令胡榕树(调元),以道檄莅验痩毙盗犯。"《日记》(辽左—苏州—溧阳),第353页;《日记》(光绪三十一年三月—宣统元年闰二月),第641页。这类例证很多,不拟枚举。

都有 4 个间大囚室。牢房的墙都紧靠着,形成一个平行四边形。

对清廷官员来说,这些人质的被捕和关押都是合法的。在中国,如果犯人逃走或隐匿了,官府可以扣押犯人的家属,直到犯人被抓到才释放。他们甚至会被这样关押 5 年、10 年甚至 20 年。是的,许多人因他们潜逃的亲人而在监牢中度过一生。

中国监狱的死亡率非常高,以至于死人屋成了必要附属设施。死在牢中的犯人会被扔进死人屋,待在那里直至必要的简单手续办完后才被埋葬。离死人屋不远的监狱外墙下有一个洞,或者说是一扇小门,刚好能让一具尸体通过。通过这个洞,死在牢中的犯人尸体会被送到临近的街道草草下葬。中国官员认为,将犯人的尸体通过衙门主门抬出去是对大门的一种亵渎。

关在监狱里的犯人看起来十分悲惨。他们的面容就像死人一样,身体消瘦,头发又黑又直。监狱规定他们不能刮胡子,因此他们看上去就像恶鬼一样,让人见了感到惊恐,并且深刻脑海。所有犯人脖子上都套着链子,脚踝上戴着脚镣。①

上引文字,大致上概括了清代监狱的构造与人犯(包括证人和家人)的境遇。对瘐毙之严重,也进行了恰如其分的揭示。其中仅容一人之身通过的"洞"或"门",即为方苞所说的"窦",看来这是全国通行之例。停放尸体的"死人屋"②,应该也是当时惯例。据《(民国)上海县续志》介绍,上海绅董在光绪"十年,于北新泾设仁济分堂;十七年,禀官设

---

① 约翰·亨利·格雷:《广州七天》,第 136 页。
② 格雷还提到过"死人之城",不知其与"死人之屋"是否是一回事,待考。参见约翰·亨利·格雷:《广州七天》,第 241—242 页;另见格雷夫人:《广州来信》,邹秀英、李曼、王晓燕译,广州:广东人民出版社,2019 年,第 45—46 页。

息影公所于北城濠,建平屋、凉亭各三间,备旅客病毙借殓处"①。李超琼《日记》亦有"息影公所"的记载,其功能是存放尸体和验尸场所,或者与"死人屋"类似。②

若将常规程序处决的死刑人犯与瘐毙人犯相比,是否可以认为,无论全国抑或州县,瘐毙人犯的数量可能要比死刑还多。③ 果真如此,在考察暴力司法时,就应该把瘐毙人数计算在内。此乃因为,死刑是国家暴力机器直接导致的人犯死亡,而瘐毙则是在国家暴力机器运作过程中间接导致的人犯死亡。更为可怕的是,死刑仅仅对严重犯罪才适用,但瘐毙却有可能降临到罪不至死的轻罪人犯、词讼案件两造甚至无辜证人的身上。

第三,非常死亡的处理。在 2 年零 1 个月时间里,李超琼处理了 300 件死亡事件。对日常政务非常繁忙的上海知县来说,为什么还要不怕麻烦(包括花费时间、精力、费用)去处理这类事件;更何况,与尸体(特别是支解之尸和腐败之尸)打交道,在情感和心理上都是一件令人厌恶的事情。个中原因颇为复杂,但其根本原因则是,遏制和打击"依尸图赖"行为。根据《大清律例》卷 37"检验尸体不以实"所附条例规定:

> 遇告讼人命有自缢、自残及病死而妄称身死不明,意在图赖诈

---

① 吴馨等修,姚文枬等纂:《江苏省上海县续志》,第 212 页。
② 参见《日记》(光绪三十一年三月—宣统元年闰二月),第 670、717 页。关于验尸场所,《日记》提及最多的是虹口、虹口医院(45 次)和仁济医院(33 次),其中设有专门的验尸房。
③ 邱捷指出:"从杜凤治日记看,按'就地正法'程序处决的犯人比按正常程序处决的多得多。"参见邱捷:《晚清官场镜像——杜凤治日记研究》,第 242 页。在晚清,各种死于国家暴力司法的人犯,全国累计起来估算,应该是一个非常惊人的数据,李超琼在《日记》中所记,只是沧海一粟而已。

财者,究问明确,不得一概发检,以启弊窦。其果系斗杀、故杀、谋杀等项,当检验者,在京委刑部司官及五城兵马司、京县知县;在外委州县正印官,务须于未检验之先,即详鞫尸亲、证佐、凶犯人等,令其实招以何物伤何致命之处,立为一案。随即亲诣尸所,督令仵作如法检报,定执要害致命去处,细验其圆长斜正青赤分寸,果否系某物所伤,公同一干人众,质对明白,各情输服,然后成招……

诸人自缢、溺水身死,别无他故,亲属情愿安葬,官司详审明白,准告免检。若事主被强盗杀死,苦主自告免检者,官与相视伤损,将尸给亲埋葬。其狱囚患病,责保看治而死者,情无可疑,亦许亲属告免覆检。若据杀伤而死者,亲属虽告,不听免检。

凡人命重案,必检验尸伤,注明致命伤痕,一经检明,即应定拟。若尸亲控告伤痕互异者,许再行覆检,勿得违例三检,致滋拖累。如有疑似之处,委别官审理者,所委之官带同仵作亲诣尸所,不得吊尸检验。①

首先,在第一时间锁定通过"详鞫尸亲、证佐、凶犯人等"所得之证言和口供,乃验尸之前的首要工作。之所以要及时"锁定"证供,是因为中国古人坚信,犯人和证人在第一时间接受承审官员的询问时,毫无防范心理,不啻容易吐出供词,而且证供也最为可靠;嗣后即有可能产生防范之意识,想出抵御之策略,甚至出现串供之弊端,从而扰乱承审官员的视线与节奏。其次,在验尸时,承审官员还可以将供证与尸伤进行仔细对勘,较易抓住尸伤的要害,并且作出更为准确的死因认定。有了这个前提或基础,死者亲属"图赖"的机会,无干之人

---

① 田涛、郑秦点校:《大清律例》,第591—592页。

"借尸图赖"(勒索钱财),以及讼师挑唆尸亲兴讼的企图,皆可以在第一时间就被堵住。① 再次,关于"质对明白,各情输服,然后成招",显然是为了避免将来人犯和尸亲的翻供。与此同时,对缓解和转移承审官员的司法责任,亦有非常重要的作用。因为,一旦出现翻供,承审官员即可借以指责人犯和尸亲狡赖,而非自己审案草率马虎,以致证供前后分歧。反过来讲,它也给承审官员自己戴上了枷锁,如果串改证供,即要承担法律责任。及时检验尸体,对迅速结案和预防司法腐败也有积极作用。最后,尊重尸亲的免检请求,既是减少讼累之法,亦是节约司法成本之策。不过,鉴于"人命关天",是否准予尸亲免检,视乎案情而定,并非一味曲从他们的请求。因为尸亲请求免检之中,难免会有"见不得人"的意图,例如,为了得到钱财补偿竟而"私和人命"。② 而"私和人命"则是严重挑战家族亲情伦常和"见利忘义"的行为,也是侵蚀国家司法权力的行为。

李超琼虽然并没有按照律例规定来写日记,不过《日记》记述的若干验尸案件,与律例规定倒也若合符节。这里聊举数例,以资佐证。例证一:"于美租界验陈阿芒昨夜戮毙黄姓尸身,伤多且重,情节最为惨毒。盖窃匪拒捕图脱故也,凶手及死者皆粤东产,而黄为商团体操会学生,故虞洽卿(和德)出而代白一切情状焉。"③若非相验之前询问过知

---

① 各地"借尸图赖"之事很常见,参见聂亦峰:《聂亦峰先生为宰公牍》,第 157、165、168、175、176—177 页。相关讨论,参见徐忠明、杜金:《清代诉讼风气的实证分析与文化解释》,载徐忠明:《众声喧哗:明清法律文化的复调叙事》,北京:清华大学出版社,2007 年,第 151—159 页。

② 参见田涛、郑秦点校:《大清律例》,第 441—442 页。清代验尸制度,除了与规制"图赖"行为具有密切关系以外,与《大清律例》卷 25"发冢"条"残毁他人死尸及弃尸水中"以及卷 26"杀子孙及奴婢图赖人"等条律例之规定,也存在微妙关系。同上书,第 409、435—436 页。

③ 《日记》(光绪三十一年三月—宣统元年闰二月),第 592 页。

情者,李超琼就不可能知道凶手和死者的身份,更不可能知道凶犯乃因窃拒捕杀人。例证二:"于法租界相验一幼孩,仅五岁,为收养者薄视,致病毙而又弃之于野,不为掩藏,可谓无仁心者也。又入英界,验一自缢之妇,则为人妾而与嫡忿争,自寻短见者。"①关于病死和自缢之外的各种信息,显然是李超琼在验尸前通过询问知情者而得知。例证三:"在仁济医院,为青浦廪贡生杨雨苍,年四十有六,昨偕友行大马路,为钱阿根自由车撞跌翻仆于地,磕伤脑后,震耳门俱见血,送馆救治不及而死。其子纪耕及尸弟均集,初请免验,而求治阿根罪。晓以命案,惟凭尸伤,不验则无尸格,何能究?拟乃一验之,其因撞而死于跌磕也,信始取结,饬自为棺殓而去。"②这条日记提供的信息更为丰富,几乎涉及验尸制度的关键内容,诸如人命案件不准免验、填注尸格、尸亲具结与尸体殓埋。例证四:"遂至浦滩登车,驰至泥城桥北、贵州路之寿宁寺相验,则陈姓婢女服毒自尽者也。然西人之充包探者,必欲陈露卿到案,告以死由自尽,与人无尤,此不足为婢主累。尸既饬殓,交地保结领可也。"③此例的特点,是将地保在尸体保管中的作用作了交代。

经由上文对《日记》所载的死亡与死刑的考察,我们可以看到,在清朝末年,上海县的"非正常死亡"可谓频发事件;而对暴力杀人案件,国家也以暴力予以还击,因此每年执行的死刑案件,远远多于全国各州县的平均数。不消说,上述估算和讨论所得,只是一项非常初步的研究结论。至于这一结论是否可靠,尚待更多的资料和研究予以验证。

---

① 《日记》(光绪三十一年三月—宣统元年闰二月),第598页。
② 同上书,第625页。
③ 同上书,第586页。

结　语

　　暴力事件的发生,不仅与地域社会的组织结构和人情民风相关,而且与当地民众的自然资源和生存状态相关。至于触发暴力事件的微观情境或情势,更是不可忽视的关键因素。由于中外条约体系与太平天国运动这一宏观背景的深刻影响,清末上海县不只形成了"华洋胥萃""五方杂处"的社会居住格局,而且出现了各色人等蜂拥而来,冀以"谋发展""讨生活"的社会经济情态。这一时期的上海县,不仅族群复杂、帮派林立,而且陌生人多、流动性大。与此同时,由于人口暴涨,生存竞争日趋激烈,极易产生争斗与暴力事件。在现有经济基础上"谋发展",不免做出违法犯罪之事,鉴于《日记》没有这一方面的记述,可以暂且搁置。在生存压力下"讨生活",则更容易做出偷鸡摸狗之事。在人称"冒险家乐园"的上海,人们既可能一夜暴富,亦可能瞬息破产。暴富者固然可以过上纸醉金迷的生活,而破产者则走投无路,服毒、投江就悉听尊便了。所谓"黄浦江没盖子",也就成了一条在上海很流行的"自杀"俗谚。无论怎样,暴富与破产的背后,实际上是经济上的成功与失败,均与一个"钱"字息息相关。

　　具体言之,在谋生乏资、生活无着的情况下,人们就会干出"杀人越货"的勾当。原本可能只是为了窃取他人钱物,但是一旦被人(事主或旁人)发现,则会因拒捕而杀人;如果抢劫遭到抵御,同样也会做出杀人意图脱身的暴力行为,此乃典型的"杀人越货"。至于斗殴和谋杀,虽然动机不在财货,不过杀人之后"顺手牵羊"摄取财货,也是自然而然的事情。另一方面,那些死于自杀、死于疾病、死于饥饿的各色人等,诸如伙计、帮工、娼妓、乞丐以及无名游客（或流浪者），基本上来自社会底层。他们的死亡原因，仍然不外乎经济上的贫困窘迫。换句话说，这些死亡事件的背后，仍然是一个"钱"字。

管仲说："仓廪实则知礼节，衣食足则知荣辱。"①《论语·子路》载："子适卫，冉有仆。子曰：'庶矣哉!'冉有曰：'既庶矣，又何加焉?'曰：'富之。'曰：'既富矣，又何加焉?'曰：'教之。'"②其意涵很显豁。一方面，劳力者增长之后，劳心者必须让他们富裕起来；只有在他们富裕之后，才能对他们进行教化。只有在这一前提下，教化也才有效。在这个意义上，文明演进的基础或条件之一，是经济状况的改善；至于教化能否进行，是否有效的基础，同样与经济相关。衣食丰足、生活体面，将在一定程度上改变人们的行为方式，进而减少暴力行为的概率。另一方面，在经济发达和财富丰沛的条件下，还要有一套财富公正分配的制度，让百姓能够分享经济富庶带来的成果。而这对于控制暴力犯罪而言也是一个非常关键的问题。然而事实告诉我们，清末上海县并不存在这样的经济条件与分配制度。在这种情况下，作为国家意识形态核心价值的道德伦理及其教化机制，亦都难以落到实处，并且产生移风易俗和控制暴力犯罪的作用。因此，《日记》基本没有记录这一方面的官方实践。面对愈演愈烈的暴力犯罪，即使像李超琼这样的原本崇尚"爱民教化""移风易俗"的循吏，其所采取的解决之道，仍只能是威慑和暴力。而这，正是频繁执行死刑的根本原因。但问题是，一味采取"以暴制暴"的手段，却无助于遏制暴力，③甚至很有可能还助长了暴力行为，

---

① 黎翔凤撰，梁运华整理：《管子校注》（上），北京：中华书局，2004年，第2页。
② 杨伯峻：《论语译注》，第136—137页。
③ 现代的废除死刑论者，基本上持这一观点。参见加缪：《思索死刑》，石武耕译，北京：北京大学出版社，2018年，第24—25页。

诚如老子"民不畏死,奈何以死惧之"①之谓也。法国作家加缪也认为:"这些令人反胃的(死刑)仪式,非但不能吓唬住民间舆论,反而会在民间激起犯罪,或是使其陷入慌乱不安。"②这意味着,要使人们遵守法律,进而控制暴力,光靠威慑和暴力,很可能以失败而告终。③ 本来,儒家"德主刑辅"亦即兼容教化(或说服)与威慑(或惩罚)的制度设计的一套想法,很有理论意义与实践价值;④可是,在维护皇权统治的实践中,却滑落到过于依赖惩罚的轨道上。这是一种失败,也是一种教训。

其一,本文使用的核心概念是暴力犯罪与暴力司法,借以建构分析框架。其中,考察暴力犯罪的视角是社会,而考察暴力司法的视角则是国家。在运作实践中,暴力犯罪与暴力司法之间又存在着彼此强化的互动关系。换句话说,当暴力犯罪严峻之时,也是暴力司法强化之时;反之,则会相对缓和。有时,暴力司法的强弱,也会受到操作司法机器之人的个性的深刻影响。只是,由于李超琼在《日记》中没有这一方面的具体记述,所以笔者不便随意推展。其二,本文还采用了比较分析的视角。笔者虽然以清末上海县作为考察对象,但是,在资料许可范围内尝试超越上海县的地域范围,而将全国、某省和某些州县作为比较对象,以期阐明它们之间的异同。比较而言,上海县的暴力犯罪要远高于全国的平均值,但如果与广东省南海县相比,似乎南海县更严重。就暴

---

① 陈鼓应:《老子注译及评介》,北京:中华书局,1984年,第337页。
② 加缪:《思索死刑》,第23页。
③ 参见汤姆·R. 泰勒:《人们为什么遵守法律》,黄永译,北京:中国法制出版社,2015年。
④ 在"家国同构"的传统中国,以"慈母严父"来进行政治统治,有其合理性与正当性。在这一国家治理模式中,本该保持两者之间的合理有效的平衡,但在制度安排与制度实践中却出现了偏向于"严父"一端的情形。关于"慈母严父"模式的理论分析,参见乔治·莱考夫:《道德政治:自由派和保守派如何思考》,张淳、胡红伟译,北京:社会科学文献出版社,2019年,第58—140页。

力司法而言,情况也是如此。这就进一步说明,暴力犯罪与暴力司法相互关联、彼此强化的看法,或许不只具有史实依据,而且具有理论价值。其三,就本文运用的资料而言,由于李超琼是逐日记述自己处理的日常政务,其《日记》的可靠性应该毋庸置疑。至于本文运用的其他日记如《望凫行馆宦粤日记》《李星沅日记》等,具有同样的性质,其真实性同样不可否认。至于《申报·上海县案》报道的案件,很多与《日记》可以相互印证,失实夸张虽说在所难免,但不至于严重到失去可靠性。如果这一假设合理,那么根据这些资料得出的结论,即可以"虽不中亦不远"来概括。

从生产控制到土壤保护
——罗斯福"新政"时期美国农业调整政策的演变及其影响

高国荣*

1933年3月16日,富兰克林·D.罗斯福总统建议国会通过《农业调整法》(Agricultural Adjustment Act),以"提高我国农民的购买力,增加农民对工业品的消费",他坦率地说道:"这是一条新的、不成熟的道路","前所未有的严峻形势需要我们尝试新的方法来拯救农业"。① 在罗斯福总统的建议下,国会于1933年5月通过了《农业调整法》。罗斯福总统在随后不久的一次"炉边谈话"中提道:《农业调整法》旨在将农业生产"降低到一个合理的水平",使农产品"保持合理的价位"。他明确指出,"这一方法在一定意义上是试验性的"。② 农业部长亨利·A.华莱士(Henry A. Wallace)在1934年也指出:"目前调整生产面积以适应市场需求的计划,是被认可的处理紧急情况的暂时方法。不能把它

---

* 中国社会科学院大学历史学院教授,中国社会科学院世界历史研究所研究员。

① Franklin D. Roosevelt, "New Means to Rescue Agriculture: The Agricultural Adjustment Act, 3/16/1933," *The Public Papers and Addresses of Franklin D. Roosevelt, Vol. 2. The Year of Crisis, 1933: With a Special Introduction and Explanatory Notes by President Roosevelt*, New York: Random House, 1938, p. 74.

② Franklin D. Roosevelt, "The Third 'Fireside Chat': The Simple Purpose and the Solid Foundations of Our Recovery Program, 7/24/1933," *The Public Papers and Addresses of Franklin D. Roosevelt, Vol. 2. The Year of Crisis, 1933: With a Special Introduction and Explanatory Notes by President Roosevelt*, New York: Random House, 1938, p. 298.

当作平衡农业生产与市场需求的常规手段。"① 但实际上,通过农业补贴控制农业产出的政策在 1938 年的《农业调整法》中被固定下来,尽管形式不断变化,但一直延续至今。农业调整法稳定了农业生产和农产品价格,也促进了土壤保护和环境保护。

学界对罗斯福"新政"时期的农业政策已有相当的探讨。这些探讨不同程度地都会涉及"新政"时期的《农业调整法》。既有研究大多是从经济学角度,着眼于《农业调整法》是否实现了其立法初衷,基本肯定《农业调整法》在提高农产品价格、增强农民购买力、缓解美国农产品过剩危机方面的效果。② 在民国时期及新中国成立初期,国内经济学界对罗斯福"新政"时期的美国农业调整立法及其成效有一些关注和思考,但在讨论时很少将经济干预与美国政治体制联系起来。③ 相比经济学界,国内史学界对这一问题的关注较为滞后,迄今缺乏深入的

---

① Henry A. Wallace, "The Past Year in Agriculture," *Yearbook of Agriculture 1934*, Washington, D. C.: U. S. Department of Agriculture, 1935, pp. 20-21. 农业调整分广义和狭义两种,广义上是指农业随着社会需要的变化加以调整,而本文所指的农业调整主要是指罗斯福"新政"时期依据《农业调整法》及相关修订立法所开展的控制农产品过剩、提高农产品价格、改善农民经济状况的那些政策。

② William E. Leuchtenburg, *Franklin D. Roosevelt and the New Deal*, New York: Harper & Row, Publishers, 1963; Richard S. Kirkendall, *Social Scientists and Farm Politics in the Age of Roosevelt*, Columbia: University of Missouri Press, 1966; Theodore Saloutos, *The American Farmer and the New Deal*, Ames: Iowa State University Press, 1982; Kenneth Finegold & Theda Skocpol, *State and Party in America's New Deal*, Madison: University of Wisconsin Press, 1995; David M. Kennedy, *Freedom from Fear: The American People in Depression and War, 1929-1945*, New York: Oxford University Press, 2001.

③ 参见何声清:《统制经济声中之美国农业政策》,《革命与战斗》1934 年第 3 卷第 8 期;李芳谱:《美国农业政策之检讨》,《存诚月刊》1935 年第 1 卷第 5 期;《美国农业政策之检讨》(续),《存诚月刊》1935 年第 1 卷第 6 期;漆琪生:《美国罗斯福农业政策之检讨》,《新中华》1935 年第 3 卷第 16 期;冯和法:《美国农业调整法的崩溃:并论新法"土地保全法"》,《国际贸易导报》1936 年第 8 卷第 4 期;厉以宁:《1933 年以前美国政府反农业危机措施的演变》,《北京大学学报》(人文科学版)1962 年第 3 期;厉以宁:《美国"新政"时期的反农业危机措施》,《北京大学学报》(人文科学版)1963 年第 5 期。

讨论。① 美国学界对"新政"时期的农业政策从多方面加以考察,但从环境史的角度对罗斯福"新政"时期美国农业调整政策进行探讨的成果并不多。在美国环境史学界,相较进步主义时期的资源保护运动和战后环保运动,两次大战之间的资源保护受到的关注较少,甚至一度被称为"未知领域"②。这种情形近20年来虽然有所改变,但迄今仍缺乏对"新政"时期资源保护的整体探讨。③ 农业调整政策作为"新政"时期资源保护的关键方面,受到的关注也还不够。在笔者看来,20世纪30年代的农业调整政策实际上是通过立法将土壤保护作为解决美国农业危机的重要手段固定下来,在推动进步主义时代的资源保护运动走向战后环保运动方面具有承前启后的重要意义。④ 本文拟对罗斯福"新政"时期美国农业调整政策的出台背景、发展演变及其生态影响加以考察。

---

① 参见刘绪贻:《罗斯福"新政"的农业政策》,《史学月刊》2001年第3期;王书丽:《新政时期美国联邦政府的农业对策探析》,《鲁东大学学报》(哲学社会科学版)2009年第1期;王向红:《罗斯福"新政"的土地资源保护政策》,《海南大学学报》(人文社会科学版)2012年第6期。

② Paul S. Sutter, "Terra Incognita: The Neglected History of Interwar Environmental Thought and Politics," *Reviews in American History*, Vol. 29, No. 2 (Jun. 2001), p. 289.

③ Donald Worster, *Dust Bowl: The Southern Plains in the 1930s*, New York: Oxford University Press, 1979; Sarah T. Phillips, *This Land, This Nation: Conservation, Rural America, and the New Deal*, Cambridge: Cambridge University Press, 2007; Neil M. Maher, *Nature's New Deal: The Civilian Conservation Corps and the Roots of the American Environmental Movement*, New York: Oxford University Press, 2008; Sara M. Gregg, *Managing the Mountains: Land Use Planning, the New Deal, and the Creation of a Federal Landscape in Appalachia*, New Haven: Yale University Press, 2010; Paul Sutter, *Let Us Now Praise Famous Gullies: Providence Canyon and the Soils of the South*, Athens: University of Georgia Press, 2015; Douglas Sheflin, *Legacies of Dust: Land Use and Labor on the Colorado Plains*, Lincoln: University of Nebraska Press, 2019.

④ 美国环境史学者马赫(Neil M. Maher)认为,"新政"时期的民间资源保护队(Civilian Conservation Corps)推动了资源保护向环保运动的转变。参见 Neil M. Maher, *Nature's New Deal: The Civilian Conservation Corps and the Roots of the American Environmental Movement*, p. 10。

一、农业调整政策的出台背景

罗斯福"新政"时期的美国农业调整政策,是在美国农业危机加剧的形势下出台的一种应急措施,是多种因素推动的结果。1900年以来农业危机的加剧、20世纪20年代美国克服农业危机措施的失败、农业利益集团和农民运动的兴起,都推动了罗斯福"新政"时期美国农业调整政策的出台。

第一,罗斯福"新政"时期美国的农业调整政策,是在农民社会地位下降、农业危机加剧的大背景下启动的。

自19世纪中后期以来,随着工业化和城市化的快速发展,农民在美国经济、政治和社会生活中的地位出现了明显下降。曾几何时,农业被视为最理想的职业,农民被视为独立勤劳、品德高尚的社会中坚和国家希望;农业背景甚至成为公职候选人引以为荣的政治资本。但到19世纪后半期,农民常常被视为保守落伍的群体,农村生活经历往往被公职候选人有意无意地回避或淡化。农村人口从多数变成少数,其占美国总人口的比例不断下降,1860年为80.1%,1900年为60.2%,到1930年跌落至43.7%。[①] 农业劳动人口占总劳动人口的比例从1879年的48.9%锐减至1929年的21.2%。[②] 农业产值在国内生产总值中的比重逐步下降,在1869—1878年间为35.3%,在1897—1901年间为22.5%,

---

[①] U. S. Department of Commerce, *Historical Statistics of the United States, Colonial Times to 1970*, Washington, D. C.: Government Printing Office, 1975, pp. 8–11.

[②] U. S. Department of Commerce, *Historical Statistics of the United States, Colonial Times to 1970*, p. 240.

1920年为13%,1930年为10.6%。① 农产品出口占美国出口总值的比例也呈下降趋势,1901年为65%,1920年为48%,1930年为32%。② 就生活水平和收入状况而言,农民相较工人也处于不利地位。农村地区的人均收入明显低于非农村地区,在1918年为非农村地区人均收入的45%,1929年为26%,而1932年进一步下降到17%。③

进入20世纪20年代以来,美国农产品严重过剩。农产品过剩受盲目扩大生产、国际市场波动、农业机械化等多种因素的影响。在罗斯福"新政"以前,美国长期实行自由放任的经济政策,每个人都竭力扩大生产,将其视为稳定和增加收入的标准手段,由此很容易导致农产品过剩。农产品过剩同时也受到国际市场需求剧烈变动的影响。在"一战"结束以后,随着参战各国农业生产的逐步恢复,美国农产品的国外市场急剧萎缩。1922年美国政府推行的保护性关税政策,有助于保护本国工业但却不利于农产品出口,进一步加剧了美国的农产品过剩问题。另外,"一战"之后,美国农业经历了快速的机械化。在1920—1930年间,美国农场所使用的拖拉机增加了近4倍,从24.6万台增加到92万台,而联合收割机在同期增加了15倍以上,从4000台增加到61 000台。④ 农业机械化在显著提高劳动生产率和农业产量的同时,也助长了农产品过剩问题。

农产品过剩导致农产品价格不断下滑,甚至跌破生产成本。每蒲

---

① U. S. Department of Commerce, *Historical Statistics of the United States, Colonial Times to 1970*, p. 232.
② U. S. Department of Commerce, *Historical Statistics of the United States, Colonial Times to 1970*, p. 482.
③ Rainer Schickele, *Agricultural Policy: Farm Programs and National Welfare*, Lincoln: University of Nebraska Press, 1954, p. 144.
④ U. S. Department of Commerce, *Historical Statistics of the United States, Colonial Times to 1970*, p. 469.

式耳小麦的价格,在 1920 年为 2.16 美元,1928 年为 1.17 美元,1930 为 0.84 美元,1932 年仅为 0.53 美元。① 玉米也出现了类似的价格下跌。每蒲式耳玉米的价格,1919 年为 1.59 美元,1928 年为 0.92 美元,1930 为 0.6 美元,1932 年仅为 0.35 美元。② 可以这样说,随着经济大危机的爆发,美国农产品价格一落千丈,创"伊丽莎白女王时代以来"(近 4 个世纪以来)的新低。③ 农产品价格远低于其生产成本。农民"每种 1 英亩小麦,就要亏 1.5 美元"④。在中西部的一些地区,人们将玉米作为燃料,因为烧玉米"比烧煤便宜多了"⑤。卖牲口的钱甚至不抵运费,也不够买"饲料"。在蒙大拿州,一个绝望的牧场主赊了一些子弹,"花两小时"把一群牲口都枪杀了,任由其腐烂。⑥ 在很多地区,牛奶被倒进沟里和河里。由于价格惨跌,甚至连家境殷实、最为勤劳的农户也难以维持生计。

农产品价格过低,也可以通过工农业产品不断拉大的价格剪刀差体现出来。在美国,由于专业化生产,农场主需要在市场上购买包括食物在内的大多数日用品和农用生产资料。如果工农业产品的价格指数和购买力指数大体持平,农民就能基本维持与工人相当的生活水平。工农业产品价格剪刀差的拉大,意味着对农民的剥削在加强,意味着农

---

① U.S. Department of Agriculture, *Yearbook of the United States Department of Agriculture, 1935*, Washington D.C.: U.S. Government Printing Office, 1935, p. 350.
② U.S. Department of Agriculture, *Yearbook of the United States Department of Agriculture*, p. 379.
③ 参见威廉·曼彻斯特:《1932—1972 年美国社会实录:光荣与梦想》第 1 册,广州外国语学院美英问题研究室翻译组译,朔望、董乐山、关在汉校,北京:商务印书馆,1993 年,第 49 页。
④ 同上。
⑤ 斯特兹·特克尔:《艰难时代:亲历美国大萧条》,王小娥译,北京:中信出版社,2016 年,第 263 页。
⑥ 参见威廉·曼彻斯特:《1932—1972 年美国社会实录:光荣与梦想》第 1 册,第 49 页。

民贫困问题在加深。在19世纪后半期美国兴起的平民党运动(Populism),在很大程度上就是农民争取平等权益的斗争。农产品价格和工业制成品的价格保持在合理水平,是20世纪二三十年代美国农民的主要诉求,也是美国农业政策调整的主要目标。而这一目标以1910—1914年间为参照,当时农产品价格指数与工业品价格指数大体持平(100%)。但实际上,进入20世纪20年代以来,农业品与工业制成品之间的价格剪刀差却在拉大。二者之间的比值①,在1930年为83%,1931年为67%,1932年为58%。② 这种情况对农民非常不利。一方面,农产品价格的下降带来了农民收入的减少;另一方面,工业制成品价格的上涨造成了农民支出的明显增加。如果将1912—1913年工业制成品的价格指数作为基数(100),在整个20年代,该消费价格指数一直在156左右徘徊,1925年为159,1929年为155。③ 因为农产品价格过低,农民入不敷出,深陷困境。

　　随着农产品价格的下降,土地价格也出现了不同程度的下降,破产农民日益增多。在1930至1940年间,堪萨斯州西南部16个县的土地交易价格一直呈下降趋势。位于这一区域的斯坦顿(Stanton)县,每英亩土地的价格,从1930年的23美元下降到1935年的15美元,到1940年惨跌到8美元。④ 农场资不抵债,大量破产。在法院门口和住户门柱上,拍卖破产农场的通告比比皆是。对农民而言,土地就是命根子;丧

---

① 农产品价格指数与工业品价格指数的比值超过100%,对农民有利;比值低于100%,对农民不利。比值大小与农民的有利地位成正比。

② U.S. Department of Commerce, *Historical Statistics of the United States, Colonial Times to 1970*, p. 489.

③ U.S. Department of Agriculture, *Yearbook of the United States Department of Agriculture, 1932*, Washington D.C.: U.S. Government Printing Office, 1932, p. 900.

④ Pamela Riney-Kehrberg, *Rooted in Dust, Surviving Drought and Depression in Southwestern Kansas*, Lawrence: University Press of Kansas, 1994, p. 195.

失土地赎回权,也就意味着生活完全失去了保障。除了这种物质上的损失之外,农场的破产在乡村地区也造成了普遍恐慌。焦虑恐惧、朝不保夕的绝望情绪在乡村地区蔓延,"使个人及其家庭得以心境恬淡、安分守己所需要的对当前和未来的安全感"严重缺失。①

农产品价格过低,不仅对农业生产者非常不利,而且对城市工商业的发展也造成了消极影响。农民购买力的下降,造成内需不足,加剧工商业的产能过剩,制约着国民经济的健康发展。正如罗斯福总统在1936年谈到国内经济形势时所言,农村和城市相互依赖,农村贫困与工商业萧条"并不是两个不同的问题",而是"全国性的同一问题"②。

第二,罗斯福"新政"时期的农业调整政策与此前联邦政府应对农业危机措施的失败也有很大关系。在"一战"结束之后,尽管农业危机日渐严重,但在自由放任主义依然占主导地位的情况下,联邦政府只采取了一些局部的干预措施。政府提供出口补贴,推动农产品出口,通常是缓解农业过剩的有效途径。这类提议以1924年的"麦克纳烈-霍根议案"(McNary-Haugen Legislation)最具代表性。该议案建议:政府设置专门机构,为农产品出口提供津贴,将国内过剩农产品按世界市场价格销售到海外;出口津贴的有关资金通过对农产品加工商征税筹集。但由于农产品出口津贴可能会引起农产品进口国对美国工业制成品的抵

---

① Franklin D. Roosevelt, "The Second 'Fireside Chat': What We Have Been Doing and What We Are Planning to Do, 5/7/1933," *The Public Papers and Addresses of Franklin D. Roosevelt, Vol. 2. The Year of Crisis, 1933: With a Special Introduction and Explanatory Notes by President Roosevelt*, New York: Random House, 1938, p. 161.

② Franklin D. Roosevelt, "Nationwide Thinking, Nationwide Planning, and Nationwide Action Are the Three Great Essentials to Prevent Nationwide Crises: Address at the Thomas Jefferson Dinner, New York City, 4/25/1936," *The Public Papers and Addresses of Franklin D. Roosevelt, Vol. 5, The People Approve, 1936: With a Special Introduction and Explanatory Notes by President Roosevelt*, New York: Random House, 1938, p. 179.

制,再加上通过出口津贴干预农业生产的方式在当时已经超越了政府干预所允许的范围。因此,该议案虽然在 1924—1929 年间不断以改头换面的形式提出,甚至在 1927 年和 1928 年两度被美国国会通过,但都被柯立芝总统否决。

  胡佛总统任内推行通过政府收购应对农业危机的政策,但这一政策以失败告终。1929 年 6 月,《农业运销法》(Agricultural Marketing Act)经胡佛总统签署生效。该法的宗旨是:"通过有序的生产和分配,防止和管制农产品过剩,维持国内市场秩序,并预防过剩引起该种商品价格的非正常状态和过分波动或下降。"[1]该法授权联邦政府主要通过信贷和收购两种方式,对农产品价格进行干预。在信贷方面,由联邦农务局(Federal Farm Board)为农民提供贴息贷款。在农产品流通领域,政府采取了收购过剩农产品的干预措施。根据该法成立的价格稳定公司(stabilization corporations),利用联邦农务局的贷款,收购市场上的过剩农产品。到 1930 年年底,价格稳定公司所收购的小麦达到"600 万蒲式耳,棉花约 133 万包",在一定程度上减缓了农产品价格下跌的速度。[2] 但源源不断的过剩农产品很快耗竭了收购资金,价格稳定公司 1932 年在用完了联邦农务局的 5 亿美元贷款之后就停止了收购,还将收购的农产品投放市场出售。因此这些政策并没有遏制农产品价格的继续下跌。胡佛总统在 1930 年 6 月还签署了新的关税法(Smoot-Haw-

---

  [1] Public Law 71-10/Chapter 24, 71 Congress, Session 1, An Act: To Establish a Federal Farm Board to Promote the Effective Merchandising of Agricultural Commodities in Interstate and Foreign Commerce, and to Place Agriculture on a Basis of Economic Equality with Other Industries, 46 *Stat.* 11(1929).

  [2] Frederick Lewis Allen, *Since Yesterday: The Nineteen-Thirties in America, September 3, 1929-September 3, 1939*, New York: Harper & Brothers, 1940, p. 37. 每包棉花为 500 磅,约 227 公斤。

ley Tariff Act),意在通过提高关税,限制农产品进口。农产品及食物的平均进口关税从 1922 年的 19.86% 提高到 33.62%。① 提高关税受到了一部分人的严厉批评。登纳·弗莱明指出:提高关税实际上相当于"向整个文明世界的经济宣战",等于"告知其他国家,对美国商品的报复性关税、进口配额和禁运是合理的"。② 胡佛政府反农业危机措施的失败和贸易保护主义的抬头,都进一步加剧了美国的农业危机。

总体来看,在 20 世纪 20 年代,美国政府通过出口补贴、提高关税、贴息信贷和政府收购等措施应对农业危机。客观上说,这些措施在短期内对减缓农产品价格下降发挥了一些作用,但从长期来看仍因鼓励生产而加重了农业危机。提高关税,引起了其他国家的反倾销,美国农产品出口市场萎缩,工农业产品之间的剪刀差进一步加大。信贷压力迫使农民在农产品价格下降时通过扩大生产以弥补损失,在不同程度上加剧了农产品过剩。而负债经营也潜藏着风险,在经济困难时期,还不起贷款的农民常常被迫以地抵债,失去了其赖以为生的农场。而政府收购没有通盘考虑农业作为整体的运行,只是针对农产品的流通环节,针对的是进入市场的农产品或已经生产出来的农产品,没有涉及未来可能进入市场的农产品。在政府停止收购并将收购的农产品投向市场时,农产品价格还会继续下跌。政府收购政策难免头痛医头,脚痛医脚,加之资金有限,未能长期实行,根本起不到稳定农产品价格的效果。可以这样说,农产品收购属于末端治理,而不是源头控制;是补救于已然,而不是防患于未然。因此它属于消极被动干预,而不是积极主动预

---

① 转引自厉以宁:《1933 年以前美国政府反农业危机措施的演变》,《北京大学学报》(哲学社会科学版)1962 年第 3 期,第 69 页;F. W. Taussig, "The Tariff History of the U. S.," New York, 1931, pp. 518–519。

② Frederick Lewis Allen, *Since Yesterday: The Nineteen-Thirties in America, September 3, 1929–September 3, 1939*, p. 37.

防。此外,尽管依据《农业运销法》成立了农业产销合作社,引导农民团结互助,加强规划,但很多措施并不具有强制性。农民是否参与配合,全凭自觉自愿。由于这些因素的限制,美国政府在"新政"前克服农业危机的措施就很难切实发挥作用,其成效必然会大打折扣。另外,在罗斯福"新政"之前,虽然美国不乏通过限制农业生产来应对农业危机的建议,但这类建议还只停留于口头阶段,真正将其付诸实施则要等到罗斯福"新政"时期。

第三,罗斯福"新政"时期的美国农业调整政策也离不开农业利益集团和农民斗争的推动。

面对强大的工业垄断资本及其主导的政策,农民为维护自身的利益开始联合起来。在19世纪末,农民虽然成立过一些合作社乃至政党,但由于组织松散,并没能有效阻止工业资本对农村的盘剥。"一战"之后,美国农业遭遇的困境远比工业严峻,农产品价格惨跌,甚至跌破生产成本。面对战后日益严峻的形势,农民通过联合进行抗争,全美农人协进会(National Grange)、美国农场局联合会(American Farm Bureau Federation)、全国农场主联盟(National Farmers Union)等农民组织,在1940年前后拥有会员约125万人。① 这些组织积极开展院外活动,受其影响,在20世纪20年代,美国国会甚至出现了为农民代言的农业集团。它们一方面大力宣扬繁荣安定的农村对国民经济健康发展的重要性,将缩小工农业产品价格差作为努力目标,强调联邦政府要为实现这一目标发挥作用②;另一方面,以皮克(George Peek)和威尔逊(Milburn L.

---

① U.S. Department of Agriculture, *Farmers in a Changing World: The Yearbook of Agriculture, 1940*, Washington, D.C.: Government Printing Office, 1940, p.942.

② Gilbert C. Fite, *American Farmers: The New Minority*, Bloomington: Indiana University Press, 1981, pp.46, 48.

Wilson)为首的一些议员在20世纪20年代也分别提出通过出口补贴、控制生产等方式提高农产品价格的议案或计划,但都被保守的共和党政府否决。为农民争取平等待遇的重担就顺势落到了民主党的肩上。共和党政府的少干预或不作为政策使美国经济形势更趋恶化,最终使美国陷入了大萧条的困境。大萧条对美国国民经济造成了重创,农业受到的打击尤其严重,农民的境况极其糟糕。

在20世纪30年代初期,美国中西部出现了如火如荼的农民运动。相比其他地区,中西部地区的农业受大萧条的打击尤其严重。在大平原地区,负债经营农场司空见惯。该地区农场抵押贷款的数额在1930年达到了26.6亿美元,约占全国农场抵押贷款总额的28.7%。[①] 该地区一共包括10个州,丧失抵押农场赎回权的比例在1932—1933年间达到4.42%,高于全国3.89%的平均水平。在此期间,大平原部分州丧失农场赎回权的比例远远高出全国平均水平,在南达科他州达到7.80%,在北达科他州为6.33%,在内布拉斯加州达到了5.82%。[②] 山雨欲来风满楼。美国中西部地区因而成为农民运动最为激烈的地区。

受工人罢工运动的启发,农民们为保护家园组织了罢市运动。在1932年5月3日,艾奥瓦州约1300名农民在该州首府得梅因(Des Moines)集会,成立了以米洛·雷诺(Milo Reno)为首的农民休业协会(Farmer's Holiday Association)。该会针对农产品价格惨跌的现状,提出了"保本农业"(cost of production)的口号,拒绝以低于生产成本的价格向城市运送农产品,号召农民开展罢市运动,在罢市期间要像过节一

[①] Great Plains Committee, "The Future of the Great Plains," U. S. House of Representatives Document 144, 75th Congress (Washington, D. C., 1937), p. 53.

[②] Great Plains Committee, "The Future of the Great Plains," p. 54.

样,"居家度假,停止买卖"(Stay at Home-Buy Nothing-Sell Nothing)①,通过减少市场供应抬高农产品价格。罢市行动犹如可以燎原的星星之火,很快就在内布拉斯加、明尼苏达、北达科他州等中西部地区扩散开来。罢市并没有得到所有农民的支持,只有约10%左右的农民参与罢市行动。② 为了阻止农产品进入市场,农民休业协会在岔路口设置路障。协会成员用钉满钉子的电线杆和圆木封锁道路,拦截装运牛奶的卡车,甚至会把牛奶倒进路边的沟中。③

另外,为救助破产的农民,农民休业协会也竭力干扰、破坏法院拍卖破产农场。为此,他们四处散发传单,举行大规模抗议集会,恐吓驱赶潜在的竞买人,恶性低价竞标,买下后再送给原主。为阻止拍卖,农民休业协会通过在高处悬挂套头绳索,提醒人们不要参与趁火打劫的非正常交易。他们甚至会围困法庭,威胁法官,逼停强制拍卖。据估计,在1933年1月和2月,农民休业协会平均每个月至少成功阻止了76起对破产农场财物的拍卖。在1933年春夏,在内布拉斯加、艾奥瓦、明尼苏达等州,阻止拍卖的暴力行动不断升级,暴力冲击法庭的行为接连发生,在一些地方甚至出现了枪战。1933年2月3日,在艾奥瓦州苏城(Sioux City)的一次混战中,有"5人受伤,1人死亡"。当年4月27日,在艾奥瓦州勒马斯城(Lemars),一伙100人左右的蒙面农民将拒不叫停拍卖的布雷德利(Bradley)法官从法院中拖了出来,劫持到城外,差点把他打死。④ 几天之后,农民休业协会为迫使国会立即采取救助

---

① T. H. Watkins, *The Great Depression: America in the 1930s*, Boston: Little, Brown & Company, 1993, p. 118.
② T. H. Watkins, *The Great Depression: America in the 1930s*, p. 118.
③ Frederick Lewis Allen, *Since Yesterday: The Nineteen-Thirties in America, September 3, 1929-September 3, 1939*, p. 86.
④ T. H. Watkins, *The Great Depression: America in the 1930s*, p. 157.

农民的行动,"下令于 5 月 13 日举行全国农民罢工"。为把农民罢工消弭在"萌芽状态",罗斯福总统在 1933 年 5 月 12 日签署了《农业调整法》。① 有人甚至提到,该法是"有鉴于艾奥瓦州的农民暴动而制定的"②。

应该说,农民休业协会虽然出现了一些过激行为,但他们的目标是争取政府出台帮扶家庭农场的有力政策,使家庭农场得以"保全"③。农民休业协会宣称自己是爱国者,将其封锁道路的行为同美国独立战争时期"波士顿倾茶事件"相提并论。④ 虽然农民休业协会有少数成员信奉共产主义,但实际上这些成员的影响较为有限。而美国政府在派出警卫队对农民过激行为加以镇压的同时,加紧出台了帮扶农民的政策。随着这些政策的施行,农村社会形势出现好转,农民休业协会的社会基础日渐瓦解,其影响也逐渐式微。

二、 生产控制作为农业调整的应急手段

罗斯福"新政"时期美国的农业调整政策,主要立足于《农业调整法》这一关键立法及其相关修订,其宗旨在于提高农产品价格,改善农民经济状况。1933 年的《农业调整法》、1936 年的《土壤保护和国内生产配额法》以及 1938 年的《农业调整法》都是基于上述目的而出台的。后两部法律,实际上都是 1933 年《农业调整法》的不同形式,都是要控

---

① William E. Leuchtenburg, *Franklin D. Roosevelt and the New Deal*, p. 51.
② 威廉·曼彻斯特:《1932—1972 年美国社会实录:光荣与梦想》第 1 册,第 119 页。
③ 阿瑟·林克、威廉·卡顿:《1900 年以来的美国史》(中册),刘绪贻等译,北京:中国社会科学出版社,1983 年,第 57 页。
④ T. H. Watkins, *The Great Depression: America in the 1930s*, p. 118.

制农业生产,但调节的手段却不同。罗斯福总统非常重视上述三部法律在美国农业调整过程中的作用,将这些法律视作美国农业调整政策的重要节点。① 依据有关法律所确定的调节手段的不同,罗斯福"新政"时期的农业调整政策大致可以分为三个阶段。

美国农业调整政策的第一阶段,以 1933 年 5 月《农业调整法》的通过为开端,止于 1936 年 1 月该法被联邦最高法院宣判违宪之时。

1933 年的《农业调整法》②是罗斯福"新政"时期为应对农业危机而紧急出台的法律。《农业调整法》将小麦、棉花、玉米、生猪、烟草、稻米、牛奶列为基本农产品。对减少基本农产品生产的农民提供津贴,大体按实际减少的种植面积发放。补贴的资金来自对农产品加工行业收取的"加工税",在加工行业购买原料时收取,最初按每蒲式耳小麦 30 美分、每磅猪肉 0.5 美分的标准征收。③ 1933 年该法生效时,春播已结束。同意减少种植面积的农户铲除了已出苗的作物,并按一定标准予以补偿。在 1934 年和 1935 年,黑麦、大麦、高粱、花生、亚麻、肉牛、甜菜、蔗糖也被纳入生产控制的范畴。棉花的管制尤其严厉,超出配额的棉花产量要征收相当于市价 50% 的税款。高额的税款就是变相的罚金。依据该法成立的农业调整局负责制定全国主要农产品的生产指标,并与

---

① "Presidential Statement on Signing the Agricultural Adjustment Act of 1938. 2/16/1938. Note," *The Public Papers and Addresses of Franklin D. Roosevelt, Vol. 7, The Continuing Struggle for Liberalism, 1938: With a Special Introduction and Explanatory Notes by President Roosevelt*, New York: Random House, 1938, p. 88.

② Public Law 73-10/Chapter 25, 73 Congress, Session 1, An Act: To Relieve the Existing National Economic Emergency by Increasing Agricultural Purchasing Power, to Raise Revenue for Extraordinary Expenses Incurred by Reason of Such Emergency, to Provide Emergency Relief with Respect to Agricultural Indebtedness, to Provide for the Orderly Liquidation of Joint-Stock Land Banks, and for Other Purposes, 48 *Stat.* 31(1933).

③ Edwin Nourse, Joseph Davis, John Black, *Three Years of the Agricultural Adjustment Administration*, Washington, D.C.: Brookings Institution, 1937, pp. 288, 303.

主要农产品的生产者签订减产协议。另外,依据该法还新成立了商品信贷公司(Commodity Credit Corporation),向农民提供无追索权贷款(non-recourse loans),但贷款对象仅限于同农业调整局签订减少生产合同的农场主。无追索权贷款是指农场主以尚未收获的农产品作抵押、从商品信贷公司所取得的贴息贷款。在贷款时会确定农产品的保护价。在农产品市场价格高于保护价时,农民可以出售并偿还贷款。在市场价格低于保护价时,银行允诺以保护价收购农产品来抵偿贷款,"政府出资补偿保护价和市场价格之间的差额"①,不足的部分无追索权。

作为罗斯福"新政"时期的重要立法,1933年的《农业调整法》体现了美国农业调整政策第一阶段的一些特点。

其一,生产控制成为国家农业政策的重要组成部分。在罗斯福"新政"以前,为解决农产品过剩问题,美国政府在农业信贷和流通领域曾经采取过一些干预措施,但毕竟属于末端治理,效果并不理想。在这种情况下,生产控制作为干预措施受到了"新政"改革派的青睐。在某种程度上,生产控制的背后逻辑是将农业作为工业加以管理。也就是说,农业作为竞争激烈的产业,也应该像工业一样,根据有效需求灵活调整生产②,在需求增加时扩大生产,在消费低迷时减少生产。只要采取措施控制农产品的生产和供应,协调社会供求关系,农产品就会涨价,农场主收入也会相应增加,最终使农场主取得与非农业部门投资者相当的利润率。在很大程度上,1933年的《农业调整法》及其修正案都是在这一思想指导下制定的。农业调整计划的"核心是平衡",通过"提高农

---

① 徐更生:《美国农业政策》,北京:经济管理出版社,2007年,第285页。
② 农业是自然再生产和社会再生产的结合。较工业而言,农业生产周期长,而且直接受波动的自然因素的影响。农业生产中的不确定因素加剧了农业调整的困难。

民收入"增强农民的购买力,实现国民经济的健康发展。① 罗斯福总统在 1933 年 7 月在论及《农业调整法》时提到,解决美国农业危机,出路是"不要生产这么多",要将生产"降低到一个合理的水平",从而使农产品"获得合理的价格"。② 所谓粮食生产的合理水平,既指产量不能过多,也指产量不能过少。控制粮食生产必然要以维护美国的粮食安全为前提,即农产品供应在数量上要"持续稳定地满足本国居民的合理需要",在价格上要"对生产者和消费者都合理"。③ 为达到合理生产的目的,农业调整局将制定全国统一生产规划,协调指导全国 600 万农场主按计划进行生产。④

具体而言,罗斯福政府对农业生产的控制主要集中于大宗农产品,其目标是使这些农产品的购买力能够恢复到 1909—1914 年的水平。之所以选择这一时期为标准,是因为在 1909—1914 年间,农产品的购买力基本稳定,农民的收入与其消费支出大体平衡,还能够维持较为体面的生活。1909—1914 年间农产品的价格指数及其购买力,也就成为此后二三十年间衡量农民经济状况的重要参照。恢复那一时期农场主的购买力,成为农场主的重要诉求和美国政府干预农业的目标。在 1933—1935 年间,联邦政府引导农民减少生产的农产品包括小麦、棉花等 15

---

① David M. Kennedy, *Freedom from Fear: The American People in Depression and War, 1929-1945*, p. 140.

② Franklin D. Roosevelt, "The Third 'Fireside Chat': The Simple Purpose and the Solid Foundations of Our Recovery Program, 7/24/1933," *The Public Papers and Addresses of Franklin D. Roosevelt, Vol. 2. The Year of Crisis, 1933: With a Special Introduction and Explanatory Notes by President Roosevelt*, New York: Random House, 1938, p. 298.

③ F. F. Elliott, "Economic Implications of the Agricultural Conservation Program," *Journal of Farm Economics*, Vol. 19, No. 1 (Feb. 1937), p. 15.

④ Edwin Nourse, Joseph Davis, John Black, *Three Years of the Agricultural Adjustment Administration*, p. 26.

种大宗农产品。这些农产品具有如下特性:其价格改变会对"其他农产品的价格产生重要影响";其产量超过了国内消费和世界市场所能出售的数量;这些产品往往"需要加工才能消费",可以在加工环节对其生产和分配加以调节。①

其二,农业津贴成为鼓励农民积极参与农业调整的重要手段。从《农业调整法》来看,农业津贴在当时主要有两种表现形式。第一是对参与基本农产品减产计划的农民直接予以现金补偿;第二是为参与减产计划的农民提供贴息贷款,实行农产品保护价收购政策。在经济困难时期,农业津贴成为农民收入的重要来源。农业调整政策也因此受到了农民的广泛欢迎,这从参与生产调整的农民数量可以直观地体现出来。就全国范围而言,"25%以上的玉米种植者,69%以上的生猪饲养者,以及40%以上的小麦种植者"签署了减产合同。② 全国75%的棉农参与了棉花播种面积减少1/3的计划。全国有"55万以上"的麦农参与了减产计划。在堪萨斯州和北达科他州这两个全国最大的小麦种植州,"90%以上的"种植者参与了减产计划。③ 参与农业调整计划也给农民带来了实惠。一方面,农民可以通过退耕直接获得现金补偿。棉农每退耕一英亩棉田,可以获得"7至22美元不等"的补贴。补贴标准依据退耕棉地在1928—1932年间每英亩平均产量的不同而有差异,"达到100磅的予以7美元津贴,达到275磅的予以20美元津贴"④。在

---

① Edwin Nourse, Joseph Davis, John Black, *Three Years of the Agricultural Adjustment Administration*, p. 43.
② 斯坦利·L. 恩格尔曼、罗伯特·E. 高尔曼:《剑桥美国经济史》第三卷上册,北京:中国人民大学出版社,2018年,第638页。
③ 同上书,第638页。
④ Keith J. Volanto, "Burying White Gold: The AAA Cotton Plow-Up Campaign in Texas," *The Southwestern Historical Quarterly*, Vol. 103, No. 3 (Jan. 2000), p. 338.

1933年,全国棉花播种面积减少了"1000多万英亩"①,棉农由此获得的津贴约为"2亿美元"。据统计,在1934年和1935年,联邦政府为农业调整计划支付的费用超过10亿美元。而另一方面,农产品价格的上涨带来了农民收入的明显增加。随着《农业调整法》的实施,基本农产品的价格出现了较为明显的上升。在1932—1935年间,每蒲式耳的玉米从0.32美元上涨到0.66美元,每蒲式耳的小麦从0.39美元上涨到0.83美元,每磅棉花的价格从7美分上涨到11美分,每100磅猪肉的价格从3.44美元上涨到8.36美元。② 因此,主要农产品的产量虽然出现了下降,但农民的收入却在增长。在1933年,棉农和麦农的收入较1932年均增加了近1倍。而烟草种植农户的收入增加更为明显,从1933年的4300万美元增加到了1934年的1.2亿美元。随着《农业调整法》的实施,农业总收入从1932年的55.62亿美元增加到1935年的86.88亿美元。③ 在1932—1936年间,农场总收入增加了50%,农产品与工业制成品的价格指数之比从55%增长到了90%。④ 被取消赎回权的抵押农场大量减少,大量家庭农场得以保全。《农业调整法》改善了农民的收入状况,提高了农民的购买力,遏制了家庭农场大量破产的趋势。

其三,农业调整政策具有临时性的和紧急救济的性质。《农业调整法》是在罗斯福"百日新政"时期通过的关键农业立法。在1929—1932

---

① Glenn Porter, *Encyclopedia of American Economic History: Studies of the Principal Movements and Ideas*, p. 116.

② Glenn Porter, *Encyclopedia of American Economic History: Studies of the Principal Movements and Ideas*, p. 357.

③ 参见塞缪尔·埃利奥特·莫里森、亨利·斯蒂尔·康马杰、威廉·爱德华·洛伊希滕堡:《美利坚共和国的成长》下卷,南开大学历史系美国史研究室译,纪琨校,天津:天津人民出版社,1991年,第643页。

④ 参见同上书,第646页。

年间,美国经济遭遇了前所未有的重创。在资本主义经济危机空前严重的情况下,只有实行大刀阔斧的改革,大力加强国家对社会经济生活的调节和干预,才有可能力挽狂澜。罗斯福总统入主白宫之后开始实施"新政",他充分利用宪法赋予总统应对国家紧急状态的广泛权力,大力加强国家对社会经济生活的调节和干预,在短短3个多月内颁布了包括《农业调整法》、《农业信贷管理法》(Farm Credit Administration Act)在内的诸多立法。在资本主义大厦摇摇欲坠的危机面前,人们信任紧急行动起来的新政府。《农业调整法》作为应急立法,规定该法在"农业紧急状况消除时将失效"[1]。在当时,罗斯福总统的很多措施实际上都具有试验的性质。罗斯福总统在将《农业调整法》议案提交国会时就坦率地提道:"前所未有的严峻形势需要我们尝试新的方法来拯救农业。"[2]他后来还提道:通过津贴减产的方法"在一定意义上是试验性的"[3]。在千百万城市贫民忍饥挨饿之际,减少粮食生产在很多人看来就是荒唐至极的。农业部长亨利·A.华莱士在1933年春天提道:"长得好好的庄稼,偏要毁掉,这有违人类的良心",希望这样的荒唐行为今后再也不会发生了。可是,4个月之后,"他却不得不下令把600万头小猪宰掉"[4]。在当时,农业津贴等调整行为只被视为特殊时期的应急手段。

---

[1] Public Law 73-10/Chapter 25, 73 Congress, Session 1, An Act: To Relieve the Existing National Economic Emergency by Increasing Agricultural Purchasing Power, to Raise Revenue for Extraordinary Expenses Incurred by Reason of Such Emergency, to Provide Emergency Relief with Respect to Agricultural Indebtedness, to Provide for the Orderly Liquidation of Joint-Stock Land Banks, and for Other Purposes, 48 *Stat.* 31(1933).

[2] Franklin D. Roosevelt, *The Public Papers and Addresses*, Vol. 2, New York: Random House, 1938.

[3] Franklin D. Roosevelt, "The Third 'Fireside Chat': The Simple Purpose and the Solid Foundations of Our Recovery Program, 7/24/1933," p. 298.

[4] 威廉·曼彻斯特:《1932—1972年美国社会实录:光荣与梦想》第1册,第119页。

随着农业形势的逐步好转,非常规的国家干预措施也受到了越来越多的质疑。在 1935 年夏天,针对《农业调整法》的诉讼不断,大约每天新增 5 起,到 1935 年年底,与该法相关的诉讼有 1700 多起还有待审理。① 提出诉讼的主要是食品加工商和服装加工商。他们认为,加工税滥用了宪法第 1 条第 8 款授予国会的"征税权",征收加工税不是为了"促进公共福利",而是变相的剥夺,有利于一部分人而损害了另一部分人的切身利益;农业生产属于州和地方事务,而不属于州际贸易,因此它不在国会管辖的范围之内。② 1936 年 1 月 6 日,美国联邦最高法院在美国诉巴特勒(United States v. Butler)一案中,以 6 票对 3 票③判决《农业调整法》无效。在当时,联邦法院为保守派所把持,通过一系列判决宣布多项"新政"立法违宪。

三、土壤保护作为农业调整的临时措施

1936—1937 年可以视为罗斯福"新政"时期美国农业调整的第二阶段。在 1936 年 1 月《农业调整法》被宣判违宪之后,美国政府紧急制定并在 1936 年 2 月 29 日通过了《土壤保护和国内生产配额法》(Soil Conservation and Domestic Allotment Act)。该法以水土保持为基础进行农业调整,将美国农业调整推进到了一个新的阶段。

《土壤保护和国内生产配额法》授权州政府和联邦政府采取联合行

---

① 参见杰夫·谢索:《至高权力:罗斯福总统与最高法院的较量》,陈平译,上海:文汇出版社,2019 年,第 211 页。
② 参见同上书,第 212 页。
③ 参见威廉·曼彻斯特:《1932—1972 年美国社会实录:光荣与梦想》第 1 册,第 196 页。

动开展水土保持,以"保持和提高土壤肥力"、"促进对土地资源的合理使用和保护"、"减少对土地的榨取和滥用"、"防止河流港口淤塞"、"使农村地区相对于非农村地区的购买力恢复到1909—1914年的水平"。该法将土壤保护视为"国家需要"和"公众福利",授权农业部为促进水土保持而采取行动①,主要是为开展水土保持的机构和个人提供津贴。该法通过津贴引导农民采用轮作、等高耕作、退耕还林还草等保土性耕作方式,增加保持或增强地力的农作物,减少消耗地力的农作物。"保持或增强地力"的作物包括大豆、燕麦、大麦、苜蓿及牧草等,其相当一部分会在农场消耗而不会流通到市场。而"消耗地力"的作物则包括棉花、小麦、玉米和烟草等,也就是农业危机期间政府要限制生产的基本农产品。《土壤保护和国内生产配额法》将水土保持作为应对农业危机、促进公共福利的重要方式。在很大程度上,该法延续了1933年《农业调整法》的基本精神,是其替代和变通。

从《土壤保护和国内生产配额法》来看,土壤保护成为罗斯福"新政"时期农业调整政策第二阶段最显著的特点。在20世纪30年代中期前后,水土保持受到举国上下的一致关注。在那一时期,美国有62%的农地遭受侵蚀,其中1/3的土地属于中度、重度甚至极度侵蚀,剩余2/3的农田则丧失了1/4至3/4的表土。土壤侵蚀造成了严重的经济损失,甚至被视为"国家威胁"②。在1934年和1935年,来自大平原的滚滚沙尘暴不断袭击美国东部地区,迫使联邦政府采取紧急行动应对

---

① Public Law 74-461/Chapter 104, 74 Congress, Session 2, An Act: To Promote the Conservation and Profitable Use of Agricultural Land Resources by Temporary Federal Aid to Farmers and by Providing for a Permanent Policy of Federal Aid to States for Such Purposes, 49 *Stat.* 1148(1936).

② Bennett and W. R. Chapline, *Soil Erosion: A National Menace*, USDA Circular 33, Washington, D.C.: Government Printing Office, April 1928.

危机。1935 年 4 月,美国通过了《水土保持法》,将水土保持确定为国家政策,并依法成立了水土保持局。在《农业调整法》于 1936 年年初被宣判违宪后,联邦政府考虑对农业进行救济的可能方法,"最后决定的方法"就是"水土保持"①。选择通过水土保持对农业加以干预,其法律依据是联邦宪法第 1 条第 8 款关于"公共福利"的有关规定。水土保持被视为国家"公共福利",而联邦政府有权为促进这一福利提供资助。《土壤保护和国内生产配额法》实际上融合了 1933 年《农业调整法》和 1935 年《水土保持法》的有关精神,将促进土壤保护、明智利用农业资源以及使农业收入维持在合理水平等目标结合在一起。水土保持成为控制农业生产、提高农民收入的重要手段。控制生产、保护土壤是 1933 年《农业调整法》和 1936 年《土壤保护和国内生产配额法》所内含的两种调节手段,但这两个手段的重要性和主次关系在两部法律中却发生了明显的改变。1933 年立法以生产控制为中心,土壤保护只是生产控制的附带结果。而 1936 年立法则将水土保持作为农业调整的首要手段,它在客观上可以起到控制农业生产的效果。实际上,土壤保护和生产控制这两种手段相辅相成,"紧密相关",都服务于提高农民收入的"同一目标"②。在保持水土的名义下,美国农业部通过津贴引导农民调整农产品结构,从而巧妙地达到限制基本农产品生产的目的。在 1936—1937 年间,联邦政府"每年拨款 5 亿美元"③开展水土保持工作,有"约 400 万农民参与了水土保持计划"④,并因此获得现金补助。

---

① 福克纳:《美国经济史》下卷,王锟译,许乃炯校,北京:商务印书馆,1989 年,第 388 页。
② F. F. Elliott, "Economic Implications of the Agricultural Conservation Program," p. 15.
③ 福克纳:《美国经济史》下卷,第 389 页。
④ Willard W. Cochrane, *The Development of American Agriculture: A Historical Analysis*, Minneapolis: University of Minnesota Press, 1979, p. 142.

水土保持作为克服美国农业危机的重要手段,显示出明显优势。在应对农业危机方面,限制生产在很大程度上是经济萧条时期的一种紧急措施,它犹如一剂猛药,药力强,见效快,但副作用也大,很容易受到攻击。水土保持却是一种温和的治本之策,可以作为常规措施长期使用。水土保持可以一举数得,既可以保护珍贵的土壤资源,维持土壤肥力;也可以灵活调节生产,在农产品过剩时削减耕地数量,在国家需要时又可以将休耕土地迅速投入生产。水土保持避免了环境破坏和农民贫困的恶性循环,既减少了资源浪费,又有利于农民增收,同时还保护了美国生态环境,促进了公共福利。

　　与《农业调整法》不同,《土壤保护和国内生产配额法》受到了社会的广泛支持。如果说《农业调整法》的支持者和受益者主要是有地农民,那么《土壤保护和国内生产配额法》的直接受益对象仍是有地农民,但包括城市居民在内的广大民众均能从水土保持中受益。水土保持不仅成为克服农业危机的希望,也成为营造秀美山川的手段。因此,《土壤保护和国内生产配额法》对非农业人口具有强大的吸引力,城市人口对水土保持的关注甚至超过了对提高农产品价格和农民收入的关注。

　　但这一阶段的农业调整政策又具有一些明显的不足。其一,《土壤保护和国内生产配额法》依然是一部临时性立法。该法虽然赋予农业部长一些职权,但这些授权的有效期截止到1937年12月31日。在1938年前的过渡期间,各州政府应制定水土保持相关立法并在地方成立水土保持区。也就是说,依照该法,水土保持虽然由各级政府与农民合作开展,但应该由地方主导。进入1938年后,水土保持的决策和施行主要依靠州与地方政府以及基层民众,而联邦政府则通过经济与技术援助施加影响。① 其二,水土保持不足以克服农业危机。在 1937—1938 年,主要商品作物的种植面积虽然在缩减,但由于农业机械化和资本投入的增加,农作物的单位产量却在提高。棉花、小麦等主要农产品的总产量实际上在增加,农产品价格还在下跌。农业危机的再度尖锐化迫使政府采取更广泛、更全面和更严格的调控措施。

四、 土壤保护成为农业调整的固定手段

1938 年 2 月 16 日,美国国会又通过了一部新的《农业调整法》(Agricultural Adjustment Act of 1938)。该法的通过也意味着罗斯福"新政"时期的农业调整政策进入第三阶段。该法旨在"保护国家资源,防止滥用土地,保存、维护和修复农场和牧场土地资源",鼓励通过种植增加或保持地力的作物实现上述目的;为农产品的国内外销售提供帮助;通过农产品储备、信贷、生产配额、销售限额等手段,维护农产品的产销平衡,"保障农民获得合理的农产品价格和收入,保障消费者以合理的价格获得充足稳定的食物供应"②。从其立法宗旨与具体调控措施来看,该法与 1933 年《农业调整法》和 1936 年《土壤保护和国内生产配额法》并不存在冲突,而是要在二者之间找到"中间路线"③,取长补短,出台

---

① Willard W. Cochrane, *The Development of American Agriculture: A Historical Analysis*, p. 142.

② Public Law 75-430/Chapter 30, 75 Congress, Session 3, An Act: To Provide for the Conservation of National Soil Resources and to Provide an Adequate and Balanced Flow of Agricultural Commodities in Interstate and Foreign Commerce and for Other Purposes, 52 Stat. 31 (1938).

③ Wayne D. Rasmussen, "The New Deal Farm Programs: What They Were and Why They Survived," *American Journal of Agricultural Economics*, Vol. 65, No. 5, Proceedings Issue (Dec. 1983), p. 1158.

更为全面系统严格的农业管控措施。这部法律可以体现罗斯福"新政"时期美国农业调整政策第三阶段的一些特点。

其一,水土保持成为美国农业调整的固定机制。1938年《农业调整法》的全称是《关于保护土壤资源、保障农产品充足稳定供应法》。罗斯福总统在将该法案提交国会时指出:尽管土壤保护并不足以应对生产过剩,阻止农产品价格的下滑,但"土壤保护有重大内在价值,必须继续保持它的这种重大价值",衷心希望国会通过立法,"确保土壤保护计划继续生效和持久不变"。① 恰如罗斯福总统所言,虽然美国政府在1936年和1937年施行了《土壤保护和国内生产配额法》,但该法在遏制农产品过剩方面的成效并不尽如人意。1936年和1937年可以说是美国农业生产的丰收年,好年成使水土保持在减少农业产出方面的效果并不明显。在这种情况下,1938年《农业调整法》依然重申了水土保持的重要性,授权政府利用水土保持津贴引导农民开展保护性耕作,多种增强地力的农作物,而少种损耗地力的作物。为弥补水土保持在抑制农产品过剩方面的不足,法律还授权政府限定可能过剩的基本农作物的种植面积。同时,它还利用信贷、贮备、农业保险等多种手段,对美国农业生产过剩进行干预。

其二,鼓励基层在水土保持方面发挥主导作用。1933年的《农业调整法》和1936的《土壤保护与国内配额法》,对有效缓解农业危机发挥了重要作用。这两部在危急关头匆匆通过的法律确立了农业调整自上而下的管理体制。在当时,与两个法律相关的农业调整的所

---

① Franklin D. Roosevelt, "The President Again Urges the Adoption of New Farm Legislation, 10/20/1937," *The Public Papers and Addresses of Franklin D. Roosevelt, Vol. 6. The Constitution Prevails: With a Special Introduction and Explanatory Notes by President Roosevelt*, New York: Random House, 1938, p. 458.

有重要决策都是由以农业部为首的联邦政府作出的,"合同的核准、支票的签发等大部分工作也都在首都华盛顿特区完成"①。农业调整的一些决策者和管理人员并没有在农村生活的经历,但却又自以为是。这样一种自上而下的管理体制,虽然在危急关头能够有效发挥作用,但并不适合联邦制的美国,容易为时人所诟病,并被扣上了"集权""独裁专制"的帽子。"农民参与""民主参与""公民参与"的倡议不时出现在华莱士、威尔逊、托尼等多位农业部高层官员有关农业调整政策的讲话中。② 权力下放、公民参与成为1938年后农业调整政策的亮点。

权力下放、公民参与在农产品销售限额及水土保持区设置两方面表现得尤为明显。为了维持农产品价格和农民收入,1938年的《农业调整法》规定,小麦、玉米、稻谷、棉花、烟草等五种基本农产品,如果超过全国计划产量的一定额度,就可以实行销售定额。各种农产品的销售定额,由农业部长授权全国生产该种农产品的农民按户举行公投决定。公投由地方农地资源保护委员会组织,采用无记名投票。农民只要经过2/3同意,即可达成销售额度协议③;在定额之外销售商品,一律征收罚金,罚金标准因农产品而异,小麦、玉米为每蒲式耳0.15美元。各种基本农产品销售定额协议的达成,虽然离不开政府的引导,但由农民经民主协商决定,体现了大多数农民的意志。因此,该协议的执行,也容易得到农民的自觉支持和积极配合。销售定额的执行管理,则主要依靠通过选举产生的地方委员会。水土保持区是基层民众自行组织和管

---

① Theodore Saloutos, *The American Farmer and the New Deal*, p. 237.
② Theodore Saloutos, *The American Farmer and the New Deal*, p. 238.
③ 参见詹姆斯·麦格雷戈·伯恩斯:《罗斯福传——狮子与狐狸》,孙天义等译,北京:商务印书馆,1993年,第440页。

理的地方水土保持机构,农民可以通过水土保持区与各级政府和相关机构就水土保持开展合作。水土保持区在当时达到5000多个,遍布全国,共同构成了美国分权的、地方主导的水土保持体系。在该体系中,联邦政府退居幕后,通过资金支持和政策制定施加影响;而民众则活跃在前台,成为水土保持的主体。这种体系适合美国国情,使水土保持从权宜之计变成一种长效机制。

其三,"常平仓"(ever-normal granary)是罗斯福"新政"时期美国农业调整政策的重要创新。该措施在一定程度上受到了中国古代"常平仓"制度的启发①,但融入了信贷、生产配额等现代调控手段。"常平仓"计划是指由国会授权,政府"按照一定的供给条件和价格条件,向广大的农场主发放无追索权的农业贷款,同时政府要求农场主(主要包括玉米、小麦、棉花生产者)服从政府下达的农作物生产计划,农业部把农场主每年按计划生产的粮食的多余部分以仓储的形式储存下来"②。常平仓计划的确立,离不开农业部长华莱士的大力推动。"常平仓"在稳定美国农业方面具有很大的优点,在应对美国农业危机方面可以发挥积极作用。常平仓可以调节丰年和灾年农产品的生产和销售,有利于保持美国农业的稳定,有效抑制无常自然和贪婪投机可能引起的市场动荡和价格混乱。③ 它保持农产品价格及"食品供应"的稳定,使之不受"过剩和稀缺"交错的影响。它兼顾了农民和城市消费者的利益,它"帮助农场主在丰年充分贮存以补歉年的不足",同时也帮助城市居民

---

① Henry Wallace, *New Frontiers*, New York: Reynal & Hitchcock, pp. 237-238.
② 李超民:《中国古代常平仓思想对美国新政农业立法的影响》,《复旦学报》(社会科学版)2000年第3期。
③ Henry Wallace, *New Frontiers*, pp. 237-238.

"永远有足够的"而"又付得起的"食品。① 在很大程度上，常平仓为美国的农业安全以及民众"免予匮乏的自由"都提供了物质保障。由于储备充足，在荒歉之年乃至"二战"期间，美国粮食安全稳如磐石，没有出现疯狂抢购囤积的现象；美国甚至有条件扩大《租借法》，为反法西斯国家提供粮食援助。

五、农业调整政策的成效及其影响

罗斯福"新政"时期美国的农业调整政策，在美国环境保护史上具有重要意义。它推动了资源保护从公共土地向私人土地的扩展；逆转了耕地和牧场退化的趋势，保护了农地资源；还在一定程度上改变了人们的自然观念。

（一）资源保护从公共土地向私人土地扩展

罗斯福"新政"时期的农业调整政策，将土壤资源纳入到资源保护运动的范围，将国家干预从联邦公地延伸到私人土地。这较进步主义时期的资源保护运动是一个巨大进步。在19世纪末20世纪初，美国兴起了资源保护运动。作为进步主义运动的一部分，资源保护运动主张强化政府权力，将政府干预扩大到环境领域，对滥用破坏自然资源的行为予以规范，通过明智利用和理性管理，确保自然资源的永续利用。但在那一时期，联邦政府虽然介入资源保护，但资源保护政策却只面向公

---

① Franklin D. Roosevelt, "A 'Fireside Chat': Discussion Legislation to be Recommended to the Extraordinary Session of Congress, 10/12/1937," *The Public Papers and Addresses of Franklin D. Roosevelt*, Vol. 6. *The Constitution Prevails: With a Special Introduction and Explanatory Notes by President Roosevelt*, New York: Random House, 1938, p. 433.

地,重点是森林保护和水利开发。在 1891 年,国会通过《林地保护法》,授权总统可以根据国家需要,在联邦公地上设立林地保护区。1897 年,国会又通过《森林管理法》,授权内政部对林地保护区的伐木、放牧、采矿等活动进行管制。1902 年《灌溉法》通过后,联邦政府才涉足水利建设。该法授权联邦政府从售地收入中划拨水利建设专项经费,并成立农垦局,对水利建设项目进行管理。1907 年,美国成立内陆水道委员会,开始对主要水系的综合利用进行整体规划。在 1906 年,美国又通过了《古遗迹保护法》,授权总统将具有历史遗址的联邦公地保护起来,从而为国家公园体系的扩建提供了重要法律依据。① 此外,进步主义时期的资源保护立法还涉及矿业和渔业。尽管进步主义时期的资源保护政策涉及多种自然资源,但却没有将土壤资源包括在内,而且还无一例外地只面向公共土地。由于这些公共土地主要集中在美国西部地区,资源保护运动因此主要在西部展开。

在罗斯福"新政"之前,土壤资源未被列入资源保护的范畴,联邦政府尚未对私人土地的利用加以干预。之所以如此,与美国社会对土壤侵蚀总体缺乏认识直接相关。在 19 世纪末期,美国农业部启动了全国土壤调查。在此过程中,农业部大都将地力耗竭视为农地利用存在的问题,将施用化肥作为解决地力耗竭的手段。尽管本内特(Hugh Bennett)等少数专家在 20 世纪初已经指出了美国存在严重的土壤侵蚀,但他们的声音比较微弱,而且有意无意地受到忽视。时任农业部土壤局局长惠特尼(Milton Whitney)根本就不把土壤侵蚀视为问题,他在 1909 年甚至提道:"土壤是国家拥有的一种坚不可摧的永恒资产。它是一种

---

① David Stradling, ed., *Conservation in the Progressive Era: Classic Texts*, Seattle: University of Washington Press, 2004, pp. 4-8.

不会被耗竭的资源。"①农业部大多数土壤专家的认识尚且如此,遑论普通民众对土壤侵蚀问题的认知。在社会对土壤侵蚀问题还缺乏认识和调查研究的情况下,水土保持自然不可能得到应有的重视。

在罗斯福"新政"之前,联邦政府对私人土地利用未加以干预,与美国的土地所有权观念及联邦制的国家结构形式也有关系。传统的观念认为,财产权不容侵犯,个人如何利用土地与他人无关。财产权作为个人最重要的权利之一,直接受美国宪法保护。美国宪法第五修正案和第十四修正案对联邦政府干预私人土地利用进行了明确限制,两条修正案都规定,无论何人,"不经正当法律程序,不得被剥夺生命、自由或财产;不给予公平赔偿,私有财产不得充作公用"②。作为联邦制国家,私人土地利用传统上属于州和地方事务,联邦政府无权干预。上述关于财产权的传统观念和对联邦政府管制土地利用的限制,在美国不断扩张领土、西部急待移民拓殖的 19 世纪是适用的。在广阔的边疆地区,个人对自己财产的随意处理,往往不会影响他的邻居。但随着西部的拓殖,定居点日渐密集,全国各地之间的经济联系也日益密切。在这种情况下,个人滥用土地的行为,可能会祸及他人,带来巨大的社会灾难,甚至会危及子孙后代的生存。在 20 世纪 30 年代,流动的沙丘、肆虐的沙尘暴、泛滥的洪水、流离失所的生态难民以及巨额的公共援助,实际上都是土地利用外部性的具体体现。而解决这些问题又超出了个人、地方和州的能力范畴。在当时,关于财产权的传统观念日渐凸显其不足,而私人土地既是个人财产也是社会资源的新观念已经开始出现,

---

① Hugh Bennett, "The Future of Our American Land," *Soil Conservation*, Vol. 16 (August 1950), p. 7.

② US Department of Agriculture, *Soils and Men: 1938 Yearbook of Agriculture*, Washington, D. C. : U. S. Government Printing Office, 1938, p. 242.

联邦对个人滥用土地的干预愈发显得必要。①

从20世纪20年代中后期开始,美国农业部为推动水土保持开展了大量宣传教育工作。在此之前,农业部虽然进行了大范围调查,但调查报告并没有得到广泛传播。在不能对私人土地利用直接加以干预的情况下,联邦政府在20世纪中后期通过示范基地来展示水土保持的效果。在水土保持的宣传教育方面,本内特发挥了旗手作用。在20世纪30年代前后,他采用农民听得懂的语言,以农民喜闻乐见的形式宣传水土侵蚀的危害和水土保持的重要性。另外,在这一时期,联邦政府制作了《破坏大平原的犁》《大河》②等宣传纪录片,同时还派遣宣传写作团对农村地区的灾害及其苦难进行报道。由于这些努力,水土保持在20世纪30年代受到了美国社会的空前关注。而20世纪30年代空前严重的农业灾害,为联邦政府介入私人土地利用创造了条件。水土保持作为应对农业灾害的重要措施,开始在全国推行。资源保护也由此从公共土地扩展到私人土地上。

(二) 缓解了美国的农业经济和生态危机,促进了土地的合理利用

罗斯福"新政"时期的农业调整项目,保护了耕地资源,遏制了超载过牧,促进了农村的恢复与重建。

罗斯福"新政"时期的农业调整项目,遏制了美国土地开垦的浪潮。在罗斯福"新政"之前近20年间,美国农民常常将规模经营、降低成本作为应对农产品价格下跌的手段,但罗斯福"新政"时期的农业调整项

---

① Great Plains Committee, "The Future of the Great Plains," p. 65.
② Farm Security Administration, *The Plow That Broke the Plains*, Film Directed by Pare Lorentz, 1936; Farm Security Administration, *The River*, Film Directed by Pare Lorentz, 1937.

目反其道而行之,通过水土保持、生产定额等多种方式控制生产,以促进农产品供需平衡,达到减产增收的目的。农业调整项目使美国耕地面积从20世纪30年代起一直保持稳定,甚至出现了稳中有降的趋势。① 在罗斯福"新政"时期,美国西部尚有8000万英亩未开发的土地。为了使这些土地得到永续利用,联邦政府于1934年通过了《泰勒放牧法》,终止向私人授地的历史进程,将西部未分配的大片公地作为联邦牧区永久保护起来。同时,联邦政府还通过设立国有林地、国家自然保护区等形式,将生态脆弱地区的土地保护起来。目前,美国的国有土地实际上占全国国土面积的29.15%②,这些土地主要集中在西部。

罗斯福"新政"时期的农业调整项目不仅扭转了美国农地扩展的趋势,而且还加快了非宜农土地的退耕。大量非宜农耕地退出耕种,转化为草场、森林和湿地。同样重要的是,农业调整项目以津贴的形式鼓励农民对土地实行保护性耕作:梯田、带状轮作、少耕免耕、用植被覆盖休耕地块、秸秆还田等方法被广泛采用。保护性耕作带来了经济效益和生态效益的双赢,不仅带来了农民收入的提高,而且保护了耕地资源,土地因此得到更为高效合理的利用。

罗斯福"新政"时期的农业调整项目,遏制了美国草地大面积的严重退化。据美国农业部林业局1936年统计,美国草地面积为7.28亿英亩,几乎占美国大陆土地总面积的40%;约一半的牧场面积,即3.76亿英亩,属于私人所有。在当时,由于开垦草原、超载过牧等原因,全国

---

① U. S. Department of Commerce, *Historical Statistics of the United States, Colonial Times to 1970*, pp. 8-11.

② Charles I. Zinser, *Outdoor Recreation: United States National Parks, Forests, and Public Lands*, New York: John Wiley & Sons, Inc., 1995, p. 52.

3/4 的牧区出现退化①,其承载力较 1870 年下降了 55%,仅为 1080 万个家畜单位,但实际载畜量却达到 1730 万个家畜单位。② 超载过牧导致草地严重退化。野黑麦、禾草、燕麦等适口性好、营养价值高的牧草减少,被适口性差的艾草、丝兰等取代;多年生的牧草被营养性差的一年生草本植物取代,没有饲用价值乃至有毒的外来植物增多。就全国牧场而言,实质性损耗(26%—50%)占 34%;严重损耗(51%—75%)占 37%;极度损耗(76%—100%)占 16%,而中度损耗(0—25%)则占 13%。③

农业调整项目对草地的保护主要体现在三个方面。其一是减劣畜保良畜。为帮助农牧民渡过难关,政府在 1934 年紧急启动了牲口购买项目,对老弱病残的牲口进行收购屠宰,仅在 1934 年收购屠宰的劣畜就达到 1600 万头。对牲口的收购价格依据牲口的具体情况而确定,均价每头约为 4—5 美元,一岁的小牛可卖 10—15 美元,二到三岁的肉牛可以卖到 12—20 美元。在俄克拉何马州锡马龙县,联邦政府于 1934 年收购肉牛 12 499 头,约占存栏量的近 1/3。该县肉牛的存栏量,从 1935 年的 25 518 头减少到 1940 年的 14 876 头,每 100 磅牛肉的价格从 1933 年的 4.14 美元涨到 1939 年的 7.76 美元。④ 在收购屠宰劣畜的同时,

---

① U. S. Department of Agriculture, *The Western Range: A Great but Neglected Natural Resource*, Senate Document 199, 74th Congress, 2d Session, Washington, D. C.: United States Government Printing Office, 1936, p. iii.

② 一个家畜单位是指 1 头牛、马或骡,或者 5 只绵羊、山羊或猪。U. S. Department of Agriculture, *The Western Range: A Great but Neglected Natural Resource*, Senate Document 199, 74th Congress, 2d Session, p. 3.

③ U. S. Department of Agriculture, *The Western Range: A Great but Neglected Natural Resource*, Senate Document 199, 74th Congress, 2d Session, p. iii.

④ Donald Worster, *Dust Bowl: The Southern Plains in the 1930s*, p. 114;唐纳德·沃斯特:《尘暴:1930 年代美国的南部大平原》,北京:生活·读书·新知三联书店,2003 年,第 147—148 页。

联邦政府还按一定标准提供饲料贷款,马每匹为 2 到 4 美元,牛每头为 1.5 到 3 美元,饲料地每英亩可贷款 1 美元。到 1935 年,大平原南部多州都从联邦政府获得了饲料贷款,其中堪萨斯州获得 154 186 美元,得克萨斯州获得 145 980 美元,科罗拉多州获得 141 880 美元。① 减劣畜保良畜减轻了草场压力,有利于草场植被的恢复。在牲口减少的同时,农业调整项目还增加了饲养牲口的草地面积。在罗斯福"新政"时期,大部分农民都参与了农业调整计划,包括退耕还林还草、多种增加地力的牧草。在减畜的同时,草场面积的扩大无疑也有利于草地恢复。此外,在美国西部,尤其是大平原北部地区,很多牧民还组织牧业合作社,对所属牧场进行集中统一管理,共同制定牧场改良与使用规划,联合租用公共牧场。在 1936 年,蒙大拿州的 27 个牧业合作社经营的牧场面积达到 654 万英亩。② 牧场面积的扩大,使划分四季牧场、轮牧、季节性休牧成为可能,从而有利于草场的合理利用。

　　罗斯福"新政"时期的农业调整计划确立了水土保持的长效机制。水土保持长效机制的建立,主要体现在水土保持政策的一以贯之,以及水土保持体系的建立。在 1935 年,美国国会通过了《水土保持法》,并依照该法成立了水土保持局这一固定政府机构。为了使水土保持能得到地方和民众的支持,发挥基层在水土保持中的主体作用,美国政府于 1938 年通过了《农业调整法》,并在全国范围内建立了数千个水土保持示范区。二战结束后十年间,国会增加了对农田土壤保护的拨款,水土保持局的职能进一步扩大。水土保持局在 1945 年前后启动农地保护计划(Agricultural Conservation Program,简称 ACP),对边际土地实行退

---

① Douglas Hurt, *The Dust Bowl: An Agricultural and Social History*, Chicago: Nelson-Hall, 1981, pp. 113-114.
② US Department of Agriculture, *Soils and Men: 1938 Yearbook of Agriculture*, p. 246.

耕休耕。在战后十年间,水土保持区的数量以及参与水土保持的农民数量都呈增长趋势。① 随着1954年《流域保护与洪涝控制法》(Watershed Protection and Flood Control Act)②的通过,全流域规划与治理成为水土保持的固定原则,由水土保持局负责实施。全流域规划与治理有力地推动了水土资源的综合利用,将侵蚀治理、洪涝控制、水供应、野生动物保护、娱乐休闲等多重目标有机地结合起来。在1956年,联邦政府又启动了土地储备计划(Soil Bank Program),以推进水土保持和土壤污染治理。在1985年,美国通过了《食品安全法》(Food Security Act),该法将农业津贴与土壤保护、环境保护、食品安全联系起来。为执行该法,农业部实施了耕地休耕项目(Conservation Reserve Program,简称CRP),联邦政府与农民签订土地退耕合同,购买了易侵蚀土地一定期限内的耕种权。在1994年,农业部进行重组,水土保持局更名为自然资源保护局(Natural Resources Conservation Service)。③

罗斯福"新政"时期的农业调整项目极大地推动了水土流失的成功治理。水土流失的成功治理至少可以从两个方面体现出来:一方面,大平原的土地沙化在20世纪40年代初得到了有效控制,沙化土地面积不断缩小。土地沙化治理的成功,与20世纪40年代初降水的增多有直接关系。但不可否认的是,罗斯福"新政"时期的农业调整项目在遏制沙化土地扩张、促进生态恢复方面同样也发挥了巨大作用。另外,在20

---

① https://www.nrcs.usda.gov/wps/portal/nrcs/detail/national/about/history/? cid = nrcs143_021392,2020年9月28日访问。
② Public Law 83-566/Chapter 656, 83 Congress, Session 2, An Act: To Authorize the Secretary of Agriculture to Cooperate with States and Local Agencies in the Planning and Carrying out of Works of Improvement for Soil Conservation, and for Other Purposes.
③ Ratten Lal, Terry M. Sobecki, Thomas Iivari, John M. Kimble, *Soil Degradation in the United States: Extent, Severity, and Trends*, New York: Lewis Publishers, 2004, p. 185.

世纪 30 年代之后，美国大平原又周期性地出现过严重干旱，在 20 世纪 50 年代、70 年代、80 年代末乃至近年来都出现了大范围的持续旱灾。关于沙尘暴的报道不时见诸报端，但是 20 世纪 30 年代那样骇人听闻的生态灾难再也没有出现过。如今，人们对土壤问题的关注已经从水土流失转向了土壤的化学污染。关注重点的转移也可以从一个侧面说明水土流失在相当程度上得到了有效控制。

（三）促进了人与自然关系的调整

罗斯福"新政"时期的农业调整项目将水土保持置于突出位置，在很大程度上是由于美国严重的土壤侵蚀。就全国范围而言，大平原是美国农业危机最为严重的地区。该地区土地沙化严重，农场抵押贷款的总额、抵押农场丧失赎回权的比例、联邦发放的赈灾救济款数量，都明显超过全国其他地区。[①] 大平原的生态与经济重建，因此成为那一时期美国农业危机治理的重中之重，在多方面能体现罗斯福"新政"时期人与自然关系的新变化。

其一，土地滥用的思想文化根源受到批判。在 1936 年，由罗斯福总统任命的大平原委员会向总统提交了《大平原的未来》这一长期发展规划报告。该报告将尘暴重灾区的形成视为人为灾难，并从深层次的文化根源探讨了导致土地滥用的一些传统观念，共计 11 种，其中包括：征服自然，自然资源永不枯竭，惯常的耕作方式是最好的，有利于个人的必然就有利于社会，个人有权任意支配自己的财产，依赖个人进行自主调节，等等。[②] 在上述被批判的传统观念中，首当其冲的前三种都直接关乎人们的自然观念。征服自然的观念背后是人类的狂妄无知；自

[①] Great Plains Committee, "The Future of the Great Plains," pp. 53, 55, 58.
[②] Great Plains Committee, "The Future of the Great Plains," pp. 63–67.

然资源永不枯竭的观念助长了人们对资源的滥用和破坏；而惯常的耕作方式是最好的这一观念，则使19世纪后半叶以来的美国西部农业拓殖不断遭遇失败，移民在干旱西部照搬湿润东部地区的传统耕作方法，导致了严重的生态破坏和社会灾难。在大平原委员会看来，如果不进行思想上的拨乱反正，而仅依靠工程技术和生物修复手段，灾区恢复与重建就永远不能取得成功。大平原委员会倡导尊重自然、保护自然、顺应自然的新观念，而这种新观念则由利奥波德进行了完美的表述："文明不是对一片稳定而恒久的土地的奴役，而是人类、动物、植物和土壤之间一种相互依存的合作状态，它在任何时刻都可能因为其中任何一方的失败而遭破坏。土地滥用已经使一些国家不复存在，这种事仍然有可能再次发生……因此，至少对我们自己来说，我们如何对待自然变得至关重要。人类应该使文明延续，而不是自我毁灭。"[1]报告对利奥波德的引用体现了大平原委员会推崇利奥波德所倡导的新的自然保护伦理观。

其二，生态学开始进入公共政策领域，并在一定程度上被采纳。在罗斯福"新政"时期，生态学不仅被用来解释尘暴重灾区的形成，也在一定程度上被用于指导生态修复的具体实践。在克莱门茨（Frederick Clements）等生态学家看来，大平原的生态与经济困境就源于人类对自然的过分干扰，而克服农业困境的良方就在于通过减少人类的过分干扰，让自然和社会都恢复到均衡状态。在联邦政府部门制作的《破坏大平原的犁》这一宣传片和出台的《大平原的未来》这一规划文件中，都不难看到生态学的影子。《破坏大平原的犁》制作于1936年，从片名即可

---

[1] Aldo Leopard, "The Conservation Ethic," *Journal of Forestry*, Vol. 31, No. 6 (Oct. 1933), p. 635.

看出政府的立场:对草地的大肆开垦,用农业生态系统取代草地生态系统,是尘暴重灾区形成的主要原因。《大平原的未来》也同样可以体现政府的上述立场以及国家干预的改革主张。在上述两份政府制作的材料中,克莱门茨的"顶级群落理论"被用来分析大平原的困境,利奥波德的"土地伦理观念"被用于批判征服自然的错误观念。在当时,生态学家克莱门茨和西尔斯(Paul B. Sears)还应邀出席政府会议,成为大平原生态修复的"权威顾问"[1]。生态学强调尊重自然,承认自然极限,减少人类干扰。实际上,限制生产、退耕还林、水土保持耕作技术等治理大平原土地沙化的诸多举措,都不同程度地体现了生态学的理念。由于政府的重视,生态学在20世纪30年代得到了广泛的传播。

其三,资源保护的观念开始深入人心。在罗斯福"新政"时期,农业调整项目为参与生产控制、水土保持的农民提供了现金收入和低息补贴,帮助农民渡过了难关。农业调整项目在减产增收方面的成效,让农民在经济上尝到了甜头。不仅如此,农业调整项目还使农民成为资源保护的重要参与者,农民对社会公益的促进,不仅让农民深感自豪,而且也得到了城市居民的认可。农业调整项目使城乡居民的权益都能得到维护,城乡关系的改善使稳步扩大生态津贴成为可能。从这个意义上说,罗斯福"新政"时期的农业调整项目或许可视为美国干旱地区乃至全国可持续农业的重要试验和初步形成。[2] 此后数十年间,美国的耕地面积基本保持稳定,甚至略有减小。在农业调整项目的实施过程中,

---

[1] Donald Worster, *Nature's Economy: A History of Ecological Ideas*, Cambridge: Cambridge University Press, 1994, p. 190.

[2] Geoff Cunfer, *The Great Plains: Agriculture and Environment*, College Station, TX: Texas A&M University Press, 2005, pp. 5-6.

由城市失业青年构成的民间资源保护队大量参与了农田基本建设。联邦政府还将部分非宜农土地辟为民众的娱乐休闲场所,而民间资源保护队则大量参与了公园、保护区的基础设施建设,为民众使用这些资源提供了极大便利。自然的经济价值和美学价值都得到了普遍认可,资源保护也开始得到了民众的广泛支持。可以这样说,罗斯福"新政"时期的农业调整项目增强了人们的生态意识,为人与自然和谐相处奠定了思想基础,带来了人与自然关系的新变化。

结 论

　　罗斯福"新政"时期美国的农业调整政策,与美国农业萧条空前严重、自由放任主义主导下反农业危机政策的失败以及农业利益集团和农民斗争的大力推动都有密切关系。作为罗斯福"新政"时期农业救济与复兴的重要内容,罗斯福"新政"时期美国的农业调整政策,其最终目标就是提高农民收入,改善农民处境。自20世纪20年代以来,尽管历届美国政府都将提高农产品价格、提高农民收入作为其农业政策的首要目标,但为实现这一目的所采取的农业调控手段不同。在罗斯福"新政"前后,美国农业调整明显经历了从依靠市场调节转向国家干预、政府干预从流通转向生产、调控措施从单一走向综合的转变。调节手段的不同也导致农业干预的成效迥然有异。

　　罗斯福"新政"时期美国农业调整政策经历了从试验到确立,从临时到固定的转变。在入主白宫之前,罗斯福总统一再强调空前严峻的形势要求美国"进行大胆的、坚持不懈的试验"[1],而政府对经济的干预

---

[1] William E. Leuchtenburg, *Franklin D. Roosevelt and the New Deal*, p. 5.

"不宜轻易运用",只能在私人的努力"已经彻底失败"之后才能作为"最后的手段"①加以使用。在改革势在必行、保守势力依然强大的形势下,国家干预经济的措施具有试验性质,1933 年的《农业调整法》、1936 年的《土壤保护与国内配额法》也都只是临时的紧急立法。而在 20 世纪 30 年代中期之后,美国"新政"开始从"复兴"向"改革"过渡。在那一时期,"认为政府应当而且可能采取行动以阻止未来衰退的信念",已经得到了"普遍的认可"。② 正是在这种新的社会形势下,1938 年的《农业调整法》将此前农业调整的一些临时应急措施转化为固定常规手段,进一步加强了国家干预的功能。国家干预的扩大体现了国家垄断资本主义的发展,政府通过局部改变生产关系,抑制并消除垄断资本扩张过程中的不良影响,为社会再生产的顺利进行创造条件。

罗斯福"新政"时期的农业调整政策在美国开创了生态补贴的先例。政府为愿意参与退耕减产、实施保护性耕作的农业生产者提供津贴。农业补贴是国民收入的再分配,在很大程度上是美国福利国家道路的体现。农业津贴实际上是工业反哺农业的一种方式。这种反哺在一定程度上可以维护处于边缘地位的农民的权益,也为城市居民提供了稳定充足廉价的食品。从罗斯福"新政"以来,美国政府一直通过农业津贴引导农民调节生产,顺应生态学时代人们对环境质量的追求,引导农民参与土壤保护进而参与农田环境保护。

罗斯福"新政"时期美国的农业调整政策在缓解农产品过剩、提高

---

① Franklin D. Roosevelt, "New Conditions Impose New Requirements upon Government and Those Who Conduct Government: Campaign Address on Progressive Government at the Commonwealth Club, San Francisco, California, 9/23/1932," *The Public Papers and Addresses of Franklin D. Roosevelt, Vol. 1. The Genesis of the New Deal, 1928-1932: With a Special Introduction and Explanatory Notes by President Roosevelt*, New York: Random House, 1938, p. 755.

② William E. Leuchtenburg, *Franklin D. Roosevelt and the New Deal*, p. 335.

农民收入、保护土壤资源方面发挥了显著作用,但这个政策也存在诸多不足,尤其是没有顾及小农和贫农的利益。农业调整局在开始农业调整政策的同时,美国农业部农村人口再安置局、乡村重建局也出台了一些旨在帮助小农贫农的政策,但这些政策的实施并不成功。因此,罗斯福"新政"时期的农业调整政策虽然是以救助家庭农场为名,但实际结果却是将大量农业人口排挤出去。美国农业问题的解决,在很大程度上是靠农业劳动力人口向城市转移、向其他产业转移而得以实现的。

  罗斯福"新政"时期的农业调整项目在美国环保运动史上也发挥了承前启后的重要作用。在进步主义时期,资源保护运动在美国兴起,其支持者主要是社会精英。而罗斯福"新政"时期的土地调整项目,则将资源保护由公地拓展到私人土地,城乡广大居民因为受惠于土地调整项目,成为资源保护新的社会基础。自然的经济价值和美学价值同时受到了广泛重视,与自然和谐共生的发展理念也得到了越来越多的认同。1933年以来的农业调整项目,作为罗斯福"环境新政"[1]的重要组成部分,大大拓宽了环境保护的社会基础,为环保运动由早期的精英运动在战后发展成为真正的大众社会运动创造了条件,在进步主义时期的资源保护运动与战后环境保护运动之间架起了一座桥梁。

---

[1] Henry L. Henderson & David B. Woolner, *FDR and the Environment*, New York: Palgrave Macmillan, 2005, p. 223.

附录一

全国法学与史学跨学科前沿论坛议程
（2021年10月23—24日）

10月23日上午9:00—9:50
开幕式
主持人：屈文生　华东政法大学科研处处长

领导致辞
- 郭为禄　华东政法大学党委书记
- 刘　健　中国社会科学院世界历史研究所副所长
- 廖　刚　中国社会科学院近代史研究所副所长
- 何勤华　全国外国法制史研究会会长

集体合影

9:50—10:55

第一单元：建党百年与法律史研究的新进展

主持人：刘宇（《历史研究》编辑部）（报告人10分钟、评议人5分钟）

1. 发言人：李金铮（南开大学历史学院）
   题目：《背后：抗战时期晋察冀边区统一累进税税则的出台与修订考》
   与谈人：韩伟（西北工业大学法学系）

2. 发言人：唐仕春（中国社会科学院近代史研究所）
   题目：《政法委苏联法学专家对新中国初期法制的观察与参与》
   与谈人：赖骏楠（复旦大学法学院）

3. 发言人：戴建兵、申艳广（河北师范大学历史文化学院）
   题目：《货币立法与近代中国经济发展》
   与谈人：龚汝富（华东政法大学法律学院）

4. 发言人：史志强（华东政法大学法律学院）
   题目：《"中共谍报团"事件研究——以新发现的日本审讯记录为中心》
   与谈人：程兆奇（上海交通大学东京审判研究中心）

10:55—11:45

第二单元：全球法律史的新进展与再审视

主持人：张艳茹（《世界历史》编辑部）（报告人 10 分钟，评议人 5 分钟）

1. 发言人：李剑鸣（复旦大学历史学系）
   题目：《美国建国时期的"国家"理念》
   与谈人：田雷（华东师范大学法学院）

2. 发言人：谢国荣（武汉大学历史学院）
   题目：《"未完成的事业"：1958 年布鲁塞尔世界博览会与美国形象的重塑》
   与谈人：苏彦新（华东政法大学科学研究院）

3. 发言人:陈志坚(首都师范大学历史学院)
   题目:《文本、制式与字体——1215年大宪章正本文书缮写考略》
   与谈人:孟广林(中国人民大学历史学院)

11:45—12:00

自由讨论

主持人:王鑫(《学术月刊》编辑部)

10月23日下午 14:00—15:05

第三单元: 法学与史学的对话

主持人:胡永恒(《近代史研究》编辑部)(报告人10分钟,评议人5分钟)

1. 发言人:吴佩林(曲阜师范大学历史文化学院)
   题目:《明确边界:清代地方档案研究的若干问题》
   与谈人:苏亦工(清华大学法学院)

2. 发言人:胡晓进(中国政法大学人文学院历史研究所)
   题目:《民国初年制宪中的刚性宪法与柔性宪法之争——兼释学界的相关概念误解》
   与谈人:邱志红(中国社会科学院近代史研究所)

3. 发言人:章永乐(北京大学法学院)
   题目:《转向亚洲? 伍廷芳与20世纪初美国"门罗主义"的再定位》
   与谈人:孟庆龙(中国社会科学院世界历史研究所)

4. 发言人：张晓宇（山东大学历史文化学院）
   题目：《被告伍廷芳——西南关余诉讼案始末及其法律分析》
   与谈人：郭淇斌（江西师范大学历史文化与旅游学院）

15:25—16:15

第四单元：文明碰撞与东西语境下的法律交流史

主持人：王帅一（《法学研究》编辑部）（报告人10分钟，评议人5分钟）

1. 发言人：徐忠明（中山大学法学院）
   题目：《清末上海华界的暴力与死亡——以〈李超琼日记〉和〈申报〉为素材》
   与谈人：李里峰（南京大学政府管理学院）

2. 发言人：杨瑞（山东大学历史文化学院）
   题目：《清季民初法系知识的东学背景及其传衍》
   与谈人：汪雄涛（同济大学法学院）

3. 发言人：杨松涛（河南大学法学院）
   题目：《近代早期中国与英格兰司法组织形态中的"案件"》
   与谈人：吴佩林（曲阜师范大学历史文化学院）

16:15—17:20

第五单元：国际法史与国际关系的新视点

主持人：陆宇峰（华东政法大学法律学院）（报告人10分钟，评议人5分钟）

1. 发言人：孟庆龙（中国社会科学院世界历史研究所）
   题目：《从西姆拉会议的不平等性看"麦克马洪线"的非法性》
   与谈人：赵立行（复旦大学法学院）

2. 发言人：张志云（上海交通大学历史系）
   题目：《再论协定关税的成型：关税细则、领事议允与值百抽五（1842—1902）》
   与谈人：江家欣（中山大学历史学系）

3. 发言人：何勤华、路培欣（华东政法大学法律学院）
   题目：《罗马法复兴与近代国际法的成长》
   与谈人：王静（华东政法大学科学研究院）

4. 发言人：卓增华（清华大学法学院）
   题目：《"转向历史"如何可能——海外国际法史研究新动向及其启示》
   与谈人：颜丽媛（中国海洋大学法学院）

17:20—17:40

自由讨论

主持人：孙冠豪（《探索与争鸣》编辑部）

10月24日上午9:00—9:45

第六单元：宏观视域下的中外法律史

主持人：王沛（《华东政法大学学报》编辑部）（报告人10分钟，评议人5分钟）

1. 发言人:李在全(中国社会科学院近代史研究所)
   题目:《"革命军北伐,司法官南伐"——1927年前后的政权鼎革与司法人事延续》
   与谈人:赵金康(河南大学历史文化学院)

2. 发言人:杜正贞(浙江大学历史学系)
   题目:《以山为业:界与确权的历史》
   与谈人:邱澎生(上海交通大学历史系)

3. 发言人:潘乐(中山大学历史学系)
   题目:《从非法审讯到法治里程碑——高等法院建立前香港司法研究》
   与谈人:黄海(中国社会科学院法学研究所)

9:55—10:55

第七单元:法律史研究的新方法与新论题

主持人:胡玉鸿(《法学》编辑部)(报告人10分钟,评议人5分钟)

1. 发言人:管建强(华东政法大学国际法学院)
   题目:《远东国际军事法庭享有管辖权的新论》
   与谈人:李洋(南京师范大学法学院)

2. 发言人:张勇安、刘昕彤(上海大学文学院)
   题目:《国际列管麻醉品制造的源起:国际联盟与〈1931年限制制造和调节分配麻醉品公约〉的议定》
   与谈人:王志强(复旦大学法学院)

3. 发言人:高国荣(中国社会科学院世界历史研究所)
   题目:《从生产控制到土壤保护——罗斯福"新政"时期美国农业调整政策的演变及其影响》
   与谈人:谢国荣(武汉大学历史学院)

4. 发言人:侯中军(中国社会科学院近代史研究所)
   题目:《"政治犯不予引渡"规则与孙中山伦敦蒙难事件》
   与谈人:瞿骏(华东师范大学历史学系)

自由讨论

10:55—11:15

主持人:杨义成(《探索与争鸣》编辑部)

11:15—12:00

闭幕式

主持人:于明　全国外国法制史研究会秘书长

专家总结
- 汪朝光　中国社会科学院世界历史研究所研究员
- 李秀清　华东政法大学法律学院教授
- 胡永恒　《近代史研究》编辑部主任、副编审

附录二

参会人员名单

陈志坚　首都师范大学历史学院教授
程兆奇　上海交通大学东京审判研究中心主任、教授
杜正贞　浙江大学历史学系教授
高国荣　中国社会科学院世界历史研究所研究员
龚汝富　华东政法大学法律学院教授
管建强　华东政法大学国际法学院教授
郭淇斌　江西师范大学历史文化与旅游学院讲师
郭为禄　华东政法大学党委书记、教授
韩　伟　西北工业大学法学系副教授
何勤华　华东政法大学法律学院教授
侯中军　中国社会科学院近代史研究所研究员
胡永恒　《近代史研究》编辑部主任、副编审
胡晓进　中国政法大学人文学院历史研究所教授
胡玉鸿　《法学》主编、华东政法大学法律学院教授
黄　海　中国社会科学院法学研究所助理研究员
赖骏楠　复旦大学法学院副教授
李剑鸣　复旦大学历史学系教授
李金铮　南开大学历史学院教授
李里峰　南京大学政府管理学院教授

李秀清　华东政法大学法律学院教授
李　洋　南京师范大学法学院副教授
李在全　中国社会科学院近代史研究所研究员
廖　刚　中国社会科学院近代史研究所副所长
刘　健　中国社会科学院世界历史研究所副所长、研究员
刘　宇　《历史研究》编辑
陆宇峰　华东政法大学科研处副处长、教授
孟广林　中国人民大学历史学院教授
孟庆龙　中国社会科学院世界历史研究所研究员
邱澎生　上海交通大学历史系特聘教授
邱志红　中国社会科学院近代史研究所副研究员
瞿　骏　华东师范大学历史学系副主任、教授
屈文生　华东政法大学科研处处长、教授
申艳广　河北师范大学历史文化学院讲师
史志强　华东政法大学法律学院特聘副研究员
苏彦新　华东政法大学科学研究院教授
苏亦工　清华大学法学院教授
孙冠豪　《探索与争鸣》编辑
唐仕春　中国社会科学院近代史研究所研究员
田　雷　华东师范大学法学院教授
汪朝光　中国社会科学院世界历史研究所研究员
汪雄涛　同济大学法学院副教授
王春荣　上海政法学院语言文化学院讲师
王　静　华东政法大学科学研究院助理研究员
王　沛　《华东政法大学学报》副主编、华东政法大学法律学院教授

王帅一　《法学研究》编辑、副研究员
王　鑫　《学术月刊》编辑
王志强　复旦大学法学院院长、教授
吴佩林　曲阜师范大学历史文化学院院长、教授
吴思远　华东政法大学刑事法学院讲师
谢国荣　武汉大学历史学院教授
徐明月　广西民族大学东南亚语言文化学院讲师
徐忠明　中山大学法学院教授
颜丽媛　中国海洋大学法学院讲师
杨　凯　华东政法大学公共法律服务学院（研究员）教授
杨　瑞　山东大学历史文化学院特聘教授
杨松涛　河南大学法学院副教授
杨义成　《探索与争鸣》编辑
叶　湘　山东理工大学外国语学院副教授
于　明　华东政法大学法律学院教授
查建国　《中国社会科学报》上海记者站站长
章永乐　北京大学法学院副教授
张晓宇　山东大学历史文化学院博士后、助理研究员
张艳茹　《世界历史》编辑、研究员
张勇安　上海大学文学院院长、教授
张志云　上海交通大学历史系教授
赵金康　河南大学历史文化学院教授
赵立行　复旦大学法学院教授

江家欣　中山大学历史学系博士研究生

潘　乐　中山大学历史学系博士研究生
宣　喆　中国人民大学法学院博士研究生
杨城新　北京大学法学院博士研究生
张天卫　上海大学文学院硕士研究生
卓增华　清华大学法学院博士研究生

曹　雱　华东政法大学法律学院博士研究生
陈　皓　华东政法大学法律学院博士研究生
陈　鹏　华东政法大学法律学院博士研究生
冯文灏　华东政法大学法律学院博士研究生
龚　茁　华东政法大学法律学院博士研究生
胡　晓　华东政法大学法律学院博士研究生
路培欣　华东政法大学法律学院博士研究生
万　立　华东政法大学法律学院博士研究生
王　懋　华东政法大学法律学院博士研究生
徐琨捷　华东政法大学法律学院硕士研究生
詹继续　华东政法大学法律学院博士研究生
张弘毅　华东政法大学法律学院博士研究生
张　顺　华东政法大学法律学院博士研究生
周　欢　华东政法大学法律学院博士研究生

后　记

　　距离首届"全国法学与史学跨学科前沿论坛"召开已经过去将近一年，这一年里，由于上海以及全国各地此起彼伏的疫情，学术交流受到很大影响，回忆起去年与全国各地的朋友欢聚一堂、切磋讨论的场景，更加觉得珍贵。

　　这次会议会期仅有短短两天，但是从酝酿到策划准备历经两年多的时间。我首先要感谢汪朝光老师的大力支持。正是因为汪老师"登高一呼"，才有了"华山论剑"的盛况。从最初的策划到会议的召开，乃至这本论文集的编辑，汪老师都付出了极大的心血。我深深感佩于汪老师对学术发展、对后辈成长的一片热忱。复旦大学马建标兄因为日程安排的原因未能与会，但他在会议筹划期间就出谋划策，奔走联络，这份情谊与对学术发展的满腔热情，我始终感念于心。而我与胡永恒兄、李在全兄两位沟通这一想法后，一拍即合，得到了他们的鼎力支持，在大家的共同努力下，才有了2021年秋天全国各地这么多一流学者云集上海的盛况。中国社会科学院世界历史研究所徐再荣老师、近代史研究所杜继东老师和中山大学的吴义雄老师对本次会议也非常支持，在会议筹备期间给予我们非常大的帮助，遗憾的是因为日程安排的原因，未能在上海一聚，我也要向他们说一声谢谢。论文集本拟收入中国社会科学院世界历史研究所孟庆龙研究员有关西姆拉会议的一篇重要论文，因故未果，非常感谢孟老师一直以来对我们的理解与支持。

十六年前我到华政随何勤华老师和李秀清老师攻读博士学位。两位老师一直是我学术成长道路上最重要的支持者。本次会议也离不开两位老师的倾力支持。他们全程参与会议，片刻没有离开会场，何老师还在前一天就住过来，为的是帮助我招呼远道而来的各位贵宾。李老师则全程专注记录各位学者的发言要旨，并在会议闭幕时做了十分精彩的总结发言。

在何老师的领导下，我所在的华东政法大学法律史团队一直是个友爱而温暖的共同体。这次会议的顺利召开离不开法律史团队在台前幕后的奔波操劳。苏彦新、龚汝富、王沛三位教授担任了主持或评议的工作。于明教授、志强、晓鸣、詹继续带领着法律史学科的硕博研究生们全身心地参加到会务工作中来，体现出了法律史学科的凝聚力和战斗力。于明和晓鸣动员安排同学们做好接待和服务工作。志强、晓鸣和科研处的甘芬联络各位专家。延续何老师在外法史年会里开创的传统，志强、王静带领研究生们做了详尽的会议简报，万立、曹霁等博士生作为主要执笔人及时迅速地贡献出高水平的概括和记录，上午会议的简报下午就会放在每位学者的手边。可以说，这场会议完美地诠释了我校法律史学科作为国家队的综合实力。这里我想提一下所有会务组同学的名字，感谢他们为本次会议的顺利召开付出的努力，他们是龚苗、叶湘、陈鹏、许克明、张啸、刘译元、刘飞飞、连泽恺、伍卓航、庄晨曦、甄思嘉、龚书凝、曹翟、陈敏诗、张丽萍、孙昊源、张思甜、黄嘉鸿、汤怡琳、孙嘉琪、周皓伦、徐欣、阮芳惠、陈凤华、黄为钊、蔡剑锋、蒋羽、徐琨捷、张弘毅、陈皓、陈迁美，还要感谢张晓飞同学协助统一本书所有论文的引注文献格式。

这次会议也是我在华政科研处的最后一项工作，感谢宇峰、陈蓉、贤炯、甘芬的辛勤工作，陪我站好最后一班岗。会后我根据学校党委的安排,到研究生院工作。与科研处各位同事相处的时光令人难忘,在此谨致谢忱。

本次会议的一大亮点是来自法学、历史学的顶尖学者一起切磋讨论。这离不开华东政法大学、中国社会科学院世界历史研究所、中国社会科学院近代史研究所以及全国外国法制史研究会四家主办机构的大力支持,郭为禄书记、刘健副所长、廖刚副所长以及何勤华会长致开幕辞并全程参与会议,我校叶青校长也对本次会议的召开给予了巨大支持,彰显出四家全国顶尖学术机构对跨学科研究的重视。强大的与会学者阵容也足以说明学术界对法律史跨学科研究的重视。法律史领域从"50后"的资深学者到"70后"的中流砥柱如孟广林、何勤华、李剑鸣、程兆奇、徐忠明、苏亦工、邱澎生、赵金康、孟庆龙、胡玉鸿、李金铮、李秀清、赵立行、王志强、张勇安、杨瑞、李里峰、谢国荣、吴佩林、瞿骏、陈志坚、侯中军、张志云等都从全国各地赶来,以国家级人才计划为例,五位"长江学者"特聘教授、五位长江青年学者,以及三位"万人计划"领军人才、青年拔尖人才与会,应该可以说此次会议是国内法律史领域第一次几乎囊括法学界与历史学界重要学者的一次盛会。此外,我们还在全国范围内征集青年学者的投稿,为学术界的"后浪"们提供了展示自己、学习请教的舞台,助力学术传统的赓续与发展。

正如我们在前言中所提到的,在法律史领域,由于学科分际等原因,长期以来法学界与历史学界的学者都在平行而不相交的两条轨道上。我们很高兴通过本次会议搭建平台,让来自不同学科却怀抱共同学术关怀的学者能够面对面地交流切磋。我也很荣幸能有这么多学者认同我们的理念,支持我们的想法。未来希望新朋旧友共襄盛举,一起推动法学与历史学跨学科研究的发展。

本次会议还邀请到一批高水平期刊的编辑,我要感谢刘宇(《历史研究》编辑部)、王帅一(《法学研究》编辑部)、张艳茹(《世界历史》编辑部)、胡永恒(《近代史研究》编辑部)、王鑫(《学术月刊》编辑部)、胡玉鸿(《法学》编辑部)、王沛(《华东政法大学学报》编辑部)、杨义成(《探索与争鸣》编辑部)、孙冠豪(《探索与争鸣》编辑部)、查建国(《中国社会科学报》上海记者站)等一流学术刊物和媒体编辑莅临指导,以及"澎湃""雅理读书""中国法律与历史国际学会"等网络媒体的大力支持。

由于种种原因,部分学者的参会论文未能收入文集,幸蒙会上聆听高论,我也非常想说一声谢谢。值本书出版之际,也谨在此向所有关心此次会议、关心法律史学发展的学者致以由衷的谢意。

屈文生

2022 年 10 月 20 日

附记:

本书所收部分论文经修改后发表于各学术期刊,具体情况如下。

1. 侯中军:《"政治犯不予引渡"规则与孙中山伦敦蒙难事件的第三种解释》,《广东社会科学》2022 年第 3 期。
2. 李在全:《"革命军北伐,司法官南伐"——1927 年前后的政权鼎革与司法人事延续》,《近代史研究》2021 年第 6 期。
3. 李金铮:《背后:抗战时期晋察冀边区统累税税则的出台与修订》,《苏区研究》2022 年第 4 期。
4. 屈文生:《从治外法权到域外规治——以管辖理论为视角》,《中国社会科学》2021 年第 4 期。

5. 管建强:《远东国际军事法庭享有管辖权的新论证》,《法学评论》2015 年第 4 期。
6. 杨瑞:《清季民初法系知识的东学背景及其传衍》,《近代史研究》2022 年第 2 期。
7. 章永乐:《移樽施教:伍廷芳与 20 世纪初美国"门罗主义"的再定位》,《探索与争鸣》2022 年第 1 期。
8. 杜正贞:《民国山林国有化与山场争讼——以东南山区为中心的研究》,论文的部分内容见于杜正贞:《中国传统产权实践中的"界"——区域史视野下的山林川泽产权研究》,《近代史研究》2022 年第 5 期。
9. 陈志坚:《1215 年大宪章正本文书缮写与颁行考》,《经济社会史评论》2022 年第 1 期。
10. 吴佩林:《明确边界:清代地方档案研究的若干问题》,《南京社会科学》2021 年第 4 期。
11. 史志强:《冤案何以产生:清代的司法档案与审转制度》,《清史研究》2021 年第 1 期。
12. 徐忠明:《清末上海华界的暴力与司法——以〈李超琼日记〉和〈申报〉为素材》,《地方立法研究》2021 年第 6 期。
13. 高国荣:《从生产控制到土壤保护——罗斯福"新政"时期美国农业调整政策的演变及其影响》,《北京师范大学学报》(社会科学版)2022 年第 6 期。

图书在版编目(CIP)数据

近代世界秩序与法律史研究的新视野 / 屈文生, 胡永恒主编. — 北京: 商务印书馆, 2023
ISBN 978-7-100-22649-3

Ⅰ. ①近… Ⅱ. ①屈… ②胡… Ⅲ. ①法制史—世界—文集 Ⅳ. ① D909.9-53

中国国家版本馆 CIP 数据核字(2023)第 118859 号

权利保留，侵权必究。

近代世界秩序与法律史研究的新视野
屈文生 胡永恒 主编

商 务 印 书 馆 出 版
(北京王府井大街36号 邮政编码100710)
商 务 印 书 馆 发 行
南京新世纪联盟印务有限公司印刷
ISBN 978-7-100-22649-3

2023年7月第1版	开本 880×1240 1/32
2023年7月第1次印刷	印张 16¾

定价：79.00 元